JEAN GEBSER · GESAMTAUSGABE
BAND I

RILKE UND SPANIEN
LORCA ODER DAS REICH DER MÜTTER
DER GRAMMATISCHE SPIEGEL
ABENDLÄNDISCHE WANDLUNG

JEAN GEBSER

GESAMTAUSGABE

BAND I

Rilke und Spanien
Lorca oder das Reich der Mütter
Der grammatische Spiegel
Abendländische Wandlung

IM NOVALIS VERLAG

© 1975 NOVALIS VERLAG AG SCHAFFHAUSEN
Alle Rechte vorbehalten, insbesondere auch des photomechanischen Nachdrucks und der Photokopie jeder Art.
Printed in Switzerland by Meier + Cie AG Schaffhausen
Offset Buchdruck
ISBN 3 7214 0008 9

INHALTSÜBERSICHT

Rilke und Spanien

Vorwort 11
Rilke und Spanien 12
Rilkes Briefe an Don Ignacio Zuloaga 51
Anmerkungen 73
Nachwort 83

Lorca oder das Reich der Mütter

Erster Teil

I. Der Sohn 87
II. Der Zeichner 95
III. Der Dichter 107

Zweiter Teil

I. Bibliographie der Publikationen mit Zeichnungen von
   Federico García Lorca 137
II. Zu den Übertragungen 140
III. Anmerkungen 143

Der grammatische Spiegel

1. Der Satz als Ablauf und als Bild 147
2. Eine ergänzende Zwischenbemerkung 147
3. Von der Grundstruktur europäischer Sprachen 148
4. Der traditionelle Adjektivgebrauch 149
5. Vom neuen Wert des Adjektivs 151
6. Die Bedeutung des neuen Adjektivgebrauchs 155
7. Vom neuartigen Gebrauch weiterer Wortarten 159
8. Über das Wesen des neuen Reimes 162
9. Der aperspektivische Charakter der neuen Aussageform . . 169

Abendländische Wandlung

Allgemeines

1. Voraussetzungen 173
2. Vom Werden der Wissenschaft (Das Jahr 500 v.Chr.) . . 176
3. Das Jahr 1500 179
4. Das Jahr 1900 182

Die Physik

5. Einstein (Vierte Dimension, Relativität und Gegensatz) . . 187
6. Planck (Die Quantentheorie) 195
7. De Broglie (Die Wellenmechanik) 198
8. Zwischenbetrachtung (Die Begriffsentartung) 203
9. Heisenberg (Unbestimmtheitsrelation) und Bohr (Atom und Planet). 205
10. De Sitter (Der «neue» Himmel) 207
11. Rutherford (Atomaufbau und Atomspaltung) 211
12. Heß und Millikan (Die kosmischen Strahlen) 217
13. Kolisko (Planetenwirkungen) 221
14. Rhine (Die Telepathie) 225
15. Carrel (Grenzgebiete der Telepathie) 230
16. Eine Zwischenbilanz. 235

Die Biologie

17. De Vries (Die Mutationstheorie). 239
18. Bose (Die Pflanzenschrift) 242
19. Blick auf die «vitalistische» Biologie. 246
20. Fehlauswirkungen der Biologie 249
21. Friedmann (Die Gestalttheorie) 253
22. Haldane (Die Überwindung des Vitalismus) 257
23. Zwischenbetrachtung (Das Wertungsproblem) 263
24. Kayser (Die Harmonik) 266
25. Zweite Zwischenbilanz. 272

Die Psychologie

26. Die zwei Richtungen der Psychologie 277
27. Freud (Die Psychoanalyse) 283
28. Adler (Die Individualpsychologie) 286

29. Jung (Die Komplexe Psychologie) 289
30. Beziehungen der Psychologie zur Biologie, Ethnologie und
    Medizin 304
31. Dritte Zwischenbilanz 310
32. Zusammenfassung 313
33. Ausblick 316

Anmerkungen 321

Literaturnachweis und Quellenangabe 325

Bibliographie 333

Sachregister 335

Namenregister 341

Abbildungen zu «Rilke und Spanien» 345

RILKE UND SPANIEN

VORWORT

Es wird weniger die Aufgabe sein, die spanische Reise Rainer Maria Rilkes zu beschreiben, die jeder Leser der Rilkeschen Briefbände bereits kennt, als den entscheidenden Einfluß darzustellen, den diese Reise auf Rilke gehabt hat.

Spanien bedeutet im Leben Rilkes einen Wendepunkt. Um diese Tatsache und ihre Folgen zu veranschaulichen, ist es vor allem nötig, die wichtigsten Entwicklungsphasen Rilkes bis zum Antritt seiner spanischen Reise zu skizzieren, auf welche ich demzufolge im ersten Abschnitt dieses Buches kurz eingehe. Im zweiten und vierten werden dann Rilkes Beziehungen zu Spanien vor und nach dieser Reise dargestellt, während der dritte ihr selber gewidmet ist. Die beiden letzten Abschnitte stellen schließlich den Versuch dar, den Einfluß Spaniens auf Rilkes Entwicklung zu beschreiben. Die Anmerkungen zu diesen beiden letzten Abschnitten sind nicht nur Quellen-Nachweise, sondern Ausführungen zu gewissen Fragen, auf deren Abhandlung ich innerhalb des Textes verzichtete, um für denselben eine größere Gradlinigkeit zu erreichen.

Das vorliegende Buch wurde im Frühjahr 1936 in Madrid begonnen und im Sommer desselben Jahres in San Sebastian beendet. Es wurde ursprünglich auf Spanisch abgefaßt, und seine Drucklegung war für den Herbst 1936 durch den Verlag «Cruz y Raya» in Madrid vorgesehen.

Bei der vorliegenden deutschen Fassung habe ich den spanischen Text nur insofern geändert, als jener Details enthielt, die wohl für den spanischen Leser, nicht aber für den deutschen unentbehrlich erschienen. Die benutzte Rilke-Literatur beschränkt sich auf jene Werke, die bis zum Frühjahr 1936 vorlagen.

J. G.

Paris, Januar 1939

RILKE UND SPANIEN

I

Um die innere Entwicklung Rilkes bis zum Herbst 1912, dem Antritt seiner Spanienreise, kurz zu umreißen, ist es nicht ohne Wert, einem zentralen Problem in Rilkes Werken, seiner Einstellung zum Tode, Beachtung zu schenken und die Wandlungen aufzuzeigen, die diese Einstellung im Verlauf der Jahre erfuhr.

Sieht man von den frühen Gedichten ab, so bringt erst das «Stundenbuch» diesem Problem eine klar ausgeprägte Haltung entgegen. In ihm folgt Rilke der Auffassung Jens Peter Jacobsens, daß jeder seinen eigenen Tod sterbe. Einige Jahre später, bei dem Erscheinen des ersten Bandes der «Neuen Gedichte» (1907), kann man eher ein Zurückweichen als ein Weiterkommen in dieser Frage feststellen, denn seine Angst, – jene noch sehr persönliche Angst, – wächst und erhält im zweiten Teile der «Neuen Gedichte» einen gewissen Ausdruck. Erst in den «Aufzeichnungen des Malte Laurids Brigge» (1909) stellt sich eine neue Lösung ein, welche bereits leise im «Stundenbuch» angedeutet worden war. Doch diese Lösung ist eine vorübergehende, eine negative, ja pessimistische: daß man den Tod in sich trage. Sie ist negativ, weil diese Bewertung nichts anderes ist als ein Hereinziehen des Todes ins eigene Herz, anders gesagt: sie ist die in ihr Gegenteil verwandelte Flucht des Todes gegen das Leben hin. Diese Haltung entbehrt zwar nicht eines gewissen Mutes. Aber vom Leben aus gesehen, ist dieser Mut, wie so oft, nichts anderes als eine überstürzte Flucht nach vorn, in diesem Fall eine Flucht auf den Tod zu.

Wenn wir nach dem Tode fragen, so nur, weil wir nach uns selber fragen. Denn der Tod, besser das Sterben, ist die letzte und endgültige Verwirklichung unserer selbst. Und die Angst vor dem Tode ist nichts als das Bekenntnis, ein Leben gelebt zu haben, das nicht wir selber waren. Die Angst Rilkes, nach der Vollendung des «Malte Laurids Brigge» nicht weiterleben zu können, ist das Eingeständnis, die endgültige Lösung des Todesproblemes noch nicht gefunden zu haben.

Die Lage Rilkes in jener Zeit ist mehr als verzweifelt und hoffnungslos. Hierfür sind die «Neuen Gedichte» ein klarer Beweis. Aus ihnen geht hervor, was Rilke unter dem Einfluß Rodins mit ihnen versucht hat, was ihm dabei gelungen, was mißlungen ist.

Für ihn ist die Flucht in den neuen Todesbegriff ein Fliehen von sich fort. Man erkennt sie am stärksten aus der Tatsache, daß Rilke sich immer von neuem an andere verliert, denen er auf eine hingebende Weise Interpret zu sein wünscht. Zuerst ist es die Monographie über die Worpsweder Maler. Dann ist es der Plan zu einem Buche über Jens Peter Jacobsen. Später kommt die Arbeit über Rodin. Auch trug er sich mit dem Gedanken, eine solche über das Werk des spanischen Malers Ignacio Zuloaga zu schreiben (siehe die auf S. 51 f. u. 54 ff. bzw. 63 f. u. 65 ff. mitgeteilten Briefe Rilkes an Zuloaga) und eine weitere über Cézanne, dessen Arbeitseifer ihn genauso wie das Wort Rodins: «Il faut toujours travailler» faszinierten. Doch selbst dieses «Il faut toujours travailler» ist nichts anderes als eine Flucht, und seine «Neuen Gedichte» werden zu einer in die Dinge. Trotz aller Anstrengungen gelang es ihm mit den Monographien nicht, daß sein Fliehen in das Werk anderer zu einem Umweg zu sich selber wurde. Diese Hoffnung blieb unerfüllt. Er fand sich in ihnen nicht. Im Gegenteil, er verlor sich nur noch mehr, und der Bruch mit Rodin war deshalb ein so schwerwiegendes Ereignis, weil durch diesen der Bruch mit sich selbst verstärkt wurde. Sein Wunsch, die Wirklichkeit zu meistern, wird, nachdem die menschlichen Bindungen versagt haben, zum Wunsch, die Dinge zu verstehen, um sie und damit die Wirklichkeit zu gewinnen. So beginnt er sich in sie zu verwandeln. Es ist die Flucht in ihre scheinbare Wirklichkeit. Dieses Unterfangen ist jedoch von vornherein zum Scheitern verurteilt, weil es fraglich erscheint, daß wirkliche Dinge für einen Menschen existieren können, der den Weg zu sich selber noch nicht gefunden hat. Es ist also die verzweifelte und daher fast unfreiwillige Verwandlung alles dessen, was ihm an Leben und Persönlichkeit bleibt, in die Dinge, um sich in ihrer Wirklichkeit zu finden. Er führt diese Verwandlung dank seiner überaus starken Sensibilität bis zu einem derartigen Grade aus, daß sie fast den gänzlichen Verlust seiner selbst heraufbeschwört. Was er, vom künstlerischen Gesichtspunkt aus betrachtet, erreicht, ist mehr als überraschend und in diesem Maße und in dieser Intensität niemals von einem andern geleistet worden: die Dinge fast objektiv auszusagen, oder doch wenigstens objektiv zu interpretieren. Es gelingt ihm, in sie einzudringen. Mehr noch: es gelingt ihm, sie durch sich mit ihrer Stimme sprechen zu lassen. Und trotzdem bleibt ein Rest von Interpretation. Jede Interpretation aber ist nur eine Erklärung. Auf diese jedoch kommt es nicht an, wohl aber auf die Klärung. Rilke gewann damit nur, daß seine Isolierung, seine eigene Unsicherheit wuchs. Er erreichte damit nur, daß er sich endgültig den Rückweg abgeschnitten hatte, der von jenem Augenblick ab bloß noch der Selbstmord hätte sein können. Hier wird nun auf eine neue Weise sein Entschluß verständlich, nach dem «Malte Laurids Brigge» nichts mehr schreiben, womöglich einen andern Beruf ergreifen zu wollen. (Den des Arztes: denn wer für sich selber Hilfe sucht, ist immer bereit, andern zu helfen, weil er unbewußt auf diesem Umweg über die andern für sich selbst eine Klärung erhofft.)

Was Rilke mit den «Neuen Gedichten» versucht hatte, war ihm nur negativ gelungen: er hatte sich in der Wirklichkeit der Dinge finden wollen, aber er hatte sich an sie oder in sie verloren. Ich sagte bereits, daß es aus dieser Situation keinen Rückweg mehr gab. Denn der Tod ist jetzt nicht mehr ein Tod. Er ist nur noch der in das Leben hineingezogene, der, wie Rilke sagte, *in uns zu weinen wagt,* der zu jeder Stunde *mitten in uns* ist: also ein weinender, negativer Tod: die Möglichkeit des Selbstmordes.

Die Jahre 1909 bis 1912 stehen unter diesem Zeichen der Ausweglosigkeit. Er selbst aber steht im Selbstmord: er schreibt nicht mehr. Er beschäftigt sich mit Übersetzungen, so wie Hölderlin in dem entscheidenden Augenblick seines Lebens Pindar zu übertragen begann. Es ist bekannt, was darauf folgte. Und bekannt ist auch, daß Rilke den Absturz in den Wahnsinn vermied. Er bleibt der Stärkere, er weiß noch einmal einen Anknüpfungspunkt zu finden: El Greco. Darüber wird später zu sprechen sein. Hier nur sein eigenes Bekenntnis: «Sie wissen, daß der Greco zu den größten Ereignissen meiner zwei oder drei letzten Jahre gehört.»[1]

In dem Augenblick, da es für menschliche Begriffe aus seiner Situation nur noch den Ausweg des Selbstmordes, des Selbstverlustes, oder der Spaltung und damit des Wahnsinnes, das Erlöschen im Bewußtlosen gab, als seine vorwärtseilende Flucht in die Dinge in ihnen zum Stillstand kam, wurde sie nicht zu einer rückwärtigen, die in den Selbsttod führte. Er schrieb die ersten zwei Elegien. Diese sind der Durchbruch in eine neue verwandelte Welt. Er war der Geliebte der Dinge gewesen und schien sich verloren zu haben. Er wurde zum Liebenden, und die Dinge wurden damit das Tor zu einem Raum, den vor ihm kaum jemand betreten hatte. Es war ein jahrelanger, sehr dunkler Weg gewesen, der ihn dahin führte. Doch plötzlich stand er hinter den Dingen, er war gewissermaßen hinter die Dinge gekommen, und sah jene Seite von ihnen, welche unsere Augen nicht einmal vermuten.

Bei diesem Durchbruch handelt es sich nicht um einen Sieg. Ein derartiges Wort zu gebrauchen, um ein Ereignis im Leben Rilkes zu bezeichnen, wäre verfehlt. Aber es ist das gelebte und erlittene: «Überstehen ist alles.» Von jenem Tage an gewinnt auch seine Angst einen neuen Aspekt. War sie noch im «Malte Laurids Brigge» eine durchaus krankhafte, neurotische, die für viele Menschen die Lektüre dieses Buches, trotz der in ihm enthaltenen Schönheiten, unerträglich machen kann, so verliert sie von jetzt ab einen großen Teil dieser Herkunft. Seine Angst wird zu einem in gewissem Sinne unpersönlichen Leiden, das schon in das Ganze hinüberreicht. Es ist eine Angst, die nichts mehr mit der $ἁμαρτία$ zu tun hat und nichts mehr mit zurückgedrängten Bewußtseinsinhalten (wie im «Malte Laurids Brigge»), sondern sie ist zur Sorge geworden, die engen Grenzen des menschlichen Lebens auszudehnen, sie ist die Erschütterung auf dem Wege, neue unentbehrliche Räume für das menschliche Leben des Abendlandes zu erreichen: sie ist der Anfang einer vollkommenen Verwirklichung: denn in diesem Moment verliert der Tod für Rilke alles Persönliche. Der Tod ist nicht mehr in ihm. Wohl aber steht er auf Augenblicke bereits im Tode und zugleich im Leben.

Daß er diese neue Spannung nicht von Anfang an wird ertragen können, daß es Rückfälle geben wird, weil diese Haltung die Grenzen der menschlichen Natur zu überschreiten scheint – dies war unausbleiblich.

Als die zwei ersten Elegien geschrieben sind, als sich mit ihnen die neue Haltung andeutet und das Todesproblem eine gewisse Lösung erfährt, – da setzt die Schaffenskraft aus, da ist es Spanien, das ihn, diesmal auch in der Stimme der «Unbekannten»,[2] ruft. Und es ist Spanien, in dem er die Atmosphäre zu finden hofft, welche der Fortführung seiner Elegien zuträglich sein soll.

II

In einem seiner Briefe vom November 1900 schreibt Rilke das erstemal über Spanien.³ Seit jenem Zeitpunkt hört er nicht auf, sich mit diesem Lande zu beschäftigen. Zwei Jahre später lernt er in Paris den spanischen Maler Ignacio Zuloaga kennen, dessen Bilder auf ihn einen starken Eindruck gemacht hatten. Dank der Liebenswürdigkeit Don Ignacio Zuloagas ist es mir möglich, im Rahmen dieses Buches die Briefe zu veröffentlichen (S. 51-60), die Rilke an den von ihm bewunderten Maler schrieb und welche, wie mir Don Ignacio Zuloaga sagte, die einzigen sind, die aus der etwa vierzig bis fünfzig Briefe umfassenden Korrespondenz Rilkes an ihn erhalten blieben. Wie sehr Rilke Zuloaga nicht nur als Künstler, sondern auch als Menschen schätzte, geht aus diesen Briefen hervor, deren Aufrichtigkeit, wie nicht anders zu erwarten, durch andere Briefstellen erhärtet wird.⁴ Alle diese Briefe beweisen uns sein Interesse für Spanien, welches vorerst nur durch das Werk Zuloagas bedingt erscheint. Sein Vorhaben, eine Monographie über diesen Maler zu schreiben, hält ihn, nachdem er in Bremen, Berlin und Dresden Werke von ihm sah, in München, Paris, Venedig und Düsseldorf vor seinen Bildern fest. So entsteht (1903) in ihm der Plan zu einer spanischen Reise, die aber erst sehr viel später und dann auch nicht mehr um Zuloagas willen zur Ausführung kam. Auf eine indirekte Weise jedoch hat Zuloaga selbst noch an dieser nicht mehr um seinetwillen unternommenen Reise Anteil. Dies ist eine Tatsache, welche in keinem Briefe Rilkes vermerkt ist, trotzdem es eines der entscheidendsten Ereignisse für ihn war. Gesprächsweise teilte mir Don Ignacio Zuloaga im Juli 1936 auf seinem Landsitz in Zumaya mit, daß er Rilke in den Jahren 1904 bis 1907 mit Greco bekannt gemacht hatte. Es waren vor allem dessen Heiliger Anton, der Heilige Franz von Assisi und eine Heilige Maria, die Zuloaga damals in seinem Pariser Atelier hatte. Er sprach von dem tiefen, nachhaltigen Eindruck, welche die Bilder dieses damals noch immer vergessenen Malers auf Rilke machten, von den nachmittagelangen Gesprächen vor diesen Bildern und den oftmaligen Besuchen Rilkes, die in den letzten Jahren ihrer Bekanntschaft immer mehr den Grecos galten.

Seit jenen Jahren nimmt das Interesse Rilkes für Greco dauernd zu. Dessen Bild «Toledo» ergreift ihn, als er es 1907 sieht, so stark, daß er, kaum aus der Ausstellung nach Hause gekommen, darüber an Rodin schreibt.[5]

Aus den «Erinnerungen an Rainer Maria Rilke» der Fürstin Maria von Thurn und Taxis-Hohenlohe geht hervor, daß es ihn schon im Jahre 1911 fast gewaltsam nach diesem Toledo Grecos zog. So nahe war es ihm, daß ihm eine Reise von Paris nach Duino «via Toledo» wie ein «kleiner Umweg» erschien.[6] Im Verlaufe des Jahres 1912 aber wird das Bedürfnis, Toledo zu sehen, immer stärker. Mit einer fast magischen Gewalt zieht ihn diese Stadt an. Die von der Fürstin Thurn und Taxis-Hohenlohe in den erwähnten Erinnerungen[7] mitgeteilten Einzelheiten über die Begegnungen Rilkes mit der Toledaner «Unbekannten» sind in dieser Hinsicht sehr aufschlußreich. Als dann die zwei ersten Elegien beendet sind, glaubt er sich, wie ich bereits erwähnte, von dem Aufenthalt in Toledo das geistige Klima versprechen zu dürfen, welches ihre Weiterführung ermöglichen sollte. So kommt es dann im Herbst 1912 endlich zu dieser Reise. Die Art, wie sich die Hinreise entwickelt, hat etwas so Elementares an sich, daß sich dem Leser seiner Briefe von neuem das Bild der überstürzten Flucht nach vorn, in die Rettung, aufzwingt: es ist ein atemloser Weg, der ihn von Duino (an der Adria) über München und Paris, wo er immer nur die allernotwendigste Zeit verweilt, um dann, bloß eine Nacht in Bayonne bleibend und in Madrid nur aussteigend, um vom Nord- zum Südbahnhof zu fahren, bis nach Toledo führt.[8] Wie sehr aber diese Stadt zu seiner Rettung, ja Entscheidung wurde, wird der folgende Abschnitt, die Beschreibung seines spanischen Aufenthaltes, ersichtlich machen.

III

In den ersten Tagen des November 1912 kommt Rilke in Toledo an. Er hat die Absicht, den ganzen Winter dort zu verbringen, bleibt aber nur einen Monat. Seine Gesundheit ist dem Klima dieser Stadt nicht gewachsen, die wie keine andere den schneidenden Winden der nordwestlich gelegenen Sierra de Gredos ausgesetzt ist, während die Regenmassen ungehindert über die Mancha aus dem Süden und von Westen her das weite Tajotal herauf über sie hereinbrechen.

Dieser Monat in Toledo ist für Rilke vom ersten bis zum letzten Tage nichts als die Bestätigung dessen, was er vorausfühlte. Die Erfüllung seiner Ahnungen erreicht einen solchen Grad, daß sie ihn bestürzt. Toledo erscheint ihm, als ob er es seit langem kenne. Nicht die leiseste Spur von Enttäuschung mischt sich in diese Erfahrung, ein Umstand, der hervorgehoben zu werden verdient, weil das Maß der Erwartungen, welche er in diese Stadt setzte, so ungeheuer war, daß dieses leicht vor der Wirklichkeit zu einer Enttäuschung hätte werden können. Aber er kam und sah sein Toledo und seine (eigene) Wirklichkeit. Ein Gefühl relativen Wohlbefindens bemächtigt sich seiner. Er sieht die Grecos. Und neben der Stadt erscheinen sie ihm nicht mehr von der früher ihnen zugesprochenen Wichtigkeit,[9] weil sie tatsächlich nur einen ergänzenden Teil der Stadt ausmachen. Er fuhr zu dem Greco Toledos und fand das Toledo Grecos. Er wird nicht müde, diese Stadt zu durchwandern, die steilen, engen Gassen hinauf- und hinabzugehen, die Brücken zu erleben, die auf eine so besondere Art Brücken sind. Um Toledo zu beschreiben, wandelt er die Worte des Jesuitenpaters Ribadeneira über die Jungfrau Maria ab, und Toledo wird ihm «eine Stadt Himmels und der Erden», wobei er hinzufügt: «denn sie ist wirklich in beiden, sie geht durch alles Seiende durch, ... sie [ist] im gleichen Maße für die Augen der Verstorbenen, der Lebenden und der Engel da».[10] Wenige Tage zuvor schrieb er über sie: «Ich begreife augenblicklich die Legende, daß Gott, da er am vierten Schöpfungstage die Sonne nahm und stellte, sie genau über Toledo einrichtete: so sehr sternisch ist die Art dieses ungemeinen Anwesens gemeint, so hinaus in den Raum...»[11] Toledo ist die von ihm geahnte, ihm entsprechende Landschaft, seine geistige Landschaft. So wird alles, was ihm hier begegnet, positiv: das Anhören einer Novene, die in einer kleinen Pfarrkirche gesungen wird und welche einmal, als man sie im 17. Jahrhundert unterdrückte, von Engeln angestimmt wurde.[12] Ein anderes Ereignis, das will sagen: etwas, das zu seinem Eigen wird,[12a] ist Grecos «Himmelfahrt Mariä» in der Kirche von San Vicente, welche er täglich aufsucht.[13] Wie auf dem Bilde der Engel sich aus den Blumen loslöst, wie er aufsteigt und mit seinem Fluge Maria erhebt: dieser unbeschreibliche Rhythmus nach oben, der sich in jedem Augenblicke durch seine eigene Kraft steigert, dieser ganze «Elan», all diese geistige Leidenschaft, dieser Schwung gegen die sich öffnenden Himmel hin, mußten Rilke beeindrucken. Er findet in Greco vor allem jene innerste Sehnsucht, die auch die seine ist, verkörpert, an die Grenzen des Drüben zu gelangen. Doch seine Hoffnung, in Toledo die Elegien beenden zu können, erfüllt sich nicht.[14] Nur eine bruchstückhafte Weiterführung ist ihm gegeben, und einige Gedichte entstehen, auf die ich später noch zu sprechen komme. Doch gerade auf die Vollendung der Elegien kam es ihm an. Daß diese sich nicht ergibt, entmutigt ihn. Inzwischen ist auch der Toledaner Dezember angebrochen, der seine physischen Kräfte übersteigt. So bricht er den Aufenthalt ab, von dem er schrieb: «Ich habe mich nicht geirrt, wenn ich von dieser Stadt für mich das Entscheidendste, ja etwas erwartete, was mich über alle Maßen anging: so war es auch, ich kam aus einem gewissen, absolut zustimmenden Staunen Tag und Nacht nicht heraus.»[15] Er geht «schweren Herzens»[16] von Toledo fort. Ja er hegt die Hoffnung, wiederzukommen.

Von Toledo aus reist er zuerst nach Córdoba, das ihm gefällt. Er bleibt nur kurz dort und geht dann nach Sevilla, wo er den Winter zu verbringen gedenkt, nachdem er auch an Granada gedacht hatte.[17] Sevilla aber enttäuscht ihn.[18] Das einzige, das ihn dort anzieht, ist das «Hospital de la Caridad».[19] Dann, als er dort von Ronda hört, das ihm, wie ich durch Don José de Vilallonga erfuhr, von dessen Familie empfohlen wurde, entscheidet er sich, den Winter in jenem Ort zu verbringen.

Mitte Dezember kommt er in Ronda an, der Stadt im Gebirge zwischen Gibraltar und Málaga. Über diese Ankunft schreibt Edmond Jaloux in seinem Buche über Rilke: «J'aime quand le cercle se referme», me disait Rainer Maria Rilke, «quand une chose rejoint l'autre. Lorsque j'arrivai pour la première fois à Ronda, je fus stupéfait de l'avoir déjà vu. Mais où? Comment? Ce ne fut que longtemps après que je me souvins d'une soirée passée, en Russie, dans la grande salle d'un château; je regardais un journal de voyage tenu autrefois par un jeune seigneur qui faisait avec son précepteur le tour de l'Europe. Il y avait un dessin dans ce journal, celui d'une ville dont le nom n'était pas inscrit: c'était Ronda...» («Ich liebe es, wenn der Kreis sich schließt», sagte mir Rainer Maria Rilke, «wenn ein Ding sich mit dem anderen vereinigt. Als ich zum ersten Male nach Ronda kam, war ich mehr als erstaunt, es bereits gesehen zu haben. Aber wo? Wie? Es war erst sehr viel später, daß ich mich eines Abends entsann, den ich in dem großen Saale eines Schlosses in Rußland verbracht hatte; ich sah mir ein Reisetagebuch an, das früher von einem jungen Edelmann geführt worden war, der mit seinem Erzieher eine Europareise gemacht hatte. In jenem Tagebuch war eine Zeichnung, welche eine Stadt darstellte, die nicht genannt wurde: Es war Ronda...»)[20]

Doch hier beginnen von neuem die Unruhen, die von einem körperlichen Unbehagen begleitet werden. Er spricht von der tiefen Krise, die er durchmacht und die ihn verwirrt.[21] Er versucht den «Don Quijote» zu lesen, doch die deutsche Übersetzung bringt ihm diese Welt nicht nahe, und so weist er sie zurück. Dagegen spricht ihn der «Koran» sehr stark an, und wir wissen aus seinem eigenen Zeugnisse, daß die Gestalt des Engels, die eine so bedeutungsvolle Rolle in seinem Spätwerk spielt, nicht auf christliche, sondern arabisch-jüdische Traditionen zurückgeht – auf jene Traditionen, die er zutiefst in Toledo als ihm wahlverwandt und wahlheimatlich empfand. Inzwischen wächst die Krise, und das einzig Positive, das ihm bleibt, ist die angenehme und von ihm geschätzte Atmosphäre Rondas.[22] Er schreibt einige Gedichte, ja noch in Muzot, zehn Jahre später, wird ein Erlebnis aus Ronda zum Inhalt eines der «Sonette an Orpheus».[23] Das Todesproblem stellt sich von neuem in all seiner Schärfe, dieses Problem, das an sich schon gelöst schien, dessen Lösung aufrechtzuerhalten aber noch immer über seine Kräfte geht, trotzdem ihm Toledo eine Bestätigung war.[24] Schließlich, Ende Januar 1913, entschließt er sich, nach Paris zurückzukehren und sieht von einem Besuche Granadas ab.[25]

Er fährt direkt nach Madrid zurück, wo er acht Tage verbringt: er besucht das Prado-Museum. Er kauft sich von seinem letzten Gelde das Werk M.B. de Cossíos über Greco, dessen deutsche, von ihm lang erwartete Übersetzung noch immer nicht erschienen ist.[26] Aber Madrid macht keinen Eindruck auf ihn. Und trotzdem er Empfehlungsschreiben an verschiedene Madrider Kreise mit sich führt, sucht er niemanden auf.[27] Selbst nicht, wie es scheint, den Kunsthistoriker M.B. de Cossío, dessen Tochter, Señora Doña Natalia Cossío de

Giménez Fraud, mir nur sagen konnte, sich sehr wohl an Rilke aus Gesprächen, die zu Hause geführt wurden, zu erinnern, nicht aber ihn jemals in ihrem Elternhause gesehen zu haben. Sein Gesundheits- und Gemütszustand macht dieses Vermeiden, neue Menschen kennenzulernen, verständlich.[27a] Die zunehmende Krisis schlug ihn immer mehr in ihren Bann. Die Tatsache, daß anscheinend Spanien sie auslöste, spricht nicht gegen die Wichtigkeit und das Entscheidende dieser Reise. Im Gegenteil, sie unterstreicht es. Denn diese Krisis wurde zu keiner, die in den Tod mündet (wenn sie auch nahe genug an ihm vorbeiführte), sondern sie wurde zum endgültigen Heilungsprozeß, den Spanien in ihm auslöste. Den neuen Weg, den ihm die spanische Erfahrung wies, trug er zutiefst in sich, ihn gleich zu beschreiten, war ihm nicht sofort gegeben. Trotz allem aber liegt über dieser spanischen Reise, selbst in dem Moment, da er nach Paris zurückkehrt, der unbeschreibliche Jubel und die elementare Bestätigung seines Wesens, die ihm Greco schenkte und vor allem Toledo.

IV

Es war kein Zufall, daß es vor allen anderen Städten Toledo und Ronda waren, die auf Rilke den entscheidenden Eindruck machten und ihn länger verweilen ließen. Abgesehen von allem, was man über seine Beziehungen zu Toledo weiß: beide Städte sind über dem Abgrund erbaut und überstehen die Ängste ihrer Geburt, verwandeln sie in ein Hinauf, einem Himmel zu, der, was Toledo anbetrifft, so einzigartig ist, daß er fast wie eine Schöpfung dieser Stadt erscheint, durch ihre Kraft und Leidenschaft entstanden und auf eine ergänzende und wirkende Weise einen Teil von ihr bildend. Dieser Himmel Toledos ist vielleicht das Unvergeßlichste an dieser Stadt, dieser Himmel, der Wolken bildet, welche Gewändern der Engel gleichen. Doch die Engel, die er anfleht, die zum Ausdruck des sonst Unsagbaren wurden, versagten sich ihm. In Paris schreibt er zwar noch Bruchstücke der Elegien nieder, aber die Krisis wird übermächtig, und aus dem Zeugnis der Fürstin Thurn und Taxis-Hohenlohe[28] geht hervor, wie nahe er am endgültigen Abgrund in jenen Jahren vorbeiging. Dann kommt der andere Abgrund, der Krieg, und Rilkes langes Schweigen. Erst 1919, in der Schweiz, geht ein Aufatmen durch ihn, und sein sehnlichster Wunsch ist, einen Ort zu finden, der ihm die Ruhe zur Arbeit schenken könnte. Ihn überkommt ein «Heimweh nach Spanien».[29] Er möchte dort wieder anknüpfen, wo vor Jahren der Faden abgerissen zu sein schien. Und als er dann Anfang 1921, dank seiner Schweizer Freunde in Muzot eine Zuflucht findet, gehört die Tatsache, daß diese Walliser Landschaft ihn außer an die Provence gerade an Spanien erinnert, zu den glücklichsten Ereignissen, die ihm begegnen konnten. «Der Umstand, daß in der hiesigen landschaftlichen Erscheinung Spanien und die Provence so seltsam ineinanderwirken, hat mich schon damals [im Herbst 1920] geradezu ergriffen: denn beide Landschaften haben in den letzten Jahren vor dem Krieg stärker und bestimmender zu mir gesprochen als alles übrige, und nun ihre Stimmen vereint zu finden in einem ausgebreiteten Bergtal der Schweiz!»[30] Wenn Rilke hier von der Provence spricht, so denkt er vor allem an jenen Teil, die «Alpilles», der zwischen der Rhône (Tarrascon und Arles) und Les Baux gelegen ist. Wenn auch dort das provenzalische Licht nuancierter ist als in Spanien, so erinnert doch z.B. die Lage von Les Baux sehr an die Toledos und Rondas. Auch Les Baux ist über einem Abgrund erbaut und flüchtet an einem steilen Abhang aus einem Tale heraus, dessen Unheimlichkeit, wie man mir sagte, der Grund war, daß Dante dieses Tal zum Vorbild seiner Beschreibung von der Hölle genommen habe.[31/31a] – Und Rilke fährt fort: «... denn der unbeschreiblichste (fast regenlose) Himmel nimmt von weit oben her an diesen Perspektiven [denen des Walliser Tales] teil und beseelt sie mit einer so geistigen Luft, daß das besondere Zueinanderstehen der Dinge, ganz wie in Spanien, zu gewissen Stunden jene Spannung aufzuweisen scheint, die wir zwischen den Sternen eines Sternbildes wahrzunehmen meinen.» Verschiedentlich kommt Rilke auf diese Tatsache zu sprechen, wobei er immer von neuem anerkennt, wieviel er seinem spanischen Aufenthalt verdankt. Als er dann im Frühjahr 1922 die «Duineser Elegien» beendet und an den «Sonetten an Orpheus» schreibt, spricht er von dem «großen Einfluß», den gerade Spanien «auf die Arbeiten, die mich eben beschäftigen», gehabt habe,[32] und in einem späteren Briefe sagt er, von den Ländern, die er kennenlernte, berichtend: «... Algier, Tunis und Ägypten, die französische Provinz und schließlich, als bedeutendstes Ereignis nach Rußland und dem unerschöpflichen Paris: Spanien, wo ich einen Winter über (1912) gewohnt habe.»[33] Dieses Gefühl der Dankbarkeit gegenüber Spanien hat ihn nie verlassen, und der Wunsch, es wiederzusehen, war so mächtig in ihm, daß er, wie mir Madame Lou Albert-Lazard erzählte, die Absicht hatte, dieses Land mit ihr gemeinsam wieder zu besuchen; der Weltkrieg vereitelte diese zweite Spanienreise. Kurz vor der Vollendung seines Lebenswerkes äußerte er dann nochmals diesen Wunsch, da er im Januar 1922 notierte: «Frühling 1923 schrieb ich mir als Datum über mein künftiges Granada.»[34] Vielleicht, daß die dann erfolgte Beendigung der «Elegien» diese Reise nicht mehr so notwendig machte, jedenfalls kam sie nicht zur Ausführung.

Rilke hat, wie aus dem Gesagten hervorgeht, immer wieder von dem Einfluß Spaniens gerade auf seine beiden Hauptwerke, die «Duineser Elegien» und die «Sonette an Orpheus», gesprochen. Aber er äußerte sich nie darüber, worin dieser Einfluß bestanden habe. In den zwei folgenden Schlußkapiteln will ich versuchen, diese Frage zu lösen.

V

Um die Art des spanischen Einflusses auf das Werk Rilkes aufzuzeigen, wird es am besten sein, diesen unter zwei Gesichtspunkten zu betrachten: einmal vom rein thematischen aus, andererseits aber vom spirituellen her. Das Werk Rilkes kommt einer solchen Teilung entgegen, da der Einfluß Spaniens auf die einzelnen Gedichte der Jahre 1912 bis 1921 mehr thematischer Art zu sein scheint, während in den Elegien das andere Element vorherrscht.

Ich werde jenen Gedichten den Vorzug geben, welche ohne Zweifel auf spanischem Boden geschrieben worden sind,[35] möchte aber unterstreichen, daß die nachfolgende Aufzählung nicht beansprucht, eine vollständige zu sein, zumal sich in fast allen nach 1912 geschriebenen Gedichten Rilkes ein unverkennbarer Niederschlag spanischen Ambientes nachweisen läßt.

Vor allen anderen ist es ein Gedicht, welches sich unter den in Frage stehenden hervorhebt: «Christi Höllenfahrt».[36] Seine Kontextur ist durchaus die eines Grecos. Ja, es scheint fast der Spiegel eines seiner Bilder zu sein: die gleiche Leidenschaft, die gleiche Kraft und Intensität der Farbe, die gleichen Schatten und Übergänge, kurz gesagt, es herrscht in diesem Gedicht ein Greco-Rhythmus, jener der leidenschaftlichen Anrufung mit seinen sich steigernden, aufwärts- bzw. abwärtsreißenden Linien und Farben, jener Rhythmus, dessen Intensität zuweilen den Rahmen des Bildes zu sprengen droht:

Christi Höllenfahrt

Endlich verlitten, entging sein Wesen dem schrecklichen
Leibe der Leiden. Oben. Ließ ihn.
Und die Finsternis fürchtete sich allein
und warf an das Bleiche
Fledermäuse heran, – immer noch schwankt abends
in ihrem Flattern die Angst vor dem Anprall
an die erkaltete Qual. Dunkle ruhlose Luft
entmutigte sich an dem Leichnam; und in den starken
wachsamen Tieren der Nacht war Dumpfheit und Unlust.
Sein entlassener Geist gedachte vielleicht in der Landschaft
anzustehn, unhandelnd. Denn seiner Leidung Ereignis
war noch genug. Maßvoll
schien ihm der Dinge nächtliches Dastehn,
und wie ein trauriger Raum griff er darüber um sich.
Aber die Erde, vertrocknet im Durst seiner Wunden,
aber die Erde riß auf, und es rufte im Abgrund.
Er, Kenner der Martern, hörte die Hölle
herheulend, begehrend Bewußtsein
seiner vollendeten Not: daß über dem Ende der seinen
(unendlichen) ihre, währende Pein erschrecke, ahne.
Und er stürzte, der Geist, mit der völligen Schwere
seiner Erschöpfung herein: schritt als ein Eilender
durch das befremdete Nachschaun weidender Schatten,
hob zu Adam den Aufblick, eilig,
eilte hinab, schwand, schien und verging in dem Stürzen
wilderer Tiefen. Plötzlich (höher, höher) über der Mitte
aufschäumender Schreie, auf dem langen
Turm seines Duldens trat er hervor: ohne Atem,
stand, ohne Geländer, Eigentümer der Schmerzen. Schwieg.

Das gleiche Greco-Ambient, – man kann mit demselben Recht auch von einem Toledo-Ambient sprechen, – atmen die folgenden Gedichte:

Auferweckung des Lazarus

Also, das tat not für den und den,
weil sie Zeichen brauchten, welche schrieen.
Doch er träumte Marthen und Marieen
müßte es genügen, einzusehn,
daß er könne. Aber keiner glaubte,
alle sprachen: Herr, was kommst du nun?
Und da ging er hin, das Unerlaubte
an der ruhigen Natur zu tun.
Zürnender. Die Augen fast geschlossen,
fragte er sie nach dem Grab. Er litt.
Ihnen schien es, seine Tränen flossen,
und sie drängten voller Neugier mit.
Noch im Gehen wars ihm ungeheuer,
ein entsetzlich spielender Versuch,
aber plötzlich brach ein hohes Feuer
in ihm aus, ein solcher Widerspruch
gegen alle ihre Unterschiede,
ihr Gestorben-, ihr Lebendigsein,
daß er Feindschaft war in jenem Gliede,
als er heiser angab: Hebt den Stein!
Eine Stimme rief, daß er schon stinke,
(denn er lag den vierten Tag) – doch Er
stand gestrafft, ganz voll von jenem Winke,
welcher stieg in ihm und schwer, sehr schwer
ihm die Hand hob – (niemals hob sich eine
langsamer als diese Hand und mehr)
bis sie dastand scheinend in der Luft,
und dort oben zog sie sich zur Kralle:
denn ihn graute jetzt, es möchten alle
Toten durch die angesaugte Gruft
wiederkommen, wo es sich herauf
raffte, larvig, aus der graden Lage –
doch dann stand nur eines schief im Tage,
und man sah: das ungenaue vage
Leben nahm es wieder mit in Kauf.

Und:

Der Tod des Moses

Keiner, der finstere nur gefallene Engel
wollte; nahm Waffen, trat tödlich
den Gebotenen an. Aber schon wieder
klirrte er hin rückwärts, aufwärts,
schrie in die Himmel: Ich kann nicht!

Denn gelassen durch die dickichte Braue
hatte ihn Moses gewahrt und weitergeschrieben:
Worte des Segens und den unendlichen Namen.
Und sein Auge war rein bis zum Grunde der Kräfte.

Also der Herr, mitreißend die Hälfte der Himmel,
drang herab und bettete selber den Berg auf;
legte den Alten. Aus der geordneten Wohnung
rief er die Seele; die, auf! und erzählte
vieles Gemeinsame, eine unzählige Freundschaft.

Aber am Ende wars ihr genug. Daß es genug sei,
gab die vollendete zu. Da beugte der alte
Gott zu dem Alten langsam sein altes
Antlitz. Nahm ihn im Kusse aus ihm
in sein Alter, das ältere. Und mit Händen der Schöpfung
grub er den Berg zu. Daß es nur einer,
ein wiedergeschaffener, sei unter den Bergen der Erde,
Menschen nicht kenntlich.

Mit dem folgenden Gedicht nimmt Rilke eindeutig auf die Brücken Toledos Bezug, den Tajo und die toledaner Landschaft:

Sankt Christofferus

Die große Kraft will für den Größten sein.
Nun hoffte er, ihm endlich hier zu dienen
an dieses Flusses Furt; er kam von zwein
berühmten Herren, die ihm klein erschienen,
und ließ sich dringend mit dem dritten ein:

den er nicht kannte; den er durch Gebet
und Fastenzeiten nicht auf sich genommen,
doch der im Ruf steht, jedem nachzukommen,
der alles läßt und für ihn geht.

So trat er täglich durch den vollen Fluß –
Ahnherr der Brücken, welche steinern schreiten, –
und war erfahren auf den beiden Seiten
und fühlte jeden, der hinüber muß.

Und ruhte nachts in dem geringen Haus,
gefaßt zu handeln, jeder Stimme inne,
und atmete die Mühe mächtig aus,
genießend das Geräumige seiner Sinne.

Dann rief es einmal, dünn und hoch: ein Kind.
Er hob sich groß, daß er es überführe;
doch wissend, wie die Kinder ängstlich sind,
trat er ganz eingeschränkt aus seiner Türe
und bückte sich –: und draußen war Nachtwind.

Er murmelte: Was sollte auch ein Kind...?
nahm sich zurück mit einem großen Schritte
und lag in Frieden und entschlief geschwind.
Aber da war es wieder, voller Bitte.
Er spähte wieder –: draußen war Nachtwind.

Da ist doch keiner, oder bin ich blind?
warf er sich vor und ging noch einmal schlafen,
bis ihn dieselben Laute zwingend lind
noch einmal im verdeckten Innern trafen:
Er kam gewaltig:
                        und draußen war ein Kind.

Schließlich möchte ich noch auf Gedichte wie «Skizze zu einem Sankt Georg» und «Nonnen-Klage» hinweisen, die ohne Zweifel zu der eben beschriebenen Art von Gedichten Rilkes gehören und von dieser als letztes noch eines zitieren:[37]

Klage

Wem willst du klagen, Herz? Immer gemiedener
ringt sich dein Weg durch die unbegreiflichen
Menschen. Mehr noch vergebens vielleicht,
da er die Richtung behält,
Richtung zur Zukunft behält,
zu der verlorenen.

Früher. Klagtest? Was wars? Eine gefallene
Beere des Jubels, unreife.
Jetzt aber bricht mir mein Jubelbaum,
bricht mir im Sturme mein langsamer
Jubelbaum.
Schönster, in meiner unsichtbaren
Landschaft, der du mich kenntlicher
machtest Engeln, unsichtbaren.

Das Engel-Motiv, das Rilke in den letzten Zeilen anklingen läßt, führte er mit seinen zwei ersten Elegien ein. Im Verlaufe der Jahre erfährt dieses eine Wandlung und Ausreifung. Eine Station auf diesem Wege ist das Gedicht:

An den Engel

Starker, stiller, an den Rand gestellter
Leuchter: oben wird die Nacht genau.
Wir vergeben uns in unerhellter
Zögerung an deinem Unterbau.
Unser ist: den Ausgang nicht zu wissen
aus dem drinnen irrlichen Bezirk,
du erscheinst auf unsern Hindernissen
und beglühst sie wie ein Hochgebirg.

Deine Lust ist über unserm Reiche,
und wir fassen kaum den Niederschlag;
wie die reine Nacht der Frühlingsgleiche
stehst du teilend zwischen Tag und Tag.

Wer vermöchte je dir einzuflößen
von der Mischung, die uns heimlich trübt,
du hast Herrlichkeit von allen Größen,
und wir sind am Kleinlichsten geübt.

Wenn wir weinen, sind wir nichts als rührend,
wo wir anschaun, sind wir höchstens wach,
unser Lächeln ist nicht weit verführend,
und verführt es selbst, wer geht ihm nach?

Irgendeiner. Engel, klag ich, klag ich?
Doch wie wäre denn die Klage mein?
Ach, ich schreie, mit zwei Hölzern schlag ich,
und ich meine nicht, gehört zu sein.

Daß ich lärme, wird an dir nicht lauter,
wenn du mich nicht fühltest, weil ich bin.
Leuchte, leuchte! Mach mich angeschauter
bei den Sternen. Denn ich schwinde hin.

Dieses Gedicht schrieb er gleich den zwei andern, «Himmelfahrt Mariae» genannten, in Ronda.[38] Sie sind das Echo des Grecos aus San Vicente von Toledo, jenes Bildes, das Rilke so außerordentlich anzog. In seinem Gedicht gestaltet er mit dem Hinüberweisenden und Hinübergehenden dieses Vorganges gleichzeitig die strenge Süße Marias in Umrissen, an denen sowohl Himmel als Erde teilnehmen:

Himmelfahrt Mariae

I

Nicht nur aus dem Schaun der Jünger, welchen
deines Kleides leichte Wehmut bleibt:
ach, du nimmst dich aus den Blumenkelchen,
aus dem Vogel, der den Flug beschreibt,

aus dem vollen Offensein der Kinder,
aus dem Euter und dem Kaun der Kuh –;
alles wird um eine Milde milder,
nur die Himmel innen nehmen zu.

Hingerißne Frucht aus unserm Grunde,
Beere, die du voller Süße stehst,
laß uns fühlen, wie du in dem Munde
der entzückten Seligkeit zergehst.

Denn wir bleiben, wo du fortkamst, jede
Stelle unten will getröstet sein.
Neig uns Gnade, stärk uns wie mit Wein,
denn vom Einsehn ist da nicht die Rede.

II

Köstliche, o Öl, das oben will,
blauer Rauchrand aus dem Räucherkorbe,
grad hinan vertönende Theorbe,
Milch des Irdischen, entquill,

still die Himmel, die noch klein sind, nähre
das dir anruht, das verweinte Reich:
Goldgewordne wie die hohe Ähre,
Reingewordne wie das Bild im Teich.

Wie wir, nächtens, daß die Brunnen gehen,
hören im vereinsamten Gehör:
bist du, Steigende, in unserm Sehen
ganz allein. Wie in ein Nadelöhr

will mein langer Blick in dir sich fassen,
eh du diesem Sichtlichen entfliehst,
daß du ihn, wenn auch ganz weiß gelassen,
durch die farbenechten Himmel ziehst.

Abgesehen von diesen Gedichten, die man seine Toledo-Gedichte nennen könnte, schrieb er einige, die sich mehr oder weniger deutlich auf gewisse Ereignisse und Begegnungen während seines Aufenthaltes in Spanien beziehen. Da ist das bereits erwähnte XXI. Sonett des ersten Teiles der «Sonette an Orpheus»:

Sonett XXI

Frühling ist wiedergekommen. Die Erde
ist wie ein Kind, das Gedichte weiß;
viele, o viele ... Für die Beschwerde
langen Lernens bekommt sie den Preis.

Streng war ihr Lehrer. Wir mochten das Weiße
an dem Barte des alten Manns.
Nun, wie das Grüne, das Blaue heiße,
dürfen wir fragen: sie kanns, sie kanns!

Erde, die frei hat, du glückliche, spiele
nun mit den Kindern. Wir wollen dich fangen,
fröhliche Erde. Dem Frohsten gelingts.

O, was der Lehrer sie lehrte, das Viele,
und was gedruckt steht in Wurzeln und langen
schwierigen Stämmen: sie singts, sie singts.

Über dieses Sonett schrieb Rilke selber als Anmerkung in der Buchausgabe: «Sonett XXI: Das kleine Frühlings-Lied erscheint mir gleichsam als ‹Auslegung› einer merkwürdig tanzenden Musik, die ich einmal von den Klosterkindern in einer kleinen Nonnenkirche zu Ronda (in Süd-Spanien) zu einer Morgenmesse habe singen hören. Die Kinder, immer im Tanztakt, sangen einen mir unbekannten Text zu Triangel und Tamburin.» – Und da ist auch jenes: «Der Tod», das er 1915 in München schrieb und von dessen Schlußzeilen er sich bewußt wurde, daß sie ihre Wurzel in einem Ereignis hatten, welches er in Toledo erlebte: «Oh Sternenfall, / von einer Brücke einmal eingesehn –: / dich nicht vergessen. Stehn!» Jene Brücke ist eine Toledos, jener Sternenfall eine Erscheinung, die er damals «einsah».[39]

Schließlich dürfen die drei Gedichte «Die spanische Triologie»[40] nicht vergessen werden, die er in Ronda schrieb und in denen man das «Hospital de la Caridad» aus Sevilla wiedererkennt und die Hirten-Landschaft in den Ausläufern der Gebirge um Ronda; diese Triologie erinnert stilistisch wieder sehr stark an Rilkes Greco-Erfahrung:

Die spanische Triologie

Aus dieser Wolke, siehe: die den Stern
so wild verdeckt, der eben war – (und mir),
aus diesem Bergland drüben, das jetzt Nacht,
Nachtwinde hat für eine Zeit – (und mir),
aus diesem Fluß im Talgrund, der den Schein
zerrißner Himmels-Lichtung fängt – (und mir);
aus mir und alledem ein einzig Ding
zu machen, Herr: aus mir und dem Gefühl,
mit dem die Herde, eingekehrt im Pferch,
das große dunkle Nichtmehrsein der Welt
ausatmend hinnimmt –, mir und jedem Licht
im Finstersein der vielen Häuser, Herr:
ein Ding zu machen; aus den Fremden, denn
nicht *einen* kenn ich, Herr, und mir und mir
ein Ding zu machen; aus den Schlafenden,
den fremden alten Männern im Hospiz,
die wichtig in den Betten husten, aus
schlaftrunkenen Kindern an so fremder Brust,
aus vielen Ungenaun und immer mir,
aus nichts als mir und dem, was ich nicht kenn,
das Ding zu machen, Herr Herr Herr, das Ding,
das welthaft-irdisch wie ein Meteor
in seiner Schwere nur die Summe Flugs
zusammennimmt: nichts wiegend als die Ankunft.

*

Warum muß einer gehn und fremde Dinge
so auf sich nehmen, wie vielleicht der Träger
den fremdlings mehr und mehr gefüllten Marktkorb
von Stand zu Stand hebt und beladen nachgeht
und kann nicht sagen: Herr, wozu das Gastmahl?

Warum muß einer dastehn wie ein Hirt,
so ausgesetzt dem Übermaß von Einfluß,
beteiligt so an diesem Raum voll Vorgang,
daß er gelehnt an einen Baum der Landschaft
sein Schicksal hätte, ohne mehr zu handeln.
Und hat doch nicht im viel zu großen Blick
die stille Milderung der Herde. Hat
nichts als Welt, hat Welt in jedem Aufschaun,
in jeder Neigung Welt. Ihm dringt, was andern
gerne gehört, unwirtlich wie Musik
und blind ins Blut und wandelt sich vorüber.

Da steht er nächtens auf und hat den Ruf
des Vogels draußen schon in seinem Dasein
und fühlt sich kühn, weil er die ganzen Sterne
in sein Gesicht nimmt, schwer –, o nicht wie einer,
der der Geliebten diese Nacht bereitet
und sie verwöhnt mit den gefühlten Himmeln.

*

Daß mir doch, wenn ich wieder der Städte Gedräng
und verwickelten Lärmknäul und die
Wirrsal des Fahrzeugs um mich habe, einzeln,
daß mir doch über das dichte Getrieb
Himmel erinnerte und der erdige Bergrand,
den von drüben heimwärts die Herde betrat.
Steinig sei mir zumut

und das Tagwerk des Hirten scheine mir möglich,
wie er einhergeht und bräunt und mit messendem Steinwurf
seine Herde besäumt, wo sie sich ausfranst.
Langsamen Schrittes, nicht leicht, nachdenklichen Körpers,
aber im Stehn ist er herrlich. Noch immer dürfte ein Gott
heimlich in diese Gestalt und würde nicht minder.
Abwechselnd weilt er und zieht, wie selber der Tag,
und Schatten der Wolken
durchgehn ihn, als dächte der Raum
langsam Gedanken für ihn.

Sei er wer immer für euch. Wie das wehende Nachtlicht
in den Mantel der Lampe stell ich mich innen in ihn.
Ein Schein wird ruhig. Der Tod
fände sich reiner zurecht.

Natürlich haben die bisher aufgeführten Beziehungen zwischen einzelnen Gedichten Rilkes und seinem Aufenthalt in Spanien nur einen beschränkten Wert, ja eigentlich nicht mehr als einen Kuriositätscharakter, da sie nur auf eine unmittelbare Weise etwas mit dem künstlerischen Wert dieser Gedichte zu tun haben. Was also einzig interessiert, ist, daß sich Rilke für seine dichterischen Arbeiten dieser und nicht anderer Ereignisse bediente.

In dem vorgesehenen Rahmen bleibt schließlich noch von einem Gedicht[41] zu sprechen übrig:

Die große Nacht

Oft anstaunt ich dich, stand an gestern begonnenem Fenster,
stand und staunte dich an. Noch war mir die neue
Stadt wie verwehrt, und die unüberredete Landschaft
finsterte hin, als wäre ich nicht. Nicht gaben die nächsten
Dinge sich Müh, mir verständlich zu sein. An der Laterne
drängte die Gasse herauf: ich sah, daß sie fremd war.
Drüben ein Zimmer, mitfühlbar, geklärt in der Lampe –,
schon nahm ich teil; sie empfandens, schlossen die Läden.
Stand. Und dann weinte ein Kind. Ich wußte die Mütter
rings in den Häusern, was sie vermögen, und wußte
alles Weinens zugleich die untröstlichen Gründe.
Oder es sang eine Stimme und reichte ein Stück weit
aus der Erwartung heraus, oder es hustete unten
voller Vorwurf ein Alter, als ob sein Körper im Recht sei
wider die mildere Welt. Dann schlug eine Stunde –,
aber ich zählte zu spät, sie fiel mir vorüber. –
Wie ein Knabe, ein fremder, wenn man endlich ihn zuläßt,
doch den Ball nicht fängt und keines der Spiele
kann, die die andern so leicht aneinander betreiben,
dasteht und wegschaut, wohin? – stand ich, und plötzlich,
daß *du* umgehst mit mir, spielest, begriff ich, erwachsene
Nacht, und staunte dich an. Wo die Türme
zürnten, wo abgewendeten Schicksals
eine Stadt mich umstand, und nicht zu erratende Berge
wider mich lagen, und im genäherten Umkreis
hungernde Fremdheit umzog das zufällige Flackern
meiner Gefühle –: da war es, du Hohe,
keine Schande für dich, daß du mich kanntest. Dein Atem

ging über mich. Dein auf weite Ernste verteiltes
Lächeln trat in mich ein.

Auch der Stil dieses Gedichtes weckt ein Echo an Greco und ist andererseits schon ganz der über Greco hinausgewachsene Stil der «Elegien». Was an ihm jedoch besonders interessiert, ist nicht dieses, sondern ein anderes Detail, das hier zu nennen, auf den ersten Blick vielleicht fehl am Platze erscheint, aber zum zweiten Gesichtspunkt dieses Buches hinüberleitet. Dieses Detail ist von einer gewissen Bedeutung nicht nur für dieses Gedicht oder das Werk Rilkes allein, sondern für die zeitgenössische Dichtung überhaupt. Die Tatsache, daß es Rilke gegeben war, sich einer gewissen Wortfolge zu bedienen, erst nachdem er Greco in Toledo erlebt hatte, ist nicht nur interessant, sondern wirft ein erhellendes Licht auf diese innere Beziehung, deren Wichtigkeit diese Ausführungen erhärten möchten. Das genannte Gedicht beginnt: «Oft anstaunt ich dich, stand an gestern begonnenem Fenster». Das Detail, auf welches ich mich beziehe, ist der Gebrauch, den Rilke von dem Adjektiv macht. Rilke gibt hier dem Adjektiv einen durchaus neuen Wert. Wir finden bei anderen Dichtern (in den gleichen Jahren einsetzend) ein ähnliches, dabei von Rilke unabhängiges Vorgehen. So bei dem spanischen Dichter Jorge Guillén, wenn er schreibt: «Mit unaufhörlichem Laub sucht der Baum seinen Gott.»[42] Oder bei Paul Valéry, wenn er von der «grünen Nacht der Wiesen» spricht.[43] Selbst in Franz Kafkas dichterischen «Betrachtungen», wenn er sagt: «... und trat in das seitliche Gras.»[44] Und bei Georg Trakl ist es die «grüne Stille des Teiches».[45] Was geschieht in all diesen Fällen? Wenn man sich davon Rechnung gibt, welcher Art der Gebrauch war, den man bisher von dem Adjektiv gemacht hatte, wird man schnell zu einer Lösung gelangen. Bei Homer ist es ein reines Epitheton ornans,[46] ein ausschmückendes Begleitwort, das kaum den sehr genau begrenzten Wert des Substantivs beeinflußt: d.h. wir befinden uns dem hemisphärischen, begrenzten Weltbild gegenüber, innerhalb dessen das Unterfangen, ein Objekt zu stark zu belasten, den Gleichgewichtsverlust und den Zusammenbruch mit sich führen würde, ganz abgesehen davon, daß ein solches Vorgehen niemals in den Rahmen des euklidischen bzw. ptolomäischen Weltbildes paßte.[47] Mit der sogenannten Renaissance, d.h. genau in dem Moment, da das Weltbild einen tiefen Wandel erfährt (Zerbrechen des hemisphärischen Himmels, Übertragung des Weltzentrums aus der Erde in die Sonne, Ausdehnung des Raumgefühles, scheinbarer Tiefengewinn dank der Erfindung der Perspektive[47a]), wandelt sich logischerweise auch der Stil, und das Adjektiv gewinnt an Inhalt und Bedeutung, gibt dem Substantiv, auf welches es bezogen wird, Perspektive (und man vergesse nicht, daß Perspektive geben bedeutet, sowohl den Betrachter als das Betrachtete fixieren), so daß bei Shakespeare das Adjektiv manchmal mit dem Substantiv ein einziges Wort, einen einzigen Begriff zu formen scheint. Der Gebrauch dieses grammatikalischen Terminus verändert sich seitdem kaum. Das einzige, was geschieht, ist, daß er mehr oder minder glücklich angewendet wird, also jeweils nur über die Güte des einzelnen Dichters etwas aussagt. Um die Jahrhundertwende aber, als eine neue geistige Revolution, von vielleicht noch größeren Folgen als jene kopernikanische, ausbricht, bahnt sich ein neues Weltbild seinen Weg, das nicht lange braucht, um sich stilistisch zu manifestieren. Die relative Bewertung der Dinge und Beziehungen, die Zulassung einer vierten Dimension, die Ausdehnung des Raumes, die Auslöschung der Grenzen stellen den abendländischen Menschen einer derart neuen Situation gegenüber, daß die erste Reaktion auf sie ein Schwindelgefühl, ja eines der Verzweiflung zu sein scheint.[48] Trotzdem spiegelt sich diese neue Haltung auf eine positive Weise nicht nur in der Wissenschaft wider, sondern so wie überall auch in der Kunst (ja selbst in der Handbewegung des Einzelnen –, doch dies zu erklären, würde hier zu weit führen). Einer der ersten, der dieser neuen Haltung künstlerischen Ausdruck verleiht, ist Rilke, da er sich der zitierten Wortfolge bedient. (Bei dieser Beurteilung ist es ganz nebensächlich, ob Rilke sich ihrer bewußt oder unbewußt befleißigte, ja es spielt nicht einmal eine Rolle, ob er ahnte, welche Bedeutung man gerade dieser Formulierung beimessen darf.) Was hier in dieser seiner Formulierung und auch in den anderen zitierten Beispielen geschieht, ist, daß das Adjektiv seinen determinierenden, fixierenden und perspektivischen Wert verliert[48a] und nicht mehr als ein hinzugefügtes Wort Verwendung findet, sondern eine ganz neue Färbung erhält und eher zu einem verbindenden Worte wird, weil es sich nicht mehr einseitig auf das Substantiv bezieht, dem es rein grammatikalisch beigeordnet ist, sondern auch auf das Subjekt bzw. das Objekt.[49] Wie tief das greift, was hier geschehen ist, ersieht man, wenn man sich das Stilwidrige überlegt, das gegeben wäre, wenn man Goethe oder Schiller diesen Satz: «Stand an gestern begonnenem Fenster» zumuten würde.[50]

Ich fasse zusammen: was hier geschieht, ist, daß das Adjektiv jetzt die Beziehungen zwischen den Objekten hervorhebt und als nach allen Seiten gerichtet wirkend auftritt. Sowohl die Idee der Dinge hat ihren Sinn verloren, als auch die Perspektive, welche man den Dingen durch das Beiwort gab, versuchend, sie zu vertiefen, sie gemäß dem Blickpunkt des Betrachtenden zu interpretieren. Was jetzt Bedeutung erlangt, ist das geistige Licht, das zwischen den Dingen herrscht, die Spannung und die Beziehung zwischen ihnen. Im Falle Rilkes jene zwischen ihm und dem Fenster, im Falle Paul Valérys die zwischen der Nacht und der Wiese.[50a]

Daß all dies sehr viel mit dem Thema dieses Buches zu tun hat, erklärt sich aus der Tatsache, daß ein bestimmter Aspekt der spanischen Landschaft und der Werke Grecos Rilke die Möglichkeit gab, die – wahrscheinlich unbewußt – befolgten neuen Strömungen besser zu verstehen, jene Strömungen, in denen heute unsere Kultur zu scheitern droht.

VI

Um die «Duineser Elegien» zu verstehen und zu beurteilen, kann man von den verschiedensten Gesichtspunkten aus vorgehen. Ich könnte mir vorstellen, daß man den Versuch mache, sie und Rilkes Weltbild aus einem Zurückgreifen auf die Mystik zu erklären. Doch spielt sich das Entscheidende in Rilke bereits zu sehr im erweiterten Bewußtsein ab, als daß diese Erklärungsweise Erfolg verspräche. Wenn ich von einem erweiterten Bewußtsein spreche, so muß doch anerkannt werden, daß dieses es nicht in einem derartigen Maße ist, wie man es sich wohl vorstellen könnte, wofür die Tatsache, daß Rilke nach Vollendung seines Hauptwerkes fortfuhr, gerade Michelangelo zu übersetzen, eine gewisse Beweiskraft haben dürfte. Doch auf diesen Punkt einzugehen, überschritte den Rahmen dieses Buches und brächte lediglich eine vorübergehende Verwirrung in die Beurteilung. Immerhin wollte ich auf diesen Umstand hingewiesen haben.

Jede Interpretation von Rilkes Hauptwerk wird von einem gewissen Erfolg begleitet sein, welche ein Weltbild zur Grundlage nimmt, das nicht von einem gewissen geistigen Erbgut belastet ist, dessen Anwendung auf das Werk Rilkes unstatthaft erscheint. Bei diesem Erbgut sind es vor allem zwei Phänomene, welche ich, nicht nur hinsichtlich der «Elegien», sondern ganz allgemein als die schädlichsten und verwirrendsten betrachte, weil sie mit dem neuen Lebensgefühl und den neuen geistigen Lebenstatsachen unvereinbar sind.

Um jede Art von Mißverständnissen auszuschließen, will ich von vornherein jenes Erbgut, das sich dem Verständnis eines neuen Welt- bzw. Lebensgefühles entgegenstellt, aus der Betrachtung ausschalten. Zu ihm gehört vor allem Platons Idee der Dinge. Diese ist ohne Zweifel einer der großartigsten Gedanken, die je gedacht worden sind, aber nur solange sie in bezug auf das antike Weltbild angewendet wurde, und hat wie keine andere einen schädlichen Einfluß auf die geistige Entwicklung des Abendlandes ausgeübt. Ich weiß, daß diese Behauptung Proteste hervorrufen wird. Um so angenehmer ist es mir, eine der meinigen ähnliche Stellungnahme bei andern Zeitgenossen nachweisen zu können.[51] Der erste aber, der gegen diesen Begriff auftrat, war Leibniz, dem bald danach die Romantiker wie

Keats, Hölderlin, Schelling und Jean Paul[52] und später unter anderen auch Blake und Nerval folgten.

Ein anderes Erbgut ist jenes der von Leonardo da Vinci erfundenen Perspektive, welche Unersetzbares ermöglicht hat, solange man sie auf die Technik anwandte, ja ohne welche die Entwicklung der Technik überhaupt nicht vorstellbar gewesen wäre, die aber hinsichtlich ihrer deformierenden Wirkung auf das abendländische Denken Platons Ideen von den Dingen gleichgesetzt werden darf.[53] Ich sehe hier davon ab, die Anzeichen einer Opposition gegenüber der Einführung der Perspektive in die Malerei darzustellen, wie sie sich z. B. in den letzten Arbeiten eines Jacopo Carrucci da Pontormo[54] äußern, und beschränke mich darauf, die ersten Symptome aufzuzeigen, die auf einen Bruch mit diesem Erbe hinweisen und sich in der Musik der zweiten Hälfte des 18. Jahrhunderts bemerkbar machen: in Gluck, Mozart, Cimarosa, Haydn. Um diese Abschweifung nicht unnötig zu erweitern, begnüge ich mich damit, diesen Vorgang nur hinsichtlich Mozarts anzudeuten. Es gibt, besonders von seinem «Don Juan» ab, bereits in jener Oper Stellen, die ihr Echo, ihre re-ligio (d. h. ihre Rückverbindung), nicht mehr in einem bestimmten menschlichen Gefühl besitzen,[55] sondern sich auf den ganzen Raum und nicht mehr nur auf einen bestimmten Sektor desselben beziehen, welch letzteres ja schon wieder ein perspektivischer Vorgang wäre. Auch die Musik des zweiten Satzes der «Jupiter-Symphonie» ist in diesem Sinne eine Musik ohne Perspektive.

Diese kurzen Anmerkungen müssen genügen, um jene Position festzulegen, von der aus ich ausgehen will, um den Versuch zu machen, über die wirkliche Reichweite und Bedeutung der «Elegien» Aufschluß zu geben.

Diese Reichweite, d. h. ihr metaphysisches Resümee, wird sich am klarsten darstellen lassen, wenn man zu seiner Beschreibung ein bestimmtes Thema aus ihnen wählt, das Todesproblem, und versucht, Rilkes Stellung und Haltung gegenüber dem Tode festzustellen. Aber schon wenn man sagt: Rilkes Haltung *gegenüber* dem Tode, entstehen Zweifel darüber, ob es überhaupt erlaubt ist, hinsichtlich ihrer auf diese Weise zu sprechen. Als ich in einem vorhergehenden Abschnitt über die Beziehungen Rilkes zum Tode sprach, galt das für die Zeit nach der Vollendung des «Malte», und für jene Zeit war es noch statthaft, von seiner Stellung *gegenüber* dem Tode zu sprechen. Man wird sich an jene Stellung erinnern, die ich als negative bezeichnete: das Heranziehen des Todes, seine Einschließung und Aufnahme ins eigene Herz: der Tod wird persönliches Eigentum des Einzelnen, der jederzeit in ihm wohnt. Dieser Todesbegriff stützte sich teilweise auf Jacobsen. Er hätte sich mit dem gleichen Recht auf den «Lazarillo de Tormes»[56] stützen können, weniger aber auf gewisse Sonette Quevedos, in denen noch ein leiser Nachhall von Furcht anklingt. Die Furcht aber mischte sich niemals in die Beziehungen Rilkes zum Tode, nicht einmal in jene zwischen ihm und dem Sterben, denn der Charakter seiner Ängste hat nichts mit der Furcht zu tun. Genausowenig paßt in diesen Rahmen das Herausfordernde, was deutlich aus Rilkes Gedicht «Der Stylit» hervorgeht. Die große Demut Rilkes hätte niemals eine dem Styliten eigene Haltung zugelassen.[57] Genausowenig lag Rilke jemals die griechische Haltung dem Tode gegenüber nahe, jene, die sich von ihm abwendet, ihm den Rücken zukehrt, ihn nicht akzeptiert, sondern verneint.[58] Auch die rein christliche Todesvorstellung war und mußte ihm fremd bleiben, jene, die das Sterben als Schwelle darstellt, die den Eingang zu einem zweiten, «besseren» Leben als dem hiesigen abgrenzt, und für welche der Tod das glücklichere Leben im Himmel als Gegensatz zu unserem Erdenleben bedeutet. Die Teilung der Existenz in eine sichtbare und eine andere, unsichtbare (Erdenwelt, Himmels- oder Gotteswelt) und damit die Folge eines Existenz-Zustandes aus einem andern scheiden in dem Moment aus der Betrachtungsweise Rilkes aus, – in jenen Jahren der Verzweiflung zwischen 1909 und 1912 – da er sich davon Rechenschaft gibt, daß sowohl die Internierung in die Dinge wie auch deren Interpretation nutzlos ist (denn am Ende ist es ja nichts als sich selber interpretieren). Damals, so sagte ich, habe er die Dinge durchschritten und damit überhaupt jede Grenze überschritten: er stand im Tode. Er hatte den Eindruck, sich dem leeren Raume, der Leere gegenüber zu befinden, eine Situation, die nicht nur für ihn persönlich in jenen Jahren Gültigkeit hatte, sondern die ganz allgemein die der heutigen abendländischen Welt ist und ihren Ursprung in der geistigen Revolution zu Ausgang des vergangenen Jahrhunderts hat. In Rilke aber kristallisiert sich diese allgemeine Situation in einer einzelnen Person: die Ängste, die sie heraufbeschwört, nehmen, wie ich bereits sagte, von jenem Zeitpunkte ab und einen unpersönlichen Charakter an. In den folgenden Jahren, 1912 (Entstehung der ersten zwei Elegien) bis 1921 (deren Beendung), vollzieht sich (und es ist bekannt, unter welchen fast unmenschlichen Qualen) die Konsolidierung dieser neuen, zuerst fast unerträglichen Haltung auf eine positive Weise: nach und nach vereinigen sich die Welten: die Grenzen löschen sich aus (das Detail, das ich im vorhergehenden Abschnitt anführte und das die Verwendung des Beiwortes betraf, ist ebenso aufschlußreich wie die Entlastung und Auflösung der Reimgesetze [59] in Rilkes Werk). Mit jedem Jahr, das abläuft, geht Rilke tiefer in jene Leere hinein, welche sich anfangs auf eine so beängstigende Weise vor ihm auftat, als er hinter sich eine Welt zurückließ, die sich bereits nicht mehr seinem Denken und Fühlen (das Gefühl aber ist die Blüte des Gedankens) anpaßte. Nach und nach gelingt es ihm, jene Leere, jenen neuen Raum auch von sich aus zu schaffen und der unerhörten Vibration, die in diesem Raume herrscht, standzuhalten. Das Ja zum Leben wird gleichzeitig ein Ja zum Tode; mehr noch: er steht in beiden zugleich, weil er die Grenzen ausgelöscht hat: es ist ein einziger Raum, eine einige Welt, welche in jedem Augenblick die beiden Entwicklungsphasen umfaßt, denn die Zeit ist die organische Komponente, ist zur vierten Dimension geworden. Dieses neue Fühlen, wie entfernt ist es von dem Stoizismus eines Seneca und dessen noch ganz in einer Mutterwelt (im Gegensatz zur Vaterwelt des Christentums) befangenen naturalistischen Todesauffassung (siehe Seneca ad Lucilium, 17,2)! Welch ein Entwicklungsweg wurde von dem «schönen Tode» eines Petrarca, von dem nur zerstörenden eines Villon, von dem im eigenen Herzen beherbergten eines «Lazarillo de Tormes» zurückgelegt, und welche Überwindung des «Wir sterben alle unsern eigenen Tod»! Er starb seinen Tod, ohne zu sterben;[60] die Handlung des Sterbens, das physische Erlöschen war nicht mehr als eine Geste. (Bisher hatten wohl nur asiatische Weise eine solche Haltung des Sterbens erreicht.) Rilke stand mit vollem menschlichem Bewußtsein zugleich im Tode und im Leben. Nur noch in einigen wenigen Briefen von D. H. Lawrence[61] begegnet man, was unser heutiges Europa anbetrifft, einer ähnlichen Haltung.

Die wirkliche Reichweite der Elegien besteht darin, daß man aus ihnen diese Beziehung zum Tode ablesen kann, die von Novalis, Hölderlin und andern zuvor Genannten vorausgefühlt wurde. Das größte Verdienst (wenn man hier noch von Verdienst sprechen darf, da eine reine und vollständige Leistung ihr Äquivalent in sich selber trägt) war, daß Rilke als einer der ersten diesen Weg ging, nicht aus mystischem, d. h. unbewußt-wirkendem Vermögen, sondern schon mit einem sehr aus dem Unbewußten her erweiterten Bewußtsein, ein Weg jedenfalls, der so beschritten bis dahin außerhalb der menschlichen (zumindest aber abendländischen) Erfahrung gelegen hatte.

Ich will diese neue Situation noch einer etwas genaueren Betrachtung unterziehen, weil es sich bei ihr um ein Ereignis handelt, das in vielen Fällen noch nicht die Grenze des Gefühls (oder des Unbewußt-Wirkenden) überschritten hat. Ich will dazu dieses neue Weltgefühl, welches sehr wohl mit den «Elegien» harmoniziert, skizzieren, indem ich die geistige Landschaft, das geistige Klima dieses Hauptwerkes Rilkes zu beschreiben trachte. Dieser Versuch hinwiederum führt direkt auf das Thema «Rilke und Spanien» zurück.

Es wurde bereits gezeigt, welche Rolle Greco im Leben Rilkes gespielt hat: er war derjenige, welcher ihm die Richtung wies; besser gesagt: es war Rilke, der sich Grecos bediente, um sich in die Richtung auf ein Ziel hin tragen zu lassen, welches er damals mehr ahnte als wußte. Die Überzeugung, und damit die Bereitschaft, in Spanien und bei Greco eine Lösung der ihn beherrschenden Probleme zu finden, sind, abgesehen von seinen eigenen zuvor zitierten Zeugnissen, der beste Beweis für den positiven Erfolg dieser Reise, von der er das Erhoffte und Benötigte mit sich nahm. In Greco begegnete er sich selber, begegnete er seinen eigenen Ängsten, seinen eigenen Schatten, seiner eigenen Intensität und seiner eigenen Leidenschaft. Mehr noch: er sah an ihm die Möglichkeit, sich selber zu übertreffen. Die Engel Grecos werden für ihn immer mehr zu den Bewohnern jener Leere, welche ihn, da er sich ihr das erstemal gegenüber befand, zu verschlingen drohte. Man kann wohl sagen, daß die geistige Landschaft der «Elegien» eine der Engel ist. Und wenn zuweilen die Schönheit, die aus gewissen Engelantlitzen Grecos widerstrahlt, dem Betrachtenden weh tut, ja ihn verwundet, so wird in den «Elegien» ihre Schönheit zum «Anfang des Schrecklichen», während sich die Anmut der ersten Gedichte Rilkes in eine besorgte geistige Strenge verwandelt. Die Linienführung verliert die frühere Leichtigkeit und erinnert nun eher an die Festigkeit der eines Michelangelo, während seine Bemühung und unermüdliche Sehnsucht, sich selber zu übertreffen, an Greco erinnern. Die Gleichgültigkeit seiner Engel aber (jene so oft als Herzlosigkeit interpretierte Eigenschaft, in diesem Falle der Engel, für welche alle Dinge von gleicher Gültigkeit sind, weil sie über den Werten, aber im ganzen Leben stehen)[61a] hat nichts mehr mit dem alten Engelsbild etwa eines Botticelli zu tun.

Was aber in den «Elegien» sich am stärksten bemerkbar macht, ist das Ambient, ist die Atmosphäre, welche einer derartigen geistigen (man ist versucht zu sagen: englischen) Landschaft entspricht. Es herrscht in ihr ein reines geistiges, fast aufgelöstes Licht; ein glänzendes, fast erblinden machendes Licht. Es herrscht in ihr – und dies vor allem – eine so starke, so intensive Spannung, daß sie Himmel und Erde, «dieses und das andere Leben» in einem einzigen Atemzuge umschließt.

Man findet eine ähnliche Spannung (die vielleicht anderer Herkunft, kaum aber anderer Richtung ist) in der Musik eines Milhaud oder Stravinsky:[62] jene Spannung, welche aus der vibrierenden Leere zwischen hohem Sopran und tiefem Baß hervorgeht. Man findet ein ähnliches Leuchten in einem großen Teil der zeitgenössischen englischen Lyrik. Eine ähnliche Reinheit und den gleichen Verzicht auf die Grenzen in den frühen Werken von Virginia Woolf. Und in den Bildern eines Braque, Picasso und anderer.[63] Vielleicht wäre das geistige Klima der «Elegien» mit diesen Hinweisen genügend angedeutet. (Denn es kann sich, wenn man vom Klima spricht, nur um Andeutungen handeln, weil dieses mehr eine Frage der Sensibilität ist.) Trotzdem will ich unter Zuhilfenahme der späten Gedichte Hölderlins, die man genauso wie gewisse Fragmente Novalis' als eine Art Vorläufer Rilkes betrachten darf, an das gegebene Thema von einer anderen Seite herangehen.

Man hat diese Gedichte Hölderlins seine Wahnsinns-Gedichte genannt. Nun, es sind weniger Gedichte, die aus dem Wahnsinn heraus geschrieben wurden, als solche, die aus dem bereits überstandenen Tode entstanden. Aus dem Wahnsinn heraus sind sie geschrieben, wenn man sie von der täglichen Erfahrung aus ansieht, also negativ nur das zerbrochene Bewußtsein Hölderlins in Rechnung stellt. Aus seinem überlebten Tode heraus sind sie geschrieben, wenn man sie als Zeugnis für das unter dem verschütteten Bewußtsein wirkende und einig gewordene Unterbewußte betrachtet, das sich nicht mehr auf Ausschnitte des täglichen Lebens bezieht, sondern auf das Ganze, also auch auf das uns verstandesmäßig nicht Erreichbare.

In diesen Gedichten Hölderlins (ich denke vor allem an seine allerletzten, die Jahreszeiten-Gedichte) erhalten alle Dinge ihren Platz. So etwa wie in frühen Buchilluminationen[64] die Dinge gemalt sind. Ich entsinne mich einer solchen Miniatur, die das Abendmahl darstellte. Die Gestalten um den Tisch sind nur angedeutet, mit Händen, die nichts als Hände sein wollen und sich noch nicht zu den Blumen der Apostelhände auf Grecos Bildern entschlossen. Und einfache, klare Dinge auf dem Tisch: Brote und Gläser, Dinge, die ohne Schatten gemalt sind, die nicht interpretiert werden, die mehr als einen

Lichtschatten haben: die fühlbare Beziehung von dem Machtkreis des einen Gegenstandes bis zu dem des anderen. Eine gleichmütige Verteilung über eine niemals müde Fläche, und der Rahmen ist mehr eine Franse als eine willkürliche Grenze. Dinge, wie ich sagte, ohne Schatten, wie Dinge, die im Mittag stehen. Und Farben von der Bestimmtheit und Stärke der Farben in jener Stunde. So sind die Worte in Hölderlins Spätdichtung, in der er über den Rahmen der syntaktischen und logischen Möglichkeiten hinaus, hinübergreift in den Raum, hinüber über die uns verstandesmäßig erfahrbare oder erfaßbare Natur. Ein Licht ist über diesen Versen, wie es die Sonne haben mag, sehr hoch über dem Himmel.

Ein ähnliches Licht herrscht in den «Elegien». Rilke seinerseits geht aber noch ein wenig weiter (wobei ich mich frage, ob dieses Weitergehen nicht bereits eine Art Zurückgehen ist, wofür verschiedene Anzeichen sprechen). Für ihn gibt es überhaupt keinen Rahmen mehr, ja nicht einmal eine Franse. Die Unbegrenztheit wird eine vollständige und nur durch die ungeheure Spannung aufrechterhaltene: sie umfaßt alles, so daß die Dinge beginnen, durch sein Herz hindurchzugehen.

Ich komme jetzt auf die früher zitierten Worte Rilkes zurück, daß Spanien von großem, ja entscheidendem Einfluß auf die «Elegien» gewesen sei. Jene Stellung der Dinge zueinander, die er in Spanien wahrnahm (dessen übermächtiges Licht isolierend auf die Dinge wirkt, sehr im Gegensatz etwa zu jenem unheimlich verbindenden Licht von Paris), findet man in den «Elegien» wieder: jene Beziehung der Dinge zueinander, welche der gleicht, die zwischen einzelnen Sternen herrscht.

Das Übergewicht des Himmels in der spanischen Landschaft, besonders in der Kastiliens, die Reinheit, die besondere Durchsichtigkeit des Lichtes und der Atmosphäre, welche die Dinge umgibt und unterstreicht, die Erscheinung des menschlichen Umrisses vor diesem Himmel, die wie nirgendwo anders in sich geschlossen und auf eine ergreifende Art aufrecht ist (von so aufrechter Haltung wie etwa die Sprache und der Stil eines Cervantes), bis wieder zu diesem Himmel, der aus der vibrierenden Leere der Hochebene aufsteigt: dies sind Erfahrungen, welche nur demjenigen gegeben sind, der Spanien besucht.[65] Weder Italien noch Südfrankreich vermitteln derartige Erlebnisse. (Daß Hölderlin auf seiner Wanderung durch den Sommer schon bei Bordeaux[66] vom Lichte geblendet, ja erschlagen und auch hinübergetragen wurde, ist kein Gegenbeweis.)

In Italien kann man – im Gegensatz zu Spanien – sehr wohl von einer Fülle des Lichtes sprechen, welche die Dinge plastisch macht, was den Nordländer oft verleitet, von einer dekorativen, ja theatralischen Landschaft zu sprechen. Nur in den «Alpilles» der Provence, dieser Landschaft, die ähnlich dem spanischen Hochlande eine verdorrte und verbrannte ist, und dann, wie Rilke selber schrieb, im Wallis finden sich Ähnlichkeiten mit der Atmosphäre Spaniens, die von so entscheidendem Einfluß auf Rilkes Spätwerk war.

Damit wäre der Einfluß Grecos und der spanischen Landschaft, wie er sich in dem Ambient der «Elegien» widerspiegelt, aufgezeigt. Auch die geistige Haltung jenes Werkes, sowohl hinsichtlich seiner Reichweite und seiner Bedeutung, wie auch ihre spanische Herkunft wurden skizziert, falls es statthaft ist, von einer spanischen Herkunft zu sprechen, wenn man berücksichtigt, wie die sehr persönliche Disposition Rilkes aus dieser spanischen Erfahrung eine ihm günstige Folgerung zog. Denn er hat einen gewissen Aspekt der Landschaft und des Ambients Spaniens (und diesen spanischen Himmel, der seinem eigenen inneren Himmel entsprach) vergeistigt, ja so übersteigert, daß er mit jener Welt, die er noch zu schaffen, mit jener Leere, die er noch zu beleben hatte, harmonisierte. Spanien hat Rilke die Einsicht gegeben. Das aber war gleichzeitig die Befreiung von jenem Erbgut, von dem ich gesprochen habe, auch dann, wenn man hin und wieder auf Reminiszenzen an dieses, wie in der Tatsache der Michelangelo-Übertragungen, stößt. Die «Elegien» sind geschrieben worden. Und sie sind auf dem Wege über Spanien geschrieben worden. Insofern ist Spanien, wie ich zu Beginn dieses Buches sagte, ein Wendepunkt im Leben Rilkes gewesen. Der Wendepunkt zu sich selber und zu seinem Versuch einer geistigen Verwirklichung.

DIE BRIEFE RAINER MARIA RILKES
AN DON IGNACIO ZULOAGA

(Die Veröffentlichung der nachstehenden Briefe Rainer Maria Rilkes erfolgt manuskriptgetreu, d.h. ohne Auslassungen und ohne daß grammatikalische oder stilistische Berichtigungen vorgenommen wurden.)

(1. Brief)

Paris, Vme, 11, rue Toullier

Monsieur,

je le regrette infiniment que je ne peux pas m'exprimer en français comme je le voudrais, pour vous dire ce que je sens dans ce moment, où par un accident j'écoute que vous êtes à Paris. C'est plus d'une joie – c'est un accomplissement de mes désirs les plus ardents. Votre œuvre était pour moi, dès que j'ai vu à Berlin quelques toiles, et après à Drèsde en 1901 plusieurs chefs-d'œuvres – alors: cet œuvre était et est pour moi une source de Beauté, de joie – d'éternité.

Quelles heures avons nous eu à Drèsde (ma femme, qui est un jeune sculpteur, et moi) en regardant ce portrait de l'actrice Consuelo, cette dame en rouge devant ce fond gris et simple et vaste. Qu'avons nous parlé de ces gants, de cet évantail, de tous ces détails excellents d'une unité ferme et grande.

Nous avons habité jusque ce moment à la campagne près de Brême: et c'était un véritable bonheur pour nous, de revoir un jour cette admirable toile à Brême, où elle est été achetée.

Enfin pour venir au but de cette lettre. Vous le devinez: je vous prie, monsieur, de ne voir aucune indiscrétion si je vous demande la permission de voir votre atelier, de vous voir – vous même, de vous dire mes reconnaissances et mes admirations.

Je suis de l'Allemagne, où nous habitons, venu à Paris pour quelque temps, spécialement pour étudier l'œuvre du Rodin, dont je veux écrire une étude. – Je ne savais pas que vous demeuriez à Paris, et c'est loin d'ici, à Eibar, que je vous ai cru dans la solitude des montagnes. Mais vous êtes là, et c'est pour moi un évènement.

Je ne peux pas venir à vous, maître, les mains vides. – Acceptez, je vous en prie, ce livre des vers, que j'ai l'honneur de vous envoyer. C'est une de mes plus nouvelles publications, et je suis heureux de la savoir dans votre possession; vous ne comprenerez pas la langue mais je vous prie de comprendre l'admiration profonde de l'auteur.

Votre Rainer Maria Rilke

(2. Brief)

Paris V. maintenant: 3, rue de l'Abbé de l'Epée,
le 4 octobre 1902

Monsieur,

je vous remercie de votre très bonne lettre; je suis bien triste, que vous êtes loin de Paris et que toute ma joie était un rêve, qui ne va pas s'accomplir. Mais pourtant ce sont aussi les rêves qui donnent beaucoup: ils sont aussi de la vie ... Pour le moment je suis heureux, que j'ai pu vous dire de mon sentiment ardent; que vous savez maintenant qu'il y a deux hommes (ma femme et moi) qui pensent avec la reconnaissance la plus profonde à vous, et qui sont prêts de faire pour vous tout ce que vous voulez. Que dis-je: deux hommes ... Tous les jeunes artistes allemands de ma connaissance ont une semblable admiration pour votre œuvre, pour votre art, qui est si jeune, si fort, si grand. Comme l'œuvre de Auguste Rodin il est bâtit sur une belle tradition nationale, votre art, il est le dauphin de cette race royale, qui survit à toutes les dynasties...

Hélas, je ne peux pas vous dire rien, ne pouvant pas m'exprimer en français; mais peut-être vous devinez ce que je veux vous communiquer ... Je l'espère ...

Ma femme travaillera ici à Paris, et nous y resterons, peut-être quelques mois. Si le seul mois, que vous êtes à Paris, sera un des mois de cet hiver, nous aurions la joie de vous attendre ici ... En ce cas, vous nous écrirez un mot quand vous viendrez; je vous en prie ... Vous avez la bonté de me parler de Eibar et je vous remerci de votre aimable invitation. Je crains que c'est très loin d'ici, mais s'il me sera possible un jour de faire cette voyage: je viendrai pour vous dire de vive voix mes admirations.

Peut-être (je le pense souvent) je pourrai écrire un beau petit livre de votre œuvre, si j'aurais l'occasion de le contempler de tout près. C'était pour moi le travail le plus désiré ...

Quand mon étude de l'œuvre d'Auguste Rodin sera publié (ce sera au commencement de l'année prochaine) j'aurai l'honneur de vous l'envoyer; agréez, monsieur, mes salutations et l'assurance de mon admiration sincère:

votre Rainer Maria Rilke

(3. Brief)

Paris, 3, rue de l'Abbé de l'Epée,
le 6 mars 1903

Maître,

c'est assez immodeste de croire que vous vous souvenez encore de mon nom. Je vous ai écrit en automne; je vous ai dit ce que votre œuvre est pour moi; et je dois vous le répéter maintenant parce que à la réouverture du Musée du Luxembourg j'ai trouvé deux œuvres de vous, Maître, qui m'ont confirmé dans la foi que j'ai en vous et en votre art...

Et voilà de nouveau l'impossibilité s'impose, de vous dire dans une langue étrangère tout ce que ces images ont éveillé en moi. La naine m'était déjà connue; mais maintenant elle me semble un document encore plus souverain, que la première fois, quand je l'ai rencontré à Berlin (chez Schulte), il y a trois ans. O comme c'est beau, et comme c'est fort et fier et en même temps humble ... je ne peux dire plus; ma femme (sculpteur) (donc je vous ai parlé aussi la dernière fois) pense comme moi, et nous avons eu devant votre toile des heures de reconnaissance et de joie, nous avons eu le sentiment de nous rapprocher à la vie par le moyen de votre art, c'est à dire à ce qu'il y a d'éternité dans la vie...

Mais mon essay de m'exprimer dans cette langue, et de vous dire les nuances de mon admiration n'aurait point de succès. Pardonnez-moi ces mots maladroits...

En quelques jours (quand il paraîtra) je vous envoie mon livre de l'œuvre de Rodin; vous ne pouvez pas le lire (ce qui me fait très triste) mais je veux le savoir dans vos mains: ça me fait du bien.

Maintenant j'ose de vous faire une prière; depuis quelques semaines je suis souffrant, et je crois que c'est le climat du février et surtout la lourdeur de la ville qui me fait presque malade. J'ai l'intention, d'aller à la campagne si tôt que possible, et je cherche une place tranquille au bord d'une mer méridionale, un silence solitaire et ensoleillé où je pourrais me rétablir et travailler; l'idée m'est venu s'il n'y a pas peut-être pas loin de vous près de Saint-Sébastien (par exemple) un petit bain de mer ou je pourrais trouver tout ce qu'il me faut; ce n'est pas beaucoup. Une bonne chambre, un repas modeste, et surtout du soleil, du silence et la mer. Et le printemps. Est-il déjà chez vous? Dans la montagne peut-être pas encore, mais à la côte?...

Saint-Sébastien même était peut-être aussi très agréable? Mais je crains que ce serait trop chère pour moi; car je suis forcé à vivre avec beaucoup d'économie.

O si c'était possible! D'être pas loins de vous; pouvoir quelquefois voir votre œuvre et vous même; Maître, je crois que cela seulement suffira pour me remettre, pour me donner de la vie et de la force...

J'ose alors à vous prier de me conseiller, si vous le voulez et si cela ne vous fait pas trop de peine. Il me suffit si vous voudriez bien me dire quelque chose de la côte, si vous croyez qu'on peut habiter quelque part à condition modeste, et s'il y a déjà du soleil et du printemps au bord de la mer. Vous connaissez probablement les alenteurs* environs de Eibar et vous aimez sans doute le pays où vous demeurez; il me semble que je l'aime aussi, moi.

Je veux partir si tôt que possible, et pour cela je vous serait très reconnaissant, si votre réponse viendrait bientôt.

Pardonnez-moi toute la hardiesse de ma prière; la ville pèse sur moi et le bruit de ses nuits me fait triste; je pense souvent à vous et je suis heureux, que vous êtes. Voulez vous me donner votre conseil? Croyez bien, Maître, que je saurai l'estimer de tout mon cœur.

Votre: Rainer Maria Rilke
Paris, 3, rue de l'Abbé de l'Epée.

(4. Brief)

Viareggio près Pise (Italie) (Hôtel Florence)
le 9 avril 1903

Cher Maître:

recevez, je vous en prie, tous mes vifs remerciements pour votre lettre, qui m'a rendu bien heureux en m'apportant avec vos nouvelles les deux photos. Je ne sais vraiment comment vous dire ma reconnaissance, cher Monsieur. Nous (ma femme et moi) nous avons eu une joie infinie de goûter la saveur et le parfum délicieux de ces deux admirables tableaux; devant nos yeux enchantés ils semblaient prendre leur grandeur naturelle; nous avons imaginé de voir toute leur beauté: l'éloquence harmonique des couleurs, la cadence des tons, la souplesse des étoffes (dont vous connaissez si merveilleusement la vie), la richesse des tuniques que répandent les fleurs et le secret des voiles, qui les retiennent; l'éclat des dents et des dentelles; les châles

---

* Von Rilke geschrieben und durchgestrichen.

de soie qui contournent les épaules en les caressant avec chaque fil de leur tissu; l'ondulation tardente des bords; – les plus ombreux qui cachent les nuits, et les autres – les fontaines de plissure, qui retombent avec le bruit clair des sources solitaires; et le jeu des franges, qui s'allongent et se courbent comme des jeunes serpents de soie: nous avons cueilli le bonheur de tous ces choses; nous avons reçus la grâce de tous ces beautés et des autres encore, dont vos œuvres sont les donnateurs souverains. – Mais il faut, que je suprime ce bégaiement délaissé pour vous dire tout simplement: vous nous avez donné beaucoup, cher Maître. Et je dois vous faire la confession, que pendant plusieurs jours j'étais sur le point de partir directement pour Seville pour vous voir et votre patrie, qui, il me semble, veut recommencer toutes ses nobles gloires dans votre art, qui s'est confiée à vous sans réserve pour vous demander l'éternité de sa grandeur veuve...

Mon désir était si impatient, parce qu'il m'était devenu évident, que je dois écrire le livre plein des ardeurs, des fleurs et des danses. Je ne sait pas si mon talent suffit à tenter cette matière, mais tout en moi se réveille pour chanter la beauté que vous êtes. Pendant plusieurs jours j'allait à Paris comme en rêve, pris d'un désir, plus encore: d'une nostalgie fiévreuse pour votre œuvre et le pays et le ciel qui l'entourent. O si j'eusse pu venir! Mais enfin j'ai dû me dire, que les circonstances ne me permettent pas dans ce moment le voyage, nuit et jour rêvé: car ni mes forces corporelles, ni les moyens d'existence suffiraient pour faire un si grand voyage, surtout dans un pays absolument inconnu, dont je ne sais ni la langue ni les mœurs. Il fallait renoncer. – Je suis parti pour cette petite ville au bord de la mer, qui m'a donné une fois déjà (il y a cinq ans) la santé et l'équilibre et la grâce de la solitude. C'est une ville monotone, qui s'ouvre sur une mer toujours agitée et changeante; deux grandes forêts des pins la terminent au nord et au sud, et au délà des ces forêts d'une côté sommeille Pise, de l'autre côté s'élèvent les montagnes de marbre de Carrara et de Massa. Je suis seul ici. Ma femme a dû rester à son travail à Paris et j'y retournerai bientôt après avoir rétabli ma santé toujours encore chancelante.

Je n'écris presque rien et je n'ai que trois ou quatre livre qui parlent à moi le soir, quand la mer s'apaise sous la clarté des étoiles. Mais ce que je fais: je pense beaucoup à vous, je regarde les deux petits photos, qui m'accompagnent toujours, et je suis heureux, que les jeunes filles brunes, dont je rencontre quelques unes dans les rues ont une fierté triste et abandonnée, qui rappelle de très loin la hauteur victorieuse et vague des vos femmes espagnoles.

D'ici je reviendrai à Paris, peut-être pour y rester. Peut-être (si les circonstances le permettent) pour chercher un abri dans le pays Basque, où je ne suis pas allé maintenant, ayant peur, que le printemps n'est pas encore assez avancé pour mon besoin de chaleur. – Mais si cela se montre impossible, nous nous tenons à l'espoir de vous voir le mois de Juin quand vous serez à Paris. Cela du moins doit s'accomplir sûrement, et j'estime ce terrain assez solide pour y élever les palais des joies futures.

Avec cette lettre je vous envoie mon livre sur Rodin: veuillez bien l'accepter comme témoignage muet de tout ce que ma lettre, elle aussi, ne peut vous dire.

Ma femme était triste de ne pas pouvoir vous envoyer aussi quelquechose en échange pour les photos, qui nous avons causé toute une génération d'heures heureuses. Ne sachant que faire, elle ma prié de vous envoyer de sa part le portrait le plus semblable que nous avons d'elle même; c'est un photos (je l'ai mis dans le livre) d'après la nature, fait il y a 1½ ans, un soir d'été devant la plaine et le grand ciel de ce pays que nous avons habité alors et qui est sa patrie. C'était près de Brême, en nord de l'Allemagne, dans un territoire de tourbe, où l'air est très coloré et plein de vie et de vent; il contourne et entoure les chose de toute la grandeur des cieux énormes et (surtout le soir) il donne aux choses blanches des nuances, des valeurs, toute une histoire des sentiments et des souvenirs blancs, il remplit cette couleur de toutes ces richesses et la blancheur est telle, qu'on dirait un sourire lointain qui se rapproche à travers les siècles.

Maintenant nous n'avons plus de patrie, nous avons quitté la maison solitaire (où est née notre petite fille Ruth) pour pouvoir mieux servir à nos labeurs; et entre ceux-ci je vois de ce moment là un que j'aime plus que les autres, et que je veux réaliser un jour avec toutes mes forces: c'est le livre sur votre art que je me propose; et j'espère de vaincre peu à peu les obstacles accidentels qui s'opposent par la persévérance de mon désir.

Mais il faut terminer cette lettre immodestement longue.

Je vous salue, cher Maître, et je vous envoie tous les meilleurs souhaits de mon âme, qui vous entoure d'admiration:

Rainer Maria Rilke

NB: L'adresse la plus certaine reste celle de: Paris:
Paris, 3, rue de l'Abbé de l'Epée.

(5. Brief)

Paris. 3, rue de l'Epée, le 22 juin 1903

Cher Monsieur,

pratiquant si peu le français je n'ai pas pu vous dire ce matin, comme nous étions heureux de vous avoir vu encore une fois. Peut-être vous le savez pourtant; mais je veux vous le répéter et vous remercier de tout mon cœur, que vous êtes venu chez nous: nous y penserons toujours avec le sentiment le plus vif et le plus reconnaissant.

Avec cette petite lettre je veux vous saluer dans votre beau pays natal, que j'espère d'admirer un jour ... Qu'il vous sera favorable, et qu'il donne à vous et aux vôtres des jours de tranquilité et de bonheur intime; et que votre travail vous entoure comme un climat qui fait mûrir tous vos désirs d'art...

Nous serons bien loin l'un de l'autre; mais ce que nous unira, c'est que nous avons une admiration profonde pour votre œuvre et que nous essayerons de travailler dans notre solitude si humblement, comme vous le faites dans la vôtre.

De temps en temps je vous enverrai de mes nouvelles; car je vous prie de nous garder votre bon sentiment, dont nous jouissons avec fierté.

Et ce sont tous nous vœux que vous suivent et vous accompagnent partout. Votre

Rainer Maria Rilke.

(6. Brief)

Rome, Villa Strohl-Fern, le 28 avril 1904

Très cher Monsieur:

de vous écrire – c'était toujours devant moi comme une recompense que je n'ai pas voulu me permettre qu'après un long travail; maintenant vous m'appelez à cette joie, et je m'empresse de vous dire nos remercîments pour l'amitié de vos «deux mots» qui nous ont infiniment touchés.

Nous sommes heureux d'avoir de vos nouvelles et de savoir qu'elles sont bonnes: que vous travaillez et que les vôtres sont près de vous. –

Vous et Rodin et notre petite fille (qui n'est pas chez nous) –:

voilà les trois êtres sur le monde à qui nous avons pensé le plus souvent pendant cet hiver.

Nous étions – et nous sommes encore – à Rome, – dans cette ville qui avec la banalité de ses mouvements modernes déforme les contours de son ancienne gloire...

Nous ne sommes pas heureux ici; mais nous sommes restés là parce que nous avons chacun un petit studio situé dans un grand jardin hors de la ville, (Fuori Porta del Popolo) et parce que nous travaillons. – Notre santé est plus forte qu'à Paris, et ainsi, les circonstances étant supportables, nous avons l'intention de finir ici quelques travaux qui nous occupent pendant des mois déjà.

Nous espérons qu'après ce temps où la tranquillité et la solitude absolue nous apprennent de travailler sans cesse, nous pourrons enfin retourner à notre petite fille.

Si nous pourrions parler à vous: il en aurait tant à vous raconter, et le désir nous remplit de revoir vous et vos œuvres.

Nous avons admiré en automne (vous le savez) cette belle et noble «famille du toréro» à Munich; puis passant par Venise, nous avons eu le bonheur de nous rapprocher de quelques autres de vos œuvres; et quoique c'était Venise, – en nous rappelant ces jours la ville des miracles n'existe pas dans notre mémoire toute illuminée encore du splendeur de vos toiles.

Et maintenant vous nous écrivez de cette exposition à Dusseldorf! – Quelle joie ce serait de vous y rejoindre et de voir dixhuit de vos tableaux!

Mais, hélas, c'est impossible. Nous sommes si loin et nous ne pouvons pas bouger d'ici. Ça nous rend très, très tristes! Vous irez en Allemagne et nous n'y serons pas!

Il ne nous reste qu'à vous souhaiter un bon voyage et de vous dire que nos pensées vous accompagneront.

Ma femme se propose de vous écrire encore elle-même. Présentez, je vous prie, ses meilleurs salutations et mes hommages respectueux à Madame Zuloaga, – et vous, cher Monsieur, gardez nous votre amitié à laquelle répond toute notre vie.

Rainer Maria Rilke

(7. Brief)

Düsseldorf, le 22 juin 1904

Très cher Monsieur,
en retournant d'Italie, nous sommes restées quatre jours ici à Dusseldorf; nous avons admiré vos œuvres, qui nous ont donné beaucoup, beaucoup de bonheur! C'est seulement pour vous saluer de vos tableaux qui mènent la vie splendide de leur noble beauté. Nous sommes heureux de les avoir vu. Je vous écrirai bientôt. Nous vous espérons en bonne santé, vous et les vôtres.

Votre Rainer Maria Rilke

Beaucoup des salutations à Madame et à vous

votre Clara Westhoff-Rilke.

(8. Brief)

Jonsered près Göteborg en Suède
le 25 novembre 1904

Très cher Monsieur,
Est-ce que c'est vrai que vous êtes encore en Allemagne? Est-ce possible que vous passerez encore une fois par Brême? On l'a raconté à ma femme qui m'a écrit tout de suite cette nouvelle assez vague qui nous remplit d'un espoir, que je ne veux pas encore prononcer. Si ce serait possible de vous voir!

En tout cas je m'empresse de vous dire, que ma femme depuis deux mois est retournée en Allemagne; son adresse est: Oberneuland près Brême. C'est un petit village, à peu près dix minutes de Brême avec le train (sur la route de Hambourg), où elle travaille tout près de notre petite fille. Vers la moitié de décembre moi aussi j'irai à Oberneuland, pour y rester pendant quelque temps.

Si vous alors passez en vérité un jour par Brême, n'oubliez pas que nous sommes là et que nous vous attendons (je pourrais bien dire: tout le trois) avec impatience, c'est à dire comme on attend un ami avec qui on veut partager tout. Et il y a tant à vous dire!

J'espère, chère Monsieur, que vous allez bien et que vous avez de bonnes nouvelles de votre famille.

De cœur le Vôtre   Rainer Maria Rilke

J'essaie de vous faire parvenir cette lettre par le docteur Pauli à Brême, parce que je crois qu'il connaît votre adresse actuelle.

(9. Brief)

9 avril 1906   182, rue de l'université

Mon cher Monsieur,

Monsieur Rodin depuis une semaine déjà est fortement grippé et au lit, ainsi qu'à son regret il ne peut pas maintenant prier Monsieur Michalek de venir visiter son atelier. Mais il espère d'être rétabli avant que ce Monsieur rentre dans son pays; il l'avertira aussitôt quand il sera capable de sortir.

Voilà des jours admirables où même un démenagement doit être une vraie fête –. Vous devriez voir notre jardin et la petite vallée avec tous ces arbres en fleurs.

Mille souhaits de bonheur et de travail dans votre nouveau domicile que j'espère de venir voir bientôt.

Je vous prie entre temps de transmettre tous mes hommages à Madame Zuloaga et de croire à mon admiration sincère:

Rainer Maria Rilke

Zu der nachstehenden Übertragung der Briefe:

Wenn ich mich nach langem Zögern doch dazu entschloß, dem Originaltext der Briefe eine Übersetzung derselben beizufügen, so war ich mir bewußt, daß diese ein Wagnis ist. Rilke hat einen besonderen Briefstil entwickelt, und dem deutschen Leser muß es merkwürdig vorkommen, Briefe Rilkes zu lesen, die nicht in diesem Stile gehalten sind. Erschwert wurde die Übertragung außerdem durch die Tatsache, daß Rilke, als er diese Briefe schrieb, die französische Sprache noch nicht beherrschte. Es handelte sich deshalb bei der Übersetzung des öfteren mehr um eine Enträtselung, bzw. Interpretation, als um die Übertragung eines französisch geschriebenen Textes, der, so wie ihn Rilke geschrieben hatte, im Französischen stellenweise keinen Sinn ergibt und selbst dann kaum eine Aufklärung erfährt, wenn man in Betracht zieht, daß dieses Französisch noch ganz vom Deutschen her gedacht, geschrieben und empfunden wurde. Ich habe mich also darauf beschränkt, eine möglichst wörtliche Übertragung zu geben, und darauf verzichtet, sie stilistisch abzurunden.

Was den Inhalt dieser Briefe anbetrifft, so wird er den Leser hin und wieder überraschen, besonders wenn er in Betracht zieht, daß Rilke sie als fast Dreißigjähriger schrieb. Ohne Zweifel aber stellen sie ein interessantes psychologisches Dokument dar und zeigen Rilke von einer neuen Seite.

Die in diesen Briefen erwähnten Tatsachen erklären sich teilweise von selbst, teilweise streifte ich sie in meinen Ausführungen. Lediglich eine von ihnen verdient vielleicht noch aufgehellt zu werden: das von Rilke erhoffte Wiedersehen (siehe Brief 8) in Oberneuland kam, wie mir Señor Zuloaga sagte, nicht zustande. –

Brief 1

Paris Vme, 11 rue Touiller

Sehr geehrter Herr,

Ich bedaure unendlich, daß ich mich nicht, wie ich es wünschte, auf Französisch ausdrücken kann, um Ihnen zu sagen, was ich in diesem Augenblicke empfinde, da ich zufällig höre, daß Sie in Paris sind. Es ist dies mehr als eine Freude – es ist dies eine Erfüllung meiner glühendsten Wünsche. Ihr Werk war für mich, seit ich in Berlin einige Bilder, und später in Dresden im Jahre 1901 mehrere Meisterwerke gesehen habe – also: dieses Werk war und ist für mich eine Quelle der Schönheit, der Freude, – der Ewigkeit.

Welche Stunden haben wir nicht in Dresden (meine Frau, die eine junge Bildhauerin ist, und ich) damit verbracht, das Porträt der Schauspielerin Consuelo, jener Dame in Rot vor dem grauen, einfachen und ausgedehnten Hintergrund zu betrachten. Wie haben wir von jenen Handschuhen, jenen Fächern, von all jenen hervorragenden Einzelheiten einer festen und großartigen Einheit gesprochen!

Bis jetzt haben wir auf dem Lande, in der Nähe von Bremen gelebt, und es war für uns eine reine Freude, jenes Bild in Bremen wiederzusehen, wohin es verkauft wurde.

Aber nun von dem, was den Zweck dieses Briefes anbelangt. Sie erraten ihn: ich bitte Sie, sehr geehrter Herr, keine Indiskretion darin sehen zu wollen, wenn ich Sie bitte, mir Ihr Atelier ansehen und Sie selber aufsuchen zu dürfen, um Ihnen meine Dankbarkeit und Bewunderung aussprechen zu können.

Ich bin aus Deutschland, wo wir leben, extra auf einige Zeit nach Paris gekommen, um das Werk Rodins, über welches ich eine Studie zu schreiben beabsichtige, zu studieren. Ich wußte nicht, daß Sie in Paris seien, und es ist weit von hier bis Eibar, wo ich Sie in der Gebirgseinsamkeit glaubte. Aber Sie sind hier, und dies ist ein Ereignis für mich.

Ich möchte nicht mit leeren Händen zu Ihnen kommen, Meister, bitte nehmen Sie das Gedichtbuch, welches ich die Ehre habe, Ihnen zu senden, an. Es ist eines meiner letzten Werke, und ich bin glücklich, es in Ihrem Besitz zu wissen; Sie werden die Sprache nicht verstehen, doch ich bitte Sie, die tiefe Bewunderung des Verfassers daraus erkennen zu wollen.

Ihr Rainer Maria Rilke
Paris Vme, 11 rue Touiller

(Ohne Datum, wahrscheinlich gegen Ende September 1902 geschrieben, vergleiche dazu den unter Anmerkung 4 erwähnten Brief Rilkes an Clara Rilke vom 28. [9. 02].)

Brief 2

Paris V, jetzt: 3, rue de l'Abbé de l'Epée,
den 4. Okt. 1902

Sehr geehrter Herr,

Für Ihren sehr gütigen Brief danke ich Ihnen; ich bin sehr traurig, daß Sie so fern von Paris sind, und daß meine ganze Freude bloß ein Traum war, welcher sich nicht verwirklichen wird. Und doch sind es die Träume, die uns viel geben: sie sind auch das Leben ... Im Augenblick bin ich glücklich, daß ich Ihnen meine glühenden Gefühle mitteilen konnte; daß Sie jetzt wissen, daß es zwei Menschen gibt (meine Frau und ich), die Ihrer mit tiefster Dankbarkeit gedenken, und die bereit sind, alle Ihre Wünsche zu erfüllen, was sage ich: zwei Menschen ... Alle mir bekannten jungen deutschen Künstler haben eine ähnliche Bewunderung für Ihr Werk, für Ihre Kunst, welche so jung ist, so stark, so groß. Wie das Werk Auguste Rodins ist es auf einer so schönen nationalen Tradition aufgebaut, ist Ihre Kunst der Dauphin dieser königlichen Rasse, welche alle Dynastien überlebt...

Ach, ich kann es Ihnen nicht sagen, da ich mich auf Französisch nicht auszudrücken weiß; aber vielleicht erraten Sie, was ich Ihnen mitteilen will ... Ich hoffe es ...

Meine Frau wird hier in Paris arbeiten, und wir werden vielleicht einige Monate hier bleiben. Wenn der einzige Monat, den Sie in Paris verbringen, einer der Wintermonate sein sollte, so würden wir die Freude haben, Sie hier zu erwarten ... In diesem Falle werden Sie uns ein Wort schreiben, wenn Sie zu kommen gedenken; ich bitte Sie darum ... Sie haben die Güte, mir von Eibar zu erzählen, und ich danke Ihnen für Ihre liebenswürdige Einladung. Ich fürchte, daß es von hier zu weit ist, aber ich hoffe, daß es mir eines Tages möglich sein wird, diese Reise zu machen: ich werde kommen, um Ihnen mündlich meine Bewunderung auszusprechen.

Vielleicht (und dies denke ich oft) werde ich ein schönes kleines Buch über Ihr Werk schreiben können, wenn ich Gelegenheit habe, es aus nächster Nähe zu betrachten. Dies wäre die am meisten erwünschte Arbeit für mich...

Wenn meine Studie über das Werk Auguste Rodins herauskommt (das wird zu Anfang nächsten Jahres sein), werde ich die Ehre haben, sie Ihnen zu senden; nehmen Sie bitte, sehr geehrter Herr, meine Grüße und den Ausdruck meiner aufrichtigen Bewunderung entgegen: Ihr Rainer Maria Rilke

Brief 3

Paris, 3, rue de l'Abbé de l'Epée,
den 6. März 1903

Meister,

Es ist ziemlich unbescheiden von mir, zu glauben, daß Sie sich meines Namens noch erinnern. Ich schrieb Ihnen im Herbst; ich sagte Ihnen, was Ihr Werk für mich bedeute, und ich muß Ihnen dies jetzt wiederholen, denn bei der Wiedereröffnung des Luxemburg-Museums fand ich zwei Werke von Ihnen, Meister, welche den Glauben, den ich Ihnen und Ihrem Werk entgegenbringe, bestätigen...

Und nun macht sich die Unmöglichkeit geltend, Ihnen in einer fremden Sprache zu sagen, was diese Bilder in mir geweckt haben. Die Zwergin war mir schon bekannt; aber jetzt scheint sie mir ein noch selbstherrlicheres Dokument zu sein als damals, da ich ihr vor drei Jahren (bei Schulte) in Berlin begegnete. O wie schön sie ist, wie stark, wie stolz und zu gleicher Zeit wie demütig ... Mehr kann ich nicht sagen; meine Frau (Bildhauerin) (von der ich Ihnen das letztemal sprach) denkt wie ich, und wir haben Stunden voll Dankbarkeit und Freude vor Ihrem Bilde verlebt, wir hatten das Gefühl, durch Ihre Kunst dem Leben näherzukommen, d. h. dem Ewigen im Leben ...

Doch mein Versuch, mich in dieser Sprache auszudrücken und Ihnen die Nuancen meiner Bewunderung zu sagen, würde gar keinen Erfolg haben. Verzeihen Sie mir diese ungeschickten Worte ...

In einigen Tagen (sobald es erscheint) schicke ich Ihnen mein Buch über Rodins Werk; Sie können es nicht lesen (was mich sehr traurig macht), aber ich will es in Ihren Händen wissen; das tut mir gut.

Jetzt wage ich eine Bitte an Sie zu richten; ich bin seit einigen Wochen leidend, ich glaube, daß es das Februar-Wetter ist und vor allen Dingen die Schwere dieser Stadt, welche mich fast krank machen. Ich habe die Absicht, sobald wie möglich aufs Land zu gehen, und ich suche einen ruhigen Ort am Ufer eines südlichen Meeres, ein Schweigen, das einsam ist und sonnig, wo ich mich wiederherstellen und arbeiten könnte; mir ist die Idee gekommen, daß es vielleicht unweit San Sebastians (beispielsweise) einen kleinen Badeort gebe, wo ich das finden könnte, was ich brauche; es ist nicht viel. Ein gutes Zimmer, eine bescheidene Mahlzeit und vor allen

Dingen Sonne, Schweigen und Meer. Und den Frühling. Ist er schon bei Ihnen? Im Gebirge vielleicht noch nicht, doch an der Küste?... San Sebastian selber wäre vielleicht auch sehr angenehm? Aber ich fürchte, es wäre zu teuer für mich, denn ich bin gezwungen, in großer Sparsamkeit zu leben.

Ich wage also Sie zu bitten, mir raten zu wollen, falls Ihnen das nicht zuviel Mühe bereitet. Es genügt mir, wenn Sie so gut wären, mir etwas über die Küste zu sagen, falls Sie glauben, daß man dort irgendwo in bescheidenem Maße wohnen kann, und ob es am Meere schon Sonne gibt und Frühling. Sie kennen wahrscheinlich die Umgebung von Eibar, und ohne Zweifel lieben Sie die Gegend, in der Sie wohnen; mir ist, als ob ich sie auch liebe.

Ich muß so bald wie möglich abreisen, und deshalb wäre ich Ihnen sehr dankbar, wenn Ihre Antwort bald käme.

Verzeihen Sie mir die ganze Kühnheit meiner Bitte; die Stadt lastet auf mir, und der Lärm ihrer Nächte macht mich traurig; ich denke oft an Sie, und ich bin glücklich, daß Sie *sind*. Wollen Sie mir Ihren Rat erteilen? Glauben Sie mir, Meister, daß ich ihn von ganzem Herzen zu schätzen wissen werde.

Ihr: Rainer Maria Rilke.
Paris, 3, rue de l'Abbé de l'Epée.

Brief 4

Viareggio bei Pisa (Italien) (Hotel Florence),
den 9. April 1903

Verehrter Meister,

Nehmen Sie bitte meinen lebhaften Dank für Ihren Brief entgegen, der mich sehr glücklich gemacht hat, da er mir mit Nachrichten von Ihnen die beiden Photographien brachte. Ich weiß wirklich nicht, wie ich Ihnen, verehrter Herr, meine Dankbarkeit sagen soll. Wir (meine Frau und ich) hatten eine unendliche Freude daran, den köstlichen Geschmack und Duft dieser zwei bewunderungswürdigen Gemälde zu kosten; vor unseren verzauberten Augen schienen sie ihre natürliche Größe anzunehmen; uns war, als ob wir sie in ihrer ganzen Schönheit sahen: die harmonische Beredsamkeit der Farben, den Rhythmus der Töne, die Geschmeidigkeit der Stoffe (deren Leben Sie so wunderbar kennen), den Reichtum der Gewänder, welche die Blumen und das Geheimnis der Schleier ausbreiten und zurückhalten;

den Glanz der Zacken und Spitzen; die Seidenschals, welche mit jedem Faden ihres Gewebes die Schultern, die sie umfließen, liebkosen; die schleppende Wellung der Borten; – die schattigen Falten, welche Nächte verbergen, und die anderen – die Fontänen von Falten, welche mit dem hellen Laut einsamer Brunnen in sich zurückfallen; und das Spiel der Fransen, die sich verlängern und sich wie junge seidige Schlangen drehen: wir haben das Glück all dieser Dinge ausgeschöpft; wir haben die Anmut all dieser und noch anderer Schönheiten, welche Ihre Werke in so herrlichem Maße verschenken, empfunden. – Aber es ist nötig, daß ich dieses hilflose Stammeln unterdrücke, um Ihnen ganz einfach zu sagen: Sie haben uns sehr viel gegeben, verehrter Meister. Und ich muß Ihnen gestehen, daß ich einige Tage hindurch im Begriff stand, geraden Weges nach Sevilla zu fahren, um Sie und Ihr Vaterland zu sehen, welches, wie mir scheint, in Ihrer Kunst all seinen edlen Ruhm von neuem beginnen will und sich Ihnen ohne Vorbehalt anvertraut hat, um von Ihnen die Ewigkeit seiner verwitweten Größe zu fordern ...

Mein Wunsch war deshalb so ungeduldig, weil es mir klar geworden war, daß ich jenes Buch voll Glut, Blumen und Tänzen schreiben muß. Ich weiß nicht, ob meine Begabung ausreichend ist, sich an diesem Stoff zu versuchen, aber alles in mir erwacht, um die Schönheit, welche Sie sind, zu besingen. Einige Tage hindurch ging ich wie im Traume durch Paris und von einem Verlangen erfüllt, mehr noch: von einer fieberhaften Sehnsucht nach Ihrem Werk und dem Land und dem Himmel, der es umgibt. O wenn ich hätte fahren können! Aber schließlich mußte ich mir sagen, daß mir die Umstände im Augenblick nicht die Tag und Nacht erträumte Reise erlaubten: denn weder meine körperlichen Kräfte noch meine Existenzmittel würden ausreichen, um eine so große Reise zu unternehmen, und vor allen Dingen nach einem Lande, das mir gänzlich unbekannt ist und dessen Sprache und Sitten ich nicht kenne. Ich mußte darauf verzichten. Ich bin nach diesem kleinen Städtchen am Meer gefahren, welches mir schon einmal (vor fünf Jahren) die Gesundheit, das Gleichgewicht, die Anmut seiner Schweigsamkeit schenkte. Es ist eine eintönige Stadt, welche sich auf ein bewegtes und wechselndes Meer hinaus öffnet; sie wird im Norden und im Süden von zwei großen Pinienwäldern begrenzt, und hinter den Wäldern schlummert auf der einen Seite Pisa, und auf der anderen ragen die Marmorberge von Carrara und Massa empor. Ich bin allein hier. Meine Frau mußte bei ihrer Arbeit in Paris bleiben, und ich werde bald dorthin zurückkehren, wenn mein noch immer schwankender Gesundheitszustand wieder hergestellt sein wird.

Ich schreibe fast nichts, und ich habe bloß drei oder vier Bücher bei mir, welche des Abends zu mir sprechen, wenn das Meer unter der Sternenklarheit ruhig wird. Aber ich tue dies: ich denke viel an Sie, ich sehe mir die zwei kleinen Photographien an, welche mich immer begleiten, und ich bin froh, daß die braunen jungen Mädchen, von welchen ich einigen in den Straßen begegne, von einem traurigen und vernachlässigten Stolz sind, welcher mich sehr entfernt an die siegende, vage Hoheit Ihrer spanischen Frauen erinnert.

Von hier werde ich nach Paris zurückgehen, vielleicht (wenn die Umstände es erlauben) um einen Winkel im Baskenlande zu suchen, wohin ich jetzt nicht gegangen bin, aus der Furcht, der Frühling sei noch nicht so fortgeschritten, als daß er meinen Bedürfnissen nach Wärme genügen könnte. Aber wenn sich das als unmöglich erweisen sollte, bleiben wir bei der Hoffnung, Sie im Juni, wenn Sie in Paris sein werden, zu sehen. Dies muß sich mit Gewißheit erfüllen, und ich bin der Meinung, daß dieser Boden ausreichend ist, um darauf das Schloß unserer zukünftigen Freuden zu errichten.

Mit diesem Brief sende ich Ihnen mein Buch über Rodin: nehmen Sie es bitte als ein stummes Zeugnis dessen, was mein Brief nicht imstande ist, Ihnen zu sagen.

Meine Frau war traurig, Ihnen als Gegengeschenk für die Photographien, welche uns eine ganze Generation von glücklichen Stunden verursachten, nichts senden zu können. Nicht wissend, was sie Ihnen schicken könne, bat sie mich, Ihnen das ähnlichste Bild zu senden, welches wir von ihr haben. Es ist eine Photographie (ich lege sie in das Buch) nach der Natur, die vor anderthalb Jahren gemacht wurde, an einem Sommerabend vor der Ebene und dem großen Himmel jener Gegend, in der wir zu jener Zeit wohnten und die ihre Heimat ist. Es war in Bremen, in Norddeutschland, in einer Torfgegend, wo die Luft sehr farbig ist und voller Leben und Wind: er umfließt und umgibt die Dinge mit all der Größe jener Riesenhimmel, und (besonders am Abend) verleiht er den weißen Dingen Nuancen, Werte, eine ganze Geschichte von Gefühlen und Erinnerungen, er erfüllt diese Farben mit all den Reichtümern, und die Weiße ist derart, daß man sie für ein fernes Lächeln halten könnte, welches sich durch die Jahrhunderte nähert.

Jetzt haben wir keine Heimat mehr, wir haben unser kleines Haus (wo unsere kleine Tochter Ruth geboren wurde) verlassen, um unseren Arbeiten besser dienen zu können; und unter ihnen sehe ich seit damals eine, welche ich mehr als die anderen liebe, und welche ich mit all meinen Kräften eines Tages erfüllen möchte: nämlich das Buch über Ihre Kunst; und ich hoffe, allmählich die zufälligen Hindernisse zu überwinden, welche sich der Ausdauer meines Wunsches entgegenstellen.

Aber ich muß diesen unbescheiden langen Brief beenden.

Ich grüße Sie, verehrter Meister, und sende Ihnen die besten Wünsche meiner Seele, welche Sie voller Bewunderung umgibt:

Rainer Maria Rilke

PS. Die sicherste Adresse bleibt jene von Paris:
Paris, 3, rue de l'Abbé de l'Epée.

Brief 5

Paris, 3, rue de l'Epée, den 22. Juni 1903

Verehrter Herr,

Da ich so wenig im Gebrauch des Französischen geübt bin, habe ich Ihnen heute morgen nicht sagen können, wie glücklich wir waren, Sie noch einmal zu sehen. Vielleicht wissen Sie es dennoch; aber ich möchte es Ihnen nochmals sagen und Ihnen von ganzem Herzen dafür danken, daß Sie uns besucht haben: wir werden immer mit den lebhaftesten und dankbarsten Empfindungen daran zurückdenken.

Mit diesem kleinen Brief möchte ich Sie in Ihrer schönen Heimat, welche ich eines Tages zu bewundern hoffe, begrüßen...

Daß sie Ihnen günstig sei, daß sie Ihnen und den Ihrigen Tage der Ruhe und des inneren Glückes schenke; und daß Ihre Arbeit Sie, einem Klima gleich, umgebe, welches alle Ihre Wünsche hinsichtlich der Kunst reifen läßt...

Wir werden sehr weit voneinander entfernt sein, doch das, was uns vereinen wird, ist, daß wir in unserer Einsamkeit so demütig zu arbeiten versuchen werden, wie Sie es in der Ihrigen tun.

Ich werde Ihnen von Zeit zu Zeit ein Lebenszeichen von mir zukommen lassen, denn ich bitte Sie, uns Ihre guten Empfindungen, auf die wir stolz sind, zu bewahren.

Und es sind alle unsere Wünsche, die Ihnen folgen und Sie begleiten. Ihr

Rainer Maria Rilke

Brief 6

Rom, Villa Strohl-Fern, den 28. April 1904

Mein sehr verehrter Herr,
Ihnen zu schreiben – dies war für mich immer wie eine Belohnung, die ich mir erst nach einer langen Arbeit gestatten wollte; nun rufen Sie mich zu dieser Freude, und ich beeile mich, Ihnen meinen Dank für die Freundschaft Ihrer «zwei Worte» zu sagen, die uns unendlich berührt haben.

Wir sind glücklich, von Ihnen eine Nachricht zu haben und zu sehen, daß diese eine gute ist: daß Sie arbeiten, und daß die Ihren bei Ihnen sind. –

Sie, Rodin und unsere kleine Tochter (welche nicht bei uns ist) –: sie sind die drei Menschen auf der Welt, an die wir während dieses Winters am häufigsten gedacht haben.

Wir waren – und wir sind noch – in Rom, – in dieser Stadt, die mit der Banalität ihrer modernen Strömungen die Umrisse ihres alten Ruhmes verunstaltet...

Wir sind nicht glücklich hier; aber wir bleiben, weil jeder von uns ein kleines Atelier hat, das sich in einem großen Garten außerhalb der Stadt (Fuori Porta del Popolo) befindet, und weil wir arbeiten. Unser Gesundheitszustand ist besser als in Paris, und da die Umstände erträglich sind, haben wir die Absicht, einige Arbeiten, mit welchen wir uns schon seit Monaten beschäftigen, hier zu beenden.

Wir hoffen, daß wir nach dieser Zeit, in der die Ruhe und die vollkommene Einsamkeit uns lehren, unaufhörlich zu arbeiten, endlich zu unserer kleinen Tochter werden zurückkehren können.

Könnten wir Sie sprechen, so würde es viel zu erzählen geben, und wir sind von dem Wunsche erfüllt, Sie und Ihr Werk wiederzusehen.

Im Herbst (Sie wissen es) bewunderten wir Ihre schöne und edle «Familie des Toreros» in München, später, auf der Durchreise in Venedig, hatten wir das Glück, uns anderen Ihrer Werke zu nähern; und obwohl es sich um Venedig handelte, – wenn wir an jene Tage zurückdenken, existiert die Wunderstadt nicht mehr in unserer Erinnerung, die noch von der Herrlichkeit Ihrer Bilder überstrahlt ist.

Und jetzt schreiben Sie uns von dieser Ausstellung in Düsseldorf! – Welche Freude wäre es für uns, dort mit Ihnen zusammenzukommen und achtzehn Ihrer Bilder zu sehen!

Aber leider ist das nicht möglich. Wir sind so weit fort. Wir können uns von hier nicht rühren. Das macht uns sehr traurig! Sie fahren nach Deutschland, und wir werden nicht dort sein!

Es bleibt uns nur, Ihnen eine gute Reise zu wünschen und Ihnen zu sagen, daß unsere Gedanken Sie begleiten.

Meine Frau hat die Absicht, Ihnen ihrerseits noch zu schreiben. Bitte übermitteln Sie ihre besten Grüße und meine ergebenen Empfehlungen Madame Zuloaga – und Sie, verehrter Herr, bewahren Sie uns Ihre Freundschaft, welche wir mit unserem ganzen Dasein erwidern.

Rainer Maria Rilke

Brief 7

Düsseldorf, den 22. Juni 1904

Sehr verehrter Herr,

Auf der Rückfahrt aus Italien sind wir vier Tage hier in Düsseldorf geblieben und haben Ihre Werke bewundert, die uns sehr viel Freude bereitet haben! Es ist bloß, um Sie, Ihre Bilder sehend, welche ein herrliches Dasein edler Schönheit führen, zu grüßen. Wir sind glücklich, sie gesehen zu haben. Ich werde Ihnen bald schreiben. Wir hoffen, daß Sie und die Ihrigen sich in guter Gesundheit befinden!

Ihr Rainer Maria Rilke

Viele Grüße an Madame und an Sie

Ihre Clara Westhoff-Rilke

Brief 8

Jonsered bei Göteborg in Schweden,
den 25. November 1904

Sehr verehrter Herr,

Ist es wahr, daß Sie noch in Deutschland sind? Ist es möglich, daß Sie noch einmal durch Bremen fahren werden? Diese etwas vage Nachricht erhielt meine Frau, die mir gleich schrieb, und sie erfüllt uns mit einer Hoffnung, welche ich noch nicht aussprechen kann. Wenn es möglich wäre, Sie zu sehen!

Jedenfalls beeile ich mich, Ihnen zu sagen, daß meine Frau vor zwei Monaten nach Deutschland zurückgekehrt ist; ihre Adresse lautet: Oberneuland bei Bremen. Es ist ein kleines Dorf, kaum zehn Minuten mit dem Zuge von Bremen entfernt (auf der Strecke nach Hamburg), wo sie, mit unserer kleinen Tochter Ruth wiedervereint, arbeitet. Gegen Mitte Dezember werde auch ich nach Oberneuland fahren, um einige Zeit dort zu bleiben.

Wenn Sie aber wirklich eines Tages durch Bremen kommen, so vergessen Sie nicht, daß wir dort sind, und daß wir Sie dort voll Ungeduld erwarten (ich könnte wohl sagen: alle drei), d. h. ein Freund wird erwartet, mit welchem man alles zu teilen wünscht. Und es gibt so viel zu erzählen!

Ich hoffe, verehrter Herr, daß es Ihnen gut geht, und daß Sie gute Nachrichten von Ihrer Familie haben.

Von Herzen der Ihre

Rainer Maria Rilke

Ich versuche, Ihnen diesen Brief durch Herrn Dr. Pauli in Bremen zukommen zu lassen, weil ich glaube, daß er Ihre jetzige Adresse kennt.

Brief 9

den 9. April 1906   182, rue de l'Université

Lieber Herr Zuloaga,

Monsieur Rodin, seit einigen Tagen stark vergrippt, hütet das Bett, so daß es ihm jetzt leider nicht möglich ist, Monsieur Michalek zu bitten, sein Atelier zu besuchen. Aber er hofft, daß er wiederhergestellt sein wird, bevor dieser Herr in seine Heimat zurückreist; er wird ihn gleich benachrichtigen, sobald er ausgehen kann.

Das sind nun herrliche Tage, an denen selbst ein Umzug ein wahres Fest sein muß. – Sie sollten unseren Garten sehen und das kleine Tal mit all den blühenden Bäumen.

Tausend Wünsche für Ihr Glück und Ihre Arbeit in Ihrem neuen Heim, welches ich bald zu sehen hoffe.

Inzwischen bitte ich Sie, Madame Zuloaga all meine Verehrung ausrichten zu wollen und an meine aufrichtigste Bewunderung zu glauben:

Rainer Maria Rilke

ANMERKUNGEN

¹ Siehe «Briefe an seinen Verleger, 1906 bis 1926», S. 143/44, Brief aus Duino vom 2. 10. 12.

² Siehe für dieses spiritistische Erlebnis die Beschreibung, welche die Fürstin Maria von Thurn und Taxis-Hohenlohe in ihren «Erinnerungen an Rainer Maria Rilke» (Schriften der Corona) S. 80 gibt. Die Tatsache, daß die Fürstin Mitglied der «Society of Psychical Research» war, verleiht ihren Ausführungen ein besonderes Gewicht.

³ Siehe «Briefe und Tagebücher aus der Frühzeit (1899 bis 1902)», Brief aus Schmargendorf vom 19. 11. 00 an Otto Modersohn, in welchem er über ein Buch des niederländischen Malers Josef Israels: «Spanien. Eine Reiseerzählung mit Handzeichnungen», 1899 deutsche, und mir vorliegende englische Ausgabe 1900, berichtet.

⁴ Vergleiche über Rilkes Verhältnis zu Zuloaga folgende Briefe des Bandes: «Briefe aus den Jahren 1902 bis 1906»:
S. 50, Brief 14, aus Paris, vom 28. (9. 02), an Clara Rilke,
S. 132, Brief 50, aus Rom, vom 5. 11. 03, an Arthur Holitscher,
S. 83, Brief 30, aus Viareggio, vom 8. 4. 03, an Clara Rilke,
S. 123, Brief 48, aus Oberneuland, vom 15. 8. 03, an Lou Andreas-Salomé,
S. 155/56, Brief 62, aus Rom, vom 12. 5. 04, an dieselbe,
S. 185, Brief 68, aus Borgeby, vom 3. 7. 04, an dieselbe,
S. 275, Brief 148, aus Meudon, vom 23. 11. 05, an dieselbe,
S. 304, Brief 177, aus Meudon, vom 2. 4. 06, an Clara Rilke.

⁵ Siehe «Briefe aus den Jahren 1907 bis 1914», S. 62, Brief 24, aus Paris, vom 16. 10. 08, an Rodin.

⁶ Siehe S. 29 des unter 2 genannten Buches.

⁷ Siehe Anmerkung 2.

⁸ Die auf diese Hinreise bezugnehmenden Briefstellen sind enthalten in den Bänden: «Briefe aus den Jahren 1907 bis 1914»:
S. 245, Brief 95, aus Duino, vom 18. 9. 12, an Leo von König,
S. 268, Brief 101, aus Ronda, vom 20. 12. 12, an den gleichen,
und in dem Bande: «Briefe an seinen Verleger, 1906 bis 1926»:
S. 144, Brief aus Duino, vom 2. 10. 12,
S. 146, Brief aus München, vom 18. 10. 12,
S. 148/49, Brief aus Toledo, vom 4. 11. 12.

⁹ Siehe «Briefe aus den Jahren 1907 bis 1914», S. 249/52, Brief 97, aus Toledo, vom 13. 11. 12, an die Fürstin Thurn und Taxis-Hohenlohe.

¹⁰ Siehe S. 351 des unter 9 erwähnten Briefes.

¹¹ Wie 9, S. 246, Brief 96, aus Toledo, am Allerseelentag 1912, an die gleiche Empfängerin.

¹² Siehe «Briefe aus Muzot, 1921 bis 1926»: S. 247, Brief 80, vom 26. 2. 24, an Alfred Schaer, in dem Rilke auch von Les Baux spricht.

¹²ᵃ Die Berechtigung, «Ereignis» etymologisch auf «zu Eigen werden» zu-

74 Rilke und Spanien

rückzuführen, bleibt auch dann bestehen, wenn der Stamm «eigen» ursprünglich als aus dem Ahd. «(ir)-ougen» = «vor Augen stellen» zu betrachten ist: die mundartliche Verschleißung von «ougen» (= «Augen») in «eigen», die im 17. Jh. schriftsprachlich wird (siehe Friedr. Kluge, Etymologisches Wörterbuch der deutschen Sprache, 11. Aufl., de Gruyter, Berlin, 1936, S. 136, Stichwort: ereignen), entspricht dem Sinngehalt des von uns betonten «zu Eigen werden», welches stets das *Er*lebnis eines gesehenen Vorgangs, das bewußte Hereinnehmen eines eingesehenen Geschehnisses darstellt.

[13] Siehe den unter 8 erwähnten Brief aus Ronda vom 20. 12. 12 an Leo von König.
[14] Siehe «Briefe aus Muzot, 1921 bis 1926»:
S. 211/12, Brief 70, vom 20. 12. 23, an Nora Purtscher-Wydenbruck,
S. 346, Brief 111, vom 18. 12. 25, an Arthur Fischer-Colbrie,
S. 360, Brief 115, vom 1. 3. 26, an Veronika Erdmann.
[15] Wie 13.
[16] Wie 13.
[17] Siehe «Briefe an seinen Verleger, 1906 bis 1926», S. 152, Brief aus Toledo, vom 20. 11. 12.
[18] Siehe «Briefe aus den Jahren 1907 bis 1914», S. 263, Brief 100, aus Ronda vom 19. 12. 12, an Lou Andreas-Salomé; ferner den unter 8 genannten Brief 101 an Leo von König.
[19] Siehe «Briefe aus den Jahren 1907 bis 1914», S. 259/60, Brief 99, aus Ronda, vom 17. 12. 12, an die Fürstin Thurn und Taxis-Hohenlohe.
[20] Siehe Edmond Jaloux: Rainer Maria Rilke. Paris, Editions Emile-Paul Frères, 1927, S. 44/45.
[21] Siehe «Briefe an seinen Verleger, 1906 bis 1926», S. 153, Brief aus Ronda, vom 18. 12. 12, ferner den unter 19 genannten Brief vom 17. 12. 12.
[22] Siehe S. 256 des unter 19 genannten Briefes vom 17. 12. 12.
[23] Siehe «Sonette an Orpheus», Insel-Verlag. Das XXI. Sonett des ersten Teiles und die Anmerkung am Schluß des Bandes, sowie «Briefe aus Muzot, 1921 bis 1926», S. 99, Brief 27, vom 9. 2. (22), an Gertrud Oukama Knoop.
[24] Siehe «Briefe aus den Jahren 1907 bis 1914», S. 270, Brief 102, aus Ronda, vom 6. 1. 13, an Lou Andreas-Salomé.
[25] Siehe «Briefe an seinen Verleger, 1906 bis 1926», S. 157, aus Ronda, vom 7. 1. 13.
[26] Siehe den unter 8 genannten Brief 101 an Leo von König.
[27] Siehe S. 250 des unter 9 genannten Briefes.
[27a] Auch das große Liebeserlebnis Rilkes mit Benvenuta, das kurz nach seiner Rückkehr aus Spanien im Januar 1914 in Paris begann (siehe «Rilke und Benvenuta. Ein Buch des Dankes», Andermann, Wien, 1943, sowie die Anzeige dieses Buches durch Georg Schaeffner in «Der Kleine Bund», Jg. 26, Nr. 25, Bern, 24. 6. 1945) zerbrach nach «drei (nicht gekonnten) Monaten Wirklichkeit», wie er unter dem 8. Juni 1914 an Lou Andreas-Salomé schreibt. Hier sei auf ein «zufälliges» Detail dieser Beziehungen hingewiesen: nach Rilkes spanischer Reise und während seines Zusammenseins mit Benvenuta stellte es sich heraus, daß Benvenuta eine Nachfahrin spanischer Granden aus der Umgebung Karls VI. war. Diese Tatsache wirft ein merkwürdiges Licht auf jenes unterirdische Gewebe und Verwobensein der rilkischen Existenz, das für den aufmerksamen Be-

Anmerkungen 75

trachter seiner Biographie nicht überraschend wirkt; im vorliegenden Falle unterstreicht das genannte Detail eine gewisse Spanien-Betontheit des rilkischen Wesens, die außer in den anderen in dieser Studie genannten Beziehungen auch in seiner greco-haften Physiognomie (siehe Tafel vor der Titelseite) deutlich werden mag.

[28] Siehe S. 71 des unter 2 genannten Werkes, in dem die Verfasserin von Rilkes «fast irren, angstvollen Blick» spricht, der sie schweigen machte. Auch «der Andere in mir», von dem Rilke aus Ronda an Lou Andreas-Salomé schreibt, wirft ein mehr als helles Licht über seine damalige Situation. Und sein Ausspruch, «daß es das günstigste wäre, kein Bewußtsein zu haben» («Briefe an seinen Verleger», S. 155, Brief vom 7. 1. 13 aus Ronda), erinnert uns an eine hölderlinähnliche Situation.

[29] Siehe S. 85 des unter 2 genannten Werkes.

[30] Siehe S. 90 des unter 2 genannten Werkes, ferner:
«Briefe aus Muzot, 1921 bis 1926»:
S. 7, Brief 1, vom 25. 7. 21, an die Fürstin Thurn und Taxis-Hohenlohe,
S. 44, Brief 9, vom 26. 10. 21, an Gertrud Oukama Knoop.

[31] Daß diese Behauptung nicht eine bloße Erfindung der wenigen Bewohner, die dieser höchst merkwürdigen Stadt blieben, zu sein braucht, sondern sehr große Wahrscheinlichkeit besitzt, scheint sich dank einer anderen Tatsache zu bestätigen, denn wir wissen, daß Dante lange geschwankt hat, ob er die «Göttliche Komödie» auf Provenzalisch oder Italienisch schreiben sollte. – Betr. Les Baux siehe Anmerkung 12.

[31a] Einen begrüßenswerten Beitrag hinsichtlich dieser Beziehung Dantes zu Les Baux veröffentlichte M. Brassaï in Gestalt einer Bildreportage: «L'Enfer de Dante retrouvé aux Baux» in der Zeitschrift «Labyrinthe», Nr. 6, Genève, 15 mars 1945, p. 3. Eine dieser Photographien sind wir, dank freundlichen Entgegenkommens des Herausgebers, M. Albert Skira, in der Lage, hier (siehe Tafel bei S. 64) abzubilden.

[32] Siehe «Briefe aus Muzot, 1921 bis 1926», S. 26, Brief 5, vom 17. 8. 21, an Nora Purtscher-Wydenbruck, und
S. 109, Brief 32, vom 2. 3. 22, an Xaver von Moos.

[33] Siehe «Briefe aus Muzot, 1921 bis 1926», S. 369, Brief 119, vom 17. 3. 26, an eine junge Freundin.

[34] Siehe «Briefe aus Muzot, 1921 bis 1926», S. 95, Brief 25, vom 28. 1. 22, an Lotti von Wedel.

[35] Enthalten in: «Späte Gedichte», dem 6. Bd. der «Gesammelten Werke», ferner in den Inselbüchern 400 und 480: «Ausgewählte Gedichte», bzw. «Der ausgewählten Gedichte anderer Teil».

[36] Zuerst veröffentlicht im Insel-Almanach auf das Jahr 1914. Heute auch im Inselbuch 400 enthalten.

[37] Siehe «Späte Gedichte» und Inselbücher 400 und 480.

[38] Diese Gedichte wurden von Ronda aus an Lou Andreas-Salomé gesandt (siehe «Briefe aus den Jahren 1907 bis 1914», S. 263/68, Brief vom 19. 12. 12). – Das Gedicht «An den Engel» wurde im Inselschiff vom April 1927 (Rilke-Gedächtnis-Nummer) veröffentlicht, später auch in «Späte Gedichte»; «Himmelfahrt Mariae» (I und II) im Inselbuch 480.

[39] Siehe «Späte Gedichte», S. 53/54, und auch S. 80 des unter 2 erwähnten Werkes.

76 Rilke und Spanien

⁴⁰ Zuerst im «Inselschiff» vom April 1927 (siehe Anmerkung 38) veröffentlicht.
⁴¹ Siehe «Späte Gedichte», S. 44. Auch Inselbuch 480.
⁴² Jorge Guillén: Cántico. Madrid, Cruz y Raya, 1936. S. 211; in dem Gedicht: «Arbol de otoño»:
«Agua abajo
con follaje incesante busca a su dios el árbol.»
Ein ähnlicher Vorgang auch in dessen Gedicht: «El campo, la ciudad, el cielo.» –
Von den Gedichten Jorge Guilléns sowie einiger anderer zeitgenössischer Dichter Spaniens erschienen deutsche Übertragungen in: Gebser: «Neue Spanische Dichtung». Verlag Die Rabenpresse, 1936.

⁴³ Paul Valéry: Poésies (Album des vers anciens), page 27, in dem Gedicht: «Le bois amical»:
«Nous marchions comme des fiancés
seuls, dans la nuit verte des prairies.» –
Während bei Rilke nicht anzunehmen ist, daß diese Formulierungsart durch Valéry beeinflußt wurde (er lernte ihn erst im Frühjahr 1921 kennen: siehe den unter 30 erwähnten Brief vom 26. 11. 21), können wir die kurze Sonettform des französischen Dichters (siehe die zwei Sonette: «Le sylphe» und «L'insinuant», S. 160 und 162 des Buches «Poésies; Charmes») in den Sonetten an Orpheus wiederfinden, – ist bei Jorge Guillén eher ein derartiger Einfluß auch auf diese Adjektiv-Verwendung wahrscheinlich, da sich Guillén als Schüler Valérys betrachtet.

⁴⁴ Franz Kafka: Betrachtungen (Leipzig, 1912).

⁴⁵ Georg Trakl: Die Dichtungen: Manuldruck-Ausgabe des Kurt-Wolff-Verlages, München (1921?). Der ganze Vers lautet: «Und der Schrei des einsamen Vogels über der grünen Stille des Teiches.»

⁴⁶ Der Einwand, daß man im Griechischen das Epitheton ornans als eine degenerierte Form eines primitiven Genitivs aufzufassen hätte, ist von keinem Einfluß auf diese Bewertung. Andererseits verlohnt es sich, darauf hinzuweisen, wie gering der Gebrauch war, den der Grieche vom Adjektiv machte, z.B. Platon, dessen Stil fast des Adjektives entbehrt, sehr im Gegensatz zu dem neuen philosophischen Stil seit Nietzsche. Hinsichtlich der griechischen Sprache im allgemeinen möchte ich darauf hinweisen, daß sie eine der nuanciertesten ist, die es je gegeben hat. Nuancieren aber bedeutet mit Vorsicht vorgehen. Die Schaffung grammatikalischer Möglichkeiten, wie sie der Aorist, der Optativ, das zweite Plusquamperfektum und andere mehr darstellen, ist bedeutsam für die Neigung des griechischen Denkens, alles zu nuancieren, um jederzeit ein Gleichgewicht aufrechterhalten zu können.

⁴⁷ Hinsichtlich dessen, was hier über den Wert des Adjektivs gesagt wurde, so kann man dies leicht selbst noch von Franz von Assisi über Jacopo da Lentini, Guittone d'Arezzo, Rustico di Filippo, Folgore da San Gèmignano, Cecco Angiolieri, Jacopone da Todi, Guido Cavalcanti bis zu Francesco Petrarca nachweisen; auch bei Walther von der Vogelweide und Gottfried von Straßburg sowie bei den Spaniern Arcipreste de Hita und Jorge Manrique (um nur die wichtigsten zu nennen). Hinsichtlich Petrarcas muß man allerdings hinzufügen, daß er bereits viel dem Gefühl eines Villon vorausnimmt: «Mais où sont les neiges d'antan?» (Ballade des dames du temps jadis), wenn auch Villon niemals fähig gewesen wäre, so von dem Tode zu sprechen wie Petrarca in seinem «Triunfo della morte», da er im ersten Kapitel den Tod Lauras folgendermaßen beschreibt:

«Quasi un dolce dormir ne' suoi begli occhi,
essendo 'l spirto già da lei diviso
era quel che morir chiaman gli sciocchi.
Morte bella parea nel suo bel viso»,
während Villon in seinem «Testament»:
«La mort le fait frémir, pallir,
le nez courber, les vaines tendre,
le col enfler, la chair mollir,
joinctes et nerfs croistre et estendre.»
(Da ich gerade von der Lyrik jener Epoche spreche, möchte ich die sehr einzigartige Stellung der des Cavalcanti, ihrer großen Schönheit und tiefen Kenntnis willen, besonders erwähnen. Verse wie die folgenden sind für jene Zeit überraschend:
«Chi è questa che ven, ch'ogn' om la mira,
che fa tremar di claritate l'âre,
e mena seco Amor, sì che parlare
omo non può, ma ciascun ne sospira?»
Und jene anderen einer «ballata», seinem letzten Gedicht, das er in der Verbannung und kurz vor seinem Tode im Jahre 1300 schrieb:
«Tu senti, ballatella, che la morte
mi stringe sì, che vita m'abbandona.
E senti comme'l cor si sbatte forte
per quel che ciascun spirito ragiona.
Tanto è distrutta già la mia persona,
ch'i' non posso soffrire;
se tu mi vuo' servire,
mena l'anima teco,
molto di cio' ti prego,
quando uscirà del core.»)

[47a] Auf die entscheidende Wichtigkeit, welche wir der Erfindung der Perspektive glauben zusprechen zu dürfen, haben wir inzwischen in «Abendländische Wandlung», Kapitel 3, ausführlich hingewiesen.

[48] Diese (heutige) Verzweiflung hat sehr vieles mit jener gemeinsam, welche aus den zitierten Versen Villons spricht. Damals öffnete sich vor dem europäischen Menschen ein Abgrund auf die gleiche Weise wie heute. Heute äußert sich das nicht durch «Totentänze», wohl aber in der angsterfüllten Auflösung, der tiefen Krisis, die unsere Generation durchmacht. Die Reaktion in unseren Tagen ist die überstürzte Flucht vor den neuen Tatsachen, vor dem Unvermögen, sich mit ihnen zu messen. Wie tief diese Ängste vor der durch die letzte geistige Revolution geschaffenen Leere sind, davon spricht A. Huizinga in seinem Buche: «Unter den Schatten des Morgen». Ich zitiere, nach der spanischen Ausgabe übersetzend (Madrid, Rev. del Occidente, 1935), S. 62/63: «Die Wissenschaft scheint bereits an den Grenzen unseres geistigen Fassungsvermögens angelangt zu sein. Es ist bekannt, daß in mehr als einem Physiker die unausgesetzte Arbeit in geistigen Höhen, für welche allem Anschein nach der menschliche Organismus nicht ausgestattet ist, einen angstvollen Erschöpfungszustand hervorruft, der bis zur Verzweiflung führt. – ... Ich fragte einmal den Astronomen De Sitter, ob er nicht manchmal von diesen Schmerzen des Denkens heimgesucht werde, wenn er an die Ausdehnung, die Leere und die sphärische Form des Universums denkt.»

48a Die Distanzierung von einer perspektivischen Wertung äußert sich nicht nur in dem neuen Adjektivgebrauch; auch in der Substantivierung des Verbums (siehe Anmerkung 49) und in der Auflösung der Reimgesetze (siehe Anmerkung 59) tritt diese Aufgabe der perspektivischen Bewertung in Erscheinung sowie in drei weiteren Gebrauchs-Änderungen grammatischer bzw. syntaktischer Termini, auf deren Sichtbarwerdung innerhalb der neuen europäischen Dichtung ich in «Der grammatische Spiegel» (siehe Gesamtausgabe, Bd. I, S. 175) hinwies: 1. auf den zunehmenden neuartigen Gebrauch des «und» (l. c., S. 156/157), 2. auf die Vermeidung des vergleichenden «wie» zugunsten einer gleichsetzenden Ausdrucksweise, die ich (l. c., S. 158) an einem Beispiel Eluards erläuterte, 3. auf den Verzicht auf das kausale «denn» (l. c., S. 28/29), auf welchen ich auch in meinem Aufsatze «Die drei Sphären», Bemerkungen zu T. S. Eliots «Die Familienfeier» (im Almanach: «Für die Bücherfreunde» des Verlages Oprecht, Zürich, 1944, S. 41-49) einging, während eine kürzlich erschienene Arbeit von Gerda Zeltner-Neukomm: «Notizen zu Milosz» (in «Trivium», 3. Jahrgang, 3. Heft, Zürich, 1945) in subtilster Weise den grundlegenden Wandel des Stilgefühles unter anderem auch an dem gänzlich veränderten Gebrauch des «und» bei Milosz überzeugend darlegt.

49 Der hinsichtlich der Wertveränderung des Beiwortes eingetretene Wechsel ist innerhalb der europäischen Sprachen nicht der einzigste Ausdruck eines Stilwandels. Ich erinnere an die tiefgreifende Veränderung, welche sich im Gebrauch des Verbums bemerkbar macht, das in zunehmendem Maße substantiviert wird. Wenn man das Substantiv als das statische Element, das Verbum hingegen als das aktuierende innerhalb des Satzes ansieht, so ergibt sich ohne Schwierigkeit eine Erklärung für diesen Bedeutungswandel, welche eine Aktivierung des Substantivs, das In-Fluß-Bringen der Dinge und Begriffe ausdrückt, die damit die Fähigkeit verlieren, sowohl als feste Ideen im Sinne Platons als auch perspektivisch angesehen zu werden. Wir geben uns immer mehr Rechenschaft davon, daß alles auf eine sehr viel intimere Weise voneinander abhängt (und eben nicht nur von uns), daß es keine festen Punkte mehr gibt (und damit keine Perspektive), sondern nur noch und ausschließlich die direkte Reaktion und die direkte Relation eines Dinges, ja jeder Partikel auf und zu sämtlichen übrigen.

50 Formulierungen wie etwa die folgende Schillers, aus seinem Gedicht «An die Freude», Strophe 4, Zeilen 3 und 4:

«Leben duftet nur die frische Pflanze,
die die grüne Stunde streut»,

dürfen mit den angeführten Beispielen nicht gleichgesetzt werden. Denn erstens ist «grün» hier nur ein Synonym für «lebendig» oder «frisch», zweitens verliert es jede mögliche Bezugnahme auf das Wort «Pflanze», weil dieses seinerseits bereits durch ein eindeutiges Epitheton ornans: «frische», festgelegt ist.

50a Siehe auch des Verfassers bereits zitierte Schrift: «Der grammatische Spiegel. Neue Denkformen im sprachlichen Ausdruck.» Oprecht, Zürich, 1944, bzw. Gesamtausgabe, Novalis, 1974.

51 Siehe Gerald Heard, Narcissus. London, 1924. S. 65: «Plato is the supreme, exquisite obscurantist, the master of a good taste which for more than a thousand years paralysed invention.»

52 Die Ausführungen Nervals (in seinen nachgelassenen, fragmentarischen Schriften) über das Wesen des Genies; die neue, bereits nicht mehr religiös ge-

färbte Formulierung, die Schelling für die Seele fand, sie sei «der Himmel in uns»; die Jahreszeiten-Gedichte Hölderlins, auf die ich noch ausführlich zu sprechen komme; gewisse der «Fragmente» Novalis' mögen als Hinweise genügen.

[53] Ich bin der Ansicht, daß der größte Teil des pathologischen Zustandes, in welchem sich unsere heutige Zivilisation befindet, von dem Datum der Einführung der Perspektive (oder anstatt Leonardo da Vinci zu sagen, kann man auch Giordano Bruno, Kopernikus oder Kolumbus nennen, die ja alle nur verschiedene Erscheinungen ein und desselben Ereignisses darstellen) herrührt, welche die Einstellung der Aspekte auf einen determinierten Punkt durchführte und damit die Verfälschung der Wirklichkeit zur Tatsache machte. Denn der Teil ist immer, bis zu einem gewissen Grade, eine Lüge des Ganzen, weshalb auch die Summe der Teile nur fiktiv, aber niemals wirkend ein Ganzes ergeben. Chestovs für den logisch denkenden Europäer unerträglicher Satz, daß zwei und zwei gleich vier zwar richtig, zwei und zwei gleich fünf aber eine charmante Sache sei, ist, wie die nächsten Jahrzehnte beweisen werden, durchaus kein Absurdum und hat nichts zu tun mit der verzweifelten Untergangsstimmung des wieder lebendig gewordenen «Das Unmöglichste ist das Wahrscheinlichste», welches bereits die untergehende römische Kaiserzeit in ihre Fahnen geschrieben hatte.

[54] Ich beziehe mich nicht auf die Fresken des Leonardo-Schülers, sondern ausschließlich auf seine Zeichnungen, in der Mehrzahl Porträts, welche er in seinen letzten Lebensjahren ausführte und die in den Florentiner Uffizien aufbewahrt werden. Der Blick, und das ist das Entscheidende, der Personen, die er zeichnete, kristallisiert sich weder in dem Betrachter der Zeichnung noch in irgendeinem idealen Punkte innerhalb oder außerhalb derselben, sondern umfaßt mehr Raum wie ein Blick, der unbeteiligt (der also nichts mit dem Teil zu tun hat) durch den Betrachtenden hindurchgeht, um in den Raum zu dringen. (Abbildungen u.a. in: Dvorak, Geschichte der italienischen Kunst, vol. II, besonders die Tafel 93: «Bildnis einer Dame».) – Hinsichtlich eines zeitgenössischen Malers Pontormos, des Jacopo del Sellaio, siehe die an diesen gerichteten Gedichte von Ezra Pound (Selected Poems, page 59), der, bezugnehmend auf ein Bild Jacopo del Sellaios, sagt:

«The eyes of this dead lady speak to me,
For here was love, not to be drowned out.
And here desire, not to be kissed away.
The eyes of this dead lady speak to me.»

[55] Auf bestimmte menschliche Gefühle bezieht sich ohne Zweifel die Musik eines Beethoven, wobei ich seine ersten, noch unter dem Einfluß Haydns stehenden Werke sowie seine letzten Streichquartette ausschließe. Seine Musik geht sogar noch weiter, als sich nur auf bestimmte menschliche Gefühle zu beziehen, denn sie wird teilweise zur Programm-Musik, die der aperspektivischen ganz entgegengesetzt ist. Das gleiche gilt auch im allgemeinen für die Oper, besonders aber für jene Wagners – wenn man im Falle Wagners von «Tristan und Isolde», besonders deren zweiten Akt und dem Beginn des dritten, absieht –, die nichts als die negative Übertreibung Beethovens ist.

[56] Siehe «Lazarillo de Tormes» (dieses kleine, erschütternde Meisterwerk der frühen spanischen Literatur wird von einigen dem Diego Hurtado de Mendoza, 1503 bis 1575, zugeschrieben), Tratado II, Ende des dritten Absatzes: «De manera que en nada hallaba descanso, salvo en la muerte, que yo también para

mí como para los otros deseaba algunas veces, mas no la veía, aunque estaba siempre en mí.» («Solcherart, daß er nirgends Ruhe fand, außer im Tode, den auch ich sowohl für mich selber als auch für die anderen manchmal ersehnte, doch sah ich ihn nie, *trotzdem er immer in mir war.*»)

[57] Über die Styliten siehe Hugo Ball, Byzantinisches Christentum.

[58] Der mehr als bekannte Satz des Theogonis: παντων μεν μή φυναι ἐπι χϑονίοισιν ἄριστον ist vielleicht der getreueste Ausdruck des griechischen Denkens über den Tod, jedenfalls war es der verbreitetste. Ohne Mühe lassen sich noch unzählige Zitate, die alle eine gleiche Einstellung bezeugen, anführen. Ich beschränke mich auf die vier folgenden:

«Nicht geboren zu sein, ist das beste, wenn man aber einmal lebt, so ist es das zweitbeste, so schnell als möglich zu sterben.» Sophokles, Oedipus auf Kolonos.

«Wenn man es richtig bedenkt, so sollte man den Neugeborenen beklagen, in Hinblick auf die Fülle des Jammers, die ihm bevorsteht. Den Toten aber, der von allem Leid erlöst ist, sollte man mit heiligen Freudeklängen auf dem letzten Wege begleiten.» Euripides.

«Wen die Götter lieben, der stirbt früh.» Menander.

«Wenn bei dem Thrakischen Volksstamm ein Kind geboren wird, so begrüßen sie den neuen Erdenbürger mit Trauergesängen. Wer aber sterbend der Erde Leid hinter sich läßt, den preisen sie glücklich.» (Aus: Fragmenta historicorum Graecorum usw., Car. et Theod. Müller, Bd. III, 460, 119. Paris, Didot, 1841–48.)

[59] Die Auflösung der Reimgesetze erwähnend, denke ich an die Art, wie sich Rilke selbst des Artikels, des Pronomens, der Konjunktion, des Relativ-Pronomens usw. für den Zweck des Reimens bedient. Diese an sich nicht neue Verwendungsart sogenannter unbedeutender Wörter für die Reimung erhält in Rilke eine neue Bedeutung, denn während man sie in der Barockpoesie als eine bloße Manier zu betrachten hat, wird sie in den «Sonetten an Orpheus» zu einer Parallelerscheinung der neuen Adjektiv-Verwendung und unterstreicht das Aperspektivische seines Denkens.*

[60] Dieser Tatbestand hat nichts mit jenem gemeinsam, den man mit einem «für das Leben ein Toter» zu umschreiben gewöhnt ist, weil der Betreffende gewisse Schicksalsschläge nicht habe überstehen können. Eine solche Deutung kann Rilke niemals gerecht werden. – Andererseits muß hinzugefügt werden, daß der Verfasser nicht bestrebt war, neue Benennungen oder Begriffe für eine neue Haltung einzuführen. Diese selbst ist so neuen Datums und im Augenblick noch ganz in ihrer Entwicklung begriffen, so daß sie für den Moment noch keine neuen Denominationen oder Ismen-Schöpfungen (deren wir schon mehr als genug haben) erlaubt. Solche würden höchstens Schaden anrichten, würden desorientieren statt das aufzuklären, was sich bereits in den nächsten Jahrzehnten von selbst immer klarer herausstellen wird. So gesehen, ist es also nur folgerichtig, wenn ich von dem Gebrauch bekannter philosophischer Begriffe absah, die wie Mystizismus, Pantheismus, Naturphilosophie und ähnliche eine bestimmte Vorstellung auslösen, für die rilkische Welt aber bedeutungslos sind. Auch vermied ich, von Rilke geprägte Begriffe zu gebrauchen (wie z. B. «Weltinnenraum», siehe darüber

* (Beispiele für die Auflösung der alten Reimgesetze durch Rilke und durch andere zeitgenössische europäische Dichter gab ich in der bereits genannten Schrift: «Der grammatische Spiegel», S. 29–36, bzw. Gesamtausgabe, Bd. I, S. 160–163.)

und über Rilkes eigene Äußerungen zu den «Elegien» den aufschlußreichen Brief 106 des Bandes «Briefe aus Muzot»), Begriffe, die sich innerhalb des Werkes Rilkes von selbst erklären, die aber an dieser Stelle eine Wiederholung der Deutung verlangt hätten, welche nur allzu weit von dem eigentlichen Thema dieses Buches weggeführt hätte.

[61] Siehe «The letters of D. H. Lawrence», edited and with an introduction by Aldous Huxley. London, William Heinemann Ltd. – Die in Frage kommenden Briefe sind in den Jahren nach dem Weltkriege geschrieben worden und in den Kapiteln «Italy again» und «The Phoenix» enthalten.

[61a] Siehe zu dieser unserer Auffassung des Engels (die sich von dem teilweise noch sehr astral-betonten Engelbild Rilkes weitgehend entfernt): J. Gebser «Das Wintergedicht», Oprecht, Zürich, 1945, Verse 188–208.

[62] Man kann in diesem Zusammenhang auch auf Poulenc und auf die Vokalmusik (gewisse «Serestas» und «Choros») von Villa Lobos hinweisen.

[63] Ich denke dabei u. a. auch an Zeichnungen («Mancha-Landschaften») des Toledaners Alberto, dessen Name jedoch über die Grenzen Spaniens hinaus noch nicht bekannt geworden ist.

[64] Hierher gehören auch die Meister des 11. bis 15. Jahrhunderts, also sowohl die Schule von Siena, die Maler von San Gimigniano und Arezzo, die frühen Florentiner, als auch die frühromanische Kunst Kataloniens, die in Barcelona (Museum im Stadtpark) ausgestellt ist.

[65] Daß derartige Erfahrungen nicht unbedingt für jeden Besucher Spaniens notwendig sind, konnte ich des öfteren bei Ausländern feststellen, welche auf die kastilische Landschaft mit einem Zurückziehen antworteten, da in ihnen eine gewisse Angst, die menschliche Person könnte von dieser Landschaft einfach ausgelöscht werden, heraufbeschworen wurde. Dieser oft beobachtete Rückzug, der sich manchmal in ein derbes Schimpfen auf diese «tote, gar nicht schöne Steinwüste» flüchtete, zeugt nur für die Unfähigkeit, der Spannung und der Kraft dieser Landschaft widerstehen zu können. Sie ist eben doch zu verschieden von einer mitteldeutschen oder französischen Hügellandschaft. Und diese Reaktion des Ausländers ist gar nicht mehr überraschend, wenn man an die Stadt Madrid selbst denkt, die im letzten Jahrzehnt sich geradezu überbot, in dem Bestreben, wolkenkratzerähnliche Gebäude aufzuführen, so als wäre nicht freien Raumes genug um sie vorhanden, als daß sie vor diesem in sich selbst fliehen müßte.

[66] Siehe Friedrich Hölderlin, «Gesammelte Briefe», Insel-Verlag, Leipzig, besonders die Briefe aus den ersten Jahren des 19. Jahrhunderts, sowie die Berichte seiner Freunde.

NACHWORT

Nach Abschluß dieses Buches und kurz vor seiner Drucklegung erhalte ich Kenntnis von zwei Werken, welche bei seiner Abfassung noch nicht vorlagen, und welche zwei von mir vorausgesetzte Tatsachen bestätigen. Da beide von entscheidendem Wert für die Stichhaltigkeit meiner Darlegungen sind, möchte ich nicht versäumen, sie abschließend noch zu erwähnen.

Im letzten Abschnitt dieses Buches sprach ich von einer gewissen Verwandtschaft des Werkes Picassos mit den «Duineser Elegien». Dabei handelte es sich für mich um mehr als bloß die Tatsache des Verzichtes auf die Perspektive, die man ja außer bei Picasso auch bei andern zeitgenössischen Malern findet. Herr Prof. Jean R. de Salis, Zürich, hatte die Liebenswürdigkeit, mich darauf hinzuweisen, daß Rilke in einem seiner Briefe aus dem Jahre 1915 berichtet, die «Vierte Elegie» sei von einem der «Saltimbanques»-Bilder Picassos inspiriert worden, jenem, welches er bei Frau Hertha König in München sah. Der in Frage stehende Brief ist in dem Bande: «R.M. Rilke, Briefe aus den Jahren 1914 bis 1921» (S. 50) enthalten, trägt die Nummer 24 und ist vom 8.7. 1915 aus München an Thankmar Freiherrn von Münchhausen datiert und adressiert.

Das zweite Werk, das eine andere meiner Vermutungen (welche mit der vorhergehenden die einzige ist, die ich mangels Beweismaterials zur Zeit der Niederschrift ohne Quellen-Nachweis belassen mußte), bestätigt, ist die vor kurzem erschienene zweibändige Ausgabe von Rilkes «Ausgewählten Werken», Insel-Verlag, Leipzig, 1938, in deren Inhaltsverzeichnis zum ersten Bande das Rilke-Archiv in Weimar verdienstvollerweise den Titeln die Entstehungszeit der einzelnen Gedichte beigefügt hat. So ist es mir möglich, für die von mir zitierten Gedichte Rilkes, welche ich als unter dem Einfluß Spaniens und Grecos stehend empfand, nachträglich noch die Daten der Entstehungszeiten zu nennen, die zum Teil in die Zeit seines spanischen Aufenthaltes, zum Teil in jene, die ihr kurz darauf in Paris folgte, fallen: «Sankt Christofferus»: 1913; «Auferweckung des Lazarus»: 1913; «Der Tod Moses»: 1914 und 1915; «Klage»: Anfang Juli 1914; «Die große Nacht»: um 1913. Hinsichtlich der Elegien vermerke ich dank der freundlichen Erlaubnis von Herrn Prof. Jean R.

de Salis jene Daten, welche Rilke persönlich in das Exemplar der «Duineser Elegien» des Verfassers von: «Rainer Maria Rilkes Schweizer Jahre» eintrug: Erste Elegie: Duino 1912; Zweite Elegie: Duino 1912; Dritte Elegie: Paris 1913; Vierte Elegie: München 1915; Fünfte Elegie: Muzot 1922; Sechste Elegie: Ronda 1912/13; Paris 1914; Muzot 1922; Siebente Elegie: Muzot 1922; Achte Elegie: Muzot 1922; Neunte Elegie: Toledo?, Ronda? 1912/13, Muzot 1922; Zehnte Elegie: Duino 1912: Anfang; Paris 1914; Muzot 1922. –

Paris, März 1939. *Der Verfasser*

LORCA
oder das Reich der Mütter

Erinnerungen an Federico García Lorca
Mit dreizehn Zeichnungen des Dichters

ERSTER TEIL

I. Der Sohn

Er war Andalusier. Die Landschaft des maurischen Granada, aus der er geboren wurde und in die er zurückstarb, ruht unabdingbar hinter seiner Dichtung. Gleichgültig, ob er sich der volksliedmäßigen, der romanzerohaften, der surrealistischen oder der klassischen Form in seinen Gedichten bediente, immer ist diese Gartenlandschaft mit ihren Oliven und ihren Mandelbäumen, mit ihrer Minze und ihrem Mond, überschattet von der weglosen, schneebedeckten Sierra Nevada, die sie im Süden vom Meere trennt, gegenwärtig: eine schicksalsschwere, unerbittliche Traurigkeit über den verführerischen Versuchen des Lächelns.

Von der Mutter, der Großmutter und einer alten Tante erzogen, vom Vater geschlagen, der jedes Buch zerriß, das er bei seinem Sohne fand,[1] war es das Reich der Mütter, das ihn prägte und aus dem er nie herausgetreten ist. Im Moment, da er es hätte versuchen können, um die Lebensmitte, erfüllte sich sein Schicksal.

Dieses doppelte Verwurzeltsein in den nachbarlichen Reichen, dem der Landschaft und dem der Mütter, gibt seiner Dichtung jene einzigartige Stärke und jenen besonderen Zauber, die sein Werk zum bedeutendsten der neuen spanischen Dichtung, der Generation zwischen den zwei Kriegen, machten. Aus dieser Doppelnatur erwuchs ihm trotz allen Verspieltseins, trotz allem nur Bezauberndem, jene strenge Echtheit und jene dichterische Geballtheit, die ihn zum spanischsten Dichter dieser Zeitepoche werden ließ, zu dem Dichter, der die stärkste und breiteste Wirkung von allen hatte.

Als er in Granada, während des ersten Krieges, zu studieren begann, wurde Manuel de Falla auf ihn aufmerksam, der ihm bis zu seinem Tode die Freundschaft hielt. Ohne die Kenntnisse, die ihm de Falla vermittelte, hätte Lorca nie die an Gitarrenakkorde anklingenden kleinen Klavier-Arrangements für jene alten Volkslieder schreiben können, die er in ganz Spanien sammelte. Und es ist sicher kein Zufall, daß es vornehmlich Wiegenlieder waren, denen sein Interesse galt,[2] sowenig es ein Zufall ist, daß er vornehmlich unter dem Mutter-Namen Lorca bekannt wurde. (Rationalisten werden einwenden, es läge daran, daß der Vater-Name García ein zu häufiger Name in Spanien sei, aber damit erklären sie den Sachverhalt nicht.)

In Madrid, wo er nach dem Kriege seine Studien fortsetzte, ging er eine gute Kameradschaft mit seinem Mitstudenten Salvador Dalí ein; Dalís surrealistischer Stil schimmert immer wieder in Lorcas Dichtung durch, und auch in jenen spielerischen Zeichnungen und kleinen Bildern, die er hin und wieder malte. Über einige dieser Zeichnungen sprechen wir auf diesen Seiten.

Noch in Granada veröffentlichte er sein erstes Buch, das einzige Prosabuch, das er geschrieben hat: stimmungsvolle, romantische Landschaftsschilderungen. In Madrid erschien dann, 1921, sein erster Gedichtband, der ihm erste Bewunderer zuführte. 1927 veröffentlichte er eine zweite Gedichtsammlung, in Malaga, der Geburtsstadt Picassos, der ihm, da in beiden der maurische Einschlag nicht unbedeutend ist, wesensverwandter ist, als es auf den ersten Blick erscheinen mag. Gleichzeitig mit diesen Gedichtsammlungen entstanden einige Kasperle- oder Marionetten-Stücke, die aber erst sehr viel später veröffentlicht wurden. 1928 erschien dann sein «Romancero gitano», der «Zigeuner-Romanzero», der ihn mit einem Schlage sichtbar machte: ganz Spanien, Arm und Reich, Rechts und Links, Grande und Bürger, jubelte ihm zu.

Dieses Buch steht gewissermaßen für sein ganzes Werk. Die dramatischen Schauspiele, die er später noch schrieb, und alle späteren Gedichte, selbst jene, die auf die surrealistische Ausdrucksweise verzichten und gewollt die klassische Form eines Gil Vicente, Lope de Vega oder Góngora aufnehmen, haben ihren ersten Kristallisationspunkt in dieser Sammlung modernster Zigeuner-Romanzen.

Es sind die nächtlichen Farben: Olivgrün, Braun, Schwarz und Silber, die in seinem Werke vorherrschen; sie sind die Farben der andalusischen Nacht. Und die Nacht ist es, die immer wiederkehrt in seiner Dichtung: die Nacht, der Mond, der Stier (jenes Abbild des nächtlichen Minotaurus), und jene beiden anderen Tiere: Pferd und Hund, die, alter Überlieferung gemäß, Tiere der Unterwelt sind. Neben dem scharfen Klange des Wortes «sangre», das wenig mit der Dunkelheit des deutschen Wortes «Blut» zu tun hat, trotzdem dies so nahe neben «Blüte» steht, sind es «la muerte», der Tod, und «el monte», der Berg (die unüberwindbare Mauer, die sichtbar gewordene Schwere und Unverrückbarkeit der Erde), die in immer neuen Variationen seine Worte der Klage, ja selbst der Anklage sind. Aber diese Schreie sind keine haltlosen Schreie, sondern geschliffene Messer, und selbst im Tödlichen liegt noch das Spielerische und

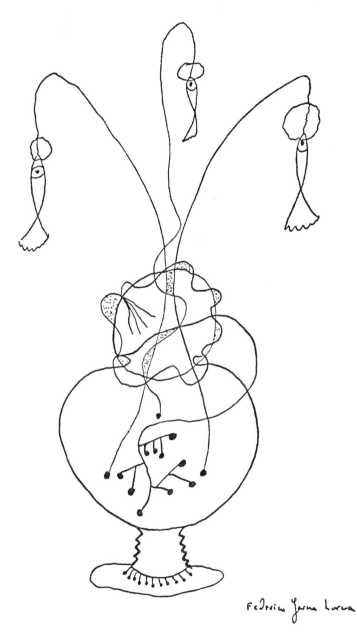

Abb. 1: Vignette

Bezaubernde, so wie auf der silbernen Klinge, die töten wird, das silberne Licht des Mondes sein trügerisches Irrlichtern vollführt.

Wie seine Dichtung, war er selbst: leidenschaftlich und doch streng, verspielt und doch bezaubernd, im tiefsten Grunde verantwortungslos als Mensch, und doch dazu berechtigt, da er in die Verantwortung niemals hinausgetreten war, da er immer die duldende und erduldende Stimme des Volkhaften, der Landschaft und des um Erlösung flehenden Reiches der Mütter blieb. Launenhaft in des Wortes eigentlichster Bedeutung: mondhaft; nicht umsonst ist es immer wieder der Mond, der durch seine Dichtung geht, jene «luna», aus der das Wort «Laune» sich ableitet.

Ausdruck dieser untergründigen, ja abgründigen Welt gewesen zu sein, fast nicht Person, sondern Zustand, nie Besitzender, sondern stets Besessener, rückhaltlos den stummen Stimmen geöffnet, die in ihm Klang werden wollten und wurden: das war sein Schicksal, seine «suerte», die sich immer wieder in seinen Gedichten auf «muerte» reimt. Und dieses Schicksal erduldet zu haben, ihm nicht ausgewichen zu sein, trotz der äußeren glänzenden Erfolge auf dem Theater und auf den amerikanischen Reisen zu Beginn der dreißiger Jahre, sondern unbeirrbar weitersagender Mund des Nächtigen und Dunklen unter schmerzlichem Lächeln geblieben zu sein, manchmal koboldmäßig Verwirrung stiftend, wenn der unerlöste Schrei ihn fast zerriß: darin liegt seine Größe.

Im Juni 1936 beendete er sein letztes dramatisches Schauspiel, «La Casa de Bernarda Alba». Wir begannen damals zusammen die spanische Übersetzung von Wedekinds «Frühlingserwachen», das unter seiner Regie im Winter 1936/37 im Madrider «Teatro Español» aufgeführt werden sollte, und bereiteten die deutsche Übertragung seines Schwankes «La zapatera prodigiosa» auf Grund seines Typoskriptes vor (das sich noch heute in meinem Besitz befindet).

Eines Nachmittags – er stand, wie viele Spanier, wenn es nur irgend möglich war, erst am Nachmittag auf und wurde mit einbrechender Dunkelheit wach, um schlafen zu gehen, wenn das erste Morgengrauen sich ankündigte – eines Nachmittags, Ende Juni 1936, las er mir in seinem Zimmer, von dem aus man die alte Stier-Arena Madrids gerade noch sah, und in dem neben Bildern aus der Schule Dalís eine Sammlung großer dunkelfarbiger Nachtschmetterlinge hing, sein letztes Schauspiel vor. «Du wirst sehen, es ist eine tolle Sache: ein Stück nur mit Frauen und ohne Mann. Ich frage mich, ob es nicht zu gewagt ist.» Und dann las er mit dunkler, voller Stimme die Tragödie der nächtigen Welt: eine Beschwörung des Reiches der Mütter, wo Tod Leben ist und Leben Tod, wo sich das noch Ungetrennte selber zu zerreißen droht in Traum, Schlaf und Dämmer, wo das Unausgesprochene milde ist und zugleich rasend: wo das Bewußtsein das Chaos noch nicht geschieden hat, geschweige denn, daß die Erkenntnis die bewußtgewordenen Gegensätze in der Entsprechung wieder aufgehoben hätte. Er las ganz hingegeben, während die Schatten auf seinem olivfarbenen Gesicht zunahmen. Als er endete, dunkelte es.

Wir sprachen lange über dieses dramatische Schauspiel. Lorca wiederholte seine Zweifel, ob er die ursprüngliche Fassung bestehen lassen sollte. «Siehst Du, ich weiß nicht, ob ich nicht doch den Mann auch in Erscheinung treten lassen sollte. Ich werde es mir in Granada nochmals überlegen.»

Wenige Tage darnach fuhr er nach Granada, wo er etwa einen Monat später von den «Weißen» ermordet wurde: nicht die «Roten» töteten ihn, die Verteidiger der Erde, sondern die «Weißen», die Verteidiger des Vater-Prinzips, das im autoritären Landesvater sichtbar wird. Ich weiß nicht, ob er in jenem letzten Monat seines Lebens, ob er dort in der Stadt seiner Geburt und seines Sterbens, doch noch eine zweite Fassung dieses Schauspiels versuchte, um noch die männliche Welt, ihren zerstörenden und zugleich befreienden Aspekt, hineinzuarbeiten. Er war damals 37 Jahre alt und stand selber vor der Entscheidung und vor dem endgültigen Abschied von einer Welt des Sohnes, der er fast zu lange Werkzeug und Stimme gewesen war. Doch ehe er noch, sichtbar und von sich aus, den entscheidenden Schritt vollziehen konnte, zog ihn das Schicksal hinunter, nahm ihn in das Reich der Mütter zurück, dem er die Sprache verliehen hatte wie kein anderer Spanier zuvor, und vergrub ihn im Stummsein.

Abb. 2: Die fallende Maske

II. Der Zeichner

Daß sein Tod, gerade dieser Augenblick seines Todes, kein zufälliger war, wie es erscheinen mag (was aber den Mord um nichts entschuldigt), das geht auch aus einigen der dreizehn Zeichnungen hervor, die er mir an einem der Juni-Nachmittage seines Todesjahres schenkte. Inwiefern die letzten der hier publizierten Zeichnungen eine Todes-Geneigtheit auszeichnet, darüber kann jetzt vielleicht etwas ausgesagt werden, nachdem die Grundstruktur seines Werkes und seines Lebens skizziert wurde.

Leider gehört es zu den Untugenden unserer Zeit, daß sie glaubt, man könne alles auf die rationale Form reduzieren. Eine derartige Reduktion wird heutzutage ja selbst dort vorgenommen, wo musikalische oder malerische Werke interpretiert werden. Was aber ist eine Zeichnung? Danach muß gefragt werden, wenn man sie nicht einfach als Kunstwerk, sondern, wie im vorliegenden Falle, vornehmlich als persönlichen Ausdruck auffassen muß. Eine Zeichnung ist so wenig mit Worten oder durch Worte interpretierbar wie etwa eine Sonate. Zu beider Wesen gehört es, daß sie wortlose Äußerung sind, die sich zudem nicht der Logik des Satzes, sondern der ihnen eigenen Gesetze bedienen, also der Linie und des Tones.

Wenn man unter diesem Gesichtspunkt die Zeichnungen Federico García Lorcas betrachtet, so ist es offensichtlich, daß man sie weder erklären noch ästhetisch werten darf. Sie sagen nichts aus; so wie keine Zeichnung je etwas aussagt; aber sie zeichnen aus. Und auf diese Zeichen müssen wir das Augenmerk richten; deuten dürfen wir sie nicht, wohl aber dürfen wir andeuten, weil jede Linie einer Zeichnung eine Andeutung ist: ein Fragment der gänzlichen Zeichnung. Die Andeutung enthebt uns der rationalen Interpretation und stellt uns in die Konfiguration, die dem Bilde gemäß ist; sie stellt uns in die psychische Realität, der das Symbolhafte eignet. Das Wort, das übersetzend eine Zeichnung nachzeichnen soll, darf nicht den Charakter einer fixierenden Aussage, wohl aber den Charakter einer bildmäßigen Auszeichnung haben. Wir werden also versuchen, diese Zeichnungen als symbolhaften Ausdruck eines psychischen Geschehens und eines psychischen «Wissens» zu betrachten. Dabei ist es wichtig, darauf zu achten, welche Bedeutung bei jedem bildlichen

Ausdruck der linken wie der rechten Bildhälfte zugesprochen werden darf. Seit Bachofen weiß die abendländische Welt wieder, daß die linke Seite die des dunklen, mütterlichen Prinzips, die rechte dagegen die des hellen väterlichen Prinzips, des Bewußtseins, ist. Die heutige Psychologie, vor allem seit Freud und dann bei C.G.Jung und G.Bachelard, ja selbst die heutige Biologie und Medizin, vor allem durch W.Fließ, haben diese uralte, irrationale Gegebenheit der rationalen Wissenschaft wieder dienstbar gemacht und empirisch die Richtigkeit dieses Sachverhaltes nachgewiesen, in dem sich allerdings nicht, wie man bisher glaubte, ein Gegensatz zu erkennen gibt, wohl aber die Polarisierung psychischer Wirklichkeiten sichtbar wird. Die bildmäßige Logik ist eine mehr assoziative und keine gradlinige Logik: im Bilde stehen die grundlegenden Elemente symbolisch nebeneinander, im Wortgefüge folgen sie logisch-rational aufeinander.

Von den dreizehn hier reproduzierten Zeichnungen Federico García Lorcas wurden bisher nur die erste und die letze einem kleinen Kreise bekannt: es sind die Vignetten, die Lorca im Frühjahr 1936 für meinen Gedichtband «Gedichte eines Jahres» zeichnete, der im gleichen Jahre erschien. Außer der zweiten Zeichnung, die aus dem Jahre 1927 stammt, also neun Jahre vor seinem Tode entstand, mögen die anderen größtenteils in seinem letzten Lebensjahre entstanden sein. Das Motiv der fallenden Maske wiederholte er mehrfach (siehe die Hinweise in der Bibliographie am Schluß dieses Bandes). Ganz hat er jedoch die Maske niemals abgelegt: das Ungreifbare des Engels, das Vielfazettierte des Pfauen verließen ihn nie. Er zeichnete mehr als diesen einen Engel (Zeichnung 3). «El tenía angel», das heißt «er hatte Engel», sagen die Spanier von einem, der Charme hat. Und Charme hat die vierte Zeichnung «Säule und Haus», die auf eine bezaubernde Weise ein spiegelndes Spiegelbild seiner selbst ist: aus dem Labyrinthischen entwachsen die beiden Reiche, das des Vaters, die Säule, und das der Mutter, das Haus, die späteste Form der urtümlichen Höhle. Oder weniger auf der vitalen Ebene ausgedeutet: das Ich schläft noch im Unbewußten, in der linken, der dunkelen, mütterlichen Seite, während die Welt, die heimatliche, dazu noch erhöht im Lichte, auf der rechten Seite steht. Jedenfalls ist das Vater-Prinzip, aber auch das eigene Ich-Prinzip nur negativ anwesend; die Betonung liegt deutlich auf dem Wahrzeichen des Mütterlichen, das spiegelnd in die rechte Bildhälfte gestellt ist. Denn das Haus ist bergende Höhle und in einem gewissen Sinne auch Symbol

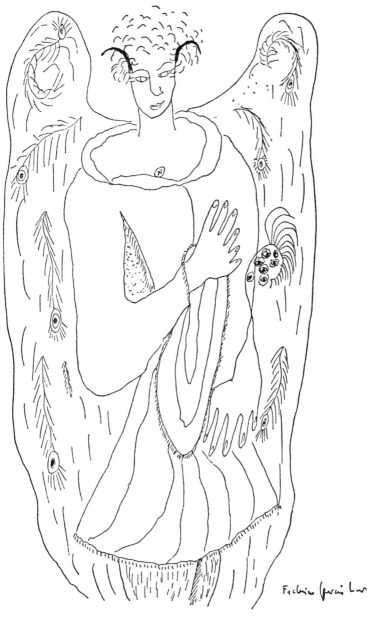

Abb. 3: Der Engel

des Kollektivs; es steht auch für das Volk, das bergender Körper für das Individuum ist. Hier deutet sich nochmals an, was und wer Lorca war: die traumhafte Wachheit seines Volkes. Und hier wird wohl auch der Grund dafür ersichtlich, warum dieses Volk von seiner rational nicht deutbaren Poesie irrational so tief angesprochen wird. Die wache Bildhälfte ist von der Heimat erfüllt, von ihr, die sonst der unbewußte Nährboden der ersten Lebenshälfte ist, und die Lorca überwand, nicht indem er selber zum Vater wurde, sondern indem er sich vom «Vater» töten ließ, von jenem, der die Bücher des Jünglings zerriß und der, vervielfältigt in den Exponenten des Autoritären wiederaufstehend, das Buch seines Lebens zerriß. Der traumhaften Wachheit des Sohnes entwuchs er nicht mehr. Dergestalt war seine Wachheit Traum, sein Träumen Wachheit.

Und vielleicht löst sich hiermit auch das scheinbare Rätsel, weshalb auf den Zeichnungen 5 und 6 das Auge in einer vegetativen Konfiguration nichts mit einem wachen Blick erfaßt, sondern innerorganisch das unterirdische Geflecht des Lebens schaut: vegetative Formen, Wurzeln, Nerven, Adern, Urformen, sich ausstreuende Windrosen, während der Pfeil die Richtung ins Linke, das Aufgehen im Unbewußten andeutet; ein Pfeil, der noch «hinter» die Dunkelheit zeigt, in die makellos weiße Fläche, in die Unberührbarkeit der Mutter oder in die anfanglose Leere. Der zeichnende Dichter zeichnet hier die Grundstruktur seiner Dichtung. Diese Grundstruktur ist das ungeschieden Vegetative, das in seiner Dichtung Stimme wird und Auge. Denn dies immer wiederkehrende Auge in seinen Zeichnungen (auch die Vignette, Zeichnung 13, und das Antlitz, Zeichnung 10, sowie einige der anderwärts publizierten Zeichnungen werden von ihm beherrscht), dieses weniger die Außen-Welt sehende, wohl aber die körperhaft trächtige Innen-Welt schauende Auge ist ein Wahrzeichen seiner Poesie. Auf die Frage nämlich, was Dichtung sei, antwortete er einmal: «Was könnte ich schon über Dichtung sagen? Was könnte ich von jenen Wolken, jenem Himmel sagen? Schauen, anschauen, sie anschauen, ihn anschauen und weiter nichts... Weder Du, noch ich, noch irgendein Dichter weiß, was Dichtung ist. Sie ist da: schau hin!»[3] Und so, scheint es, karikierte er sie auf der Zeichnung 7: ein Sumpfvogel, der an den unergründlichen Wassern des Lebens lebt: ein Vogel, in dem diese Wasser zu Flug und Atem, und damit zu Wort werden; sein Blick, nach unten gerichtet, ist der dunklen Seite zugewandt, der linken. Aber ganz unten das Hündchen, ein Witz von einem Hund, ein verniedlichter Cerberus, die Karikatur des Höllenhundes, aber trotzdem doch eben «unten» und ein «Höllenhund»: derart karikiert man nur, was einen zutiefst betrifft: es ist das Zerrbild jener Hunde, die, besonders in den Gedichten seiner letzten Zeit, nächtens den Mond anbellen und anheulen: der immer wiederkehrende Laut des Unerlöstseins, das immer wiederkehrende Bild jener merkwürdigen Beziehung zwischen Hund und Mond, zwischen dem Wächter des Totenreiches und dem Aufenthaltsort der ungeborenen und der gestorbenen Seelen, als den die Alten den Mond betrachteten,[4] der selber unerlöst ist, da sein Leuchten nicht von ihm, sondern von der Sonne abhängt. Die Sonne hat kaum Raum im Werke Lorcas, weder in seinen Dichtungen noch in seinen Zeichnungen. Beide neigen zur Nachtseite des Daseins. Und in den letzten Zeichnungen, die ohne Zweifel in den letzten neun Monaten seines Lebens entstanden, spricht sich aus, was ihm Erlösung ist: der Tod, den er vorausfühlt, den er anzieht, der schon in ihm ist. Denn, wie das Leben schon in uns wirksam ist neun Monate vor unserer Geburt, so ist der Tod schon wirksam in uns neun Monate vor unserem Sterben.[5]

Wieso – wird man fragen, ist in der Zeichnung 8, der er den Namen «Parque» gab, der Tod? Was ist der Park? Ist er nur ein von uns gepflegter Wald – jener zeittiefe Wald, aus dem die menschliche Gestalt hervorging, jener Wald mit seiner Dunkelheit und seiner Weglosigkeit, der in Mythen und Märchen für das unbewußte Leben selber steht? Was sind das für unausgeschluchzte Tränen, die in diesen Blättern fallen? Sind sie von jenem «reinen Wasser», das, wie Lorca einmal sagte, sein Herz war?[6] Sind diese Tropfen das erste Anzeichen des Verfließens dieses lebendigen Wassers, das tropfenweise in den dunkelen Bereich des Lebens- und Todesbaumes zurückfällt, der im Zentrum der Zeichnung steht? Alles fällt dort, fällt nach unten und heimwärts. Und welche Erinnerung weckt im Spanischen das Wort «el parque», wenn nicht jene an «la parca»? Wo das Leben so wenig zufällig verstreut ist wie auf dieser Park-Zeichnung, da ist der bloße Zusammenklang dieser Wörter desgleichen kein Zufall. Aber die «parcas» sind die drei Parzen, die Todesgöttinnen; und «la parca» ist in der dichterischen Sprache Spaniens Synonym für «la muerte», für den Tod. Diese Zeichnung und die folgenden sind vielleicht die bildliche Vorausnahme seiner Erlösung, die in der Auflösung Gestalt annahm. (Und für diesen Tod darf man sich wohl einer derart paradoxalen Formulierung bedienen.) Denn Auflösung herrscht in der Zeichnung 9, wo eine deutliche «8», die Zahl der

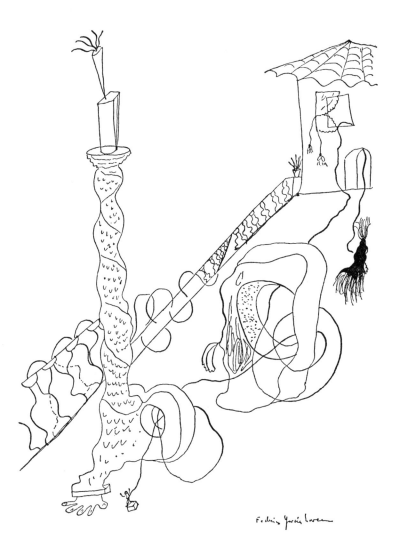

Abb. 4: Säule und Haus

Wachheit, in der Nachtseite des Bildes steht, während die eigentlich wache, rechte Seite verfließt.[7] Weiß also die ungewußte «innere Stimme» schon von jenem Erwachen, das sich aus dem Tage zurückzieht und sich anderen Bereichen, als Tag und Nacht es sind, zuwendet? Es will so scheinen, denn die folgenden Zeichnungen bringen auf ihre Art das gleiche Motiv zum Ausdruck.

Ist dies (Zeichnung 10) noch ein menschliches Antlitz? Das rechte Auge, das des wachen Sehens, ist erloschen, das linke ist wie am Verlöschen oder wie nach innen gewendet und gleichermaßen blind, wie jenes auf der Vignette (Zeichnung 13), wo es die untere Region bewohnt, die bloß Vital-Sphäre ist. Das ganze Antlitz (der Zeichnung 10) aber drängt, sich auszuteilen: eine zerfallende Herzform, ein Herz, das schon Masken-Charakter angenommen hat, von Tropfen überstirnt, mit Schläfen, die der Schlaf flieht, ein Verströmen in die Uferlosigkeit, ein auflösendes Zerrinnen der Form in die umgebende makellose Leere. Und auf der 11. Zeichnung das erloschene Antlitz, über welches die Tropfen rinnen; und in ihm nur noch der Mund, aber auch dieser fast schon Blatt geworden, das, vom Baume geweht, morgen gänzlich erlischt. Und so erloschen sind die Hände der 12. Zeichnung. Denn was zeichnen diese abgeschnittenen Hände aus? Rein rational betrachtet, also allegorisch, sind sie Ausdruck der Untauglichkeit zu handeln: das durch die Hände getane Leben ist gestorben. In der mythischen Tradition aber sind solche Hände Symbol für einen Zustand außerhalb der Zeit, habe dieser die Form des Schlafes oder die Formlosigkeit des Todes. Wer sie zeichnet, «weiß», daß er bereits dem Acheron angehört, dessen Name ja nichts anderes bedeutet als «das Land, wo man keine Hände hat» oder: «das Land, wo man die Zeit nicht zählt».[8] Zudem ist die rechte (!) Hand auf eine bedeutsame Weise verstümmelt: sie hat nur vier Finger. Und die Qualität der Zahl «Neun» (hier die neun Finger beider Hände) war stets die seltsame Andeutung einer Erfüllung, und gleichzeitig – und insofern zeitlos – die Andeutung des Beginns eines neuen Zustandes.[9]

Auch Lorcas letztes Werk, «La Casa de Bernarda Alba», und seine letzten Zeichnungen tragen das Zeichen des sich in ihm vorbereitenden Todes. Der Schauplatz des Schauspiels ist das Haus, die Welt der Mutter. Und in diese Welt zieht das mütterliche Prinzip den Tod hinein; so zog es auch Lorca nach Granada, der Stadt seiner Wiege, wo sich sein tragisches Schicksal vollzog: der Mord, der aufgezwungene und doch schon erwartete Tod. Dort in Granada, wo er ins

Leben geboren wurde, schließt sich der Kreis: dort wurde er auch in den Tod geboren.

Man hat versucht, seine Stimme zum Schweigen zu bringen. Aber die Stimme des Dichters ist nicht an seinen Träger gebunden, den Träger konnte man vernichten: die verstummte Stimme des toten Federico García Lorca ist lebendiger und vernehmlicher als es die des lebenden war. Und sie ist zusammen mit denen der Tausenden und Millionen, die wie er sterben mußten, ein Auftrag an die Überlebenden. Möge er verstanden werden.

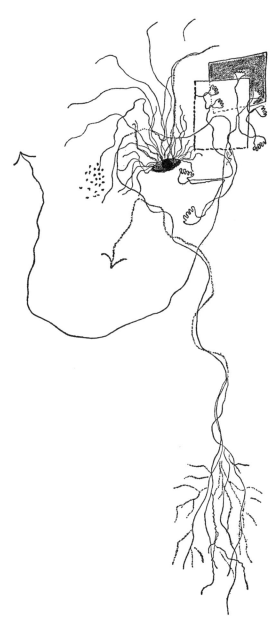

Abb. 5: Das Auge

III. Der Dichter

Dieser Stimme des Dichters müssen wir nun unser Ohr leihen. Denn die Gedichte machen den inneren Bezug der Zeichnungen zu seiner Lyrik deutlich. Die deutschen Übertragungen, deren ich mich dabei bediene, sind mit Lorca selber durchgesprochen worden (siehe den Hinweis «Zu den Übertragungen» am Schluß dieses Bandes), und sie haben dadurch einen dokumentarischen Wert erhalten.

Landschaft

Der Nachmittag bedeckte sich mit Kälte
aus Versehen.

Hinter trüben Fenstern
sehen alle Kinder
einen gelben Baum
sich in Vögel verwandeln.

Der Nachmittag liegt ausgebreitet
an den Ufern des Flusses.
Und eine Apfelröte
zittert auf den Dächern.

Dieses Gedicht aus seiner frühesten Zeit, in dem die stumme Trauer seiner Kindheit aufklingt und Stimme wird, spiegelt das Traumhafte, jenes Assoziativ-Impressionistische, das allen Äußerungen zugrunde liegt, die aus dem andalusischen Elemente hervorgehen. Die Ausdrucksweise Lorcas und die sich in seiner Grundstimmung und in seinem Schicksal spiegelnde Welt sind solcher Art, daß jedes seiner Gedichte zumindest für den spanischen Menschen eine allgemeingültige Aussage darstellt. Dies gibt seinem Werke den verbindlichen Wert. Für den Nicht-Spanier mag jede spanische Äußerung etwas Befremdliches an sich haben; aber das Hintergründige, das im Spanier besonders vordergründig und betont ist, ist in mehr oder minder starker Form auch konstituierendes Element jedes Menschen. So wie jeder einzelne Mensch jeweils betonter diesen oder jenen Aspekt des Weltgrundes durch seine Art zu sein lebt und darstellt, so lebt auch ein jedes Volk in einem umfassenderen Sinne als das bloße Individuum diesen oder jenen Aspekt der Weltwirklichkeit und stirbt den einen oder anderen der Weltunwirklichkeit. Wer die durch alle Völker gelebten Wirklichkeiten und Unwirklichkeiten erfassen könnte, der wüßte, was das Wort Menschheit bedeutet, ja, was die Menschheit ist: ein Zusammenklang vieler Stimmen, in welchem die Ganzheit Gestalt annimmt. Eine dieser Stimmen ist die Lorcas; sie ist nicht nur Ausdruck des Lebensbereiches Spaniens, sondern auch des halben, spanisch sprechenden amerikanischen Kontinentes.

Das folgende Gedicht, eine kleine Ballade, trägt alle Charakteristika des «cante jondo», der andalusischen Volksdichtung, die weniger deskriptiv als evokativ ist. Sie begnügt sich, ein Bild heraufzurufen, hängt den sich ergebenden Assoziationen nach und reiht, unverbogen durch rationale Überlegungen, an das erste ein zweites und weitere Bilder. Entfernt erinnert diese «Technik» an jene der heutigen «Surrealisten». Die Unkenntnis der spanischen Folklore hat denn auch dazu geführt, daß Lorca als «Surrealist» bezeichnet wurde. Das ist ein Fehlurteil. Das Assoziativ-Bildmäßige ist dem Andalusier echt eingeborenes Element und nicht alexandrinisches Machwerk; bei ihm ist das echt, was bei den anderen erkünstelt ist; bei ihm ist das Natur, was bei den anderen bloße Technik ist. (Übrigens hat der sogenannte Surrealismus eines Picasso die gleiche Wurzel wie der, welcher Lorca fälschlicherweise zugesprochen wird; und wie stets sind es die Nachahmer, die, aus einer genuinen Haltung einen Ismus fabrizierend, die Echtheit der ursprünglichen Haltung verfälschen.)

Guadalquivir, Darro und Genil sind die drei Flüsse, von denen der Dichter in der kleinen Ballade spricht. Dabei ordnet sich die weibliche Zweiheit, die zwei Flüsse Darro und Genil, Granada zu; sie wird der Einheit, die männlich ist, dem Guadalquivir, gegenübergestellt. Granada, seine Geburts- und Sterbestadt,[10] hat Lorca einmal als das «für viele verschlossene Paradies» bezeichnet.[11] Diese Tabu-Erklärung der Stadt seiner Kindheit, die Erhöhung dieser Stadt in den Stand, ja Zustand der Unantastbarkeit und Unerschließbarkeit, welcher der heilige Bereich der Mutter ist, sowie die Tatsache, daß er sich selber als Auserkorenen betrachtet, der dieses Paradieses teilhaftig ist, sind aufschlußreich. Die Ohnmächtigkeit der «toten Türmchen», wie er Darro und Genil bezeichnet (symbolisch gleichwertig

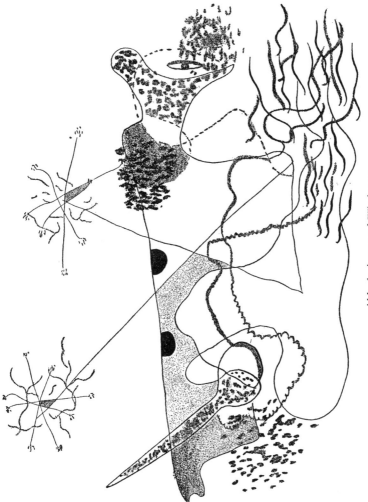

Abb. 6: Auge und Windrosen

hätte er sie auch als «tote Schlüsselchen» bezeichnen können), sowie der Umstand, daß sie sich über Teichen (oder Zisternen) erheben, über einem in sich begrenzten und abgeschlossenen Bezirk, dem des Wassers, das stets das mütterliche Element war, unterstreichen hier noch den Charakter, den er Granada implicite zuspricht; es ist strukturmäßig für ihn Teil und Ausdruck der Höhlen- und Nachtwelt, also des Reiches der Mütter.

    Kleine Ballade von den drei Flüssen

Guadalquivir –
an Orangen und Oliven vorüber.
Die beiden Flüsse Granadas
fließen vom Schnee zum Weizen hinab.

Ach der Liebe,
die ging und nie wiederkam!

Der Guadalquivir
hat granatrotes Haar.
Die beiden Flüsse Granadas –
der eine Weinen, der andere Blut.

Ach der Liebe,
die im Winde verging!

Für seine Segel
hat Sevilla einen Weg,
auf den Wassern Granadas
rudern nur Seufzer.

Ach der Liebe,
die ging und nie wiederkam.

Guadalquivir, hoher Turm,
und Wind in den Orangenhainen!
Darro und Genil, tote Türmchen
über den Teichen.

Ach der Liebe,
die im Winde verging!

Wer wagt zu sagen, das Wasser trüge
ein Irrlicht aus Schreien –

Ach der Liebe,
die ging und nie wiederkam!

Es trägt Orangenblüten und Oliven
den andalusischen Meeren zu.

Ach der Liebe,
die im Winde verging!

In dieser Ballade kehrt übrigens, wenn auch sehr verborgen und somit seinem Wesen entsprechend, das acherontische Thema wieder, das in der Zeichnung 12 angetönt ist. Hier klingt es in der dritten und vierten Zeile der ersten Strophe auf. Der Schnee ist (wir werden ihm in diesem Sinne in dem «Lied vom kleinen Tode» nochmals begegnen) Bild jener makellosen Unberührtheit und Unberührbarkeit, jener «über uns» (hier im Gebirge) liegenden anfangs- und zeitlosen Leere, die sich auf der linken Seite der Zeichnung 5 zu erkennen gibt, eine Leere, über die bereits bei der Beschreibung dieser Zeichnung gesprochen wurde. Acherontisches Gepräge tragen «die beiden Flüsse Granadas» insofern, als sie vom «Schnee», also aus der anfangslosen Leere herabfließen. Denn das Wort «Acheron» hat nicht nur den Sinn «Land, wo man keine Hände hat», sondern auch den damit implizierten, ein Land ohne Handlung und ohne Geschehen, das Land ohne Zeit, ja das Zeitlose zu sein. Aber im mütterlichen Bereiche, dem des Weizens, des Kornes, das der «Großen Mutter», der Demeter heilig war, nimmt diese Zeitlosigkeit aufblühend und fruchttragend Gestalt an. Es nährt ja der Acheron, dessen Quelle oder der selber die Quelle der Zeitlosigkeit ist, den unterweltlichen Bereich durchfließend, die unterirdisch gelegene Heimat des Kornes und aller Frucht, über die Demeters Tochter gebietet. Und daß des Menschen Hände die dortigen Wurzeln nachahmen sollten (wie es Lorca in der Schlußzeile der «Kasside vom lichten [dem gewissermaßen schneeweißen] Tode» fordert), wirft neues Licht, besser: wirft neue Dunkelheit auf die Zeichnung der «Abgehauenen Hände».

Vielleicht grenzt es schon an das Pathetische, das uns nicht nur verdächtig scheint, sondern eine Unfreiheit verrät, wenn wir in dieser Ballade jene Trauer vermuten, die aus der Unvereinbarkeit der offenen

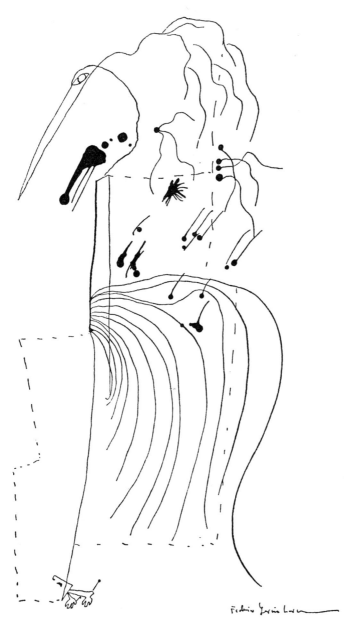

Abb. 7: Vogel und Hund

Welt mit der geschlossenen Welt entspringt, da, wie es hier der Fall ist, die offene Vater-Welt unerreicht immer im Winde vergeht. Denn die Welt Sevillas und des Guadalquivir ist hier die Vater-Welt im Gegensatz zum Mutter-Reich Granadas und seiner zwei Flüsse. Der Guadalquivir ist Weg, und damit Zeit; er trägt «granatfarbene (feuer- und sonnengoldfarbene) Haare» (Lorca verwendet für «Haar» hier den Plural von «Bart»!), ist also männlich, und trägt Oliven (das Symbol der zeitoffenen Unsterblichkeit) und die Blüte der Orange (der goldenen Frucht Persephone-Koras, das spanische Symbol für die Zwei-Einheit der Ehe) dem offenen Meere zu.

Aus diesen Strophen klingt jene Trauer, die ein Merkmal alles Kreatürlichen ist, und die man mit dem negativen Pathos, nämlich mit der bloßen Traurigkeit jener, die dem Kreatürlichen nicht mehr so nahe sind wie der Spanier, nicht verwechseln sollte. Auch das nachfolgende Gedicht ist dafür Beispiel:

Das Schweigen

Höre, mein Kind, das Schweigen.
Es ist ein Schweigen wie Wellen.
Ein Schweigen,
in welchem Täler und Antworten gleiten,
und das die Stirne ins Neigen bringt
der Erde zu.

Dieses kleine Gedicht, das wie ein Selbstgespräch anmutet, ist (entgegen der Ansicht beispielsweise einiger sogenannter Literatursachverständiger) viel mehr echter Lorca als mancher denken mag (der wie diese nur eine seiner Zigeuner-Romanzen analysiert). Das Schweigen ist ein der Erde Zugeneigtsein, ist Aufforderung und Ausdruck, sich der Erde zu neigen, jener stummen Erde, deren Schweigen hier Stimme wird. Und es ist bedauerlich, daß Lorca hier und da als «brutal» abgestempelt wird. Gewiß, der Fähigkeit der Hingabe und des Hinhörens, wie sie aus diesem Gedicht spricht, entspricht eine gleich starke, kompensatorische Ausdrucks- und Aussagekraft, die sich aber nicht durch Brutalität, sondern durch Vitalität auszeichnet. Das mißverstandene spanische Element verführt den Nichts-als-Literaten nur allzuleicht dazu, diese Vitalität, die Lorca in dem gleichen Maße eignet wie übrigens Picasso auch, als Brutalität anzuprangern.

Der Spanier aber ist nicht brutal, sondern (auf eine zwar bedrohlich isolierte Weise) vital; er kennt zwar das «sentiment», nicht aber die Sentimentalität. (Oder, wie es bereits anders ausgedrückt wurde: er kennt zwar die Trauer, nicht aber die Traurigkeit.) Und da er die Sentimentalität nicht kennt, kennt er auch das nicht, was ihr die Balance hält: die Brutalität.

In dem nächsten Gedicht strömt auf eine besondere Weise die der Vitalität geschwisterlich entsprechende Todes-Verachtung, die echt spanisch ist, mit einer fast hellsichtigen persönlichen Todes-Ahnung zusammen. Der Spanier, der dem Kreatürlichen so nahe ist, ist damit auch dem Tode näher; er achtet seiner so wenig, wie er des Lebens achtet, weil er weniger lebt, als daß er gelebt wird. Und das Mortale ist in einer solchen Lebensstruktur nichts als die unabänderliche und ergänzende Kehrseite des Vitalen; weder der Tod noch das Leben haben eine eigene Gültigkeit, Tod und Leben sind hier in des Wortes ursprünglicher Bedeutung gleich-gültig.

Gebet

Wenn ich sterbe,
begrabt mich mit meiner Gitarre –
tief im Sande.

Wenn ich sterbe
zwischen Minze
und Orangenbäumen.

Wenn ich sterbe,
begrabt mich, wenn ihr wollt,
in einer Wetterfahne.

Wenn ich sterbe!

Aber nicht nur die spanische Nicht-Achtung des Todes spricht aus diesem Gedicht (wie sie ja auch aus jedem Stierkampf spricht; und es ist kein Zufall, daß der größte Stoiker, Seneca, aus Sevilla stammt). In ihm steht das doppeldeutig erregende «Wenn ich sterbe!»: gleichsam ein Beckenschlag, dessen lang nachschwingender Ton nur langsam ins Schweigen zurücksinkt. (Eine ähnliche Wirkung geht von

Abb. 8: «Parque» (Park)

dem dumpfen Paukenschlag aus, der den «Marche funèbre» von Darius Milhaud ausklingen läßt.) In diesem Gedicht ist ein ahnendes Fragen, da er, der ja nicht lebte, sondern vom mütterlichen Reiche gelebt wurde, nicht starb, sondern gestorben wurde. Ein zitterndes Voraussehen seiner eigenen Todeslandschaft wird hier Wort: denn man erschoß ihn nachts, vor den Toren Granadas, am Wegrand, «zwischen Minze und Orangen». Je älter Lorca wurde, desto mehr nahm das nächtige Element in seinem Werke Gestalt an. Und gerade eine seiner bekanntesten «Zigeuner-Romanzen» schildert eine nächtige Szene, eine Liebesnacht, mit der unbekümmerten Vitalität und Sensualität, die ihm und seiner Zigeunerart entsprachen:

Die Untreue

Und ich nahm sie zum Flusse,
glaubte, sie wäre ein Mädchen,
doch hatte sie einen Mann.
Es war in der Nacht von Sankt Jakob
und fast ein Stelldichein.
Die Laternen erloschen
und die Heimchen begannen.
An den letzten Straßenecken
berührt ich ihre schlafenden Brüste
und bald blühten sie
mir wie Hyazinthensträuße zu.
Ihr gestärkter Unterrock
klang mir in den Ohren
wie von zehn Messern
aufgeschlitzte Seide.
Ohne Silber in den Wipfeln
schienen die Bäume größer
und ein Horizont von Hunden
bellt sehr fern vom Fluß.

*

Die Brombeeren durchschritten,
die Binsen und die Dornen,
macht' ich im Sand eine Grube
unter ihr dichtes Haar.

Warf die Krawatte weg,
sie ihr Kleid beiseite;
ich den Gurt mit Pistole,
sie die vier Leibchen.
Weder Narden noch Muscheln
sind von so zarter Haut
noch die Fenster im Mond
leuchten mit solchem Glanz.
Ihre Schenkel sind mir entwichen
wie überraschte Fische,
zur Hälfte voller Glut,
zur Hälfte voller Kälte.
Ich ritt in jener Nacht
den besten aller Wege
auf einem Perlmuttfohlen
ohne Zügel, ohne Spor'n.
Niemals, bei meiner Ehre, sag' ich
die Dinge, die sie mir sagte.
Genügend Verstand besitz' ich,
als daß ich davon spräche.
Beschmutzt von Küssen und Sand
nahm ich sie fort vom Fluß.
Die Schwerter der Wasserlilien
kämpften mit dem Winde.

*

Ich betrug mich auf meine Art.
Wie ein echter Zigeuner.
Ich schenkte ihr einen Nähtisch
und strohfarben glänzende Seide,
und wollte mich nicht verlieben,
denn sie hatte einen Mann
und sagte doch, sie wäre ein Mädchen,
als ich sie zum Flusse nahm.

Schon mit dem beginnenden «Und» ist der Ambient dieser Gedichtform gegeben: das Herausgreifen eines Geschehnisses aus dem Strome des Lebens, die Betonung, daß es aus der anfangs- und endlosen Kette dieser Geschehnisse herausgegriffen ist und sichtbar gemacht

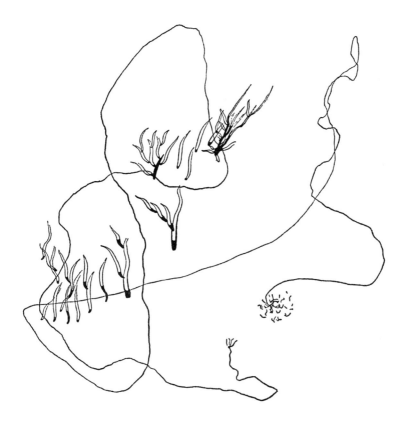

Abb. 9: Die Acht

wird, so wie der Traum uns bald dieses Bildes und dann jenes aus der nicht abreißenden Kette der seelischen Geschehnisse ansichtig werden läßt. Diese Art des fast mythisch anmutenden Schilderns war ja gerade in jener Zeit, da Lorca diese Romanze schrieb (um 1925) in Europa Mode geworden. So beginnt der mythisch psychisierende Roman «Ulysses» von James Joyce mit dieser charakteristischen «Und»-Stimmung. Ja selbst in der Musik begegnen wir einem solchen Und-Anfang, so im Beginn der Ballettmusik «Der Dreispitz» von Manuel de Falla, die mitten im Hauptthema einsetzt. (Übrigens war es Lorca, der dieses Ballett im Madrider «Teatro Español» als Choreograph zur Aufführung brachte.) Aber nicht nur dieses «Und» ist an dieser Romanze interessant; wenn es auch von allgemeinerer Bedeutung ist, so ist ein anderes Element für Lorca persönlich bedeutsam: daß seine Beziehung einer Frau gilt, an die er sich nicht zu binden braucht: «und wollte mich nicht verlieben».[12] Wie auch – und hier scheint die Tragik seines Lebens wieder auf – wie auch sollte er sich ver-lieben, da das ja zuerst einmal Ver-lust jener Liebesgeborgenheit einschlösse, die ihm sein Beheimatet- und Gefangensein im Reiche der Mütter gewährleistete. Solche Bindung wäre nur zu leicht zu einer todbedrohten Ent-Bindung geworden. Seine Stärke war die anonyme Bindung zur weiblichen Welt, nicht die persönliche; jene zur Mutter, nicht die zur Frau. Und diese Bindung war ja nicht nur sein Leben, sondern auch sein Tod. Wie sehr dieser Tod, diese «muerte», zudem seine Selbstbegegnung war, das hat er in einem seiner späten Gedichte verraten. In der Übersetzung freilich wird dies erst dann deutlich, wenn man sich jeweils, wenn das Wort «der Tod» fällt, daran erinnert, daß der Tod im Spanischen «la muerte» heißt, also nicht männlich, sondern weiblich ist:

Das Lied vom kleinen Tode

Tödliche Wiese aus Monden
und Blut unter der Erde.
Wiese aus altem Blut.

Licht von gestern und morgen.
Tödlicher Himmel aus Gras.
Licht, Nacht aus Sand.

Ich bin dem Tode begegnet.
Tödliche Wiese aus Erde.
Ein kleiner Tod.

Der Hund auf dem Dach.
Einsam, meine linke Hand
durchstreifte endlose Berge
vertrockneter Blumen.

Kirche aus Asche.
Licht, Nacht aus Sand.
Ein kleiner Tod.

Ein Tod, und ich, ein Mann.
Ein Mann allein, und er
ein kleiner Tod.

Tödliche Wiese aus Monden.
Der Schnee ächzt und zittert
hinter der Türe.

Ein Mann; was noch? Das Genannte.
Ein Mann, allein, und er.
Wiese, Liebe, Licht und Sand.

Die zitierten Gedichte sind für die jeweilige Entstehungszeit (und wir ordneten sie chronologisch wie die Zeichnungen) repräsentativ; ohne unseren Hinweisen Gewalt anzutun, könnte ein jedes durch ein anderes des gleichen Entstehungs-Umkreises ausgetauscht werden. Die Wiederkehr der Stichworte wie: Pferd, Hund, Nacht, Mond und Tod, ist für Lorca – wie weitgehend für jeden Spanier – symptomatisch. Dabei ist es nicht so sehr das jeweilige Wort, sondern der durch das Wort ausgedrückte hintergründige seelische Bezirk, der dem Leser gegenwärtig bleiben sollte, soll sich ihm das reimen, was rational betrachtet ungereimt scheint. Der Reimverzicht der Verse Lorcas ist nicht zufällig. Denn doppelt zu reimen ist unnötig. Doppelt aber würde er reimen, reimte er auch die sichtbaren Worte, da sich das Unsichtbare dieser Worte aufeinander reimt. Als ein weiteres Beispiel dafür möge das folgende Gedicht dienen:

Abb. 10: Herzförmiges Antlitz und Pfeilmotiv

Das Weinen

Ich habe meinen Balkon geschlossen,
ich will das Weinen nicht hören,
doch hinter den grauen Mauern
hört man nichts als das Weinen.
Sehr wenige Engel singen,
sehr wenige Hunde bellen,
tausend Geigen gehen in eine Hand:
aber das Weinen ist ein ungeheuerer Engel,
das Weinen ist ein ungeheuerer Hund,
das Weinen ist eine ungeheuere Geige,
die Tränen knebeln den Wind,
und man hört nichts als das Weinen.

Man könnte dieses Gedicht fast als die wortgewordene Zeichnung 7 auffassen, zumal der Bezug zwischen Vogel und Engel gewiß ist, insofern beide den Todes-Pol der Seele symbolisieren,[13] von den anderen offensichtlichen Parallelen ganz zu schweigen. Diese Zeichnung drückt zudem gleicherweise wie das Gedicht ein Abgewandtsein von der hellen Seite des Lebens aus: dort ist es die Linksgerichtetheit der Zeichnung, hier ist es die erste Zeile des Gedichtes, welche die Grundstimmung gibt: «Ich habe meinen Balkon geschlossen», mit anderen Worten: ich habe mich in das Haus, in die Höhle zurückgezogen. Und dort, wo er sich einmal, selten genug, der lichten Seite zuzuwenden scheint, da wird ihm diese lichte Seite zum «lichten Tode»:

Kasside von dem lichten Tode

Ich habe mich oft an das Meer verloren,
das Ohr erfüllt vom Klange kürzlich geschnittener Blumen,
den Mund erfüllt von Liebe und Todeskämpfen
hab' ich mich oft an das Meer verloren,
so wie ich mich an manche Kinderherzen verliere.

Niemanden gibt es, der küssend
nicht das Lächeln der gesichtslosen Leute fühlte,
noch gibt es jemand, der ein Neugeborenes streichelnd,
der unbeweglich toten Pferdeschädel vergäße.

Deshalb suchen die Rosen auf der Stirne
eine harte knöcherne Landschaft
und die Hände der Menschen haben keinen anderen Sinn
als die Wurzeln unter der Erde nachzuahmen.

So wie ich mich an manche Kinderherzen verliere,
hab' ich mich oft an das Meer verloren.
Unwissend des Wassers gehe ich auf die Suche
nach einem Tod, einem Licht, das mich vollendet.

Hier sei angemerkt, daß sich bei der Zeile «Ich habe mich oft an das Meer verloren» für den Spanier sogleich die Erinnerung an die jedem bekannten Verse des Jorge Manrique (1440?–1478) einstellt:

Nuestras vidas son los ríos
que van a dar en la mar
que es el morir...

(Unsere Leben sind die Flüsse,
die münden ins Meer,
das ist das Sterben...).

Nur wenn man um die Rolle, besser: um die Bedeutungslosigkeit des Todes weiß, die dieser für den Spanier hat – bedeutungslos insofern, als er zufällig ist, was für den rationalen Menschen fast zum Synonym wurde – nur wer um den echten Zufalls-Charakter, um die Unverbindlichkeit weiß, die dem Spanier sowohl Leben wie Tod gleichgültig machen, wird in der spanischen Dichtung das vital-mortale Spannungsfeld erkennen können, wodurch sie nie makaber noch nihilistisch ist. Nihilistisch wird Dichtung (wie jede intensive Äußerung) erst dort, wo ein urgegebenes Phänomen einseitig vergewaltigt wird, wo also aus der Angst vor der bloßen Todesgegebenheit, aus der Angst vor dieser natürlichen und (paradoxerweise:) lebendigen Tatsache eine Affektbindung zum Tode entsteht: die Todesverliebtheit des Nihilisten, seine makabre Todesberauschtheit, die hohle heroische Geste, die auf der anderen Seite durch Sentimentalität aufgewogen wird (insofern man diesen minderwertigen Äußerungsformen ein Gewicht, das aufwiegbar wäre, überhaupt zusprechen darf).

Abb. 11: Antlitz und Pfeilmotiv

Zum Schluß sei noch ein Gedicht mitgeteilt, das dieser Konfiguration entspricht. Es entwächst dem Gewebe dieses Lebens, das sich in Lorcas letzten Jahren auch im dichterischen Ausdruck der Nachtseite des Lebens, dem Tode, zuwandte, und so ist es eine Totenklage. Und durchaus nicht zufällig ist diese «Klage um Ignacio Sánchez Mejías», den großen, ihm eng befreundeten Stierfechter, der in der Arena starb, das letzte größere Gedichtwerk, das Lorca selber noch veröffentlicht hat. Uns freilich, die wir es heute lesen, nachdem sich sein Schicksal vollzogen hat und wir des ganzen Schicksalsgewebes ansichtig wurden, muten die folgenden Strophen, die jene «Klage» beschließen, wie der Epitaph an, den Lorca nicht nur seinem Freunde, sondern sich selber schrieb:

Abwesende Seele

Es kennt dich weder der Stier noch der Feigenbaum
noch die Pferde noch die Ameisen in deinem Hause.
Es kennt dich weder das Kind noch der Nachmittag
denn du bist gestorben für immer.

Es kennt dich die Fläche des Steines nicht
noch die schwarze Seide, in der du vergehst.
Es kennt dich deine stumme Erinnerung nicht
denn du bist gestorben für immer.

Der Herbst wird kommen mit seinen Schnecken
mit Nebeltrauben und Hügelgruppen
doch niemand möchte in deine Augen schaun
denn du bist gestorben für immer.

Weil du für immer gestorben bist
wie alle Toten der Erde – vergessen
in einem Haufen beschwichtigter Hunde.

Nein. Niemand kennt dich. Doch ich will dich singen.
Ich singe für immer deine Anmut, dein Antlitz.
Die herrliche Reife deines größeren Wissens.
Deine Neigung zum Tode, zum Hauch seiner Herbheit.
Die Trauer die deine mutige Freude enthielt.

Viel Zeit wird vergehen bis einer so klar
so reich an Gefahr und Wagnis wie Du
wenn je in Andalusien geboren wird.
Ich singe deine Anmut mit Worten die seufzen
und gedenke der Oliven im trauernden Wind.

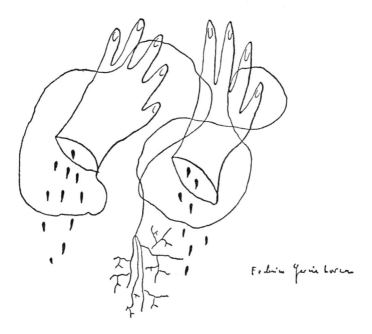

Abb. 12: Die abgehauenen Hände

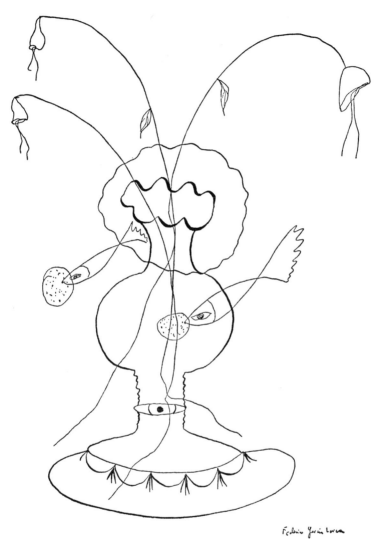

Abb. 13: Vignette

Entstehungsjahre siehe S. 96

ZWEITER TEIL

I. BIBLIOGRAPHIE DER PUBLIKATIONEN MIT ZEICHNUNGEN VON FEDERICO GARCIA LORCA

(Die mit einem Sternchen (*) versehenen Zeichnungen sind Erst-Veröffentlichungen.)

1. *Federico García Lorca:* Primer Romancero Gitano 1924–1927. Revista de Occidente, Madrid, 1928. Erstausgabe.
   *a) Titelvignette des Einbandes: Zweifarbige Zeichnung; eine Vase darstellend.

2. *Angel del Río:* La Literatura de hoy; el poeta Federico García Lorca. Ensayo en: «*Revista Hispanica Moderna*», Casa de las Españas, Columbia University, New York City, año I, núm. 3, Abril 1935, pág. 174–184:
   *a) pág. 177, col. 2: Zeichnung, einen Harlekin darstellend.

3. (J.) *Gebser:* Gedichte eines Jahres. Verlag Die Rabenpresse, (Berlin), 1936:
   *a) Titelvignette des Einbandes: siehe unsere Abb. 1.
   *b) Titelvignette des Schutzumschlages: siehe unsere Abb. 13.

4. *Poetisches Taschenbuch 1937.* Verlag Die Rabenpresse, (Berlin), 1936:
   a) Vignette der Titelseite: Reproduktion von 3a.

5. *Fábula:* Cuadernos de literatura y arte; La Plata (Argentina), 1937; primer año, núm. 6, Julio–Agosto 1937:
   *a) auf lose beigefügtem Blatt: Dibujo (Zeichnung), datiert: «Buenos Aires 1934». Diese Zeichnung enthält das Masken-Motiv, wie es unsere Abb. 2 aufweist.

6. *Federico García Lorca:* Grenade, paradis à beaucoup interdit (traduction) in: *Verve,* Paris, 1938; vol. I, no. 4, p. 83 et 84:
   *a) page 83: Zeichnung: Porträt de Lorca à New York.
   *b) page 84: Zeichnung: Dessin; ähnlich wie unsere Abb. 8.

7. *Federico García Lorca:* Poeta en Nueva York, con cuatro dibujos originales. Seneca, Mexico D.F., 1940. Erstausgabe:
   *a) nach Seite 27: farbige Zeichnung: männliche Büste.
   b) nach Seite 63: Zeichnung: Park-Bild; Reproduktion von 6b.
   c) nach Seite 110: Zeichnung: Stadt-Bild mit angedeutetem Selbst-Porträt; Reproduktion von 6a.
   *d) nach Seite 138: farbige Zeichnung: Zelt-Bild.

8. *Gregorio Prieto:* García Lorca as a painter. The De La More Press, London, o.J. (1943–44?):
   *a) plate 1: Our Lady of the Seven Dolours (Paso).
   b) plate 2: verkleinerte Reproduktion von 6a bzw. 7c.

c) plate 3: vergrößerte Reproduktion von 2a.
*d) plate 4: Zeichnung: «Lira».
   e) plate 5: verkleinerte Reproduktion von 6b bzw. 7b.
*f) plate 6: Zeichnung: «Nostalgia», datiert 1929; verwandt mit unseren Abb. 5 und 6.
   g) plate 7: verkleinerte und einfarbige Reproduktion von 7a.
   h) plate 8: verkleinerte und einfarbige Reproduktion von 7d.
*i) plate 9: Zeichnung: «(Leyenda de Terer)», datiert 1927; enthält das Masken-Motiv wie unsere Abb. 2.

9. *Federico García Lorca:* Anthologie poétique. Textes choisis et traduits avec une introduction par *Félix Cattegno,* dessins de *Federico García Lorca.* Charlot, Paris, 1946:
   a) bei Seite   1: Reproduktion von 2a bzw. 8c.
   b) bei Seite 135: verkleinerte Reproduktion von 6a bzw. 7c und wie 8b.

10. *Federico García Lorca:* Le Poète à New York; avec l'Ode à Federico García Lorca de *Pablo Neruda.* Dessins de *Lorca.* Texte espagnol et traduction par *Guy Lévis Mano.* GLM, Paris, 1948:
*a) bei Seite 9: Zeichnung, datiert 1936, welche das Masken-Motiv unserer Abb. 2 sowie das Pfeil-Motiv unserer Abb. 11 aufweist.
   b) bei Seite 15: Reproduktion von 5a.
   c) bei Seite 21: Reproduktion von 8f.
   d) bei Seite 39: vergrößerte Reproduktion von 8d.
   e) bei Seite 43: Reproduktion von 6b bzw. 7b, 8e.
   f) bei Seite 55: Reproduktion von 6a bzw. 7c, 8b, 9b.
   g) bei Seite 69: vergrößerte Reproduktion von 2a bzw. 8c, 9a.

11. *GLM* (Verlagsverzeichnis No.:) 2; Août 1948, GLM, Paris, 1948:
   a) Titelblatt: Reproduktion von 10a.

12. *GLM* (Verlagskatalog:) 1933-1948; GLM, Paris, 1948:
   a) page *L: Reproduktion von 6b bzw. 7b, 8e, 10e.

13. *Le Temps de la Poésie.* Deuxième cahier, Décembre 1948; GLM, Paris, 1948:
   a) page   4: Vorabdruck von 14i.
   b) page 14: Vorabdruck von 14a, bzw. Reproduktion von 3a, bzw. 4a.
   c) page 28: Vorabdruck von 14m.
   d) page 39: Vorabdruck von 14h.

14. *Jean Gebser:* Lorca, Poète-dessinateur. GLM, Paris, 1949:
   a) page 8, dessin 1: Vignette, Reproduktion, in Originalgröße, von 3a bzw. 4a; siehe auch 13b und 16a.
*b) page 11, dessin 2: Le masque qui tombe. Datiert «1927»; siehe 16b.
*c) page 13, dessin 3: L'ange, siehe 16c.
*d) page 15, dessin 4: La colonne devant la maison, siehe 16d.
*e) page 17, dessin 5: L'œil; siehe 16e.
*f) page 19, dessin 6: L'œil et la rose des vents; siehe 16f.
*g) page 21, dessin 7: L'oiseau et le chien; siehe 15a und 16g.
*h) page 23, dessin 8: «Parque»; siehe auch 13d und 16h.

*i) page 25, dessin 9: Le huit; siehe auch 13a und 16i.
*k) page 27, dessin 10: Visage en forme de cœur; siehe 16k.
*l) page 29, dessin 11: Visage à flèches; siehe 16l.
*m) page 31, dessin 12: Les mains coupées; siehe auch 13c und 16m.
n) page 33, dessin 13: Vignette; Reproduktion, in Originalgröße, von 3b; siehe auch 16n.

15. *Combat* (journal), Paris, no. du 7 avril 1949:
a) page 4: Reproduktion von 14g; siehe auch 16g.

16. *Jean Gebser:* Lorca oder das Reich der Mütter. Deutsche Verlags-Anstalt, Stuttgart, 1949. (Abbildungs-Verzeichnis):
a) Zeichnung 1, Seite 8: Vignette, Frühjahr 1936; Reproduktion, in Originalgröße, von 3a bzw. 4a, 13b und 14a.
b) Zeichnung 2, Seite 11: Die fallende Maske. Datiert 1927. Dies Motiv kehrt in den Zeichnungen 8i des gleichen Jahres, in 10b von 1934 wieder, sowie, gepaart mit dem Pfeil-Motiv unserer Abb. 10, in 10a von 1936; siehe 14b.
c) Zeichnung 3, Seite 15: Der Engel. Um 1928? Siehe 14c.
d) Zeichnung 4, Seite 19: Säule und Haus. Um 1928? Siehe 14d.
e) Zeichnung 5, Seite 23: Das Auge. 1929/30? Siehe 14e. Verwandt mit der Zeichnung 8f bzw. 10c. (Original farbig.)
f) Zeichnung 6, Seite 27: Auge und Windrosen. 1929/30? Verwandt mit der Zeichnung 8f bzw. 10c. (Original farbig); siehe auch 14f.
g) Zeichnung 7, Seite 31: Vogel und Hund. Vor 1934/36? Siehe auch 14g und 15a.
h) Zeichnung 8, Seite 35: «Parque» («Park»). Wahrscheinlich 1936; ähnlich wie die Zeichnungen 6b bzw. 7b, 8e und 10e; siehe auch 13d und 14h.
i) Zeichnung 9, Seite 39: Die Acht. Wahrscheinlich 1936. Sie enthält das Tränen-Motiv wie die vorstehende Zeichnung 9 (16h) und wie 6b bzw. 7b, 8e, 10e; siehe auch 13a und 14i.
k) Zeichnung 10, Seite 43: Herzförmiges Antlitz und Pfeil-Motiv. Wahrscheinlich 1936. Siehe 14k.
l) Zeichnung 11, Seite 47: Antlitz und Pfeil-Motiv. Wahrscheinlich 1936. Siehe zu dieser wie auch zur vorstehenden Zeichnung 10 (16k) die Zeichnung 10a, die desgleichen das Pfeil-Motiv enthält; siehe ferner 14l.
m) Zeichnung 12, Seite 51: Die abgehauenen Hände. Wahrscheinlich 1936; siehe 13c und 14m, sowie Titelblatt von 14 = 14m.
n) Zeichnung 13, Seite 55: Vignette. Juli 1936. Reproduktion in Originalgröße von 3b; siehe auch 14n.

II. ZU DEN ÜBERTRAGUNGEN

Zu den einzelnen Gedichten:

«*Landschaft*» – *Originaltitel:* «*Paisaje*».

Erstmals veröffentlicht in «Canciones 1921–1924», Ediciones Litoral, Málaga, 1927; Neudruck: Revista de Occidente, Madrid, 1929, pág. 43.
Erste deutsche Veröffentlichung in «Neue spanische Dichtung», siehe Gedichtband, Seite 34 und 35.
Die Übertragung ist ziemlich frei, trifft aber die Stimmung. Für die vorliegende Ausgabe habe ich vor allem die Zeilenanordnung der Originalfassung angeglichen.

«*Kleine Ballade von den drei Flüssen*» – *Originaltitel:* «*Baladilla de los tres ríos*».

Erstmals veröffentlicht in «Poema del cante jondo», Ediciones Ulises, Madrid–Buenos Aires, 1931, pág. 11–14.
Erste deutsche Veröffentlichung in «Neue spanische Dichtung», Seite 33 und 34. Hier ausgefeilt wieder publiziert.

«*Das Schweigen*» – *Originaltitel:* «*El silencio*».

Erstmals veröffentlicht in «Poema del cante jondo», 1.c., pág. 23.
Erste deutsche Veröffentlichung in «Neue spanische Dichtung», Seite 35.

«*Gebet*» – *Originaltitel:* «*Memento*».

Erstmals veröffentlicht in «Poema del cante jondo», 1.c., pág. 107.
Erste deutsche Veröffentlichung in «Neue spanische Dichtung», Seite 35.
Zum Titel: «Memento» ist in der Messe eines der Gebete für die Lebenden und die Toten. Der deutsche Titel «Gebet» wurde mit Einverständnis Lorcas gewählt.

«*Die Untreue*» – *Originaltitel:* «*La casada infiel*».

Erstmals veröffentlicht in «Romancero gitano 1924–1927», Revista de Occidente, Madrid, 1928, pág. 45–48.
Erste deutsche Veröffentlichung in «Neue spanische Dichtung», Seite 31–33. Bei meiner Besprechung dieser Übertragung mit Lorca stimmte er dem deutschen Titel und dem Rhythmus der Übersetzung zu. Für die vorliegende Ausgabe habe ich die damalige Übertragung einer Überarbeitung unterzogen und einige Stellen ausgefeilt.

«*Lied von dem kleinen Tode*» – *Originaltitel:* «*Canción de la muerte pequeña*».

Erstmals veröffentlicht in «Poesía Española. Contemporaneos. Antología» por *Gerardo Diego*. Ediciones Signo, Madrid, 1934, pág. 443 y 444.
Fand wegen Platzmangels keine Aufnahme in «Neue spanische Dichtung» und wird hier erstmals publiziert.
Meine Übertragung stammt aus dem Jahre 1934 und erfolgte auf Grund des spanischen Original-Manuskriptes.

«*Das Weinen*» – *Originaltitel:* «*El llanto*».

Erstmals veröffentlicht in «Poesía Española. Contemporaneos. Antología», 1.c., pág. 444 y 445.

Fand wegen Platzmangels keine Aufnahme in «Neue spanische Dichtung» und wird hier erstmals publiziert.

Meine Übertragung stammt aus der Zeit der Jahreswende 1934/35 und erfolgte auf Grund des spanischen Original-Manuskriptes.

«*Kasside von dem lichten Tode*» – Originaltitel: «*Casida de la muerte clara*».

Erstmals veröffentlicht in «Almanaque Literario», Ediciones Plutarco, Madrid, 1935.

Fand wegen Platzmangels keine Aufnahme in «Neue spanische Dichtung» und wird hier erstmals publiziert.

Meine Übertragung erfolgte 1934 auf Grund des spanischen Original-Manuskriptes. Sie wurde für die vorliegende Ausgabe ausgefeilt. – Diese Kasside figurierte in der zu Lebzeiten Lorcas nicht mehr veröffentlichten Kassiden- und Ghaselen-Sammlung «El diván del Tamarit», deren Entstehung, wie mir Lorca sagte, sich über viele Jahre hingezogen hatte und deren Publikation unser gemeinsamer Freund *José Bergamín* in seinem Verlage «Cruz y Raya», Madrid, für den Herbst 1936 vorbereitete; das Manuskript war jedoch Ende Juni 1936, als ich Lorca das letzte Mal sah, noch nicht abgeschlossen.

«*Abwesende Seele*» – Originaltitel: «*Alma ausente*».

Erstmals veröffentlicht in «Llanto por Ignacio Sánchez Mejías», Ediciones des Arbol, Cruz y Raya, Madrid, 1935, pág. 21 y 22; diese Strophen bilden den vierten (Schluß-)Teil dieses Klagegedichtes an seinen Freund, der in der Arena den Tod fand.

Erste deutsche Veröffentlichung in «Neue spanische Dichtung», Seite 35 und 36. Dort unter dem Titel: «Schlußgedichte aus der ‹Klage um Sánchez Mejías, den Stierfechter›». Die endgültige Fassung in «Neue spanische Dichtung» wird hier, abgesehen von kleinen Ausfeilungen, mit einer Abweichung wiederholt. Diese Abweichung besteht in einer Neufassung des Schlusses der vierten Strophe, der jetzt originalgetreu lautet «vergessen in einem Haufen beschwichtigter Hunde». Als ich mit Lorca die Übertragung dieses Gedichtes besprach, stimmte er der 1935/36 publizierten freieren Fassung dieses Satzteiles zu (er lautet dort: «...die man vergißt in einem Berge verlöschender Erde»), da der metaphorische Sinn der wörtlichen Fassung (der mir übrigens damals selber noch nicht bewußt war) und seine für Lorcas Welt hintergründige Bedeutung nur dann nachfühlbar ist, wenn diese Welt für den Leser als bekannt vorausgesetzt werden darf, was im Jahre 1935 und im Rahmen einer ersten Publikation von nur sechs übertragenen Gedichten für das deutsche Sprachgebiet nicht der Fall war. – Zur letzten Strophe ist zu bemerken, daß Lorca mit ihrer fünfzeiligen Form (im Originaltext zählt sie nur vier Zeilen) ausdrücklich einverstanden war.

Abschließend sei noch darauf hingewiesen, daß der europäische Ruf Lorcas in England durch Stephen Spender und Antonio Barrea, in Frankreich durch meine Freunde Paul Eluard, Guy Lévis Mano und den unlängst verstorbenen Louis Parrot begründet wurde. Italien folgte erst während des letzten Krieges, und in Deutschland übernahm die Aufgabe, Lorcas Werk bekannt zu machen, Enrique Beck mit einem 1948 im Rowohlt Verlag erschienenen Auswahlband, der mir aber zur Zeit der Überarbeitung meiner vor vierzehn Jahren entstandenen Übersetzungen noch nicht vorlag.

III. ANMERKUNGEN

[1] Diese Mitteilung über seine Kindheit verdanke ich einem gemeinsamen Freunde, *Sr. D. Fernando Mariscal,* der Lorca auf sein Universitäts-Examen vorbereitete und der, nur um weniges älter als Lorca, wie dieser aus Granada stammt.

[2] Siehe Lorcas Vortrag (La Habanna, 1930) über «Las'nanas' infantiles» in: «Obras completas de *Federico García Lorca*», Losada, Buenos Aires, 1942, vol. VII, p. 117–139. Eine französische Übersetzung dieses Vortrages unter dem Titel «Berceuses espagnoles» erschien in «Trois conférences de Federico García Lorca, traduits par *Jean Viet*», Seghers, Paris, 1947, p. 71–99.

[3] Mündliche Aussage Lorcas zu *Gerardo Diego;* siehe die von diesem herausgegebenen «Poesía Española, antología 1915–1931», Signo, Madrid, 1932, pág. 298; wiederholt in der zweiten Ausgabe des gleichen Werkes: «Poesía Española, antología (contemporaneos)», Signo, Madrid, 1934, pág. 423. Der Originaltext lautet: «Pero ¿qué voy a decir yo de la Poesía? Qué te voy a decir de esas nubes, de ese cielo? Mirar, mirar, mirarles, mirarle y nada más ... ni tú ni yo ni ningún poeta sabemos lo que es la Poesía. Aquí está: mira.»

[4] Siehe dazu *Jean Gebser,* Ursprung und Gegenwart; Deutsche Verlags-Anstalt, Stuttgart, 1949, bzw. Gesamtausgabe, Novalis; Band II, Kap. VI: «Zur Geschichte der Phänomene Seele und Geist.» Dort die Quellen-Angaben (aus den Upanishads, aus Pythagoras, den Orphikern, Plutarch, dem ägyptischen Totenbuch und anderen Texten) über diese alten symbolhaften Bezüge zwischen Tod und Mond.

[5] Den Nachweis für die biologische Rolle der «Neun» und das beschriebene Phänomen siehe ebenda, Kap. VII.

[6] Ein gemeinsamer Freund von Lorca und mir überliefert diesen Satz Lorcas: «Mi corazón es un poco de agua pura.» Siehe den Aufsatz von *Vicente Aleixandre,* «Federico», in «Hora de España», núm. VII. Valencia, Julio 1937, pág. 43–45.

[7] Über die Qualität der Zahl «Acht» siehe: «Ursprung und Gegenwart», Band I, Kap. III. Dort der Hinweis auf die Beziehungen zwischen Acht und Nacht, die sich in allen europäischen Sprachen wiederholen: huit–nuit, eight–night, otto–notte, ocho–noche etc., wobei das «N» deutlich Verneinungs-Charakter besitzt.

[8] Es war *G. d'Orcet,* der in seiner Arbeit «Les Cabires et la Vénus mutilée», Revue Britannique, février 1880, p. 451, auf diese Symbolik der abgeschnittenen Hände und den Sinn des Wortes «Acheron» hinwies. Eine ähnliche Deutung des Verlustes beider Hände findet sich – als Stillstand im eigenen Handwerk interpretiert – in *Artemidoros'* «Symbolik der Träume».

[9] Über die Qualität der Zahl «Neun» und deren offensichtliche Beziehung zu dem Begriff «Neu» und dem Ursymbol «Ei» siehe «Ursprung und Gegenwart», Band II, Kap. III. (Vergl.: Neuf–neuf (9)–œuf, im Französischen; novum–novem–ovum, im Lateinischen etc.)

[10] Lorca wurde 1899 in Fuentevaqueros (Provinz Granada) geboren (gewissermaßen vor den Toren Granadas, wie er auch vor den Toren dieser Stadt starb).

Da er seine Jugend in Granada verlebte, dem seine Liebe galt, spreche ich von dieser Stadt im metaphorischen Sinne als von seiner Geburts-Stadt.

[11] Siehe *Federico García Lorca,* Obras Completas, Tomo VIII; Ediciones Losada, Buenos Aires, 1946, pág. 143-149: «Granada (Paraíso cerrado para muchos)». Dieser Essay wurde erstmals 1937 in Valencia veröffentlicht; eine Übersetzung ins Französische wurde 1938 in der Zeitschrift «*Verve*» publiziert (siehe die Nr. 6 unserer «Bibliographie der Publikationen mit Zeichnungen von Federico García Lorca» in diesem Buche).

[12] Ich bin mir der Gefahr bewußt, die jede psychologisierende Deutung in sich schließt. Ich würde sie hier nicht wagen, hätte ich Lorca und seinen Lebenskreis nicht selber gekannt. Mit meiner Interpretation will ich jedoch nicht behaupten, daß er in dieser Romanze ein eigenes Erlebnis schilderte. Jedoch ist es zumindest symptomatisch, daß er gerade dieses Thema in der Ichform aufgriff und nicht ein anderes. – Ergänzend sei hier noch angemerkt, daß ich mir nicht nur der Gefahren bewußt bin, welche jede psychologische Deutung läuft, sondern auch gerade jener, die jeder Ausmünzung symbolhafter Bezüge innewohnen. Deshalb beschränkte ich mich auch durchaus auf bloße Andeutungen und sah weitgehend von fixierenden Deutungen ab. Mir ist jene Fehldeutung eines der heute wohl bekanntesten Tiefenpsychologen Warnung genug, der, Picassos Werk analysierend, auf seine Nachtfarben und der ihnen angeblich innewohnenden Chaotik verwies, eine Deutung, die durch Picassos Jahre zuvor geäußerte Worte: «Si je n'ai pas du rouge, je prends du bleu» («Wenn ich kein Rot habe, so nehme ich Blau») auf eine zumindest doppeldeutige Art von vornherein desavouiert war.

[13] Über die Symbolik des Todes-Poles der Seele und ihre nachhaltige Wirksamkeit bis in unsere Tage; siehe «Ursprung und Gegenwart», Band II, Kap. VI.

DER GRAMMATISCHE SPIEGEL

Neue Denkformen im sprachlichen Ausdruck

DER GRAMMATISCHE SPIEGEL

1. Der Satz als Ablauf und als Bild

In der Struktur des Satzes spiegelt sich ein Teil der seelischen Struktur des Menschen. Während in den Sprachen der abendländischen Völker das Subjekt – letztlich der Mensch – die führende Rolle spielt und in jedem Satz als der ausschließliche, zumindest als der primäre Bezugsträger gewertet wird, auf den sich in einem Nacheinander alles bezieht, liegt in den chinesischen Sprachen die Betonung auf einer subjekt-ferneren Syntax, die ein Neben- und Miteinander der verschiedenen Elemente aufweist, wobei deren Beziehungen unter sich das Ausschlaggebende sind: im Abendlande zielt alles auf den Menschen ab, in China meinte jeder Gedanke die ganze Welt: das Universum. Bei uns trägt der Satz den Ablaufcharakter des Nacheinanders, dort hat er den Bildcharakter der nebeneinander angeordneten Elemente. (Freilich: in den letzten anderthalb Jahrzehnten, also seit 1949, dem Jahre des Sieges der Kommunistischen Revolution, trat, vorbereitet seit 1911, zumindest in der Denkform Chinas und wohl auch in der syntaktischen Akzentuierung seiner Aussageart ein durch die marxistisch-leninistische Ideologie bedingter Wandel in Richtung auf unsere Strukturierung des Satzes ein.)

2. Eine ergänzende Zwischenbemerkung

Daß das Chinesische auch grammatische Elemente enthält, wird durch die soeben erfolgte antithetische Formulierung, die einerseits die subjekt-ichhafte Bezogenheit des Europäers, andererseits die universale des Asiaten hervorhebt, nicht verschleiert. Für diese Welt-Bezogenheit des Chinesen im Gegensatz zu der Ich-Bezogenheit des Abendländers dürfte vielleicht auch die Erwähnung des chinesischen Bildzeichens für «ich», das aus zwei gekreuzten Hellebarden besteht, aufschlußreich sein. Denn man könnte geneigt sein, wenn man sehr vorsichtig ist, aus diesem Wortsymbol die kämpferische Problematik des «Ich» für den Chinesen abzulesen, im Gegensatz zu der persönlichen Ich-Auffassung im Abendlande. Diese findet ihren vielleicht stärksten Ausdruck – falls es gestattet ist, einmal die Symbolebene auch auf die europäische Buchstabenschrift in Anwendung zu bringen – im Englischen, wo das «Zeichen» für «ich» sich zu einem einfachen Strich, dem «I», vereinfachte. Und bei dieser Gelegenheit sei darauf hingewiesen, daß eine merkwürdige Beziehung zwischen dem Englischen und dem Chinesischen besteht: Während die chinesische Sprache in ihre ursprünglich betont syntaktische Struktur allmählich auch andere grammatische Zeichen-Elemente aufnahm, ging das Englische den umgekehrten Weg, indem es das grammatische Element fortschreitend dadurch vereinfachte, indem es immer ausgesprochener Wert auf die syntaktische Nuancierung des Grammatischen legt.

Daß die obige Anwendung der Symbolebene auf die europäische Buchstabenschrift eine kaum verzeihbare Spielerei sein könnte, wenn man sie vom streng philologischen Standpunkt aus wertet, ist mir durchaus bewußt; anders verhält es sich aber, wenn sie vom psychologischen Standpunkt aus erfolgt, ganz besonders aber dann, wenn man dabei in Betracht zieht, daß in der griechischen Schrift diese Symbolebene noch latent wirksam war: das ganze griechische Alphabet, also der Gesamtausdruck der schreibbaren Elemente der (Buchstaben-)Welt, ist zwischen die beiden Pole gespannt, welche durch das betont männliche Zeichen für A und durch das betont weibliche Zeichen für Ω dargestellt werden. Wenn im Neuen Testament von dem «A und O der Welt» gesprochen wird, so bedeutet dies eben mehr als nur Anfang und Ende.

3. Von der Grundstruktur europäischer Sprachen

Die grammatische Grundstruktur der abendländischen Sprachen ist sich durch die Jahrtausende in einer erstaunlichen Weise gleichgeblieben. Alles, was in ihnen an Veränderungen eintrat, betraf nur die Nuancierung, das Geschmeidigwerden, die Auflockerung, manchmal auch die Verarmung, welche die natürlichen Veränderungen innerhalb der einzelnen Sprachen mit sich brachten. Weder der Wert noch der Ort des Subjekts hat sich gewandelt: es blieb immer der feste Punkt im Gefüge; noch hat das Verbum seine Charakteristika verloren: es blieb das bewegende, handelnde Prinzip; noch hat das Objekt sich verändert: es blieb das leidende, bezogene Prinzip; noch verlor das Adjektiv seinen ursprünglichen Wert. Es gab immer das «und»: die Aufzählung; immer das «wie»: den Vergleich; immer das «denn»: die Folge, und so fort. Gewisse Feinheiten wie das griechische zweite Plusquamperfektum oder der

Aorist verschwanden zwar, dafür aber traten andere auf wie, um nur ein Beispiel zu nennen, der Konjunktiv des Futurums im Spanischen.

Erst in den letzten Jahrzehnten zeigen sich in der Grundstruktur der abendländischen Sprachen Veränderungen, welche für das, was sich im abendländischen Bewußtsein abspielt, äußerst aufschlußreich sind.

Ich sehe nicht Äußerungen an und schließe von ihnen auf den vermeinten Ursprung. Ein solches Vorgehen, das immer noch sehr beliebt ist, ist kein verläßliches. Die Grammatik ist nur insofern Äußerung, als ein Spiegel Äußerung sein kann: er wird es nur durch das unmittelbare Anschauen, und diese Art des Anschauens kann unmittelbare Antwort werden.

Die grammatischen Veränderungen, von denen ich sagte, daß sie seit einigen Jahrzehnten sich bemerkbar machen, beginnen die Grundstruktur der Grammatik zu erschüttern. James Joyce, Gertrude Stein oder die Surrealisten waren nur die äußersten Exponenten und als solche noch Übertreibende, die hilfreich zu sein vermögen, die jedoch für die sich heute vollziehende Umstrukturierung unseres Bewußtseins noch nicht ausschlaggebend sind. Dagegen finden sich bei allgemein anerkannten Schriftstellern und Dichtern des europäischen Kulturkreises neuartige Bewertungen und Verwendungen verschiedenster Wortarten. Subjekt, Objekt und Adjektiv, das Verbum, die Konjunktionen und andere grammatische Werte beginnen sich hinsichtlich der Art, in der sie angewendet werden, zu ändern. Am stärksten sichtbar wird dieser Gebrauchswandel an den sogenannt kleineren Wortarten. Das ist verständlich genug und eine Erscheinung, für die sich überall Parallelen finden. Es sind immer die als geringfügig angesehenen Gesten, die bereits das große, kommende Geschehen enthalten. Oder anders gesagt: an der Peripherie spürt man die Ausschläge der Erschütterungen am stärksten.

4. Der traditionelle Adjektivgebrauch

Eine peripherische Wortart in diesem Sinne ist das Adjektiv. Seiner Herkunft nach soll es, wie angenommen wird, nichts anderes sein als eine degenerierte Form des Genitivs. In seinem Gebrauch ist es einem kaum bemerkten Wandel unterworfen gewesen, ohne aber seine Grundeigenschaft, ein Beiwort zu sein, jemals zu verlieren.

In der Antike ist es einerseits ein Epitheton ornans, ein schmükkendes Begleitwort, das kaum den sehr genau begrenzten Wert des Substantivs beeinflußt; andererseits ist es insofern Adjektiv (= das Hinzugefügte), als es der Aussage über das Subjekt etwas hinzufügt, wodurch dieses modifiziert oder präzisiert wird, was jene gewisse Gegenständlichkeit des Ausdrucks bewirkt, die der raumgebundenen Anschaulichkeit des antiken Lebensgefühles entspricht und damit der numinosen Funktion des Epitheton ornans zu entraten beginnt.

Worauf sich diese Ausführungen stützen, läßt sich an zwei geläufigen Beispielen deutlich ablesen: an dem schmückenden ῥοδοδάκτυλος der Odyssee II, 1 und an dem modifizierenden πολύτροπος der Odyssee I, 1. Die ganze griechische und lateinische Literatur, von Homer angefangen bis in ihre letzten, selbst nachchristlichen Ausläufer, ist hierfür ein Beispiel. Innerhalb des hemisphärischen, begrenzten Weltbildes der Antike wäre ja auch der bloße Versuch, ein bestimmtes Objekt zu stark zu belasten, ein Unding, eine Unmöglichkeit gewesen, denn ein solches Vorgehen hätte das mit so viel Sorgfalt hergestellte Gleichgewicht zerstört. Eine Sprache, welche derart verfeinerte und nuancierte grammatische Möglichkeiten schuf, wie es die griechische tat, hat mit der bloßen Zulassung des Beiwortes schon mehr als Ausreichendes geleistet. Es findet sich in der Dichtung also einerseits als Zierat, als Schmuck, als etwas, das weder wiegt noch wertet; andererseits als Hinzufügung, welche, so sie die Götterwelt betrifft, den mythisch-numinosen Gehalt der jeweiligen Aussage modifiziert oder präzisiert; es findet sich aber höchst selten in den philosophischen Schriften. Platons Stil ist wie der anderer griechischer Denker fast adjektivlos.

Auch im frühen Mittelalter bis zu Walther von der Vogelweide und Wolfram von Eschenbach, bis zu Berceo, dem Arcipreste de Hita und Jorge Manrique, bis zu Charles d'Orléans und bei allen frühen Italienern, angefangen bei Franz von Assisi über Jacopone da Todi bis zu Guido Cavalcanti, ändert sich nichts in seinem Gebrauch.

Bei Petrarca scheint es zum erstenmal mehr zu sein als bloß ein antikisches Beiwort. Mit der sogenannten Renaissance aber, in jenem Augenblick, da das Weltbild einen tiefen Wandel erfährt, da der hemisphärische, der griechische Himmel zerbricht, da das Raumgefühl sich ausdehnt und dank der Erfindung der Perspektive ein scheinbarer Tiefengewinn erzielt wird, der die Verschiebung des Mittelpunktes aus der Erde in die Sonne kompensieren möchte – in jenem Augenblick wandelt sich logischerweise auch der Stil, und das

Adjektiv gewinnt an Inhalt und Bedeutung: es gibt dem Substantiv, auf welches es bezogen wird, Perspektive. Es schmückt nicht mehr, es legt fest. Es legt fest, insofern jede Perspektivierung eine Festlegung ist: es fixiert also sowohl das Betrachtete als den Betrachtenden. Bei Shakespeare gelangt es sogar zu einer derart festen, innigen Verbindung mit dem Gegenstand, dem es eine besondere Eigenschaft verleihen soll, daß oftmals beide, Eigenschaftswort und Hauptwort zusammen, einen einzigen Begriff bilden. Allmählich findet es auch Eingang in die Philosophie: Nietzsche ist dafür eines der letzten und stärksten Beispiele. Und in der Dichtung beginnt seine mehr oder weniger geglückte Anwendung über den Wert des einzelnen Dichters auf eine ausschlaggebende Weise mitzuentscheiden.

Das neue ruckartige, geistig bestimmte Geschehen, welches dann zu Beginn des zwanzigsten Jahrhunderts einsetzte und sich zuerst in einem Zerbrechen fast aller bisher gültigen Wertungen und Überzeugungen äußerte, drückte sich sehr bald auch im Stil aus, und das Adjektiv änderte diesmal nicht nur seinen Wert, sondern zum ersten Male änderte es durch seine neuen Bezugnahmen die bisher gültige Grundstruktur des Satzes. Es kann dies als Beweis dafür angesehen werden, daß sich auch die seelische – und vielleicht noch mehr die geistige – Struktur des Menschen, deren Spiegel ja bis zu einem gewissen Grade die Grammatik ist, zu ändern im Begriffe steht.

5. Vom neuen Wert des Adjektivs

In den «Dichtungen» Georg Trakls findet sich ein Gedicht in Prosa, «Offenbarung und Untergang», welches folgenden Satz enthält:

«Die Schatten der Ulmen fielen auf mich, *das blaue Lachen des Quells* und *die schwarze Kühle der Nacht.*»

Es ist nicht zuviel behauptet, wenn ich sage, daß mit einer Anwendung des Adjektivs, wie sie hier vorliegt, etwas gänzlich Neues in Erscheinung tritt. Dieses grundlegend Neuartige besteht darin, daß hier das Adjektiv seinen determinierenden, fixierenden und perspektivischen Wert verliert und nicht mehr als ein hinzugefügtes Wort Verwendung findet, sondern zu einem verbindenden Worte wird, weil es sich nicht mehr einseitig auf das Substantiv bezieht, dem es rein grammatisch beigeordnet ist, sondern noch auf ein zweites, dem es zumindest sinngemäß entspricht. Aus dem Beiwort ist ein Beziehungswort geworden: sein grammatischer Wert hat sich verändert, und verändert hat sich die Struktur des Satzes; eine neue Linie, eine neue Möglichkeit hat sich in sein Gewebe eingewoben, ist sichtbar geworden, und etwas erhält Ausdruck, wofür zuvor kein Bedürfnis bestand.

Mit diesen Andeutungen ist nur der erste Eindruck gekennzeichnet, der sich hier gespiegelt findet. Bei näherem Hinschauen wird sich zeigen, daß dieser Spiegel Lichter, Beleuchtungen, Aufhellungen zu sehen gestattet, wie nur irgendein lebendiger Spiegel es ermöglicht, der mehr ist als totes Glas, weil auch das Licht des Auges eine Rolle spielt.

Bei diesem ersten einfachen Hinsehen könnte dieser Satz Trakls als eine einmalige Erscheinung gewertet werden: bestenfalls als eine dichterische Freiheit, schlimmstenfalls als eine erweiterte Metapher. Daß es sich aber weder um eine dichterische Laune noch um eine rhetorische Wendung handelt, beweist die Tatsache, daß sich, von einem genau bestimmbaren Zeitpunkt an, ein entsprechender Gebrauch des Adjektivs nicht nur bei Trakl nachweisen läßt, sondern auch bei anderen Dichtern, und zudem nicht nur in der deutschen, sondern auch in anderen europäischen Literaturen.

Schon die Tatsache, daß Trakl wiederholt von entsprechenden Anwendungen dieser Wortart Gebrauch macht, spricht gegen eine «Zufälligkeit». In seinem Gedicht «Amen» aus den «Rosenkranzliedern», die wie alle hier angeführten Gedichte Trakls in den Jahren 1908 bis 1912 entstanden, lautet die erste Strophe:

«Verwestes gleitend durch die morsche Stube;
Schatten an gelben Tapeten; in dunklen Spiegel wölbt
Sich *unserer Hände elfenbeinerne Traurigkeit.*»

Und die erste Strophe des Gedichtes «Abendländisches Lied» schließt mit dem Satz:

«... O, der uralte Ton des Heimchens,
Blut blühend am Opferstein
Und der Schrei des einsamen Vogels
über der grünen Stille des Teiches.»

Diese Beispiele ließen sich noch um eine große Anzahl vermehren. So enthalten die Gedichte «Im Dorf», «Das Herz» und «In Hellbrunn» gleichwertige und gleichartige Formulierungen. (Ob man diese Formulierungen und ähnliche, zumal sie vorwiegend auf Farbvorstellungen beruhen, als bloße Synästhesien betrachten darf, möchte ich nicht entscheiden. In jedem Falle ist zu betonen, daß am tieferen Wesen des Dichterischen vorbeisieht, wer es vorwiegend als eine klinisch, bestenfalls pathologisch definierbare Äußerung mißdeutet. Zugegeben selbst, daß eine synästhetische Betrachtungsweise hinsichtlich Trakls verteidigbar sein könnte [vgl. W. Riese, Das Sinnesleben eines Dichters; Georg Trakl; Püttmann, Stuttgart, 1928], während darüber der tiefenpsychologisch erfahrene Theod. Spoerri in seiner äußerst bemerkenswerten Studie: Georg Trakl [Francke, Bern, 1954] sehr viel vorsichtiger und abgewogener urteilt, so würde sie hinsichtlich Valérys [siehe oben Seite 154] ohne Zweifel ein Irrweg sein. Daß diese Formulierungen andererseits mehr sind und wesensmäßig verschieden von einem bloß tropischen Ausdruck, wie etwa der Adjektivvertauschung in den Versen Schillers [siehe oben Seite 158], bedarf eigentlich keines besondern Hinweises.)

Eine strukturmäßig ähnliche Wendung, wie sie für Georg Trakl ersichtlich gemacht wurde, findet sich auch bei Franz Kafka. In seiner frühesten Schrift: «Betrachtung» (Rowohlt, Leipzig, 1913), steht ein kleiner Satz, welcher mir, da ich ihn vor vielen Jahren zum ersten Male las, einen jener freudigen Schrecken einjagte, die, weil sie nicht von ungefähr kommen, desto nachhaltiger und unvergeßlicher sind. Die Bedeutung des kurzen Satzes, um den es sich hier handelt:

«... und *trat in das seitliche Gras*»,

wurde mir erst sehr viel später bewußt, als ich bei Rilke auf eine ähnliche Ausdrucksweise stieß.

Das Gedicht «Die große Nacht», welches Rilke im Januar 1914 in Paris schrieb und das in seinen Nachlaßband «Späte Gedichte» aufgenommen wurde (siehe jetzt auch R. M. Rilke, Sämtliche Werke; Insel, Wiesbaden, 1957; Band II, Seite 74), beginnt mit der Zeile:

«Oft anstaunt ich dich, *stand an gestern begonnenem Fenster.*»

In skizzenhaften Zügen habe ich über dieses Gedicht und seine Bedeutung bereits an anderer Stelle (in «Rilke und Spanien»; Gesamtausgabe, Novalis, 1974, Band I) berichtet; ich wiederhole dieses Zitat sowie einige andere hier, da sie mir nicht nur für die Freunde der Rilkeschen Dichtung von Interesse erscheinen. Und ich wiederhole ferner, was ich dort schon sagte, daß nämlich diese Dichter das Adjektiv unabhängig voneinander auf die gleiche Weise gebrauchen.

Doch diese Verwendungsart beschränkt sich nicht nur auf das deutsche Sprachgebiet. Paul Valéry bedient sich des Adjektivs auf eine entsprechende Weise in einem Gedicht, das, soviel ich in Erfahrung bringen konnte, während der Jahre 1914-1918 entstand. Es ist in seinem Buche «Poésies (Albums de vers anciens)» enthalten und trägt den Titel: «Le bois amical». Die zwei Zeilen aus ihm, auf die es hier ankommt, lauten:

«Nous marchions comme des fiancés
seuls, dans *la nuit verte des prairies*.»

Hier nun, bei diesem französischen Beispiel, tritt durch die Nachstellung des Adjektivs noch eine im Deutschen nicht wiederzugebende Betonung der Formulierung ein:

«... in *der grünen Nacht der Wiesen*»

Schließlich seien als letztes Beispiel noch zwei Zeilen aus einem Gedicht des spanischen Dichters Jorge Guillén angeführt. Jorge Guillén ist über die Grenzen seines Sprachgebietes hinaus noch nicht so bekannt geworden wie etwa der kurz nach dem spanischen Bürgerkrieg im Exil verstorbene Manuel Machado, oder wie Federico García Lorca und Rafael Alberti, obwohl besonders Jorge Guillén zu den gültigsten Vertretern der neuen spanischen Dichtung gehört. Unter den Gedichten, die um das Jahr 1930 entstanden und in seinem gleichsam transparenten Buche «Cántico» enthalten sind, befinden sich einige, in denen dem Beiworte jene Bewertung zuteil wird, die es durch die bereits genannten Autoren erhielt. Ich will nur zwei dieser Gedichte nennen: «El campo, la ciudad, el cielo» und «Arbol de otoño». In letzterem finden sich die Zeilen:

«Agua abajo
con follaje incesante busca a su dios el árbol» ...

(«Flußabwärts
sucht mit unaufhörlichem Laube der Baum
seinen Gott»)

Es ließen sich ohne große Mühe noch weitere Beispiele auch bei anderen Dichtern der letzten Jahrzehnte und nicht zuletzt auch bei den englischen nachweisen; ganz zu schweigen von der surrealistischen Dichtung, innerhalb derer aber die grammatischen Formen nicht nur verwandelt, sondern so gut wie aufgelöst wurden. Davon und von den Beispielen, die sich in der neuen Prosa finden, wird an anderem Orte zu sprechen sein. (Wenn ich mir an dieser Stelle eine Berufung auf die surrealistische Dichtung einerseits, auf die Prosa-Beispiele andererseits versage [die zitierte «Betrachtung» Kafkas ist keine Prosa, sondern durchaus vollgültiges «poème en prose»], so deshalb, weil diese moderne literarische Strömung ohne weitgehendere Erörterungen nicht erwähnbar ist und weil andererseits jene Prosastellen gegenüber den von mir angeführten Beispielen aus der neuen Dichtung weniger Beweiskraft haben mögen, da ihnen die Unmittelbarkeit und Ursprünglichkeit der Formulierung, die durch den dichterischen Akt gewährleistet scheint, mangeln.)

6. Die Bedeutung des neuen Adjektivgebrauchs

Alle angeführten Beispiele haben dieses gemeinsam: statt der bisherigen Bezugnahme des Eigenschaftswortes auf *ein* Substantiv, hebt das Beiwort jetzt die Beziehungen zwischen den Dingen hervor und tritt nach allen Seiten wirkend auf. Ja selbst das Subjekt wird in diese Beziehungen einbezogen; sowohl bei Kafka als auch bei Rilke wird eine Handlung nicht mehr als nur vom Subjekt, sondern auch als vom Objekt ausgehend betrachtet. Kafka sagt nicht mehr: «... und *trat seitlich in das Gras*», sondern eben: «... und *trat in das seitliche Gras*»; bei Rilke aber ist die Bezugnahme zwischen ihm als Handelndem und dem «*gestern begonnenem Fenster*» als Mithandelndem ganz eindeutig. Das «Ich» tritt zum ersten Male in der Struktur des Satzes von seinem beherrschenden Platze zurück; zum ersten Male nimmt die Welt als solche, das was als «Nicht-Ich» bezeichnet wurde, bewußt (denn ein Satz ist ein bewußter Ausdruck, mag er auch dichterisch vom «Unbewußten» inspiriert oder aus einem vielleicht vorhandenen «Überbewußten» intuiert sein) innerhalb des menschlichen Ausdrucksvermögens an seiner Gestaltung teil. Es gibt keine Perspektive mehr. Kein ausschnitthaftes, nur auf den Menschen bezogenes Sehen. Das Zeitliche: «... und trat» rückt ganz eng an das Räumliche, das «seitliche Gras», heran: Raum und Zeit verbinden sich. Die Richtung wird nicht mehr als einseitig adverbial, also letztlich als auf das Subjekt bezogen, bestimmt, sondern auch adjektivisch von der Welt aus, denn das «seitliche Gras» ist hier, in diesem Falle, die Welt. Dadurch aber, daß dieser Welt ein Attribut des handelnden Subjektes, das Adverbium, überlassen wird (denn das Adverb wird hier zum

Adjektiv), drückt sich zum ersten Male auf *bewußte* Weise die voll*zogene* Einigung zwischen Ich und Welt aus, die bisher nur in den Mythen, Mysterien oder der Mystik, also unbewußt, erreicht worden war.

Welchen Mißverständnissen diese Formulierung noch unterworfen ist, geht auch daraus hervor, daß sowohl in den zwei mir bekannten französischen Übersetzungen dieses Gedichtes als auch in der englischen (während die bekannteren italienischen Übersetzer Rilkes wie Errante, Traverso und Pintor sich an diesem schweren Gedicht noch nicht versuchten) die Übersetzer sich nicht dazu entschließen konnten, diese Doppelbezüglichkeit des Adjektivs klar herauszuarbeiten; wahrscheinlicher freilich ist es, daß sie diese Doppelbezüglichkeit gar nicht wahrgenommen haben. So überträgt M. Maurice Betz, obwohl er mit Rilke befreundet war (wobei es sehr wohl möglich ist, daß sich Rilke selber von der Bedeutung seiner spontan dichterischen Formulierung noch keine Rechenschaft gegeben haben mag), den Anfang des Gedichtes «Die große Nacht»:

«Oft anstaunt ich dich, stand an gestern
begonnenem Fenster, stand und staunte dich an...»,

wie folgt:

«Souvent je m'étonnais, debout à ma nouvelle
fenêtre, et t'admirais...»

(siehe R. M. Rilke, Poésie, Traduction de Maurice Betz; Emile-Paul, Paris, nouvelle édition 1941; page 311).

Die andere Übersetzung, die ebenfalls nicht auf die einseitige Festlegung durch das (im Originaltext gar nicht vorhandene und dem eigentlichen Sinn durchaus entgegengesetzte) Possessivpronomen verzichten kann, stammt von M. Armand Robin, der wie folgt überträgt:

«A ma toute fraîche fenêtre d'hier, ô toi, fréquent
miracle pour mon regard, très droit je t'admirais...»

(siehe «Nouvelle Revue Française», 27me année, n° 312, 1er septembre 1939; page 429).

Dagegen wird der hervorragende englische Rilke-Interpret, J. B. Leishman, in seiner Übertragung der Neuartigkeit dieser Formulierung Rilkes bereits gerechter, wenn er wie folgt übersetzt:

«I'd often stand at the window started the day before,
stand and stare at you...»,

und wenn er diesen Gedichtanfang wie folgt kommentiert: «As though the window, or, rather the view from the window, were an easel-picture on which he had been working» (siehe R.M. Rilke, Later Poems, Translation from the German with an Introduction and Commentary by J.B. Leishman; Hogarth Press, London, 1938; pages 109/110 and 254/257).

Daß der sichtbar gewordene Vorgang, die *bewußt* vollzogene Einigung von Ich und Welt, von der vorhin gesprochen wurde, ein außerordentlicher ist, daß er über das bisher durch den denkenden Menschen Erreichte entscheidend hinausführt, dies wird sich im weiteren immer klarer herausstellen. Eine so folgenschwere Behauptung aber, wie ich sie hier aufstellte, könnte nicht Anspruch darauf erheben, angenommen zu werden, ließe sie sich nur aus dem veränderten Adjektivgebrauch herleiten; selbst dann nicht, wenn zugebilligt würde, daß diese Herleitung keine Deduktion, sondern die Ablesung eines Tatbestandes aus der spiegelmäßigen Grammatik darstelle. Denn auch so bleibt es eine Ablesung, die dargestellt wird, und wäre sie selbst richtig, so kann die Darstellung als solche zwar für den Schreibenden Gültigkeit haben, für andere aber, für andere Augen, braucht sie vielleicht nicht zu gelten. Jeder sieht nur das, was ihm entspricht, oder er fühlt, was ihm vielleicht einmal entsprechen kann. Die hier genannten Beziehungen entsprechen der heutigen Zeit, und der heutige Mensch fühlt sie; doch sie verwirren ihn noch. Ein dichterischer Satz ist jedoch etwas von Grund auf Natürliches, ist eine Blume, die blüht, ein Stern, der leuchtet, ein Himmel, der innen war und nun sichtbar wird. Ein dichterischer Satz ist niemals Lüge, – schon weil außer dem Natürlichen sich auch das Geistige in ihm offenbart. Aber er kann Mißverständnisse auslösen, sobald der Versuch unternommen wird, seinen Inhalt zu interpretieren, anstatt seine grammatische Konstruktion für sich selbst sprechen zu lassen. Die Kenntnis über den Aufbau einer Blume sagt noch nichts über ihr Wesen aus. Das gleiche gilt für den dichterischen Satz. Erklären läßt sich dieser so wenig, wie sich irgendein Kunstwerk oder irgendeine Blüte «erklären» läßt. Nur zeigen läßt sich, daß dieser oder jener Satz seiner Struktur wegen etwas Neues darstellt.

Für die angeführten Beispiele zeigt sich dies ganz deutlich. Wenn Valéry und Trakl durch die Umstellung der Adjektive «grün», welche bisher nur Gültigkeit in bezug auf die «Wiese» oder den «Teich» hatten, nun die «Nacht» oder die «Stille», dadurch daß sie das «grün» diesen beiordnen, in engste Beziehung zu Wiese und Teich setzen, so ist diese Erweiterung der Bezüge und die Art, wie sie ausgedrückt wird, ohne Zweifel etwas durchaus Neues und zugleich Stilechtes. Stilwidrig dagegen wäre die Vorstellung, Goethe und Schiller hätten einen dieser Sätze geschrieben. Und gerade das Wort «grün» könnte dazu verführen, diese Stilwidrigkeit anzunehmen, weil in Schillers Gedicht «An die Freude» sich die beiden Zeilen finden:

«Leben duftet nur die frische Pflanze,
die die grüne Stunde streut.»

Diese Formulierung darf nicht mit der angeführten verwechselt werden, denn erstens ist «grün» hier nur ein Synonym für «lebendig» oder «frisch», zweitens verliert es jede mögliche Bezugnahme auf das Wort «Pflanze», da dieses seinerseits bereits durch das eindeutige Adjektiv «frisch» festgelegt ist.

Selbst bei Rilke finden sich in dem 1907 und 1908 entstandenen Bande «Der neuen Gedichte anderer Teil» Adjektivverwendungen, die auf den ersten Blick als Parallelen zu den von mir angeführten Beispielen betrachtet werden könnten, während man sie wahrscheinlich einwandfreier als einen ersten Schritt in der Richtung auf ein neues vielseitiges In-Bezug-Setzen des Beiwortes zu betrachten hat. In dem Sonett «Papageienpark» stehen die Zeilen:

«Fremd im beschäftigten Grün wie eine Parade,
zieren sie sich und fühlen sich selber zu schade...»

und in «Übung am Klavier» schreibt Rilke:

«... und vor den Fenstern, hoch und alles habend
empfand sie plötzlich den verwöhnten Park».

In beiden Beispielen ist das Adjektiv ganz eindeutig nur dem Objekt zugefügt, dem es im alten Sinne dieser Wortart eine Eigenschaft verleiht. Das Ungewöhnliche an beiden Adjektiven ist lediglich ihre Wahl: daß ein Grün beschäftigt sei, ein Park verwöhnt. Diese dichterische Betrachtungsweise darf aber trotz ihrer Neuartigkeit nicht dazu verleiten, sie mit der noch neuartigeren «grünen Nacht der Wiesen» zu verwechseln. (Übrigens finden sich weitere Beispiele für diesen neuartigen Adjektivgebrauch, so unter anderen bei Heinrich

Heine [!] und bei S. Quasimodo, worüber ich in «Ursprung und Gegenwart», Stuttgart, 1953; Band II, Seite 361f. bzw. Gesamtausgabe, Novalis, Band III, Seite 659f., sowie in Anlehnung an die obenstehenden Ausführungen berichtet habe.)

7. Vom neuartigen Gebrauch weiterer Wortarten

Wenn in einer Struktur ein Teil sich verändert, oder wenn angenommen wird, daß einer ihrer Teile sich verändere, so müssen einer inneren Notwendigkeit zufolge auch andere Teile und damit die gesamte Struktur einer Änderung unterworfen sein.

Wenn die Änderung des Adjektivgebrauches eine einschneidende ist, so müssen auch andere Ausdrucksformen ähnliche Änderungen aufweisen.

Das Beispiel von Kafka weist in diesem Sinne auf eine Wertverschiebung des Subjektes hin. Für diese ist jedoch noch auf eine ausgesprochenere grammatische Weise in der Literatur der letzten Jahrzehnte ein Wandel nachweisbar.

Diese Wertveränderung besteht in der auffallenden Erscheinung, daß immer häufiger das Verbum substantiviert wird. Die Beispiele hierfür sind so zahlreich, daß einzelne nicht genannt zu werden brauchen, ja die Häufigkeit ist eine derartige geworden, daß diese Anwendung des Verbums den meisten bereits als etwas ganz Selbstverständliches erscheint.

Wenn man das Substantiv als das statische Element, das Verbum hingegen als das aktuierende innerhalb des Satzes auffaßt, so ergibt sich ohne Schwierigkeit die Deutung für diesen Bewertungswandel: die Aktivierung des Substantivs ist eingetreten, das Gegensätzliche hebt sich selber auf. Die Wechselwirkung zwischen dem statischen, bezogenen und dem aktuierenden, beziehenden Element fällt zusammen oder hebt sich auf. Es kann dies aber noch anders ausgedrückt werden: es findet ein In-Fluß-Bringen der Dinge und Begriffe statt, die dadurch die Eigenschaft verlieren, ausschließlich perspektivisch betrachtet zu werden. Sie können auch nicht mehr für die Ideen im Sinne Platons Verwendung finden. Die Fabel ist nicht mehr Notwendigkeit, wo Bezug und Bezogensein zusammenfallen, wo also nur noch reine Beziehung herrscht.

Diese Herrschaft der reinen Beziehung hat einen weiteren grammatischen Ausdruck darin gefunden, daß das «und» heute in der Dichtung nicht mehr ausschließlich als aufzählende und womöglich summierende Vokabel gebraucht wird, sondern als eine, die eine Beziehung herstellt. Zahlreich sind die Sätze, die gegen die bisher gültige Grammatik verstoßend mit einem «und» beginnen. (Beispiele für derartige «Und»-Anfänge, die sich unter anderen bei Hugo von Hofmannsthal und bei Federico García Lorca finden, habe ich in «Ursprung und Gegenwart», Gesamtausgabe, Band III, Seite 661 f., namhaft gemacht; siehe dazu auch meinen Beitrag «Die Probleme der Kunst» in dem Sammelband «Die Struktur der europäischen Wirklichkeit»; Kohlhammer, Stuttgart, 1960; Seite 29-44, besonders Seite 37f. – In «Ursprung und Gegenwart» finden sich zudem Hinweise auf einige «Und»-Anfänge, die sich auf die geistliche Lieder-Dichtung des deutschen Barocks beziehen, welchen zu jener Zeit jedoch gänzlich verschiedene strukturelle Voraussetzungen zugrunde lagen als den heutigen, was jedoch für die großen Voraussehmer: Goethe, der in den siebziger Jahren des 18. Jahrhunderts desgleichen von «Und»-Anfängen Gebrauch macht, sowie für Hölderlin, weniger zutrifft.) Diese «Und»-Anfänge dürften übrigens nur dann als rhetorisch gewertet werden, wenn keine Parallelerscheinungen zu ihrem Gebrauche vorhanden wären, wie sie beispielsweise in der Substantivierung des Verbums oder in der Adjektivierung des Adverbiums gegeben sind.

Wenn ich (siehe oben) von reiner Beziehung spreche, so meine ich damit nicht irgendeine abstrakte Tatsache. Auch die Perspektive ist eine Beziehung. Jede Folge, jede Summe, jeder Vergleich sind Beziehungen. Nur sind sie jeweils einseitig festgelegt, sie haben nur Gültigkeit zwischen zwei engbegrenzten absehbaren Gegebenheiten, Vorgängen, Folgerungen. Jene aber, von der ich spreche und die sich in allen angeführten Neubewertungen grammatischer Wortarten ausdrückt, ist anderer Art: sie ist nicht gerichtet, sondern wirkt auf alles, sie ist das geistige Licht, das zwischen den Dingen herrscht. Und dieses *geistige Licht,* das sowohl zwischen den Dingen selbst als auch zwischen den Dingen und dem Menschen herrscht, blüht jetzt bewußt in demjenigen Element zum ersten Male auf, das bisher in seiner Anlage eher ein Gegenüber der Dinge war: in der vom Verstande regulierten grammatischen Ausdrucksweise. In früheren Zeiten ließ sich ein Ahnen von jenem Licht nur in Mythen, Hymnen oder den ebenfalls bild- und gleichnishaften Gesichten der Mystiker finden. Die Sprache reichte nicht aus, diese Beziehung klar auszudrücken. Das Bewußtsein war noch nicht fähig, das zu erkennen, was an innerem Wissen im Menschen lag, das er wohl Glaube nennen mochte und dank dessen er lebte. Des Herzens innerstes Vermögen hat eine neue Blüte getrieben. Der Mensch ist vielleicht auf dem Wege, aller Dinge Innerstes zu werden. Jede Bewußtwerdung aber lädt Verantwortung auf. Jede Verantwortung ist ein Weg nach innen, weil immer mehr Antwort verlangt wird.

Und inniger und damit zugleich weiter sind die Beziehungen, die heute ein anderes Wort herstellt, das bisher nur zu oft zum Vorwand für eine Vertuschung diente. Bei Trakl, dem späten Rilke und vielleicht noch stärker als bei ihnen in der übrigen europäischen Dichtung der heutigen Zeit, in England, Frankreich und Spanien, ist der Vergleich, der sich auf das Wort «wie» stützt, fast gänzlich verschwunden. Rilke hat in einem seiner Briefe aus der Zeit des Ersten Weltkrieges bereits jene Ansicht geäußert, wenn er gegen das «wie wenn» Stellung nahm, die später auch Paul Eluard ausdrückt, wenn er sagt: «L'image par analogie (ceci est *comme* cela) et l'image par identification (ceci *est* cela) se détachent aisément du poème» (siehe: Paul Eluard, Donner à voir; Gallimard, Paris, 1939; page 131).

Den Vorzug, den jemand dem Satze: Die Nacht ist *wie* ein schwarzer Rachen, vor dem andern: Die Nacht *ist* ein schwarzer Rachen, geben mag oder nicht, entscheidet grundlegend über seine abwehrende oder billigende Haltung zu dieser Zeit, und damit auch zu den gefühlten oder bereits gewußten Werten, die sie so offensichtlich und zugleich so offenbar verbirgt. Denn in dem ersten Falle vergleiche ich etwas, das niemals gleich ist. Das kann so lange geschehen, als es ein Notbehelf ist, also solange, als keine andere innere Möglichkeit des Ausdrucks besteht. Ist eine solche aber vorhanden, so ist der Notbehelf eine Unwahrheit. Deshalb sind heute die meisten «wie» wirklichkeitsverfälschend. Da nichts sich gleich ist, ist es unsinnig, zu vergleichen, aber es ist nicht mehr unsinnig, etwas gleichzusetzen. Diese Gleichsetzung stellt einen symbolischen Vorgang dar, der sich das gestattet, was das Symbol sich ohne weiteres gestatten darf: die Zusammenfügung statt der teilend-vergleichenden Gegenüberstellung, weil es über den Vorzeichen steht, da es ganzes Zeichen, ganzes Bild ist.

An diesem Beispiel wird ebenfalls deutlich, daß die enge dualistische Beziehung, die auch durch das «wie» geschaffen wird, wegzufallen beginnt, um einer anderen, erweiterten, umfassenderen Platz zu machen. Und so nimmt es nicht wunder, wenn selbst eines der Angelworte des philosophischen Denkens der letzten Jahrtausende, das «denn», immer seltener gebraucht wird. Sein allmähliches Verblassen spiegelt in der Grammatik den gleichen Vorgang wider, den bereits die Beispiele der anderen Wortarten erkennen ließen. In der neueren Dichtung lassen sich ohne jegliche Mühe eine Unzahl von Belegen für diesen Verzicht auf das «wie» und das «denn» finden. Ein solcher Verzicht, vor allem auf das «denn», braucht noch keine Absage an die Logik zu sein, wohl aber ist er eine Absage an das Abstrakte zugunsten des Konkreten. In den Werken der Amerikanerin Gertrude Stein äußert sich auf eine weibliche Art dieser Verzicht auf intellektuelle Logik, welche durch eine gewisse rhythmische kompensiert wird. Die Kausalbeziehung, die sich in dem «denn» ausdrückt, ist innerhalb des europäischen Bewußtseins nicht mehr vorherrschend. Sie hat vielleicht noch ihre kleinmütigen Alltäglichkeitsanwendungen und mag noch immer als bequeme Ausflucht vor der eigenen Person und ihrer Verantwortungsangst gelten. Aber bereits jeder, der eingesehen hat, daß alles, was ihm als einzelnem zustößt, nicht nur nicht Folge von etwas außerhalb seiner Liegendem sei, sondern nicht einmal Folge seiner selbst, wohl aber eine Teilerscheinung seiner eigenen Person, die, plötzlich wahrgenommen, Ding oder Geschehen oder Er*ei*gnis geworden auf ihn zu tritt, ihm zustößt, ihm *eigen* wird, ihm ins *Auge* fällt (laut F. Kluge, Etymologisches Wörterbuch der deutschen Sprache; de Gruyter, Berlin, 1934; Seite 136, ist das Wort Ereignis auf das althochdeutsche Wort «ouga», das Auge bedeutet, zurückzuführen) – jeder also, der zugibt, daß alles, was ihm geschieht, nicht Folge seiner selbst sei, sondern ganz einfach er selber, der hat die Überwindung dieses «Gesetzes», dieses vom Menschen Gesetzten, verwirklicht. Nur wo das «denn» ist, ist auch das Mißverständnis, das den «Lebensablauf» als durch Abhängigkeiten von «Äußerlichem» eingeengt ansieht, wo es nicht mehr herrscht, beginnt jener Reichtum der Beziehungen, jenes geistige Licht, das mit dem inneren Auge korrespondierend fortwährendes Ereignis ist, vielen aber seiner Unbegreifbarkeit wegen als Leere erscheint. Doch selbst diese «Leere» *erscheint:* was Wunder, da sie soviel Licht ist.

8. Über das Wesen des neuen Reimes

Dieses neue Licht, diese neue Beleuchtung (und Bewußtsein ist eine Art Beleuchtung: nicht umsonst sagt man von einem, der plötzlich etwas erkennt oder einsieht, es ginge ihm ein Licht auf), dieses neue

Bewußtsein der erweiterten Beziehungen spiegelt sich schließlich noch in einem Gebiete, das man in einem gewissen Sinne der Grammatik zurechnen darf. Ich meine den Reim und seine Gesetze, die sich allmählich aufzulösen beginnen, die ihre Starrheit verlieren.

Der Reim ist in gewisser Hinsicht der Ausdruck einer magischen Beziehung. Er stellt dort Beziehungen her, wo man dem Wortinhalte nach keine enge Beziehung vermutete. Das Wort «Teer» erhält plötzlich ein anderes als das gewohnte Licht, wenn es auf «Meer» gereimt wird, wobei Voraussetzung ist, daß dieser Reim nicht erzwungen oder gekünstelt sei. Sowohl George als Rilke (und auf eine durchaus andere Weise auch Trakl) haben überraschende neue Reimbeziehungen verwirklicht. Besonders aber war es Rilke, der es wagte, die althergebrachten Gesetze zu durchbrechen, und der sich selbst der sogenannt unbedeutenden Wortarten wie des Pronomens, des Artikels, der Konjunktion usw. für diesen dichterischen Ausdruck bediente. Einige Beispiele, die ich aufs Geratewohl aus den «Neuen Gedichten» und aus «Der neuen Gedichte anderer Teil» herausgreife, können das veranschaulichen: In «Der Tod des Dichters» benutzt Rilke das Demonstrativpronomen:

> «Die, so ihn leben sahen, wußten nicht,
> wie sehr er eines war mit allem *diesen,*
> denn dieses: diese Tiefen, diese *Wiesen*
> und diese Wasser waren sein Gesicht.»;

in «Der Gefangene, II» ist es die Kopula:

> «Und das was war, das wäre irre *und*
> raste in dir herum, den lieben *Mund,*
> der niemals lachte, schäumend vor Gelächter.»

Die gleiche Verwendung für *und* findet sich in dem Gedicht «Tröstung des Elia», in welchem Rilke es auf *Bund* reimt, wogegen er das Pronomen in dem Gedicht «Die Kurtisane» gewissermaßen aufwertet:

> «Venedigs Sonne wird in meinem Haar
> ein Gold bereiten: aller *Alchemie*
> erlauchten Ausgang. Meine Brauen, *die*
> den Brücken gleichen, siehst du *sie*»...,

während die folgende zweite Strophe dieses Sonetts die Reimfolge: *Verkehr – Mehr – Wer* enthält. Ähnliche Wortarten benutzt Rilke in dem «Gesang der Frauen an den Dichter», in welchem die erste

Strophe *wir* mit *Tier* reimt, die zweite *dir* mit *Gier,* die dritte *der* mit *mehr.* Auch in der «Klage um Antinous» dient ihm der Artikel, den er auch sinnbetont, für die Reimung, wenn er die Versenden auf *den* und *geschehen* auslauten läßt. Ja selbst das *aber* wird, in dem Sonett «Archaischer Torso Apollos», reimtragend, wenn er es mit *Kandelaber* zusammenstellt; das *als,* wenn er es in «Die Gazelle» auf *Hals* reimt; ein *um,* da er es, in «Die Kindheit», sich mit einem betont fragenden *warum* begegnen läßt. Ein *ehe* und ein *wen* finden ihre Reimpartner in der ersten Strophe des Gedichtes «Samuels Erscheinung vor Saul»:

«Da schrie die Frau zu Endor auf: Ich *sehe* –
Der König packte sie am Arme: *Wen?*
Und da die Starrende beschrieb, noch *ehe,*
da war ihm schon, er hätte selbst *gesehn:*».

Doch ich will die sich in großer Fülle anbietenden Beispiele nicht alle aufzählen, höchstens noch einige Reimpaare nennen wie: *die – Venerie, man – wann, ihn – Jasmin* aus den Park-Gedichten; *Schein – sein* aus «Landschaft»; *seine – Steine* aus «Ein Prophet»; *das – blaß* aus «Béguinage»; *nur – Uhr* aus «Gott im Mittelalter»; *keine – seine* aus «Römische Campagna». Und schließlich sei noch die erste Strophe des «Gebetes für die Irren und Sträflinge» angeführt:

«Ihr, von denen das *Sein*
leise sein großes Gesicht
wegwandte: *ein*
vielleicht Seiender spricht...»

Auch in anderen Werken Rilkes, schon im «Stundenbuch» und nicht zuletzt in den «Sonetten an Orpheus» und in den «Späten Gedichten», finden sich unzählige solcher Beispiele, wobei des öfteren sogar unregelmäßige Konjunktivformen dazu dienen, eine Beziehung herzustellen, die ihrer Unvermutetheit wegen überrascht; so wenn Rilke in dem Gedicht «Die Brandstätte» nicht nur *der* auf *mehr, woher* auf *er, so* auf *Pharao,* sondern, um ein letztes Beispiel zu nennen, *löge* auf *Tröge* reimt.

In der Barockpoesie, und zwar nicht nur in der deutschen, sondern sehr stark auch in der spanischen, lassen sich zwar ähnliche Reimpaare finden. Auch dort handelt es sich, besonders bei Góngora, um eine plötzlich auftretende Beziehungsfülle, aber es ist der damaligen Zeit entsprechend mehr eine Manier, im spanischen eher ein Wuchern, während diese Reimung bei Rilke eine neue Bedeutung erhält, da sie eine Parallelerscheinung zu der neuen Adjektiv-Verwendung ist.

Natürlich ist diese Art, zu reimen, nicht auf das deutsche Sprachgebiet beschränkt. In England, wo beispielsweise Edith Sitwell (um nur ein Beispiel und nur diese Dichterin zu nennen), das Pronomen *these* mit *threes* reimt, ist diese neue Art genau so durchgebrochen wie in Spanien oder Frankreich. Verlaine bedient sich dieser neuen Reimungsart in einem seiner sogenannten Kinderspielverse und nimmt unter dem Aspekt des Spielerischen ihre Entwicklung voraus. In einem wohl um 1865 entstandenen Gedichte reimt er:

«... deçà, delà
Pareil à la
Feuille morte.»

Dagegen darf man vielleicht zwei Stellen aus den Sammlungen «Feuillets d'album» und «Chansons Bas» von Mallarmé als Vorläufer der neuen Reimverwendung auffassen. In dem Sonett «O si chère...» (wohl um 1890 geschrieben) lautet die erste Strophe:

«O si chère de loin et proche et blanche, *si*
Délicieusement toi, Mary, que je songe
A quelque baume rare émané par mensonge
Sur aucun bouquetier de cristal obscur*ci*...»

Und in dem Vierzeiler «Crieur d'imprimés» (geschrieben 1889) reimt Mallarmé:

«Toujours, n'importe le titre,
Sans même s'enrh*umer au*
Dégel, ce gai siffle-litre
Crie un premier *numéro*.»

Inwieweit dieser Reimungsart im Französischen eine in unserem Sinne zu beurteilende Rolle zugesprochen werden darf, ist schwer zu sagen. Ohne Zweifel ist beispielsweise der vokalische Wert des Artikels *(au)* im Französischen stärker (und damit wohl auch reimfähiger) als im Deutschen *(dem)*. Hinzu kommt, daß die von Mallarmé erstrebte Musikalität der Sprache auf diese Reimung ein anderes Licht werfen könnte, hätte sie nicht andererseits den Sinn eine Einigung, ja Verschmelzung zweier gegensätzlicher Welten zu verwirklichen. So betrachtet, wäre sie dann aber wohl doch als gewissermaßen musikalischer Vorläufer der neuen Reimverwendung zu betrachten.

In jedem Falle aber sind die Beispiele, die sich bei Apollinaire finden, als solche Vorläufer zu bewerten, und auch der Reim auf *maints*, den Mallarmé in einem seiner spätesten Gedichte verwendet; es handelt sich um den zweiten Vierzeiler des im «Janvier 1897» geschriebenen Sonetts «Tombeau», der wie folgt lautet:

> «Ici presque toujours si le ramier roucoule,
> Cet immatériel deuil opprime de *maints*
> Nubiles plis l'astre mûri des lende*mains*
> Dont un scintillement argentera la foule...»

Halten wir uns jedoch hier nicht länger mit einer Aufzählung von Beispielen auf, welche durch die Beschränkung auf die bloße Nennung des Reimpaares, durch den räumlich bedingten Verzicht, jeweils das ganze Gedicht oder nur einige Verszeilen zu zitieren, für welche die Reime die Obertöne sind, etwas reichlich Brutales an sich hat. Ich beschränke mich darauf, aus dem Französischen wenigstens ein Gedicht wiederzugeben. Es ist von Aragon, entstand im Winter 1939/1940 im Feld, und wurde in der Zeitschrift «Mesure» (1940, Nr. 1) unter dem Titel: «Petite Suite sans Fil» veröffentlicht; allein seine dichterische Qualität rechtfertigt es, daß es hier in extenso zitiert wird:

> «Ah parlez-moi d'amour ondes petites *ondes*
> Le cœur dans l'ombre encore a ses chants et ses cris
> Ah parlez-moi d'amour voici les jours où *l'on*
> *D*oute où l'on redoute où l'on est seul on s'écrit
> Ah parlez-moi d'amour Les lettres que c'est *long*
> *D*e ce bled à venir et retour de Paris
>
> Vous parlerez d'amour La valse et la romance
> Tromperont la distance et l'absence Un *bal où*
> Ni toi ni moi n'étais va s'ouvrir Il commence
> Les violons rendraient les poètes *jaloux*
> Vous parlerez d'amour avec des mots immenses
> La nuit s'ouvre et le ciel aux chansons de deux *sous*
>
> Ne parlez pas d'amour J'écoute mon cœur *battre*
> Il couvre les refrains sans fil qui l'ont grisé
> Ne parlez pas d'amour Que fait-elle là-*bas*
> *T*rop proche et trop lointaine ô temps martyrisé

Ne parlez plus d'amour Le feu chante dans l'*âtre*
Et les flammes y font un parfum de baisers

Mais si Parlez d'amour encore et qu'amour rime
Avec jour avec âme ou rien tu tout par*lez*
Parlez d'amour car tout le reste est crime
Et les oiseaux ont peur des hommes fous par *les*
Branchages noirs et nus que l'hiver blanc dégrime
Où les nids sont pareils aux bonheurs envol*és*

Parler d'amour c'est parler d'elle et parler *d'elle*
C'est toute la musique et ce sont les jardins
Interdits où Renaud s'est épris d'Arm*ide et l'*
Aime sans en rien dire absurde paladin
Semblable à nous naguère avant qu'aux In*fidèles*
Nous fûmes quereller leur sultan Saladin

Nous parlerons d'amour tant que le jour se lève
Et le printemps revienne et chantent les moineaux
Je parlerai d'amour dans un lit plein de rêves
Où nous serons tous deux comme l'or d'un anneau

Et tu me rediras Laisse donc les journaux».

Dieses Gedicht wurde von Aragon später in sein Buch «Le Crève-Cœur» (pages 18/19) aufgenommen, das 1941 bei Gallimard (NRF), Paris, als XI. Band der «Collection Métamorphoses» erschien. In diesem Gedichtband, der nicht nur einen Wendepunkt und Markstein im Schaffen Aragons bedeutet, sondern darüber hinaus für die französische Wandlung aufschlußreich ist und wegweisend werden kann, finden sich noch weitere Gedichte, welche die neue Reimung verwenden (siehe u. a. pages 22/24: «Les Amants séparés»).

Den Abschluß des Buches «Le Crève-Cœur» bildet ein Aufsatz über «La Rime en 1940», in welchem Aragon seine neue Reimungsart darstellt. Die Tatsache, daß der Dichter selber gerade das auch von mir zitierte Gedicht zur Deutlichmachung seiner Gedanken über den Reim (pages 67/68) benutzt, ist mir eine Ermutigung, während ich seine Ausführungen als eine Bestätigung meiner eigenen Schlußfolgerungen betrachten darf. «J'élève la voix», schreibt Aragon (page 65), «et je dis qu'il n'est pas vrai qu'il n'est point de rimes nouvelles, quand il est un monde nouveau. Qui a fait entrer encore dans le vers français le langage de la T.S.F. ou celui des géométries non-euclidiennes?»

Da Aragons Auffassung, wie es scheint, in Frankreich auf Widerstand stieß, verteidigte er dieselbe und sein Vorgehen in dem Vorworte zu seinem neuen Gedichtband «Les Yeux d'Elsa», der 1942 in der «Collection des Cahiers du Rhône, Edition de la Baconnière», Neuchâtel, erschien. In dieser «Arma virumque cano» betitelten, kämpferischen und dichterischen «Préface» streift Aragon auch die Grammatik, wenn er (page 14) schreibt: «Je disais donc, ou c'était ce que je voulais dire, qu'il n'y a poésie qu'autant qu'il y a méditation sur le langage, et à chaque pas réinvention de ce langage. Ce qui implique de briser les cadres fixes du langage, les règles de la grammaire, les lois du discours (Ich sagte also, jedenfalls war es, was ich zu sagen wünschte, daß es Poesie nur insoweit gäbe, als es Meditation über die Sprache gibt sowie ununterbrochenes Neu-Erfinden dieser Sprache. Das aber führt zum Zerbrechen der festgelegten Grenzen der Sprache, der grammatischen Regeln und der Gesetze der Rede).»

Auch dieser neue Gedichtband enthält, außer einem leider nur teilweisen Abdruck des in «Le Crève-Cœur» veröffentlichten Aufsatzes über den Reim, Gedichte, welche die neue Reimverwendung weiterführen. Als Beispiel verweise ich auf die sechste und achte Strophe des Titelgedichtes (page 34) und auf die dritte Strophe des Sonetts «Imité de Camoëns» (page 88):

> «Ce que je chérissais jadis a tant chan*gé*
> Qu'on dirait autre aimer et comme autre douloir
> Mon goût d'alors perdu maudit le goût que *j'ai*...»

(Zu bemerken ist, daß sich ein Vorabdruck dieser beiden Gedichte im «Cahier de Poésie», Nr. 2 der «Cahiers du Rhône», avril 1942; pages 39–41, findet.)

Und auch in seiner letzten, Ende 1942, im gleichen Verlag (Ed. de la Baconnière, Neuchâtel) erschienenen Gedichtsammlung «Brocéliande» führt Aragon diese Reimung fort, wenn er *quelqu'un* mit *commun* und mit *comme un* (page 26), *nuit* mit *celle-ci* (page 40), *pour* mit *amour* (page 50) zu reimen wagt. – Die Tatsache, daß sich gerade ein großer Stilist und klarer Denker bester französischer Tradition wie Aragon zu einem derartigen Vorgehen entschließen konnte, das auf den ersten Blick eine Absage an die traditionellen Wertungen der französischen Sprache und damit an die einzigartigen französischen Qualitäten des Maßes und des Wertes, zu sein scheint, dürfte mit Recht als bedeutsam betrachtet werden. Der Durchbruch dessen, was ich als «aperspektivisch» bezeichnete, steht, wie dieser große französische Dichter beweist, also durchaus nicht im Widerspruch zu einer lebendig verstandenen Tradition, sondern ist ihre schöpferische Weiterentwicklung. Die Neugestaltung Aragons hinsichtlich der Poesie ist in dem gleichen Sinne eine Überwindung von Corneille und Racine, wie die neue Lichttheorie de Broglies hinsichtlich der Wissenschaft eine Überwindung von Descartes darstellt.

9. Der aperspektivische Charakter der neuen Aussageform

Sowohl bei Aragon als auch bei Rilke unterstreicht die an den vorstehenden Beispielen ersichtlich gemachte Art des Reimens, wozu im Französischen noch die Fortlassung der Interpunktion beiträgt, das Aperspektivische des Denkens, jenes Aperspektivische, das sich unübersehbar schon in dem neuartigen Gebrauch des Verbums, des Substantivs, des Adjektivs, des Pronomens und anderer Wortarten spiegelt und das für die neue Denkform, die unvermeidlich ist, den sprachlichen Ausdruck vorzubereiten beginnt, sofern diese neuen Ausdrucksweisen nicht bereits selber aperspektivischer Art sind.

Aperspektivisches Sehen und Denken aber ist nicht etwa als Gegensatz zu einem perspektivischen zu betrachten. Der Gegensatz zu «perspektivisch», wenn er schon konstruiert werden soll, wäre ganz einfach «unperspektivisch». Wenn ich also etwas aperspektivisch nenne, so meine ich damit jenes Neue, das wie alles Neue nur insofern neu ist, als es zum ersten Male sichtbar wird, und das sich, im vorliegenden Falle, in jenem Spiegel erkennen läßt, als welcher die Grammatik betrachtet werden darf.

Diese aperspektivische Form aber war nicht das einzige, das sich aus dem grammatischen Spiegel ablesen ließ. Auf ihre Folgen, die bereits angedeutet wurden, jetzt schon einzugehen, scheint mir nicht angebracht. Ein bloßes Ablesen kann wohl dazu führen, daß etwas anerkannt wird, da sich ein offensichtlicher Tatbestand durch Ableugnen nicht aus der Welt schaffen läßt. Mit einer Anerkennung (mag sie auch selbst vollständige Bewußtwerdung eines Tatbestandes sein) ist es niemals getan. Um sie ins Wirkende zu heben, muß sie erfahren werden. Ein Gedanke, der nicht zum Lächeln wurde, ist nur angenommen, nicht aber wirklich gedacht worden. Dieses gilt um so stärker im vorliegenden Falle, als das, was sich spiegelt, sich auf den lebendigsten und zugleich geheimsten Ausdruck des Menschen bezieht.

Spiegel bleibt immer Spiegel, und Spiegelung bleibt immer Spiegelung. Im Hintergrunde wartet schon Narziß und wird nichts finden als die Liebe zu sich selber. Doch es kommt auf die Liebe über uns hinaus an. Und darauf, daß das Auge nicht nur Gegenspiegel sei, also Anerkennung, sondern Antwort. Alles Angesehene ist bloße Spiegelung und als solche nichtig. Erst das Angeschaute ist Antwort. So ist mit dem bloßen Sehen noch nichts geschehen, sondern erst mit dem Einsehen.

Nur dieses Einsehen verwandelt die Gedanken in jenes klare Lächeln, von welchem das Ansehen, das jemand dank seines Auges vollzieht oder das jemand in den Augen der anderen genießt, nichts weiß.

Diese Ausführungen über grammatische Strukturveränderungen waren ein Spiegel. Damit sie mehr als ein solcher seien, wäre es notwendig, das zu beschreiben, was zwischen Spiegel und Auge geschieht: Entfaltungen, die stattfanden, Ereignisse, die stattfinden, Erwartetes, das stattfinden wird. Finden sich in diesen drei Beziehungen des Lebens Züge wieder, die jenen entsprechen oder auf jene hinweisen, welche die Grammatik spiegelt, so käme dieses einem Wieder- und Wiederfinden im Lebendigen gleich. Doch diese Beziehungen des Lebens gehören schon anderen Disziplinen als der hier erörterten grammatischen an. Soweit es sich jedoch um diese grammatische handelte, durfte eingangs wohl gesagt werden, daß sich auch in der Struktur des Satzes ein Teil der seelischen (oder besser: der bewußtseinsmäßigen) Struktur des Menschen spiegele; und wir dürfen abschließend vielleicht noch hinzufügen, daß dieser «Spiegel» sogar eine Wandlung (und Anreicherung, nämlich eine Bewußtwerdung) der seelischen – und zudem eine Intensivierung der geistigen – Struktur des abendländischen Menschen sichtbar werden läßt.

Vielen Linien aber geht das Auge nach, um eine Zeichnung zu erkennen. Viele Fäden müssen gewirkt werden, damit ein Gewebe entsteht. Linien und Fäden geben nur die Beziehungen. Doch auf die Zeichnung, die ganze, auf das Gewebe, das ganze, kommt es an.

ABENDLÄNDISCHE WANDLUNG

Abriß der Ergebnisse moderner Forschung
in Physik, Biologie und Psychologie
Ihre Bedeutung für Gegenwart und Zukunft

ALLGEMEINES

1. Voraussetzungen

Die Fortschritte der technischen Wissenschaften in den letzten Jahrzehnten haben sich auf das alltägliche Leben in einem sehr starken Maße ausgewirkt. Beispiele dafür zu bringen, scheint überflüssig. Dagegen gibt es andere Gebiete, die, auf den ersten Blick hin, nicht so stark von den neuen Entdeckungen der Wissenschaft berührt erscheinen. Jedenfalls ist man versucht, zu glauben, daß dies der Fall sei. Jedem wird es beispielsweise einleuchten, daß die Erfindung der Schnellfeuerkanone, die des Radios oder des Fernsehens Veränderungen in unseren Alltag bringen. Weniger offensichtlich dagegen erscheint es, daß gewisse Erkenntnisse über die Beschaffenheit des Lichtes, der Bewegung und der Energie von irgendwelchem Einfluß auf unser gewöhnliches Leben seien. Und doch ist, wie so oft, die Wirkung des weniger Sichtbaren stärker als die des Sofort-Sichtbaren. Insofern ist es angebracht, heute, nachdem die Wissenschaft in den letzten fünfzig Jahren eine Art Revolution durchgemacht hat, einmal nach den Folgen dieser Umwälzungen, die sie für jeden Zeitgenossen haben müßten und auch haben, zu fragen.

Daß man ins Kino geht, daß man im Sommer eisgekühlte Lebensmittel hat, daß man imstande ist, mit einer Bombe Tausende von Menschen zu töten, sind Tatsachen, über deren Konsequenzen sich die wenigsten klarwerden. Der technischen Verwöhnung auf der einen Seite entspricht die technische Barbarisierung auf der anderen. Der Traum unserer Väter, daß eine Technisierung auf das Leben glückbringend wirken würde, hat sich durchaus nicht erfüllt. Die Verluste, die entstanden sind – so will es wenigstens heute noch scheinen –, sind weitaus größer als der Gewinn.

Sieht man ganz von der Fehlentwicklung ab, welche der wissenschaftlich-technische Fortschritt hinsichtlich der Zerstörungswaffen machte, so ist die Frage berechtigt, inwiefern die Wundererfindungen des Radios, des Schnelldruckes, der Eilreisen unserem Leben ein Mehr an Glück zukommen ließen. Das riesige Überhandnehmen der Bildreportagen in Film und Druck hat ein starkes Abflauen der imaginären Kräfte des Menschen zur Folge gehabt und andererseits ein Anschwellen des Einflusses jener Mächte, die bewirken, daß man dem «Wirklichkeitsbericht» mehr glaubt als der eigenen nüchternen Überlegung. Die Möglichkeiten der Eilreisen, des rasenden Reisens, haben nichts gezeitigt als die Illusion, daß der Mensch Meister des Raumes und Töter der Zeit sei, während die tatsächlichen Umstände deutlich erkennen lassen, daß die Maschine weitgehend zu seinem Meister geworden ist.

Wenn man vorerst einmal alles Ethische, alles Moralische aus dem Spiele läßt und auch alle Überlegungen, die sich an die «beglückenden» Folgen der dem Kriege dienenden Erfindungen heften, so muß man doch wohl zugestehen, daß die Technik unser äußeres Leben verändert hat – und damit auch unser «inneres» Leben, womit vor allem unser Fühlen und Denken gemeint ist.

Alle die erwähnten Erfindungen bergen in sich die Möglichkeiten einer positiven Anwendung und Auswertung, wobei hier mit positiv gemeint ist, daß sie, wenn schon nicht glückbringend, so doch wenigstens nicht schädigend sein könnten. Sie in diesem Sinne umzugestalten, wird wohl die Hauptaufgabe der nächsten Generation sein, wenn das bedrohliche Geschehen unserer Tage die Menschheit belehrt haben wird, daß etwas in dieser Richtung geschehen muß, will sie nicht an sich selber zugrunde gehen.

Ansätze für eine derartige Entwicklung sind vorhanden. Nicht zuletzt in den Ergebnissen der neuesten wissenschaftlichen Forschung und in deren Einsichten. Diese liegen gewissermaßen noch unter dem Bewußtsein der Zeit, das will sagen unter dem Bewußtsein der Zeitgenossen. Latent sind sie bereits vorhanden, nur noch nicht akut, also noch nicht sichtbar wirkend. So sprechen heute Millionen von der Relativitätstheorie, Quantentheorie, von Psychoanalyse, Telepathie, Tiefenpsychologie, Psychosomatik, doch ohne eigentlich zu wissen, wovon sie reden. Das Gefühl aber, daß dort etwas sei, was von Bedeutung ist oder was von Bedeutung werden könnte, ist vorhanden.

Im folgenden soll nun der Versuch unternommen werden, die neuen wissenschaftlichen Entdeckungen kurz darzustellen, und zwar auf eine solche Weise, daß ein jeder verstehen kann, um was es sich handelt. Auf alle Fremdwörterei, auf komplizierte Auseinandersetzungen soll vollständig verzichtet werden. Die Hauptgebiete der neuesten Forschung sollen in knappen, klaren Zügen herausgearbeitet und verständlich gemacht werden. Dies ist möglich. Es braucht nicht alles schwierig auszusehen, was etwas taugen soll. Die großen Erkenntnisse sind immer einfache, elementare Grundgedanken gewesen. Die Wissenschaft, jenes Betätigungsfeld des menschlichen Geistes, das Wissen schafft und Kenntnisse vermittelt, ist durchaus nicht so abliegend von unserem täglichen Leben, wie es hin und wieder noch einige Wissenschafter gern möchten, um wenigstens etwas zu haben, worin sie überlegen sind.

Bei den folgenden Darstellungen der neuen Ergebnisse der wissenschaftlichen Forschung wird es jedoch am meisten darauf ankommen, die Konsequenzen aus gewissen Einsichten zu ziehen. Zuerst interessiert, was erforscht wurde, dann aber vor allem, was für Folgerungen daraus für das persönliche Leben gezogen werden können. Und nicht nur für das persönliche Leben. Damit diese Überlegungen oder Betrachtungen nicht nur eine egoistische Bereicherung darstellen, sondern darüber hinaus Geltung erhalten, wird es notwendig sein, bevor man in die Untersuchung der verschiedenen Sondergebiete der modernen Forschung eintritt, einen kurzen Blick nach rückwärts zu werfen, um festzustellen, was Wissenschaft einst war, und um dann zu sehen, zu was sie wurde, denn nur auf diese Weise wird es möglich sein, darzustellen, welches ihre mögliche Zukunft sein wird. Wer nicht immer die große Linie im Auge behält, wird sich in den Wirrnissen des Lebens niemals zurechtfinden. Deshalb ist es unabweislich, daß man mit einem kurzen Rückblick beginnt. Denn wie soll man wissen, was und wer man ist, wenn man nicht den Mut hat und wenn man nicht die Geduld hat, einen Blick zurückzuwerfen auf das, was man war. Das Vergangene erklärt stets bis zu einem gewissen Grade das Heutige, und beide zusammen machen eine nüchterne Überlegung über den zukünftigen Weg und die zukünftigen Möglichkeiten überhaupt erst möglich. Dabei ist jedoch eines nicht zu vergessen: man muß die Kraft haben, die Dinge und Tatsachen so zu sehen, wie sie sind, und nicht so, wie man sie haben will. Man muß die Kraft haben, auch sein Urteil revidieren zu können. Nur zu oft denken wir nicht, was nüchtern zu denken und zu folgern wäre, sondern was wir zu denken und zu folgern wünschen. Die menschliche Eitelkeit und das Beharrenwollen, die geistige Trägheit, sind zwei der größten Feinde jeder wirksamen Einsicht. Hier gerade ist die wissenschaftliche Objektivität ein guter Lehrer auch für den Alltag.

2. Vom Werden der Wissenschaft
(Das Jahr 500 v. Chr.)

Was heute Wissenschaft genannt wird, ist etwas verhältnismäßig Neues. Die Technik und angewandte Mechanik sind sogar ausgesprochen junge Betätigungsgebiete des menschlichen Geistes. Zwar haben schon die ältesten uns bekannten Völker Sternkunde getrieben, und die Ägypter haben großartige Bauten, wie die Pyramiden, gebaut; die geistige Arbeit aber, die diese Werke ermöglichte, hat nichts, nicht das geringste mit dem zu tun, was heute Wissenschaft genannt wird. Das Weltbild der Ägypter und, was noch ausschlaggebender ist, die Beziehung des Ägypters zur Welt waren (obgleich sich hier erstmals eine materialistische Komponente zu erkennen gibt) von den unseren grundaus verschieden. Wenn es auch sehr interessant ist, sich mit diesen Fragen zu befassen, so muß doch hier darauf verzichtet werden, weil sie zu weit von dem eigentlichen Thema wegführen würden. Gesagt kann nur werden, daß man als Grundlage jenes Weltbildes oder jener Weltbeziehung das Fühlen betrachten darf und ein Handeln, das in stärkstem Maße von dem Fühlen der natürlichen Beziehungen, die in der Welt herrschen, bestimmt wurde.

Würde unsere heutige Zeit ausschließlich von einer solchen Einstellung zur Welt aus handeln, so sähe diese grundverschieden von der jetzigen aus. Daß dem nicht so ist, daß wir das sind, was wir heute zu sein glauben: nämlich denkende Menschen, welche die Natur bis zu einem gewissen Grade dank des Verstandes beherrschen – dies verdanken wir den Griechen.

Die Griechen sind im eigentlichen Sinne des Wortes, oder doch in dem Sinne des Wortes, den die heutige Zeit ihm beimißt, die Erfinder der Wissenschaft. Und einer der ersten Wissenschaftler (der erste Physiologe), der am Beginn der geschichtlich von uns überschaubaren Vergangenheit in Erscheinung trat, war der griechische Arzt Alkmaion von Kroton. Er lebte um das Jahr 500 v. Chr.

Was mag es gewesen sein, das diesen Menschen bewog, sich eines Tages vorzunehmen, Untersuchungen anzustellen? Man muß sich mit aller Deutlichkeit seine Situation vorstellen: um ihn herum eine Menschheit, die noch gänzlich im alten Götterglauben befangen war, der die Natur durchaus kein Rätsel, sondern etwas selbstverständlich Gegebenes bedeutete, mit welcher man lebte, die man atmete und deren Wesen man selbst noch in den «toten Dingen», wie einem

Steine, als beseelt empfand. Es gab noch gar nicht die Frage: «Warum?», so wenig wie sie heute in Asien existiert, das sich, grob gesprochen, auf jener Stufe erhalten hat, welche ein halbes Jahrtausend vor unserer Zeitrechnung die des griechischen Menschen war. Alkmaion aber wagte zu fragen; als allererster wagte er die Frage nach dem «Warum» zu stellen, die heute jedem europäischen Kinde nicht nur geläufig, sondern natürlich ist, die aber einem javanischen, indischen oder chinesischen Kinde ganz fremd, ja gänzlich unbegreifbar wäre.

Es soll hier dieses ganze Problem nicht noch komplizierter gemacht werden, als es ohnehin schon zu sein scheint, indem wir uns womöglich fragen: «Warum fragte Alkmaion plötzlich nach einem Warum, warum wollte er nun plötzlich wissen?» Die Feststellung mag genügen, daß er es tat, denn dies ist das Wichtigste für die Verfolgung unserer Gedankengänge.

Was aber tat Alkmaion? Er machte Gehirnuntersuchungen! Er sagte: das Gehirn spielt die ausschlaggebende Rolle im Denken, das Gehirn ist es, welches den beseelten Körper regiert. Vorher hatte kein Mensch sich darum gekümmert; niemand wäre auch nur auf den Gedanken gekommen zu fragen, welche Rolle der Kopf im menschlichen Leben spiele. Das Zentrum des menschlichen Wesens glaubte man in der Zwerchfellgegend: zweihundert Jahre früher, als Homer seine großen Epen schrieb, war es durch ihn gesagt worden: die Seele sitzt im Zwerchfell. Dieser Resonanzboden der Atmung und damit auch jeder Bewegung, die wir ausführen, konnte einem unwissenschaftlichen Griechen sehr wohl als der zentrale Sitz jenes Organes oder jener Wesenheit erscheinen, dank derer er die Welt und alles, was ihn umgab, fühlte. Dann aber kam Alkmaion und zerlegte ein Gehirn und wies nach, daß es der Verstand ist, der uns regiert. Denn darauf muß die Betonung gelegt werden: seit Alkmaion ist es der Verstand und nicht mehr das Gefühl, vermittels dessen wir die Welt zu erkennen meinen.

Alkmaion war ein Freund des Pythagoras, jenes großen griechischen Weisen, dessen Lehren sich unauslöschlich in die Geistesgeschichte der Menschheit eingegraben haben. Er glaubte an eine Art Seelenwanderung, an das, was man in Asien die Reinkarnation nennt. Und nun erlebt man das wirklich Herzbewegende, zu sehen, wie jene Männer jenen Glauben auch verstandesmäßig untersuchen wollten. Da die Reinkarnation mit der Geburt zusammenhängt (sie ist eine Wiedergeburt), so untersuchte Alkmaion auch die Geburtsvorgänge und wurde zum ersten embryologischen Forscher.

Seit ihm sind also das Leben und die Natur keine Gegebenheiten mehr, die man einfach akzeptiert, weil man fühlend um sie weiß, sondern sind Dinge geworden, die man begreifen will und untersucht, um die man wissen und deren Wie, Wo und Warum man kennen will. Seit jener Zeit wird diesem Bedürfnis entsprechend das Handwerkszeug jedes wissenschaftlichen Verfahrens, die Mathematik, ausgebaut. Schon die Pythagoräer waren große Freunde der Zahlen. Später kamen dann Archimedes und Euklid, der die erste abendländische Mathematik schuf; es kam Ptolemäus. Mehr und mehr wurde alles auf die Zahl bezogen, auf die Summe: das Münzwesen wurde ausgebaut, um im Römischen Reiche seine erste große Blüte zu erlangen. Und in der Zwischenzeit wurde das Denken, das verstandesmäßige Denken, die Logik, vervollkommnet. Platon ist der erste große Rationalist, das heißt der erste ausgesprochene Verstandesmensch des Abendlandes, ja der ganzen Welt. Sein philosophisches System, das natürlich noch viele mythisierende Züge trägt, wurde zum Vorbild des europäischen Denkens und von seinem Schüler Aristoteles noch stärker in dieser verstandesmäßigen Richtung ausgebaut. Es entstanden die ersten «Maschinen», das heißt, Werkzeuge wurden hergestellt und Bauten errichtet, deren Konstruktion einer Überlegung entsprang und die nicht, wie in den alten Zeiten, eine bloße Nachahmung offensichtlicher Naturvorgänge waren. Ein Beispiel dafür sind die bachähnlichen Bewässerungsanlagen und deren Kanalsystem am Nil im Gegensatz zu den Aquädukten, wie sie später die Römer bauten. Gleichzeitig machte die bewußte Medizin gewaltige Fortschritte: Schon Hippokrates, der etwa fünfzig Jahre nach Alkmaion lebte, stellte systematische Untersuchungen über den Einfluß des Klimas und der Jahreszeiten auf den Menschen an und beschrieb die einzelnen Krankheiten, um die Möglichkeit zu ihrer wissenschaftlichen Erforschung zu geben. Galenus, der spätrömische Arzt, führte diese Tradition fort.

Das Jahr 500 v.Chr. ist, wenn man schon genaue Daten setzen will, das Geburtsjahr des abendländischen, des europäischen Menschen und damit das der abendländischen Wissenschaft. Heute überschauen wir das. Vielleicht weil wir selber an einer ähnlichen Wende der Entwicklung des menschlichen Geistes stehen wie damals die Griechen? Auch darauf werden die folgenden Ausführungen eine gewisse Antwort zu geben vermögen. Und es sei darauf hingewiesen, daß wir mit dieser Datierung heute nicht mehr allein stehen. Die Verlagerung des «entwicklungsgeschichtlich» und auch historisch für uns wichtigsten Datums vom Jahre 1 unserer Zeitrechnung, welches als Geburtsjahr Christi noch bei Hegel als das entscheidende Stichjahr galt, in das Jahr 500 v. Chr. wird neuerdings auch von anderen Autoren, so von Karl Jaspers in seinem Buche «Vom Ursprung und Ziel der Geschichte», vertreten.

3. Das Jahr 1500

Das Werden der Wissenschaft, wie es vorstehend kurz skizziert wurde, ist zugleich eine Darstellung der Entwicklung des menschlichen Denkens. Die Menschen haben nicht immer auf die Art und Weise gedacht, wie wir heutzutage denken. Damit soll nicht gesagt sein, daß sie über verschiedene Gegenstände zu verschiedenen Zeiten nicht anderer Meinung gewesen seien. Das waren sie natürlich. Darüber besteht kein Zweifel. Aber diese verschiedenen Meinungen sind lediglich Unterschiede der Auffassung, nicht aber Unterschiede des Denkprozesses als solchem.

Was mit dem Begriff Denkprozeß oder Denkvorgang gemeint ist, läßt sich leicht einsehen, wenn man die Art betrachtet, wie die verschiedenen Kulturen zu einer Anschauung über die Welt kamen. Ein Chinese zum Beispiel, der ein philosophisches System aufstellte, dachte über die Welt nach, die er fühlte, und schuf aus einem ungetrübten inneren Gefühl, aus dieser Weisheit heraus, seine «Philosophie». Es war gewissermaßen ein intuitives Denken, das man durchaus nicht als gefühlsmäßiges bezeichnen darf, da wir dazu neigen, mit dem Worte «gefühlsmäßig» ein unbeherrschtes, unkontrollierbares, wunsch- oder triebmäßiges Wollen zu verbinden. Wenn dagegen ein Europäer ein philosophisches System aufstellte, dann verließ er sich durchaus nicht mehr auf das von ihm beargwöhnte Gefühl, sondern hielt sich so stark wie irgend möglich an den Verstand. Er nahm seine Zuflucht zu dem verstandesmäßigen Wissen, das seine Zeit von der Welt und über die Welt hatte. Er ging also nicht von dem innerlich Gewußten aus, sondern von dem Bewiesenen. Er stützte seine Thesen nicht auf die Eingebungen des Herzens, sondern auf die Beweise, welche ihm die Wissenschaften boten. Sein Denken ist verstandesmäßiges, logisches Denken.

Bis zur Renaissance hielten sich nun im Abendlande intuitives und verstandesmäßiges Denken ungefähr die Waage. Aber, wie wir schon gesehen haben, bereits bei Alkmaion, später bei Platon und bei

Aristoteles, lag der Akzent mehr und mehr auf dem Verstandesmäßigen. Übergehen wir jetzt die ersten vierzehn christlichen Jahrhunderte, in denen sich ein starker Kampf zwischen diesen zwei verschiedenen Arten des Denkens abspielt (von denen ein jeder sich eine Vorstellung machen kann, wenn er nur an die Gnosis einerseits und an die ersten nordeuropäischen Epen andererseits denkt), so finden wir uns im Ausgang des 15. Jahrhunderts plötzlich einer Bewegung gegenüber, welche mit ungeheurer Wucht in Erscheinung tritt und einer wahrhaften Revolution gleichkommt. Es ist die Renaissance. Die meisten verbinden mit diesem Worte eine Erinnerung an die Kunstgeschichte, an die großen Maler jener Zeit, wie Tizian, Michelangelo, Leonardo da Vinci, um nur die wichtigsten zu nennen. Gerade der letztere, Leonardo da Vinci, ist aber der Prototyp des europäischen Menschen: ein Universalgeist, der dem wissenschaftlich-verstandesmäßigen Denken zum endgültigen Siege verhalf und damit zum eigentlichen Begründer des europäischen Denkens wurde, während man Alkmaion eher als den des allgemein-abendländischen bezeichnen kann. Leonardo aber erfand die Perspektive. (Daß Paolo Uccello und andere sie ahnend und andeutungsweise vorwegnahmen, spielt hier keine Rolle, sowenig es eine Rolle spielt, daß man die eigentliche Geburt des Abendlandes auch in die Entstehungszeit der Ilias zurückverlegen kann, weil dort das zum Durchbruch kam, was überhaupt erst die Möglichkeit für die neuartige Fragestellung des Alkmaion und der großen Ionier ergab: die Bewußtwerdung des Menschen.) Leonardo da Vinci, so haben wir gesagt, erfand, ja wandte als erster bewußt die Perspektive an. Das aber bedeutete, daß die bis dahin mehr lineare Weltvorstellung Tiefe erhielt. Damit vollzog sich die Entdeckung und Bewußtwerdung des Raumes. (Und es eröffnete sich somit zugleich auch eine Tiefensicht in die Unendlichkeit des Raumes, da ja, in letzter Konsequenz, der perspektivische Punkt immer auf Unendlich gerichtet steht.) Das Denken hatte eine neue Richtung, eine neue Möglichkeit erhalten. Es ist kein Zufall, daß zur gleichen Zeit Kolumbus Amerika entdeckte. Auch dies war eine Entdeckung des Raumes, eine Sprengung der antiken Vorstellung von der «räumlichen» (flächenhaften) Beschaffenheit der Welt. Und nach diesen beiden Ereignissen, die kurz vor dem Jahre 1500 stattfanden (wobei wir nur die zwei wichtigsten ins Auge fassen, denn unter anderen gehört auch die Erfindung des Buchdrucks hierher), setzt nun von allen Seiten ein Vorstoß ins Räumliche ein: der Verstand überwindet den Raum, und was dem Verstande an Tiefe mangelt, vergleicht man ihn mit dem Gefühl und der Intuition, das gleicht sich durch die räumliche Weite, die er nun zu beherrschen lernt, einigermaßen aus. Denn es kommt Kopernikus, der den Himmel sprengte, es kommen Kepler und Galilei. Dieser stellt als erster die These auf, die für alle wissenschaftliche Arbeit bis auf den heutigen Tag richtung- und maßgebend geblieben ist: «Alles messen, was meßbar ist, und alles meßbar machen, was es noch nicht ist.» Es ist die verstandesmäßigste Eroberung der Welt, die es bisher je gegeben hat und aus der die Technik unserer Zeit hervorging, auf Grund derer der Europäer sich einbildet, die Natur zu beherrschen. Dinge, die man nicht sehen konnte, werden nun plötzlich sichtbar, in dem Moment, da Galilei im Jahre 1609 in Venedig zum ersten Male ein Teleskop auf den Hafen richtet und dort Schiffe sieht, die mit dem bloßen Auge nicht erkennbar waren. Also auch hier, wie überall seit jener Zeit, eine Meisterung des Raumes, über welchen der Verstand zum Herrscher wird. Selbst die räumlichen Gesetze des menschlichen Organismus erhalten nun ihren Entdecker, da der große englische Arzt Harvey den Blutkreislauf entdeckt. Und so könnte man Seiten und Seiten füllen mit der Aufzählung der Entdeckungen und Erfindungen, in denen der auf die Erforschung der Natur gerichtete Verstand immer größere Fortschritte machte. Und man könnte Seiten und Seiten füllen mit den Auswirkungen dieser Forschungen, wie sie uns in den philosophischen Systemen der europäischen Denker entgegentreten.

Man kann nun einwenden: Das ist ja alles ganz interessant, aber ist es nützlich? Der Nützlichkeitsstandpunkt ist im heutigen Menschen so vorherrschend, daß er gar nicht mehr auf den Gedanken zu kommen scheint, ja daß er fast nicht mehr auf den Gedanken kommen kann, es gäbe auch noch etwas anderes und womöglich Wichtigeres als den Nutzen. Freilich, mit solchen Überlegungen kann man kein «Geld machen». Dank ihrer wird man kaum mehr oder weniger zu essen haben. Und das ist schließlich gar nicht so unwichtig. Aber genausowenig unwichtig ist es, sich einmal darüber klarzuwerden, in welcher Lage sich unsere heutige Zeit eigentlich befindet. Es gibt Getreide in Argentinien und Kaffee in Brasilien, aber keine Schiffe für ihren Transport, und es gibt Interessenten, die unter einem gewissen Preis diese Waren gar nicht verkaufen wollen. Ja, das wären Folgen des Krieges. Aber: warum war dieser Krieg? Und was hat schließlich dieser Krieg mit Alkmaion, der Denkart der alten Griechen, der Chinesen oder des 15. Jahrhunderts zu tun? Dies alles sind sehr berechtigte Fragen, die gerade dazu auffordern, eine Antwort auf sie zu versuchen. Über eines jedoch muß man sich klar sein: Wir verfallen alle in den Fehler, im Zeitalter der Spezialisierung nur immer Teilgebiete zu betrachten, und vergessen, das Ganze zu sehen. Darüber hinaus glauben wir so sehr nur an das, was wir vor Augen haben, daß das Vergangene, das ja in jedem einzelnen wirkt, darüber außer acht gelassen wird. Leonardo da Vinci hat mehr mit der heutigen Krise zu schaffen als irgendein beliebiger Herr X unserer eigenen Tage. Wer nicht die Zusammenhänge überschaut, und sei es auch nur die seines eigenen Lebens, der wird niemals zur Klarheit kommen und stets unzufrieden sein. Wieviel mehr gilt dies aber in bezug auf die Entwicklung ganzer Zeitalter! Und da das unsere sich so chaotisch anläßt, sollte man sich die Zeit nehmen, zu sehen, wie es wurde, dann kann man auch den einzuschlagenden Weg wählen oder doch wenigstens jenen Weg, von dem man annehmen kann, er sei der wünschbare.

4. Das Jahr 1900

Wir haben gesehen, wie die Wissenschaft zu dem wurde, was wir heute in ihr besitzen: zu einem Instrument, um die Welt zu begreifen (wobei wir dem Worte «begreifen» ruhig seinen ursprünglichen Sinn zugestehen dürfen, der ein «Greifen», ein Betasten, ein In-die-Hand-Nehmen ist). Die Wissenschaft wurde die stärkste Waffe im Kampfe mit der Natur und gegen die Natur, verhalf zu ihrer Umgestaltung, Ausbeutung und teilweisen Beherrschung. So wenigstens glaubten es unsere Väter. Dies alles wurde ermöglicht durch die Anwendung mechanischer Gesetze auf die «leblose» Natur, durch die Bereicherung, die das Denken des Europäers erhielt dadurch, daß er Herr des Raumes wurde: er entdeckte die Erde (Kolumbus und seine Nachfolger), er entdeckte den Himmel (Kopernikus, Kepler), er entdeckte seinen eigenen Organismus (Harvey). Er war mit einem Male imstande, alle diese Dinge zu messen: er bewältigte den Raum. All seine Anstrengungen gingen auf dieses Ziel hin. Andere Ziele waren fast nebensächlich geworden. Andere Möglichkeiten wurden vernachlässigt. Die Folge war ein ständig wachsender Materialismus, der Glaube, daß nur das Meßbare, Bewiesene und vom Verstande Begriffene Wirklichkeit sei. Zwar erreichte die technische Vervollkommnung einen Höhepunkt, das Seelische aber erlitt beträchtliche Einbußen:

der Glaube an die Wissenschaft verdrängte den Glauben an alles nicht rein Verstandesmäßige; er verdrängte allmählich den Glauben an Gott oder doch jenen an die Religion und den an die Existenz einer Seele. Das ging so weit, daß selbst noch heutigen Tages das Wort «Seele» einen anrüchigen Beigeschmack für viele Menschen besitzt, weil die Seele etwas Unfaßbares, Ungreifbares, Unbeweisbares ist. Die Welt war damals, zur Blütezeit des Materialismus, aufgespalten in die Gegensätze, die einander bekämpften. Die «reine Wissenschaft» beschäftigte sich mit der Materie und überließ den anderen, gewissermaßen unreinen Wissenschaften die belächelte Sorge um das Unbeweisbare. Der Raum, den wir sehen, fassen, messen können, hatte die Herrschaft über den abendländischen Menschen gewonnen. Soundso viel Kubikzentimeter Gehirnmasse in dieser oder jener Anordnung produzierten Gedanken, aber diese derart produzierten Gedanken brachten durchaus kein paradiesisches Gefühl, kein sorgenfreies Leben für die Menschheit. Das aufgerichtete Weltgebäude entbehrte gewiß nicht der Großartigkeit, ja der Größe. Der Mut des damaligen Menschen, sich mit dieser einseitigen Raum-Überzeugung, sich mit diesem einseitigen Glauben an den Raum, den Erscheinungen der Welt und des Lebens gegenüberzustellen und sich dank dieses Glaubens zu verteidigen, ist ohne jeden Zweifel eine der Großtaten des menschlichen Verstandes.

Wie immer, wenn eine bestimmte vorherrschende Überzeugung innerhalb eines Kulturkreises auf der Höhe ihrer Macht steht, wie es für den Materialismus und den Mechanismus im vergangenen Jahrhundert der Fall war, regt sich naturnotwendig eine Gegenströmung. Wir finden diese im Abendlande bereits bei Spinoza und Leibniz, den Philosophen, einsetzend. Dann kommt, abgesehen von den romantischen Dichtern, G.C.Carus, es kommen Schopenhauer und andere, denen wir bei der Behandlung der einzelnen Wissensgebiete noch begegnen werden. Sie alle bereiteten die Möglichkeit für jene Revolution vor, die sich um die Jahrhundertwende in den vollständig materialistisch gewordenen Wissenschaften abspielte.

Natürlich ist das Jahr 1900 genauso wie das Jahr 1500 ein etwas willkürliches Datum. Ereignisse von der Tragweite, wie sie um diese beiden Jahrhundertwenden stattfanden, lassen sich nicht auf ein bestimmtes Jahr fixieren.

Der Zweck der folgenden Ausführungen ist unter anderem, eine Verbindung zwischen Wissenschaft und Alltag zu ermöglichen. Da wir wissen, was der Alltag ist (jedenfalls nehmen wir an, es zu wissen), so war es nur nötig, einmal aufzuzeigen, was Wissenschaft war und wozu sie wurde. Es bleibt uns noch zu sehen, was sie heute ist. Die verschiedensten Gebiete des europäisch-amerikanischen wissenschaftlichen Lebens müssen betrachtet werden. Bevor wir aber an die Sonderbehandlung einzelner Themen gehen, muß eine prinzipielle Frage abgeklärt werden.

Wenn jemand über irgendein Thema schreibt, so ist vorauszusetzen, daß er, wenn er zu schreiben beginnt, weiß, welches die Grundidee ist, die sich aus seinen Darstellungen ergeben wird. Handelt es sich um eine philosophische Abhandlung, so wird der Autor gut daran tun, in fast mathematischer Weise seine Gedanken zu entwickeln, so daß einer aus dem anderen folgerichtig hervorgeht und sich zum Schluß das ergibt, was darzustellen und zu beweisen er sich anschickte. Handelt es sich dagegen um eine Darstellung verschiedener Tatsachen, in unserem Falle um die Ergebnisse der Forschungen auf verschiedenen Gebieten der Wissenschaft, so wird der Autor gut daran tun, von vornherein jenen Punkt klar herauszustellen, welcher all diesen Ergebnissen gemeinsam ist. Auf diese Weise wird der Leser nicht in das Dickicht verschiedenster wissenschaftlicher Überlegungen geführt, in dem er sich verlieren muß, wenn er nicht die Leitidee dieser verschiedenen Darstellungen kennt; wenn er nicht im voraus weiß, welche gemeinsame Konsequenz aus all diesen Forschungsergebnissen gezogen werden kann, ja gezogen werden muß, vorausgesetzt, daß man sich dabei der größtmöglichen Objektivität befleißigt und sich nicht von irgendwelchen wunschgemäßen oder dogmatischen Überlegungen leiten läßt.

Das Neue, das Revolutionierende, dasjenige, welches den Grundcharakter aller heutigen wissenschaftlichen Ergebnisse ausmacht, ist nun die Tatsache, daß seit Einstein in die räumliche Weltanschauung die Zeit hereingenommen wurde. Sie wurde zu der berühmten und schwer verständlichen vierten Dimension. Dies war der Anfang. Was aber wichtiger ist: die konsequente Weiterführung dieses Gedankens bringt eine Sprengung, und nicht nur eine Sprengung, sondern eine Überwindung des Zeitbegriffs mit sich. Und weiter: Da erst einmal wissenschaftlich eines der altehrwürdigen Gegensatzpaare (Zeit und Raum) vereinigt und damit aufgelöst worden war, begannen auch alle anderen Gegensätze sich in ein neues Verhältnis zueinander zu bringen.

Halten wir jedoch die Leitidee fest, jene, die allen Folgerungen und Erforschungen auf den verschiedensten Wissensgebieten gemeinsam ist. Mir scheint, diese vielleicht unbewußte Leitidee läßt sich in zwei Worten zusammenfassen: Es ist die *Überwindung des Zeitbegriffs!* So wie um das Jahr 1500 der europäische Mensch sein Weltbild durch die Überwindung des Raumbegriffs erweiterte und damit eine ganz neue Epoche einleitete, in demselben Maße begann um das Jahr 1900 zufolge der Überwindung des Zeitbegriffs eine vollständige, tiefgreifende Umwandlung und Umgestaltung innerhalb der abendländischen Kultur, die noch lange nicht abgeschlossen ist, deren Zeugen wir sind und unter deren Folgen wir vorerst alle zu leiden haben.

Da mit der sogenannten Relativitätstheorie Einsteins aber diese Entwicklung einsetzte, soll diese zuerst betrachtet werden.

DIE PHYSIK

5. Einstein

(Vierte Dimension, Relativität und Gegensatz)

Der große englische Gelehrte Sir Oliver Lodge hat von der Relativitätstheorie gesagt: «Die Einsteinsche Physik wird nicht verfehlen, früher oder später jeden intelligenten Menschen zu beeinflussen.» Aber man kann noch weiter gehen; man kann ohne zu übertreiben sagen: sie hat jeden Menschen bereits beeinflußt. Dabei ist es ganz gleichgültig, ob der einzelne sie kennt oder nicht. Dieser Satz scheint gewagt und fast widersinnig, denn wie soll jemand von etwas beeinflußt werden, das er gar nicht kennt? Spätere Betrachtungen über die Wirksamkeit (nicht aber über die Macht) des Gedankens werden darüber Aufklärung bringen.

Wenn man die hauptsächlichsten Punkte dieser Theorie ohne Rücksicht auf mathematische Formulierungen herausstellen will, so kann man sagen, daß durch die Einsteinsche Theorie folgendes bewirkt wurde:

1. Es wurde die Verbindung zwischen Raum und Zeit, die sogenannte Raum-Zeit-Einheit, hergestellt. Andere Forscher, wie Minkowski und Lorentz, hatten in diesem Sinne wertvollste Vorarbeiten geleistet.

2. Es wurde dargestellt, daß die Natur je nach dem Bewegungszustand des Beobachters ganz verschieden aussieht. Das heißt: jede Messung oder Festlegung hat nur relative Gültigkeit für den betreffenden Beobachter. Erst die Relativitätstheorie erbrachte die Methode, mittels derer die Resultate des einen Beobachters in diejenigen eines anderen, relativ zu ihm bewegten Beobachters umrechenbar sind. Mit anderen Worten heißt das aber, daß in der Welt und im Universum sehr viel mehr «Gegebenheiten» nicht «an sich», nicht absolut fest gegebene, unveränderliche Größen sind, sondern nur in bezug auf andere feststellbar und wirklich sein können.

3. Einstein erkannte in seiner zweiten erweiterten Relativitätstheorie, welche auch die Gravitationswirkungen umfaßt, daß der Gegensatz Schwere und Trägheit, der durch Newton eingeführt worden war, keinen Gegensatz, sondern eine Einheit darstellt, und daß die Trägheit (= Masse) nur eine bestimmte Form der Energie ist.

4. Die Auffassung vom Universum, die seit Kopernikus Geltung hatte, daß es nämlich unendlich sei und unbegrenzt, ist bis zu einem gewissen Grade erschüttert, und astronomische Beobachtungen, die in den letzten Jahrzehnten gemacht wurden, ergaben, daß Einsteins Ansicht, das Weltall sei «endlich, aber unbegrenzt», richtig ist, trotzdem diese beiden Begriffe auf den ersten Blick hin unvereinbar zu sein scheinen. Auf die Tatsache, daß «endlich» und «unbegrenzt» einander nicht ausschließen, werden wir in Kapitel 10 (Seite 207 ff.) noch näher zu sprechen kommen.

Die vorstehend aufgeführten vier neuartigen Folgerungen waren jedoch nur auf Grund der Einführung der vierten Dimension und des «gekrümmten Raumes» möglich. Bisher hatte man wohl in der Mathematik, nicht aber in der Physik mit mehr als dreidimensionalen Räumen gerechnet. Einstein führte nun außer den drei (euklidischen) Raumdimensionen: Höhe, Breite und Länge, auch noch die *Zeit* als vierte, gleichwertige Dimension in die Physik ein.

Dies sich vorzustellen, ist ungemein schwer, denn die Zeit sieht man nicht. Man sieht nur die räumliche Veränderung, die sie hervorruft, zum Beispiel den Lauf der Sonne am Himmel, die innerhalb einer Stunde einen gewissen Weg zurücklegt. Aber auf eine primitive Weise bedient sich jeder Mensch täglich der vierten Dimension, dann nämlich, wenn er für einen bestimmten Ort und für eine bestimmte Zeit eine Verabredung ausmacht. Doch dieses Beispiel ist reichlich simpel und wenig anschaulich, und irgendeine Konsequenz scheint aus ihm nicht hervorzugehen. Nun sind in der fast uferlosen Literatur über die Einsteinsche Theorie zahlreiche Versuche gemacht worden, ein Beispiel zu finden, das diese vierte Dimension darzustellen vermöchte, so daß sie begreifbar würde, ohne daß man zu mathematischen Formeln und Kenntnissen seine Zuflucht nähme. Am bekanntesten wurde jener von dem Berner Professor Gruner stammende Darstellungsversuch, den auch K. v. Neergard in seinem etwas zu sehr mit mißverstandener «Dynamik» liebäugelnden Buche «Die Aufgabe des zwanzigsten Jahrhunderts» wieder aufnimmt. Wir zitieren ihn mit einigen Einfügungen. Er sagt: «Manchem fällt es schwer, sich von dem Begriff vierdimensional eine Vorstellung zu machen. Wir kennen wohl die eindimensionale Linie, die zweidimensionale Fläche, den dreidimensionalen Raum. Aber wie sich damit die vierte Dimension, die ganz anders geartete Zeit (die sogar im Gegensatz zum Raum steht, denn sie ist ja beweglich, während der Raum feststehend ist) verbinden läßt, macht unserer Vorstellung unüberwindliche Schwierigkeiten. Es sei darum aus den Versuchen, das schwierige Gebiet der Relativitätstheorie populär darzustellen, an folgenden fiktiven Versuch erinnert. Wir stehen in einem Hausgang und photographieren über die Straße. Die Wirklichkeit (d. h. das, was unsere Augen als Wirklichkeit ansehen!) ist dreidimensional. Wir reduzieren sie in unserer Photographie auf zwei Dimensionen. Die Gesetze der Perspektive erlauben uns diese Übertragung. Jetzt nehmen wir vom gleichen Standpunkt aus einen Film von diesem Abschnitt auf, während sich ein Gegenstand oder ein Mensch vorbeibewegt. Wir legen dann die einzelnen Filmaufnahmen als Paket aufeinander und erhalten so vielleicht einen Kubus. In diesem Kubus werden sich die ruhig gebliebenen Gegenstände senkrecht übereinander befinden, während die Bilder der bewegten Körper sich in der Diagonale befinden. Wir haben so die vierte Dimension, (als) den Zeitvorgang in einem dreidimensionalen Raum, dem Filmpaket, zur Darstellung gebracht. Dies primitive, den Kern der Sache noch nicht treffende Gleichnis kann uns aber doch ahnen lassen, um was es hier geht.»

Soviel vorerst von der vierten Dimension, die, wenn sie auch nicht sehr plastisch vor uns steht, so doch bei einigem Nachdenken jetzt wenigstens vorgestellt werden kann. Vor allem aber ist durch den Beweis ihrer physikalischen Möglichkeit die praktische Anwendung für alle Wissensgebiete geschaffen und durch das Gelingen, sie darzustellen, die tatsächliche Raum-Zeit-Einheit hergestellt worden. Auf die Konsequenzen werden wir noch öfter Gelegenheit haben zurückzukommen.

Ein weiteres Gesetz, das durch Einstein zum ersten Male auch für die Wissenschaft als gültig und unvermeidbar erwiesen wurde, ist das der Relativität. Der Begriff ist uralt. Schon Zenon, der um 450 v. Chr. lebte und lehrte, hat in einer wenn auch primitiven Form diese Theorie Einsteins vorausgenommen, worauf Diels in seiner griechisch-deutschen Ausgabe der «Vorsokratiker» hingewiesen hat. Später war es dann Leibniz, der einen weiteren Schritt tat. Aber niemals gelang es, eine wissenschaftlich exakte Theorie aufzustellen, welche eine umfassende Relativierung, und sei es selbst vorerst nur die der Bewegung, ermöglichte. Einsteins Theorie aber nimmt, wie ja schon aus der zweiten Folgerung (Seite 187) hervorgeht, vor allem eine Relativität der Bewegung an; das heißt, sie baut das Bild der bewegten Welt ohne Verwendung des Begriffes einer «absoluten Bewegung» auf. Für uns dürfte der Akzent auf der Tatsache liegen, daß es sich um die «bewegte Welt» handelt, weil man vielleicht annehmen darf, daß alles Sichtbare, alle Materie, selbst die sogenannte «tote Materie», nur aus der Bewegung lebt, sich durch dauernde Verwandlung erhält. Ob es dahinter, hinter diesem Leben, dieser Bewegung und Bewegtheit, hinter diesem Werden ein «Sein» gibt, ist eine bereits philosophische, womöglich religiöse Fragestellung, deren Beantwortung die exakte Physik nicht anstrebt und die uns in diesem Zusammenhange nicht zu beschäftigen braucht.

Neben dieser Relativierung der Begriffe, die sich auf die Bewegung beziehen, hat aber Einstein auch eine neue Absolutierung teils geschaffen, teils in die Physik eingeführt. So die Unüberschreitbarkeit der Lichtgeschwindigkeit, vor allem aber die absolute Raummessung. Nur in den nicht-Euklidischen Geometrien, deren eine ja der Relativitätstheorie zugrunde liegt, gibt es absolute Raumgrößen, während man in der vor-Einsteinschen, in der Euklidischen Geometrie in gewisser Hinsicht nur von «relativen Raumgrößen» sprechen kann, weil beispielsweise Längen nur an anderen Längen gemessen werden können: euklidisch gemessen hat eine Strecke die Länge von drei Metern oder von sieben Millimetern oder von fünf Zoll usw.; sie kann also nur gemessen werden, indem man sie mit anderen Strecken, nämlich einem Meter, Millimeter oder Zoll, vergleicht; dieses Vergleichen von Raum- oder Längengrößen kann man natürlich auch als ein relatives Verfahren betrachten und bezeichnen; jedoch darf man bei dieser Ausdrucksweise nicht vergessen, daß der Begriff «relativ» nicht nur einen Vergleich in sich schließt, sondern auch eine innere, wesentliche Abhängigkeit, eine essentielle Bezogenheit ausdrücken kann. Die sogenannte Relativität des Euklidischen Raumdenkens bezieht sich auf einen Vergleich, wobei die eine Komponente desselben durch den Menschen in der Form des Metermaßes gesetzt ist; die Relativität des Einsteinschen Bewegungsdenkens setzt dagegen absolute, ungemessene, «unbenannte Zahlen» oder Größen nicht nur in ein Vergleichs-Verhältnis zueinander, sondern in eine «reine» (nicht anthropozentrische) Bezogenheit und innere Abhängigkeit. Darin kommt auch eine größere Objektivierung zum Ausdruck, die in gewisser Hinsicht schon in der erwähnten Annahme, daß die Lichtgeschwindigkeit unüberschreitbar, also die größtmögliche Geschwindigkeit überhaupt sei, gegeben ist und die in dem soeben angedeuteten Verzicht, nicht mehr dem Menschen, dem «anthropos», eine zentrale Stellung im physikalischen Bezugssystem einzuräumen, noch deutlicher wird.

Der merkwürdige, jeden Laien verwirrende Doppelaspekt der

Einsteinschen Theorie, die einerseits eine Relativierung der (bewegten) Größen, andererseits eine Absolutierung der (räumlichen) Größen einführte, löst sich für den Nicht-Mathematiker nur schwer auf, es sei denn, daß man, physikalisch betrachtet in durchaus unstatthafter Weise, die oben von uns durchgeführte, nicht ganz sachliche, weil wertende Unterscheidung hinsichtlich des Begriffes «Relativität» gelten läßt.

Bis zu Einstein wurde also in einem weitgehenderen Maße als heute mit fest gegebenen, unveränderlichen, materiell fixierten Größen gerechnet. Nach Einstein aber kommt alles in Fluß. Wir werden den wissenschaftlichen Nachweis noch näher betrachten. Man könnte meinen, daß er leicht gewesen sei. Er war es durchaus nicht, obwohl es sich um eine Erfahrung handelt, die jeder Mensch hinsichtlich der relativen Beschaffenheit der Dinge, vor allem aber der Vorgänge täglich macht. Eine relative Bewertung spricht beispielsweise aus dem Sprichwort: «Wenn zwei Menschen dasselbe tun, so ist es doch nicht dasselbe.» Eine solche Bewertung findet man in dem Eindruck, den man hat, wenn man in einem haltenden Zug sitzt und ein anderer Zug auf dem Nebengeleise sich in Bewegung setzt: dann meint man, nicht der andere Zug fahre, sondern der, in dem man sich selber aufhält.

Gelegentlich findet man in der wissenschaftlichen Literatur diesen Begriff «relativ» auch durch das Wort «unsicher» interpretiert. Da aber der Unsicherheitsaspekt der Relativität durch die von Heisenberg eingeführte «Unbestimmtheitsrelation» (siehe Seite 205) herausgestellt wurde, entspricht es einer allgemeingültigen Interpretation, den Begriff «relativ» so zu bestimmen, wie wir es taten.

Bei dieser Gelegenheit sei darauf hingewiesen, wie schwierig es ist, wissenschaftliche Begriffe, die in jeder einzelnen Disziplin eine andere Färbung haben, derart in ihrer Grundsubstanz zu erhellen, daß sie Allgemeingültigkeit erhalten. Es ist selbstverständlich, daß der physikalische Relativitätsbegriff sich beispielsweise von dem psychologischen unterscheiden muß; ja, es will scheinen, daß sie, streng wissenschaftlich genommen, unvereinbar sind; sie bleiben es auch, wenn wir die jeweilige physikalische oder psychologische Betonung bestehen lassen. In dem Moment aber, da wir es wagen, nicht an den Bedeutungsnuancen hängenzubleiben, mit denen jeder Zweig der Wissenschaft jeden einzelnen Begriff belasten muß, sondern die Essenz des Begriffes berücksichtigen, ist eine Koordinierung und Gesamtdeutung zulässig. Sie ist sogar anstrebenswert, um so mehr, als eine

Leitidee, *die Überwindung des Zeitbegriffes,* wie wir festgestellt haben, allen heutigen Äußerungen das entscheidende Gepräge gibt, von dem aus jeder Begriff seine untrügliche Beleuchtung erfährt.

Nach dieser Klarstellung des Begriffes «relativ» wären nunmehr die zwei ersten, eingangs erwähnten Punkte so weit abgeklärt, daß wir danach fragen können, auf welche Weise es Einstein gelang, diese Relativität mathematisch nachzuweisen. Denn erst dieser Nachweis gibt dem Menschen die Möglichkeit, ein Gesetz auch allgemein anzuwenden und Schlüsse zu ziehen, die ihn immer weiter und tiefer in die Geheimnisse der Natur eindringen lassen. Schließlich, wird man sagen, sei es nicht so wichtig, daß etwas bewiesen wird, was vor aller Augen ist. Aber etwas, das man sieht oder fühlt, kennt man zwar bis zu einem gewissen Grade, doch diese Kenntnis ist noch kein Verständnis des gesehenen oder gefühlten Vorganges. Auf das Verständnis aber kommt es an, zumal in einer Welt und in einer Kulturepoche, die wie die unsere dem Verstandesmäßigen so sehr verhaftet ist.

Einstein wies an Hand ungemein komplizierter und schwieriger Berechnungen nach, daß eine «absolute» Bewegung ein Unding ist, da wir im Weltall über keine festen Punkte verfügen. Und nur die Annahme, daß die Lichtgeschwindigkeit die höchste überhaupt mögliche Geschwindigkeit sei, ermöglichte es Einstein, eine Abhängigkeit der Geschwindigkeitsmessung von der Zeitmessung anzunehmen. Er stellte fest, daß, je schneller sich ein Objekt bewegt, es desto kleiner in der Richtung seiner Bewegung erscheint und daß die meßbare Größe dieses Objekts gleich Null zu sein scheint, wenn es sich mit der Geschwindigkeit des Lichtes fortbewegt. Hierzu muß man bemerken, daß wir in einer Welt leben, wo solche Geschwindigkeiten nicht möglich sind, so daß der gewöhnliche Mensch durch eine direkte, eigene Beobachtung sich von ihrem Vorhandensein keine Rechenschaft ablegen kann. Nur bei sehr großen Geschwindigkeiten von der Größenordnung des Lichtes wird dies nachweisbar, während für unsere Alltagswelt eine solche umwälzende und fremdartige Erscheinung nicht statthat. Nach den Gleichungen und Berechnungen Einsteins würde beispielsweise ein Mensch, der sechs Fuß mißt und sich mit der unvorstellbaren Geschwindigkeit von zweihundertsechzigtausend Kilometern in der Sekunde einen Abhang hinuntergleiten ließe, für einen anderen Menschen, der ihn dabei beobachten könnte, nicht sechs Fuß, sondern (effektiv und nicht wegen der perspektivischen Verkürzung!) nur drei Fuß groß sein, während der

Gleitende selber nichts von dieser Verminderung seiner Größe bemerken, sondern glauben würde, daß der ihm Zusehende seinerseits um die Hälfte kleiner würde.[1] In unserer gewöhnlichen Welt ist selbst die Zusammenziehung einer Kanonenkugel während ihres Fluges mehr als geringfügig, und ein fahrender Schnellzug verkürzt sich nicht einmal um den hunderttrillionsten Teil seiner Länge.

Diese Tatsache, die Existenz solcher relativistischen Effekte, hat Einstein bewiesen. An allerkleinsten Schwankungen wurde sie nachgemessen. Im Laboratorium des Physikers spielen diese Effekte eine außerordentlich große Rolle und werden dort täglich beobachtet. So sind, um nur ein Beispiel anzuführen, die Elektronen in der «kosmischen Strahlung» (auf die wir noch im 12. Kapitel zu sprechen kommen) bei hoher Geschwindigkeit tausendmal schwerer als bei kleinen Geschwindigkeiten. Diese Beobachtungen und Nachweise, die sich freilich in einer Welt abspielen, die außerhalb unserer täglichen Erfahrung liegt und auch außerhalb unseres Wahrnehmungsvermögens, in einer Welt also, an der wir, wenn es hoch kommt, nur auf eine sehr entfernte Weise, etwa gefühlsmäßig, Anteil haben, zeigen, daß eine Abhängigkeit, eine Beziehung, also eine Relation zwischen der Größe eines Objektes und der Schnelligkeit seiner Bewegung besteht, daß das Räumliche (die Größe) von der Bewegung (dem Zeitlichen) abhängt und umgekehrt – und daß es in der Natur keine absolut starren Körper gibt.

Nun wird man gewiß sagen: ja, wenn es nichts als Relationen in dieser Welt gibt, dann gibt es auch keine festen Punkte, keine festen Größen, hier so wenig wie im Weltall. Das ist ohne Zweifel richtig, aber doch eine einigermaßen verwirrende Einsicht. Und sie würde sogar vollständig unerträglich werden, wenn wir nicht, auch dank Einstein, wüßten, daß es unter anderen eine konstante Größe gibt, eine, die sich durch keine wie auch immer geartete Beschaffenheit der Umwelt verändert: diese Größe ist die bereits erwähnte unveränderliche Geschwindigkeit des Lichtes.

Auf den ersten Blick scheint diese Feststellung ein Paradoxon. Bei der Betrachtung der neuen Theorie über das Licht, die sich aus den Theorien Einsteins, Plancks, de Broglies und anderer ergab, werden wir sehen, daß diese Konstante, diese feststehende Größe in einer Welt der Relativität doch möglich ist, weil das Licht in sich selber gewissermaßen etwas Relatives ist – insofern wir überhaupt sagen können, was das Licht eigentlich ist.

Sehen wir davon ab, daß aus den verschiedensten Gründen auch das Gravitationsgesetz eine gänzlich neue Fassung erhielt, so bliebe uns, ausgenommen die rein astronomische Seite der Einsteinschen Theorien, noch jene zu betrachten übrig, welche sich mit der Energie beschäftigt. Doch diese spielt schon sehr in den Entdeckungsbereich eines andern Forschers, des Physikers Max Planck, hinüber. Wir wollen deshalb die Entwicklung, die dieser Begriff «Energie» durchmachte, erst im folgenden Kapitel betrachten.

Was aber bedeuten nun diese Entdeckungen für den Nichtwissenschaftler? Was für Konsequenzen ergeben sich allein schon aus der bewiesenen Raum-Zeit-Einheit, die in allen Berechnungen technischer Art heute bereits eine ausschlaggebende Rolle spielt? Vor allen Dingen ist es eben diese Tatsache, daß heute auch für die technischen Laboratorien die vierte Dimension eine Gegebenheit darstellt, ohne deren Verwendung gewisse technische Berechnungen überhaupt nicht durchgeführt werden könnten.

Doch auch für jeden einzelnen hat die Raum-Zeit-Einheit (die aus der Einführung der vierten Dimension hervorging) einen gewissen Alltagswert. Wir wollen hier nicht Erörterungen vorgreifen, die sich erst dann mit vollem Erfolge werden durchführen lassen, wenn noch weitere wissenschaftliche Entdeckungen von uns betrachtet worden sind. Da es aber auch der Zweck dieser Ausführungen ist, darzustellen, inwiefern über die Annehmlichkeiten und Unannehmlichkeiten der Technik hinaus, wie sie sich einerseits im Auto, im Lift, in der Zentralheizung usw., anderseits in der Bombe, dem Flammenwerfer, den Giftgasen usw. darstellen, eine Beziehung zwischen der Wissenschaft und dem Alltag besteht, sollen hier noch zwei Zeilen zitiert werden, die der große französische Philosoph Henri Bergson in seine der Einsteinschen Theorie gewidmeten Schrift «Durée et Simultanéité» (Seite 222) von Wells übernommen hat. Sie lauten: «Es gibt überhaupt keinen Unterschied zwischen Zeit und Raum, es sei denn, daß unser Bewußtsein sich an der Zeit entlangbewegt.» Dies ist ein ausgesprochen philosophischer Satz, mit dem man vielleicht auf den ersten Blick nicht viel anzufangen weiß, der aber durch ein Zitat Bergsons in derselben Schrift (Seite 63 der Ausgabe von 1922), das er dem Werke Eddingtons, «Space, Time and Gravitation», entnahm, eine überraschende und beinahe verwirrende Erklärung erhält. Eddington sagt: «Die Ereignisse kommen nicht; sie sind da, und wir begegnen ihnen auf unserem Wege. Die ‹Formalität› des Stattfindens ist ganz einfach der Hinweis, daß der Beobachter an dem in Frage stehenden Ereignis vorübergekommen ist, und diese ‹Formalität› ist nicht von Wichtigkeit.» (Dieser rationalistisch gefundene Schluß entspricht übrigens gewissen intuitiv gestalteten Lehransichten, die in Asien beispielsweise im Zen-Buddhismus herrschen, was für die Zukunft ungemein bedeutungsvoll zu werden verspricht.) Denken wir ein wenig über diese beiden etwas schwierig erscheinenden Sätze nach, die Bergson zitierte und die nichts anderes als eine philosophische Auswertung der physikalischen, wissenschaftlichen Entdeckungen Einsteins darstellen, so können wir sagen, daß diese philosophischen Sätze, in unsere Alltagssprache übersetzt, nichts anderes bedeuten als die Feststellung: wir werden unser Leben, das Leben jedes einzelnen von uns nur begreifen und ganz verstehen, wenn wir in jedem Augenblick nicht nur betrachten, was gerade ist, sondern es als eine Einheit nehmen, als eine Einheit des Raumes (der Erde), auf dem es sich abspielt, und der Zeit (der Lebensdauer), die es haben kann. Solch eine Betrachtungsweise führt zu der Überzeugung, daß alle Zukunft irgendwie schon da ist; uns bleibt nur, ihr auf die richtige Weise zu begegnen. Und dies ist vielleicht unsere Freiheit.[2]

6. Planck
(Die Quantentheorie)

Es ist merkwürdig, festzustellen, wie sehr vor allem die Relativitätstheorie weitesten Kreisen, und wenn auch nur dem Namen nach, bekanntgeworden ist, während die sogenannte Quantentheorie, deren Urheber der große deutsche Physiker Max Planck war, ganz unverhältnismäßig seltener genannt wird. In ihren Folgen ist die Quantentheorie der Relativitätstheorie ebenbürtig. Beide zusammen, und nicht jede einzeln genommen, bilden die Grundlage der neuen Wissenschaft. Sie ergänzen sich auf die wunderbarste Weise; sie sind die beiden großartigen Gedankengebäude, welche die materialistische Wissenschaft des vergangenen Jahrhunderts in ihren Grundfesten erschütterten und gänzlich revolutionierten. Diese beiden Theorien haben dem Menschen eine durchaus neue Auffassung des Universums als einer «Ganzheit» gegeben und gänzlich neuartige Beziehungen zwischen dem Menschen und der Welt, in der er lebt, geschaffen.

Die Quantentheorie Plancks gestattete Entdeckungen und Folgerungen über die Natur der Materie, des Lichtes und der Energie und brachte fast alle früheren Vorstellungen über die Substanz, aus der unser Universum bestehen sollte, ins Wanken.

Wenn wir jetzt diese Quantentheorie betrachten, so werden wir gewiß auf den ersten Blick durchaus nicht einzusehen vermögen, was an ihr derart revolutionär sein soll. Planck fand bei der Untersuchung der Strahlungsvorgänge und Strahlungsgesetze das sogenannte «Wirkungsquantum». Er stellte fest, daß die Strahlungsenergie nicht stetig (kontinuierlich), sondern nur in Beträgen (Quanten) auftritt, die ein Ergebnis (Produkt, hv) aus dem Wirkungsquantum (h) und der Schwingungsfrequenz (v) darstellen.

Seit Aristoteles, seit den ersten Tagen des abendländischen Denkens, galt ein Satz, der, durch jahrtausendealte Tradition erhärtet, unumstößlich schien. Dieser Satz lautete: «Natura non facit saltus» (Die Natur macht keine Sprünge). Das besagte: alles entwickelt sich schön ordentlich, das eine aus dem anderen; es gibt eine gewisse Kontinuität (Stetigkeit), die durch alles Lebendige und Unlebendige, durch Welt und Weltall reicht. Planck bewies, daß dem gar nicht so ist! Planck bewies, daß die Natur sehr wohl «Sprünge» macht. Und diese Sprünge sind – wie ich es beispielhaft ausdrücken möchte – gewissermaßen die «Stationen», an denen für uns unsichtbare Prozesse plötzlich ein unerwartetes Resultat sichtbar werden lassen – so, als verliefe ein wesentlicher Entwicklungsprozeß im Unsichtbaren, um überraschend an gewissen naturgegebenen Punkten, anscheinend nichtkausal und diskontinuierlich, in einem manchmal veränderten Stadium wieder in Erscheinung zu treten.

Sehen wir davon ab, auf welche Weise Planck zu dieser Entdeckung geführt wurde, da dies zu sehr in mathematisches Fremdland führen würde, und begnügen wir uns mit der Feststellung, daß dieses von Planck gefundene «Gesetz» genauso wie die Einsteinsche Theorie nachgeprüft und durch Beweise erhärtet ist, so müssen wir doch versuchen, uns die Konsequenzen dieses Gesetzes anschaulich zu machen. Planck selbst meinte im Anfang, daß seiner Entdeckung nur ein Wert für die Wärmestrahlungen zukomme. Bald erkannte man aber, daß sie Allgemeingültigkeit hatte. Die Namen von Forschern wie Bohr, Heisenberg, de Broglie (um nur einige zu nennen) sind dafür Beweis genug.

Hervorragende Kenner dieses wissenschaftlichen Gebietes erklärten: «Das Wirkungsquantum ist eigentlich das primär Gegebene in der Welt, und es ist verständlich, daß man aus diesem Satz Schlüsse zog, von denen man nicht mehr weiß, ob sie noch physikalischer oder schon philosophischer Natur sind.» Und das, was Planck selber in seinem Vortrage «Das Weltbild der neuen Physik», den er 1929 an der Universität Leiden hielt, von der Relativitätstheorie sagte, das gilt in dem gleichen Maße von seiner eigenen Quantentheorie: «Ihre Bedeutung (die der Relativitätstheorie) erstreckt sich auf Vorgänge der kleinen und der großen Natur, von den radioaktiven, Wellen und Korpuskeln ausstrahlenden Atomen angefangen bis zu den Bewegungen der Millionen von Lichtjahren entfernten Himmelskörper.»

Man wird immer von neuem einwenden, daß ein physikalischer Lehrsatz wie der oben mitgeteilte unanschaulich sei. Leider wird er durch einen Versuch, seinen experimentellen Nachweis zu beschreiben, nicht anschaulicher. Von allen diesen neuen Überlegungen gilt, was Planck selbst einmal in einem anderen seiner Vorträge, der den Titel «Determinismus oder Indeterminismus?» trägt, sagte: «Noch vor hundert Jahren war ein elektrischer Strom etwas Seltsames und sehr Unanschauliches. Heute operiert jeder Techniker, ja auch mancher talentvolle Schüler mit den Begriffen elektrischer Strom, Gleichstrom, Wechselstrom, Drehstrom wie mit etwas Alltäglichem, und bequemer noch als mit dem Begriff eines Flüssigkeitsstromes. Und so lernt auch der Theoretiker die von ihm durch notgedrungene und mühsame Abstraktion geschaffenen Begriffe mit der Zeit immer näher kennen und mit ihnen nach Gutdünken hantieren. Mit welchem Erfolge, zeigen die zahlreichen Entdeckungen, welche gottbegnadeten Forschern durch die Anstellung von Gedankenexperimenten gelungen sind, die dem Ungeübten äußerst unanschaulich vorkommen müssen.»

Was uns diese neuen Entdeckungen vor allem lehren, ist die Tatsache, daß sich hinter der Sinnenwelt (also jener, welche wir mit unseren Sinnen wahrnehmen können) eine, wie Planck sie nennt, «reale Welt» befindet, an deren Existenz wir nicht nur glauben dürfen, sondern die wir anerkennen müssen. Die wir anerkennen müssen, auch wenn wir sie nicht sehen können, da sich ihr Walten nur in mathematischen Formeln ausdrücken läßt und sie nur ganz hin und wieder in subtilsten Untersuchungen aufleuchtet. Hier nun finden wir für uns als Konsequenz, wenn wir selber einmal bis ans Ende zu denken versuchen, einen Satz, der tief auch in jedes einzelne Menschenleben hineinreicht: die scheinbare Kleinheit und Winzigkeit eines Vorganges ist nebensächlich; der Vorgang als solcher ist das Bedeutsame! Man wagt es kaum, diesen Satz für sein eigenes Leben ganz zu Ende zu denken, so voller Konsequenzen ist er. Die neue Psychologie hat es zu tun versucht. Doch davon später.

Das aber, was an dem Planckschen Wirkungsquantum so revolutionär ist, revolutionärer noch als die Feststellung, daß die Natur doch «Sprünge» mache, ist die Konsequenz, daß man seit Einstein und Planck nicht mehr von einer greifbaren Masse, ja Materie einerseits, und andererseits, als ihr entgegengesetzt, von einer «unmateriellen» Energie sprechen kann. Einstein und Planck haben die Handhaben für die weltverändernde Einsicht geliefert, daß diese beiden (Materie und Energie) wesensgleich sind! Die Materialisten des vergangenen Jahrhunderts können nicht mehr den Anspruch erheben, daß alles nur Materie sei. Aber auch die Idealisten können nicht mehr darauf bestehen, alles sei nur unmaterieller Herkunft! Dies ist eine Schlußfolgerung, die vielen höchst unangenehm sein wird. Es war vor allen anderen de Broglie, der diese Einsicht erkenntnistheoretisch erhärtete. Von ihm werden wir im folgenden hören. Eines aber dürfte selbst auch für denjenigen schon jetzt feststehen, der an dem Wert der Wissenschaft für die Lebensgestaltung des Alltags zweifelte: daß die vorerst notgedrungen sehr kurzen Hinweise, die wir bisher geben konnten, immerhin des Nachdenkens wert sind. Das wahre Wesen des Naturgeschehens (und damit auch das der Welt und ihrer Zusammenhänge) offenbart sich eben, wie Prof. Stodola sehr richtig schrieb, nicht in den makroskopisch beobachteten Vorgängen, die aus dem Zusammenwirken von Myriaden elementar kleinster Teilchen hervorgehen, sondern in den Gesetzen der Wechselwirkung dieser kleinsten Teilchen selbst, zu welchen dem Menschengeist bis dahin der Zugang verwehrt war; doch dieser ist, so kann man noch hinzufügen, durch die genialen Taten von Einstein, Planck, Bohr und de Broglie freigelegt worden.

7. De Broglie
(Die Wellenmechanik)

Louis de Broglie, der 1929 den Nobelpreis erhielt, hat gewisse Überlegungen, die sich aus der Quantentheorie ergaben, auf Korpuskeln angewendet und hat dabei Dinge gefunden, die, sähen wir sie nicht durch Experimente bewiesen, völlig unbegreiflich wären. Ja, die trotz ihrer Demonstration eigentlich völlig unbegreiflich bleiben, wenigstens für uns bleiben könnten, hätten wir nicht die Möglichkeit, ihre

Resultate mit anderen, bereits von uns betrachteten in Beziehung zu setzen.

Bis zum Jahre 1924 standen sich zwei Lichttheorien gegenüber: die durch den sogenannten Compton-Effekt experimentell endlich bewiesene Korpuskulartheorie (Newton-Planck-Einstein) und die Wellentheorie (Huyghens-Fresnel). Die eine wies die materielle (korpuskulare, körperchenhafte) Beschaffenheit des Lichtes bzw. der Materie, die andere durch ebenso schlagende Experimente ihren Wellen- bzw. Schwingungscharakter nach. De Broglie fand die physikalische Formulierung, welche diese beiden Theorien «vereinigt». Dank de Broglie sprechen wir heute zu Recht von der «Doppelnatur» des Lichtes bzw. aller materiellen Teilchen, von der «Komplementarität» der Natur; sprechen davon, daß das Licht bzw. die «Elementarteilchen» nicht nur Welle (oder Schwingung), sondern auch Korpuskel (oder, wie der Name besagt, ein kleiner, winziger Körper) sind, ohne daß das eine das andere mehr ausschließt.

Daß nun ein Ding zwei Dinge sei, die einander dazu noch so entgegengesetzt sind wie Feuer und Wasser – denn das sind ja Welle und Korpuskel! –, das ist wirklich reichlich unvorstellbar. Wir müssen wieder auf das ausgezeichnete Beispiel Plancks von dem Schüler, der heute mit elektrischen Strömen hantiert, hinweisen, aus dem so deutlich hervorgeht, daß das, was heute unanschaulich und schwer vorstellbar ist, es in hundert Jahren auch für die Allgemeinheit nicht mehr zu sein braucht. Heute scheint uns diese bewiesene Eigenschaft des Lichtes ein Unding. Ja, sie erscheint uns direkt widersinnig. Die Sache wäre noch einigermaßen erträglich, wenn man sagen könnte: Das Licht ist stets ein Korpuskel, der sich bewegt. Das aber würde bedeuten, daß man eine Äußerung für ein Sein nähme, oder anders ausgedrückt: wir würden nur die vorstellbaren Erscheinungsformen des Lichtes ins Auge fassen, nicht aber seinen tatsächlichen Charakter. Denn etwas, das sich bewegt, ist zwar ein bewegter Körper, aber deshalb noch lange nicht eine Welle. Das Licht aber ist zugleich Körper und Welle. Unter diesem Begriff «Welle» sind jedoch «elektromagnetische Wellen» zu verstehen, die der heutigen Vorstellung entsprechend nicht mehr Schwingungen eines körperlichen Dinges, auch nicht solche des Äthers sind, sondern «Schwingungen im leeren Raum», also etwas, das zu jener Gegebenheit, die gemeinhin als Welle bezeichnet wird, nur eine entfernte Analogiebeziehung hat. Aber gerade deshalb, weil es sich bei diesen Wellen um Wellen im leeren Raum handelt, ist es so schwer vorstellbar, daß das Licht zugleich Welle und Korpuskel sein soll. Doch nicht genug damit: diese Doppelnatur des Lichtes wird niemals *zugleich* sichtbar. Experimentell konnte man bisher nur immer eine ihrer Seiten getrennt von der anderen nachweisen.

Dank dieser durch die Physik festgestellten Doppelnatur des Lichtes sind heute zwei das Licht betreffende Fragestellungen beantwortbar. Die eine lautet: «Wohin geht das Licht?» Sie fragt also nach dem Weg. Auf diese Frage gibt der nachgewiesene «Wellencharakter» die Antwort. Die andere Fragestellung lautet: «Was macht das Licht?» Sie fragt also nach der Wirkung. Auf diese Frage gibt der «Korpuskelcharakter» die Antwort. Es ist selbstverständlich, daß es noch eine Zahl weiterer Fragestellungen gibt; die meisten ließen sich aber leicht als Teilfragen der oben genannten beiden Fragestellungen erweisen. Dagegen ist die Grundfrage natürlich noch lange nicht beantwortet. Sie lautet: «Was ist das Licht?», womit nach dem Wesen des Lichtes gefragt würde, welche Frage aber mit der Antwort: «Das Licht ist zugleich Welle und Korpuskel» insofern noch lange nicht beantwortet ist, weil Welle und Korpuskel nur zwei «konträre» und unabhängig voneinander beobachtbare Verhaltensweisen des Lichtes sind. Und obwohl Welle und Korpuskel nur als zwei allerdings gravierende Wesensmerkmale des Lichtes aufgefaßt werden dürfen, so drücken sie doch noch nicht das ganze Wesen des Lichtes aus, nähern uns aber einer vielleicht einmal möglichen Beantwortung dieser Frage insofern an, als für das Denken diese «Doppelnatur» nun nicht mehr ein Unding ist. Wahrscheinlich aber gibt es auf die Frage nach dem Wesen des Lichtes so lange keine Antwort, als der Mensch sich nicht die Frage beantworten kann: «Was ist der Mensch?» Wir wollen aber nicht vergessen, welch einen großen Erkenntnisweg der Europäer durch die Beantwortung der oben aufgeführten, das Licht betreffenden Fragen zurückgelegt hat, und dürfen das «Komplementaritätsprinzip», von dem sogleich zu sprechen sein wird, als eine Erkenntnisform bezeichnen, welche unsere Vorstellungen von der Materie um einige weitere Grade dem tatsächlichen Wesen der Materie (und damit auch dem des Lichtes) angenähert hat.

Der durch de Broglie erbrachte Nachweis, daß nicht nur dem Lichte, sondern auch allen fliegenden materiellen Teilchen diese Doppelnatur eigen ist, bedingte eine völlige Veränderung der Mechanik und Optik. Auf Grund dieses Nachweises schuf Schroedinger die neue sogenannte «Wellenmechanik». Sie wurde von den verschiedensten Forschern ausgebaut. Unter ihnen befindet sich ein anderer Nobelpreisträger, Bohr, der die durch de Broglie nachgewiesene Vereinbarkeit der zweifachen und konträren Natur der Elementarteilchen mit dem Namen «Komplementaritätsprinzip» belegte. Darunter versteht man in erster Linie die «Doppelnatur Welle–Korpuskel», die zwei gegenpolige Erscheinungs- oder Existenzformen zu einem Ganzen ergänzt, also komplementär ist.

Durch den Fund de Broglies und durch die erkenntnistheoretische Formulierung dieses Fundes durch Schroedinger und Heisenberg war aber ein Gesetz völlig umgestoßen, das nicht nur seit der Renaissance, sondern seit den ersten Tagen des abendländischen Denkens, wie es durch Sokrates und Plato repräsentiert wird, Geltung hatte. Dieses Gesetz bzw. diese Grundauffassung war die des Dualismus. Die Welt zerfiel bis dahin immer in zwei sich widersprechende Hälften. Es gab unzählige derartige Dualismen: Gut und Böse, Materie und Geist, Seele und Körper, Tag und Nacht usw. usw. Dieser Dualismus, ohne den wir im Alltagsleben nicht auszukommen vermeinen, ist aber dank de Broglie und dank Bohr wenigstens für die Wissenschaft überwunden. Dies entspricht einer weitgehenden Entmaterialisierung, eben der Abschaffung des Dualismusbegriffes, an dessen Stelle jetzt das Ganze tritt, innerhalb dessen diese ehemaligen Dualismen nicht mehr als Gegensätze, sondern als zwei Aspekte oder zwei Pole ein und derselben Einheit auffaßbar sind, wodurch auf *bewußte* Weise das versucht wird, was die Mystik durch Ekstase oder was gewisse Religionsübungen durch Askese zu erreichen versuchen und auch erreichen: das «Ganze» zu «sehen».

Die Formulierung de Broglies (die natürlich nur infolge der vorausgegangenen Entdeckungen Einsteins, Plancks und anderer möglich war) hat den Grundcharakter des europäischen Denkens verändert und wird ihn in Zukunft ausschlaggebend beeinflussen, besonders dann, wenn man es wagt, sie auch von einem nicht bloß physikalischen Standpunkt aus zu betrachten.

Diese Entdeckungen kann man durchaus nicht damit abtun, indem man sagt: sie gehen uns nichts an, sie sind ausgeklügelte, ausgetüftelte Hirngespinste, sind unvorstellbare Dinge, denn Weiß wird deshalb doch nicht zu Schwarz, und ob das Licht nun aus Atomen besteht, die gleichzeitig Welle und Korpuskel sein sollen, das mögen die Wissenschaftler unter sich ausmachen.

Nein, diese Entdeckungen lassen sich für keinen Menschen, der irgendwie Anteil an dem geistigen Leben unserer Welt zu nehmen wünscht, beiseite schieben. Sie sind da, sie sind eine Wirklichkeit, etwas also, das wirkt, und dabei ist es ganz gleichgültig, ob wir diese Wirkung anerkennen oder nicht – sie wirkt trotzdem.[3] Wenn wir nicht beginnen, uns mit dieser Wirkung zu beschäftigen, so bleiben wir zurück, während die Welt, trotz allem, was geschieht, vorwärtsgeht.

Und es kommt noch etwas anderes hinzu, worauf wir bereits hinwiesen, daß es nämlich zum Charakter des europäischen Menschen gehört, seine «Weltanschauung» nicht wie der Orientale aus dem Intuitiven, aus der Eingebung zu formen, sondern aus den wissenschaftlich beweisbaren oder bewiesenen Tatsachen und Erkenntnissen. Nur auf Grund dieses Sachverhaltes sind wir Europäer eben Europäer, haben eine verstandesmäßige Denkungsart und deshalb den «Fortschritt» der Technik und alles das, was unsere Zivilisation ausmacht.

Wenn wir versuchen, die Konsequenzen aus den Entdeckungen, die oben beschrieben wurden, zu ziehen, das heißt, wenn wir versuchen, aus den oben geschilderten Tatsachen für unser persönliches Leben eine Nutzanwendung zu suchen, so kommen wir zu äußerst überraschenden, vorerst einmal höchst seltsam anmutenden Schlußfolgerungen.

Vor allem: was früher geglaubt wurde, daß ein gewisser Vorgang einen anderen bedinge oder zur Folge haben müsse, ist nicht mehr ganz stichhaltig. Freilich, wenn man einen unreifen Apfel ißt, kann man sich nach wie vor den Magen verderben. Aber nicht alles, von dem wir glaubten, es sei die Folge eines anderen, braucht dessen Folge zu sein, ja braucht überhaupt Folge zu sein, sowenig die Nacht die Folge des Tages ist, sowenig das Korpuskel die Folge der Welle ist. Wir werden uns daran gewöhnen müssen, in Zukunft viel mehr auf das Ganze zu schauen. Dies lehren die Wellenmechanik und das Komplementaritätsprinzip. Nicht Tag und Nacht sind das Ausschlaggebende, sondern die Sonne, nicht Korpuskel und Welle sind entscheidend, sondern das Licht, nicht auf Gut und Böse kommt es an, sondern auf den Menschen (und darauf, was er für die Mitmenschen und für sich selber erreicht). Nicht die Teile sind wichtig, sondern das Ganze. Dabei aber ist Voraussetzung, daß jeder einzelne erst einmal wirklich ein Ganzes sei! Bis dahin freilich ist es noch ein weiter, langer, mühsamer Weg – es ist der Lebens- und womöglich auch der Todesweg jedes einzelnen.

Doch vertiefen wir uns noch nicht zu sehr in derartige Schlußfolgerungen und Nutzanwendungen, bevor wir nicht noch Einblick in andere Wissensgebiete erhielten und gesehen haben, welcherart sie die Entdeckungen, die wir bereits betrachteten, ergänzen. Dann erst, wenn wir einen gewissen Überblick haben, können wir auch ohne allzu großes Verwundern den Einfluß ins Auge fassen, den diese Entdeckungen in geistiger Hinsicht auf uns haben können.

8. Zwischenbetrachtung
(Die Begriffsentartung)

Auf Grund der Untersuchungen und Nachweise des französischen Gelehrten de Broglie und auf Grund der theoretischen Formulierung dieser Nachweise durch Bohr wurde es klar, daß die «Wellenmechanik» und das «Komplementaritätsprinzip» ganz eindeutig auf die Umgestaltung des europäischen Weltbildes abzuzielen vermögen: Der Dualismus ist bis zu einem gewissen Grade überwunden, an seine Stelle tritt der Versuch, die Welt als Ganzes zu sehen. Dies ist etwas ungemein Schönes, ja, es ist die Erfüllung, die durch den Verstand und die Forschung erbrachte Erfüllung eines uralten Wunsches der Menschheit und jedes einzelnen Menschen. Sie wurde in der Religion gesucht, und jeder sucht sie in der Liebe, und manche glauben, sie als durch den Tod verwirklicht ahnen zu dürfen.

Ein anderer Gedanke, der nicht weniger einschneidend für unsere Einstellung zur Welt gewesen ist und der sich sowohl aus Einsteins Relativitätstheorie und aus Plancks Quantentheorie als auch aus de Broglies Lichttheorie ergibt, ist die Entmaterialisierung des Weltbildes, der scheinbare Verlust an Feststehendem: alles ist in Bewegung gekommen, ist, lebt und wirkt durch die Bewegung bzw. dank der gegenseitigen Beziehungen. (Oder, um es in der Terminologie auszudrücken, die wir anderen Orts zur Namhaftmachung neuer Gegebenheiten einführen mußten: Der scheinbare Verlust an Feststehendem, an Fixiertem und damit an perspektivischer, räumlicher Gebundenheit führt zu einer aperspektivischen, raum-zeit-freien Weltwahrung, welche dem kommenden Zeitalter das Gepräge geben wird.)

Hier nun müssen wir, in dieser Zwischenbetrachtung, bereits auf etwas aufmerksam machen, das von größter Wichtigkeit ist. Es betrifft die Entstellung, die, sei es absichtlich, sei es unabsichtlich, falsche Auslegung von Begriffen, wie sie jenen der «Ganzheit» und der «Bewegung» hie und da zuteil geworden ist.

Gedanken oder Ideen von so umwälzender Beschaffenheit wie die erwähnten wirken. Sie werden fähig zu wirken in dem Moment, da sie klar formuliert werden. Von dem Zeitpunkte an liegen sie, wie man sagt, in der Luft. Denn Gedanken sind vielleicht die stärksten Realitäten, sind die stärksten Wirklichkeiten, die existieren. Der beste Beweis, daß dem so sei, ist, daß sie es sind, welche unsere Wirklichkeit gestalten und umgestalten.

Aber jeder Gedanke, jede Idee kann mißdeutet und einseitig angewandt werden. Er kann, statt daß man ihm die Möglichkeit gibt, sich rein zu entwickeln und eine allgemeine Geltung und Gültigkeit zu erlangen, einseitig aufgefaßt, entstellt und mißbraucht werden, um einer bestimmten Menschengruppe und einer bestimmten Absicht zu dienen. Das ist ganz einfach Vergewaltigung. Und die beiden großen Ideen, die der «Ganzheit» und die der «Bewegung», sind diesem Schicksal nicht entgangen. Für viele Menschen in aller Welt ist aus ihnen der Begriff «totalitär» und «dynamisch» geworden. Die große, weiteste Kreise faszinierende Wirkung dieser beiden Begriffe oder Ideen ist um so eher erklärlich, weil sie, wie wir gesehen haben, Gedanken entsprach bzw. von Gedanken ausging, die «in der Luft liegen». Das einzige, was weite Kreise nicht sahen, war, daß diese Auslegung und Anwendung falsch war. «Ganzheit» hat nichts mit «Totalität» zu tun: Totalität in dem Sinne, wie sie proklamiert wurde, hat nur für kurzdenkende Menschen etwas mit «Ganzheit» zu schaffen, denn der Begriff «Totalität» birgt bereits einen überbetonten und somit einseitigen Machtanspruch. Damit verliert er seinen Ganzheitscharakter. Die große, umfassende Idee des «Ganzen» ist in eine nur negative abgewandelt worden.

Nicht anders steht es mit dem Begriff «Dynamik». Dynamik bezeichnete einst Energie und Bewegung im Gegensatz zu dem Begriff «Statik». Doch diejenige Art «Dynamik», die proklamiert wurde, hat nichts mehr mit «Bewegung» zu tun, sondern ist eher ein Explosionsvorgang, eine angestrebte Expansion, die nur einseitig Geltung hatte, da das Recht auf «Dynamik» nur einer Gruppe der Menschheit zugesprochen wurde. Aus der umfassenden Idee der «Bewegung» oder der «Beziehung» ist wie im Falle der zur «Totalität» entarteten «Ganzheit» die einseitige, explosive Dynamik geworden, die auf fast allen Gebieten unserer heutigen Zivilisation als zerstörend sichtbar wird: politisch als Unterminierung, künstlerisch als Zersetzung einstiger Formen, physikalisch als Atomisierung, psychologisch als Amplifikation, um nur einige Beispiele zu nennen.

Es schien uns ungemein wichtig, hierauf hinzuweisen, um von allem Anfang an Mißdeutungen vorzubeugen, die jene großen Gedanken, welche dank der modernen Wissenschaft Wirklichkeit zu werden beginnen, erfuhren und noch erfahren könnten. Eine Abklärung der Begriffe wird in nächster Zeit unerläßlich sein, da nicht nur die von uns genannten Begriffe, die in der Propaganda wohl auch bewußt fälschlich angewandt wurden, zu Begriffs-Verdrehungen und -Verlogenheiten entarteten. Diese nun haben sich ihrerseits zu einer geistigen Plage ausgewachsen, welche für diejenigen auf die Dauer unerträglich erscheint, die sich noch einen Rest von Gefühl für elementarste menschliche und geistige Sauberkeit zu erhalten wagten. *Eine Bereinigung, die hier einsetzen müßte, ist eine der Grundvoraussetzungen für die abendländische Zukunft.* Wir werden, was die uns interessierenden Begriffe und Grundgedanken anbetrifft, in der Folge Gelegenheit haben, auf ihren objektiven, allseitigen Wert, der sich auch aus der Darstellung anderer Wissensgebiete ergeben wird, nochmals hinzuweisen.

9. Heisenberg (Unbestimmtheitsrelation) und Bohr (Atom und Planet)

Ehe wir nunmehr, nach der Unterbrechung durch unsere Zwischenbetrachtung und nach der ihr vorangegangenen Darstellung der wichtigsten physikalischen Entdeckungen, noch eine Erwähnung tun, die von größtem Interesse ist, wollen wir doch noch die Namen derer nennen, die sich um den Beweis und den Ausbau der drei großen Entdeckungen Einsteins, Plancks und de Broglies besonders verdient gemacht haben. Auf die beiden großen englischen Gelehrten Eddington und Jeans werden wir im nächsten Kapitel kurz zu sprechen kommen. Dagegen muß hier Heisenberg genannt werden. Er führte die «Unbestimmtheitsrelation» ein, die allen alten wissenschaftlichen Glaubenssätzen, besonders aber ihrer Formulierung durch Laplace, auf das schroffste entgegengesetzt ist. Diese Unbestimmtheitsrelation geht von der durch de Broglie gefundenen Tatsache aus, daß man niemals den Ort und den Impuls[4] eines Elementarteilchens *gleichzeitig* genau bestimmen kann. Diesem Satze entsprechend konnte Heisenberg sagen: «An der scharfen Formulierung des Kausalgesetzes: *wenn wir die Gegenwart genau kennen, können wir die Zukunft berechnen*, ist nicht der Nachsatz, sondern die Voraussetzung falsch. Wir können die Gegenwart in allen Bestimmungsstufen prinzipiell *nicht* kennenlernen.» Dieser Satz ist gleichzeitig auch eine Erweiterung des von Planck aufgestellten, der sagte: «Das Kausalitätsgesetz hat in seiner Anwendung auf die Welt der Atome endgültig versagt», und diese Schlußfolgerung Heisenbergs, die auch durch die moderne Psychologie eine gewisse Stichhaltigkeit erhält, diese Schlußfolgerung ist natürlich gar nicht so angenehm für die selbstherrliche Betrachtungsweise dessen, was der europäische Mensch für in seiner Macht stehend hielt. Schon der Satz Plancks war irritierend, denn besteht nicht letztlich eben alles aus den Atomen? Wieviel mehr aber ist es nun der noch mutigere Satz Heisenbergs! Jedoch, er ist heilsam. Ohne solche Einschränkungen wäre man vielleicht doch geneigt, anzunehmen, man könne alles mehr oder weniger begreifen. Und es ist gut, daß diese Aufforderung zur Bescheidenheit von wissenschaftlicher Seite kam.

Ganz anders verhält es sich mit jener Entdeckung, die wir Rutherford (der sie machte), vor allem aber Bohr (der sie verständlich machte), verdanken. Sie wies auf eine geradezu wunderbare Weise die Beziehungen zwischen den mikroskopisch kleinsten Teilen unserer Erde und den größten des Weltalls nach. Bohr erklärte auf Grund der Quantenhypothese die von Planck als «ungemein fruchtbar» bezeichnete Theorie, derzufolge sich die Elektronen eines Atoms um den Kern desselben nach ganz ähnlichen Gesetzen wie die Planeten um die Sonne bewegen! Der Satz des Anaxagoras: «Jegliches ist in jeglichem», diese bisher unbewiesene Ahnung, aber auch das buddhistische Gleichnis, das J. Tschichold in seinem schönen Werke «Chinesische Farbdrucke aus dem Lehrbuch des Senfkorngartens» wieder aufnimmt, daß «in dem winzigen Senfkorn die ganze Unendlichkeit der zehntausend Welten enthalten ist», gewinnen für uns nunmehr ein ganz neues Licht. Diese beiden Sätze sind wie auch das Wort des großen mittelalterlichen Kardinals Nikolaus Cusanus: «Das Größte und das Kleinste koinzidieren» (De docta ignorantia, cap. I, 4) nun *bewiesen*. Diese Tatsache bedeutet sehr viel in einer Welt, die wie die unsere so überaus stark auf Beweise und auf Sichtbarmachung des Unsichtbaren, auf die Verwandlung des Ahnens in ein Wissen, eingestellt ist.

Die Entdeckung Bohrs hat für die Vorstellungsmöglichkeiten des europäischen Menschen geradezu erschütternden Charakter. Um nur ein Beispiel herauszugreifen: Der menschliche Körper baut sich genauso wie alle andere uns sichtbare «Materie» aus den dem bloßen Auge unsichtbaren Atomen auf. Man kann also besten Gewissens sagen, daß Milliarden winziger «Planetensysteme» unseren Körper formen. Damit erhält der Satz, der Mensch sei nur von dieser Erde, einen argen Stoß. Wir werden noch Gelegenheit haben, auf ihn gelegentlich der Weltraumstrahlung zurückzukommen.

10. De Sitter
(Der «neue» Himmel)

Seit Einstein kann man ohne Übertreibung von einem «neuen» Himmel sprechen. Dabei ist es nicht von Wichtigkeit, ob dieser uns nun behagt oder nicht. Von Wichtigkeit ist lediglich, daß die Vorstellung von ihm mit den am weitesten vorgeschrittenen Einsichten übereinstimmt. Auch dieser «neue» Himmel wird ohne jeden Zweifel nicht der absolut «richtige» sein. Aber er entspricht dem Auffassungsvermögen unserer Zeit. Kommende Generationen werden ihn wieder zerstören, Generationen, die nicht nur mit dem Sichtbaren rechnen werden, um das letztlich Unsichtbare wahrnehmbar zu machen.

Infolge der neuen physikalischen Gesetze, welche durch Einstein aufgestellt wurden, scheint es vorerst so, als ob wir das Weltall nicht mehr als unendlich und unbegrenzt betrachten dürfen, sondern als endlich, aber unbegrenzt: exakte Messungen der Sonnenstrahlen ergaben, daß diese nicht gradlinig, sondern leicht gekrümmt verlaufen.

Der Widerspruch, daß die Begriffe «endlich» und «unbegrenzt» sich ausschließen, löst sich, wenn man sie näher betrachtet. Vor der Schaffung der «Riemannschen Geometrie», die nicht-euklidisch ist und der Relativitätstheorie zugrunde liegt, hat man die Begriffe «endlich» und «begrenzt» nicht unterschieden, sie als synonym betrachtet und daher promiscue verwendet – wobei dann natürlich «unendlich» und «unbegrenzt» gleichfalls Synonyme waren. Auch Kant ging so vor und gelangte dadurch zu einer seiner «Antinomien», die beweisen sollten, daß der menschliche Geist in gewissen Gebieten unfähig sei, das Richtige zu erkennen, weil dieser, wie Kant behauptete und mit seinen Antinomien zu beweisen glaubte, zu verschiedenen und einander widersprechenden Resultaten gelangen kann, ohne daß in den Wegen dazu Fehler nachzuweisen wären. Heute wissen wir, daß Kant (wenigstens was diese eine Antinomie betrifft) nicht scharf genug unterschieden hat, da er einfach die beiden Begriffe «endlich» und «begrenzt» als Synonyme verwendete, obwohl sie, bei der Art, wie er sie gebrauchte, keineswegs identisch sind und daher auch nicht miteinander vertauscht werden dürfen. Das hat die Riemannsche Geometrie gezeigt: die Oberfläche einer Kugel hat beispielsweise, als Fläche betrachtet, keine Grenze, ist also unbegrenzt, denn man kann sich innerhalb dieser Fläche ja bewegen, ohne an eine Grenze zu gelangen; dennoch ist der Flächeninhalt der Kugelfläche nicht unendlich, sondern endlich, und auch die «Geraden» der Kugelfläche, nämlich die größten auf ihr möglichen Kreise, haben keine unendliche Länge, sondern eine endliche. «Endlich» und «unbegrenzt» sind also, wie dieses Beispiel zeigt, Begriffe, die sich sehr wohl miteinander vertragen, und es kann keine Rede davon sein, daß etwas, was endlich ist, auch begrenzt sein müsse. Folglich können die beiden Begriffe («endlich» und «begrenzt») nicht identisch sein. Damit war Kants Antinomie widerlegt. Darüber hinaus ist nun aber die Möglichkeit zu einer wahrhaft befreienden Tat gegeben: die Befreiung des Menschengeistes von dem quälenden Dilemma, daß sich niemand eine «unendliche Welt», also eine Welt, «die immer noch weitergeht», vorstellen kann, ebensowenig aber auch eine «begrenzte Welt», also eine, «die plötzlich aufhört». Von diesem Dilemma hat uns die Relativitätstheorie befreit, und das ist eine wahrhaft erlösende Tat: die Relativitätstheorie benutzt für ihre Darstellung den «Riemannschen Raum», das heißt, sie überträgt das oben gegebene Beispiel von der Kugelfläche auf den Raum, der als «gekrümmter Raum» so konstruiert wird, daß er endlich, aber unbegrenzt ist.

Trotz dieser Abklärung der Begriffe «endlich» und «begrenzt» ist die «Endlichkeit der Welt» schwer vorstellbar; theoretisch und rational mag sie, wie wir oben gesehen haben, denkbar sein, aber sie bleibt wohl für die meisten auch dann noch unvorstellbar, wenn man die mögliche «Unbegrenztheit» der Welt hinzudenkt. Diese Vorstellung wird vielen sehr unliebsam sein. Ja, es ergibt sich die merkwürdige Tatsache, daß, war schon die Vorstellung der Unendlichkeit eine reichlich unvorstellbare, welcher nur eine gewisse seelische Dispositiertheit gerecht zu werden vermochte, nunmehr auch die Vorstellung von einer «Endlichkeit der Welt» letztlich unvorstellbar ist. Denn, so fragt man unwillkürlich: wenn das Weltall ein riesenhafter, runder Körper ist, was geht dann am Rande dieses Körpers vor sich?

Diese Frage kann von der Wissenschaft heute noch nicht beantwortet werden. Auch ist der Zweifel berechtigt, ob überhaupt so gefragt werden darf, weil diese Art zu fragen oder zu zweifeln zwei wichtige Voraussetzungen gänzlich außer acht läßt, an welche sich unsere Denkweise nur allmählich gewöhnen kann: die eine ist die der Relativität, denn wir urteilen über das Weltall noch immer so, als seien wir bzw. die Erde ein feststehender Punkt; die andere Voraussetzung ist die uns überlieferte bzw. von uns korrigierte Vorstellung von Raum und Zeit, welche in der bei uns herrschenden Form ja durchaus nicht für das ganze Weltall anwendbar zu sein braucht. Wir finden zwar die Gesetze unseres Sonnensystems in den Atomen wieder – aber wer sagt uns, daß nicht auch Gesetze noch fernerer Welten in der irdischen aufleuchten, die wir nicht begreifen, weil uns ein Vergleichsobjekt fehlt? Doch dies sind bereits Fragen, die man zwar mit gutem Gewissen stellen kann, Überlegungen, die sich einem aufdrängen, die aber den Bereich der wissenschaftlichen Forschung so sehr überschreiten, daß es angeratener erscheint, sich nicht weiter in dieser Richtung zu verlieren. Denn die Gefahr des Sich-Verlierens ist auf diesen Gebieten außerordentlich groß. So schrieb der bekannte niederländische Historiker J. Huizinga in seinem Buche «Die Schatten von Morgen»: «Die Wissenschaft scheint bereits an den Grenzen unseres geistigen Fassungsvermögens angelangt zu sein. Es ist bekannt, daß in mehr als einem Physiker die unausgesetzte Arbeit in geistigen Höhen, für welche allem Anschein nach der menschliche Organismus nicht ausgestattet ist, einen angstvollen Erschöpfungszustand hervorruft, der bis zur Verzweiflung führt.» Und diese Feststellung führte Huizinga dazu, wie er berichtet, den Astronomen de Sitter zu fragen, «ob er nicht manchmal von diesen Schmerzen des Denkens heimgesucht werde, wenn er an die Ausdehnung, die Leere und die sphärische Form des Universums denke». De Sitter verneinte zwar diese Frage. Daß aber die Denkarbeit des heutigen Gelehrten eine überaus erschöpfende und komplizierte ist, mag sie sich nun mit allergrößten Zahlen (wie in der Astronomie) oder mit allerkleinsten Brüchen (wie in der Kernphysik) beschäftigen, darüber schreibt de Broglie in seinem Buche «Continu et Discontinu en physique moderne» (einer Art Weiterführung seines großen Werkes «Matière et Lumière»). De Broglie berichtet dort von der unendlich komplizierten Kleinarbeit, die so intensiv und aufregend ist, daß während ihres Fortganges niemals irgendwelche Entdeckungen gemacht werden könnten, gewährte sich der Forscher nicht Ruhepausen, in welchen die reinen Forschungsergebnisse sich abzuklären vermögen, so daß dann plötzlich, ganz unerwartet, die neuen Gesetze gefunden werden. Er schreibt über diesen Vorgang und nimmt dabei auf ein berühmtes Wort Pascals Bezug: «Alles geschah so, als ob bei der Entdeckung neuer Konzepte nichts als ein Schleier zerrissen würde, so als hätten diese endlich begriffenen Konzepte ewig und unveränderlich existiert... Die Tatsache, sie gesucht zu haben, schien sich ihm (dem Forscher) durch eine Art Vorgefühl von ihrem Vorhandensein zu erklären, ein Vorgefühl, ein Ahnen, welches die Erinnerung an jenen mystischen Satz wachruft: Ihr würdet mich nicht suchen, hättet ihr micht nicht schon gefunden.»

Diese kleine Ausschweifung mag eine Vorstellung davon geben, welche unerhörte geistige Arbeit in gewissen Gelehrtenkreisen geleistet wird, und zugleich auch von dem Verantwortungsbewußtsein, mit welchem diese Menschen arbeiten. Als Hubble 1917 die Entdeckung machte, daß sich die uns am fernsten gelegenen Sterne mit unglaublicher Geschwindigkeit von uns fortbewegen, war dies der Anlaß für de Sitter, die Gravitationstheorie Einsteins (die wir im Zusammenhang mit der erweiterten Relativitätstheorie auf Seite 187 bereits erwähnt haben) zu überprüfen. De Sitter fand dabei, daß die Gravitationsgleichungen nicht nur die von Einstein allein bemerkten statischen Lösungen zuließen, sondern darüber hinaus auch «dynamische Lösungen», bei denen das Weltall als Ganzes pulsiert: während einer Periode, die einen Zeitraum von mehreren Milliarden Jahren umfaßt, weitet es sich aus, um sich hernach in einem ebenso langen Zeitraum wieder zusammenzuziehen. Dadurch wurde die heute herrschende Auffassung begründet, daß das Universum sich zur Zeit in einem Ausweitungsprozeß riesigsten Ausmaßes befindet. Vor allem waren es Lemaître und Eddington, die diese Annahme durch exakte Versuche stützten und damit die Einsteinsche Theorie über das Verhalten des Universums abänderten. Nicht nur die schöne Idee der «Fixsterne» war nunmehr endgültig als Illusion erwiesen, da diese Fixsterne augenblicklich mit ungeheuren Geschwindigkeiten auseinanderstreben, sondern auch jene andere Vorstellung wurde illusorisch, daß sich nämlich außerhalb unseres eigenen Sonnensystems nicht sehr viel ereigne. Beide Vorstellungen waren Reste jenes Glaubens, daß wir, trotz Galilei und Kepler, der das Zentrum der Welt von der Erde in die Sonne verlegt hatte, eigentlich doch das Zentrum der Welt seien. Nun brach diese schöne Illusion zusammen; sie hat nur noch relativen Wert, doch die Maßstäbe, an denen wir ihre Relativität messen könnten, sind so riesige bzw. so winzige, daß wir damit nur sehr schwer fertig werden. In diesem ganzen neuen Bild, das wir vom Universum erhielten, bleibt uns (dank der Entdeckung Bohrs an den Atomen) ein Trost: daß wenigstens unser Sonnensystem sich selber in uns widerspiegelt. Doch auch dieser Trost wird seinerseits ziemlich illusorisch, wenn wir uns von dem großen englischen Gelehrten James Jeans, auf Grund seiner gewissenhaften und ganz neuartigen Berechnungen, sagen lassen müssen, daß das Weltall überwiegend aus gleichartigen Sternen von Sonnencharakter bestehe, deren Zahl man, soweit man sie mit dem Fernrohr erfassen kann, auf tausend Billionen schätzt. Aber nur eine unter hunderttausend Sonnen soll ein eigenes Planetensystem haben. Da aber zum Leben eine Sauerstoffatmosphäre und bestimmte chemische Stoffe erforderlich sind, so dürfte, wenn Jeans' Berechnungen stimmen sollten, die Anzahl der bewohnbaren Planeten auf eine Million sinken, die der bewohnten sogar noch weit tiefer. Wenn wir aber in Betracht ziehen, daß unsere Erde vielleicht nur eine unter einer Million Erden wäre, dann freilich droht unser menschliches Selbstbewußtsein an Selbstherrlichkeit einiges einzubüßen, und nur andere Faktoren vermögen ihm wieder aufzuhelfen. Diese aber werden sich unmittelbar aus den noch folgenden Ausführungen ergeben.

11. Rutherford
(Atomaufbau und Atomspaltung)

Im Jahre 1919 schloß der aus Neuseeland stammende Forscher Rutherford in England Versuche ab, die er bereits vor dem Ersten Weltkrieg begonnen hatte. Das Ergebnis dieser Versuche war, daß es ihm gelang, ein bestimmtes Atom, das will besagen den Kern eines Atoms, umzuwandeln. Er beschrieb die von ihm erzielten Resultate in einer kleinen Arbeit, welche den Titel: «Eine anormale Reaktion des Stickstoffes» führte. Weder dieser Titel noch der Inhalt des Artikels würden bei Nichtwissenschaftlern auch nur das geringste Interesse auslösen. Er führte in ihm aus, daß, «bombardiert» man Stickstoffpartikeln mit sogenannten Alphastrahlen bzw. Heliopartikeln des Radiums, man andere Partikeln befreit, die eine viel größere Geschwindigkeit als die Alphapartikeln besitzen. Wenn, bemerkt scherzend Rusk (dessen Werk, siehe Anmerkung 1, bereits erwähnt wurde), ein kleiner Junge Steine gegen einen Korb voller Äpfel würfe, wäre er gewiß höchlichst verwundert, wenn er daraufhin von Zeit zu Zeit einen Apfel mit einer Geschwindigkeit, welche die der gegen den Korb geworfenen Steine um ein Vielfaches überträfe, aus eben diesem Korbe heraushüpfen sähe. Bei diesem ungewöhnlich treffenden Vergleich stellen der Korb Äpfel das Stickstoffatom dar, die gegen den Korb geworfenen Steine die gegen das Stickstoffatom geschleuderten Alphapartikeln und die plötzlich mit viel größerer Geschwindigkeit aus dem Korbe herausschießenden Äpfel jene Partikeln, welche durch die «Bombardierung» im Stickstoffatom frei werden.

Die Atomumwandlung ist gelungen, und heute sind die ungeheuren, ja die ungeheuerlichen Energien, die durch sie frei werden, bereits technisch anwendbar. Die Atombombe ist Wirklichkeit geworden.

Das Uran ist das schwerste aller Elemente; sein Kern setzt sich aus über zweihundert Partikeln (Protonen und Neutronen) zusammen; es ist radioaktiv, d.h. es ist ein im Laufe der Zeit sich durch Eigenausstrahlung selbst abbauender Stoff. Der *natürliche* Ablauf dieses Selbstzerstrahlungsprozesses des Urans nimmt einen Zeitraum von fünf Milliarden Jahren in Anspruch. Dadurch, daß es gelang, Umwandlungsprodukte des Urans, das Neptunium und das Plutonium, in den amerikanischen Atomwerken von den übrigen Uranteilchen abzuspalten (wofür Forscher wie Fermi, Hahn, Straßmann und Meitner die Möglichkeit aufgezeigt hatten) und es jener «Bombardierung» zugänglich zu machen (für deren Verfahren erstmals Rutherford die Wege gewiesen hatte), reduziert sich der natürliche Auflösungsprozeß von fünf Milliarden Jahren auf den Bruchteil einer Sekunde. Zufolge dieser «Überwindung der Zeit» – wobei wir uns hier dem Aspekt dieses von uns aufgezeigten Entwicklungsphänomens gegenübersehen, der den Machtbereich des irdischen Menschen eigentlich schon überschreitet und ihn gewissermaßen außerhalb des Planetensystems stellt, wovon noch zu sprechen sein wird – zufolge dieser «Zeitüberwindung», die in der Kondensierung oder Akkumulation eines fünfmilliardenjährigen Prozesses auf den Bruchteil einer Sekunde wirksam wird, wird jene detonative Explosion der Uranbombe vorstellbar. Dieser zeitliche Aspekt vermag unseres Dafürhaltens diese Wirkung eher zu veranschaulichen, als es der räumliche Prozeß tun könnte, da die räumlichen Größen jener Teilchen, die an dieser Wirkung teilhaben, unvorstellbar klein sind. Jene Neutronen beispielsweise, deren Abspaltung vom Urankern die Voraussetzung der Energieentwicklung ist, die in der Atombombe zu ihrer bedrohlichsten Auswirkung kommt, sind kaum mehr meßbar; ihre Größe, die eine Kleinstheit ist, wird zwar von den Physikern mit billionstel Brüchen annähernd bestimmt; diese aber geben dem Laien keine Vorstellung von der tatsächlichen Größenordnung. Da ein Atom mit seinem Atomkern und mit den um ihn kreisenden Elektronen bereits so winzig ist, daß ein einziges Gramm Wasserstoff schon sechshunderttausend Trillionen Atome enthält, so beziffert sich der von den Physikern ermessene Radius eines Atoms auf etwa ein hundertmillionstel Zentimeter; jener eines Neutrons dagegen auf einen noch zehn- bis hunderttausendmal kleineren Bruchteil dieser «Größe». Von dem Größenverhältnis zwischen Atom und Neutron kann man sich ein Bild machen, wenn man das Atom derart vergrößert sich vorstellt, daß sein Durchmesser (also sein doppelter Radius) einen Kilometer mäße: dann erst würde ein Neutron dem bloßen Auge als ein Körperchen von einem Zentimeter Durchmesser sichtbar werden. Es zeigt sich also, daß unsere räumliche Vorstellung, die nicht wie die der Physiker an submikroskopische Größen gewöhnt ist, vor der enormen Energiequelle, welche diese Neutronen enthalten, versagt und daß, wie es oben geschehen ist, uns die zeitliche Vorstellung vielleicht ein besseres Verstehen des Prozesses erlaubt, der in der Atombombe seine vernichtende Anwendung findet.

Vorerst ist nun die bereits möglich gewordene Gewinnung von Atomenergie für technische Zwecke noch mit der Herstellung jenes Plutoniums gekoppelt, das als Element in der Natur selbst nicht vorkommt, sondern als ein sogenanntes Transuran durch Abspaltung aus dem Uran selbst gewonnen wird und den Hauptstoff der Atombombe darstellt. Ein Atomkraftwerk, ähnlich jenen in Amerika und England bereits arbeitenden, würde, wenn die technische Vervollkommnung weitere Fortschritte macht, den Energiebedarf von etwa zehn Milliarden Kilowattstunden, welche beispielsweise in der Schweiz jährlich erzeugt werden, durch Atomprozesse gewinnen können: anstatt 1,25 Milliarden Kilogramm Kohle zu verbrennen (um die obengenannte Energie in Form von Wärme zu erhalten) würden nur vierhundert Kilogramm Uran oder einhundertachtzig Kilogramm Lithium oder sechzig Kilogramm Wasserstoff nötig sein.

Auf Grund des Wissens um die Atom- bzw. Kernumwandlungsprozesse ist es in den letzten Jahren gelungen, die Entwicklung der Sonne vorauszuberechnen. Jede Sekunde verliert die Sonne in Form von Wärme und Lichtstrahlung, die sie in den Weltraum hinaussendet, vier Millionen Tonnen. Diese ungeheure Energieentwicklung im Innern der Sonne konnte man früher überhaupt nicht verstehen. Erst durch die Entwicklung der mit der Kernumwandlung verbundenen ungeheuren «Energietönung» ist es möglich geworden, diese Wärmeabgabe quantitativ zu berechnen. Es sind hauptsächlich amerikanische Astrophysiker, die uns den heutigen Zustand der Sonne verstehen lehrten und uns die zukünftige Entwicklung der Sonne vorauszusagen vermochten. Man weiß heute mit Sicherheit, daß die Sonne in den nächsten Jahrmillionen immer heißer und heißer werden wird. In etwa zehn Milliarden Jahren wird sie etwa einhundertfünfzigmal so hell sein wie heute, alles Wasser auf Erden wird dann verdunstet, alles Leben auf Erden wird dann unmöglich geworden sein. Danach wird die Sonne sehr rasch zu einem «Zwergstern» werden und als Gestirn von der Größe des heutigen Jupiters die Erde nur noch spärlich erhellen. Welche Materienveränderungen dabei in jenen fernen Zeiträumen stattfinden werden, wird anschaulich, wenn wir daran denken, daß heute die Masse des Jupiters einerseits dreihundertachtzehnmal so groß wie die der Erde ist, andererseits aber nur den eintausendsiebenundvierzigsten Teil der heutigen Sonnenmasse ausmacht. Diese Berechnungen der Astrophysiker über die Zustandsveränderungen in der Sonne und über die Zeiträume, in denen sich diese abspielen werden, sind von der Astronomie durch Beobachtungen an anderen Fixsternen als der Sonne auf das glänzendste bestätigt worden.

Wir sehen also, daß uns das Wissen um die sogenannte intranukleare Energie, um jene, die in dem Atomkern aufgespeichert ist, unerhörte Erkenntnisse vermittelt hat. Auf der einen Seite zeitigte dieses Wissen die Atombombe; auf der anderen die Erkenntnisse über den lebenspendenden Aufbau der Sonne. Die apokalyptische Gefahr dieser Erkenntnisse und ihrer Anwendung ist unbezweifelbar. Dem Menschen ist es heute gegeben, auf der Erde Prozesse auszulösen, welche denen, die auf der Sonne stattfinden, entsprechen. Die Explosion einer Atombombe erzeugt Lichtstärken und Wärmegrade, die sich jenen der Sonne nähern: der Mensch ist rein physisch über die Erde hinausgewachsen und steht im Begriff, das Planetensystem zu sprengen, da er an einem Ort desselben, auf der Erde, Kräfte zur Auswirkung bringt, welche diesem Orte nicht entsprechen – jedenfalls so lange nicht, als er nicht Gegenkräfte zu entwickeln vermag, die diese Atomkräfte immunisieren könnten; da aber die ethische oder sittliche Verantwortung des Menschen bereits auch atomisiert zu sein scheint, dürfte ein Zuwachs an innerster menschlicher Kraft, der dem Zuwachs an elementarer materieller Kraft zu begegnen vermöchte, nicht mehr aus einer bloßen Revigorisierung (Wiedererstarkung) der seelischen Ressourcen (Hilfsquellen) möglich sein, sondern nur aus einem neuen Vermögen, das sich der Mensch, vielleicht angetrieben von der apokalyptischen Warnung der Atombombe, doch noch erarbeiten wird. Dem Nachweis der Bewußtwerdung dieser möglichen neuen Kraft, die den Weiterbestand von Erde und Menschheit garantieren würde, ist unser Werk «Ursprung und Gegenwart» gewidmet; auf die Möglichkeit einer neu sich bildenden Bewußtseinshaltung werden wir später noch zu sprechen kommen (siehe die Seiten 296ff. und 301), wenn wir durch die Betrachtung der Biologie und der Psychologie in den Stand versetzt sein werden, die Möglichkeit für eine zukünftige Bewußtseinsstruktur zu streifen. Jetzt sei an Hand eines allerdings plumpen Analogieschlusses nur versucht, eine Andeutung davon zu geben, worin unseres Dafürhaltens diese Möglichkeit bestehen könnte. Er wird jedenfalls für alle jene ein bloßer Analogieschluß bleiben, die auf der Trennung von materiellen und sogenannten seelisch-geistigen Gegebenheiten beharren; dagegen dürfte er den anderen einleuchten, die nicht nur eine kausale Verknüpfung oder einen bloßen Parallelismus zwischen materiellem Geschehen einerseits und seelisch-geistigem Geschehen andererseits anerkennen. Für sie dürfte es evident sein, daß beispielsweise einem substantiellen Zuwachs im Materiellen ein vielleicht vorerst noch latenter substantieller Zuwachs im seelisch-geistigen Bezirk entsprechen müßte. Unsere Überzeugung von der oben erwähnten Möglichkeit einer zukünftigen Bewußtseinsstruktur baut sich nun unter anderem auf der Tatsache eines wirklich realisierten materiellen Substanzzuwachses auf. Er wurde durch eine der Errungenschaften der Kernphysik ermöglicht, die darin besteht, daß man es heute nicht nur vermag, Atome zu zertrümmern, sondern auch vollständig neue, die bisher noch nicht existierten, aufzubauen. Heute gelingt es den Physikern tatsächlich, alle Kerne durch Partikeln, die an ihnen haftenbleiben, zu vergrößern und so Elemente zu erzeugen, die noch niemals dagewesen sind. Zu ihnen gehört auch das sogenannte transurane Neptunium, welches, was seine Partikelanzahl anbelangt, um ein Neutron reicher ist als das Ausgangsprodukt, das schwere Uran 238 (das neben dem Uran 235 besteht, also drei Neutronen mehr zählt als dieses), und sich seinerseits wieder in ein gleichfalls jenseits (= trans) des Urans liegendes Element verwandeln läßt, welches, wie schon erwähnt, ebenfalls in der Natur nicht vorkommt.[5] (Die Umwandlung verläuft dabei über eine Zwischenstufe, das Uran 239.) Hier nun zeigt sich die Möglichkeit des oben erwähnten Analogieschlusses: denn warum soll ein derartiger Substanzzuwachs, wie ihn die Entstehung neuer Elemente darstellt, sich nur im Materiellen abspielen? Wie, wenn auf einer anderen als der materiellen Ebene auch ein derartiger und zugleich ausbalancierender Substanzzuwachs stattfände – oder, wenn man nicht von Substanzzuwachs sprechen will, so doch eine Substanzverlagerung in neuartige, bisher nicht existente (oder bisher latente) Substanz? Aber das sind bereits Fragen, welche den Raum der hier zu behandelnden Physik überranden, die aber doch angedeutet werden mußten.

Jedenfalls ist die Erzeugung neuer Elemente ein Ereignis, das von größter Tragweite zu werden verspricht. James Jeans, der englische Forscher, den wir bereits erwähnten, knüpft an diese Tat des Atomaufbaues, der durch Strahlen bestimmter Wellenlänge ermöglicht wird, persönliche Überlegungen an, die nicht nur die Einheitlichkeit im Ursprung der Materie, sondern auch ihre Herkunft von geistigen Kräften zu bestätigen scheinen. Der Vorgang, daß sich Protonen und Elektronen verwandeln bzw. verwandeln lassen (denn darin besteht das Wesen der Atomspaltung und des Atomaufbaues), nötigt ihn, in seinem Werk zu sagen, daß wir «ein bestimmtes Ereignis ins Auge fassen (müssen) oder eine Reihe von Ereignissen oder einen ständigen Vorgang, nämlich die Schöpfung von Materie in einer nicht unbegrenzt fernen Zeit. Auf irgendeine Weise tritt Materie, die vorher nicht existiert hat, ins Dasein oder wurde ins Dasein gerufen.» Jeans folgert dann weiter, es bringe uns diese Tatsache «jenen philosophischen Systemen sehr nahe, die das Weltall als einen Gedanken im Geiste eines Schöpfers ansehen und damit alle Erörterungen über materielle Schöpfung zwecklos machen». Walter Schubart folgert aus diesem Sachverhalt in seiner wertvollen Schrift «Geistige Wandlung» auf eine vielleicht schon etwas zu weit gehende, jedenfalls aber verfechtbare Weise: «1. Die Materie ist nicht – wie die mechanistische Physik behauptet hatte – das Absolute, das zu allen Zeiten da war und ist, sondern sie ist geschaffen worden; sie ist vergänglich und hat ihre Zeit. 2. Sie muß aus einer überstofflichen, also geistigen Sphäre hervorgegangen sein. Die Strahlungen ... lassen sich als Emanzipationen eines göttlich-geistigen Schöpferwillens deuten.» Und Jeans sagt: «Das Weltall» (und damit die physikalische Welt) «fängt an, mehr einem großen Gedanken als einer großen Maschine zu gleichen.»

Diese «Vergeistigung des Stoffes», diese «Auflockerung der starren Naturgesetzlichkeit» ist vielleicht das Auffallendste an der heutigen Atom- bzw. Kernphysik. Arthur March hat den Tatbestand ihrer Unanschaulichkeit in seinem Buche «Die physikalische Erkenntnis und ihre Grenzen» aufgezeigt. Vor 1900 konnte man noch sagen: alles ist Stoff. Seitdem aber setzte eine derartige Entstofflichung der Materie ein, daß es im Moment fast nur noch, wie es Schubart tut, Gültigkeit hätte, zu sagen: alles ist Energie. Damit sind wir wieder auf das dynamische Prinzip gestoßen, das wir schon zu wiederholten Malen erwähnt haben. Die Energie verdrängt die Materie, oder wie es noch schärfer von Eddington formuliert wurde: «Masse ist nur ein anderer Name für Energie.» Dabei muß man jedoch im Auge behalten, daß dieser neue Energiebegriff ein ganz anderer als der frühere ist. Es handelt sich nicht mehr um die teilweise überwundene «kinetische Energie», sondern um eine neue elektromagnetische, dynamische. Aus kleinsten, bereits auch mikroskopisch nicht mehr sichtbaren Teilchen, aus letztlich Unsichtbarem bauen sich die Atome auf. «Strahlungen», die zugleich Welle und Korpuskel sind, scheinen die Urheber der Materie. Strahlungen sind es, zufolge derer es Rutherford gelang, Atome zu zerstören, aber auch Atome aufzubauen. Die physikalische Welt droht sich ins Unsichtbare zu verlieren! Dieser Satz, der ein Widerspruch zu sein scheint, hat trotzdem seine Gültigkeit. Wir werden seinem dunkel erscheinenden Sinn ohne Zweifel näherkommen, dann nämlich, wenn wir die Psychologie in unsere Betrachtungen einbezogen haben werden.

12. *Heß und Millikan*
(Die kosmischen Strahlen)

Bei der Betrachtung der Erscheinungen, die sich bei der Atomzertrümmerung und auch beim Atomaufbau zeigten, hatten wir Gelegenheit, des öfteren von «Strahlungen» zu sprechen. Dabei handelte es sich um Strahlungen, denen man auf experimentellem Wege eine bestimmte Richtung zu geben versuchte. Der Begriff «Strahlung» spielt in der modernen Physik, wie wir zu wiederholten Malen sahen, eine sehr große Rolle – es sei an die Messungen der Sonnenstrahlen erinnert, welche Einsteins Vermutungen bestätigten, an die Versuche Plancks mit der Wärmestrahlung, welche die Quantentheorie zur Folge hatten, an die Untersuchungen de Broglies, welche die revolutionierenden Feststellungen über die Beschaffenheit des Lichtes ermöglichten; und wir müssen hier auch die Entdeckung der Radioaktivität erwähnen, da sie als erste das materialistische Grunddogma von der Unveränderlichkeit der Materie ins Wanken brachte.

Es war zu Anfang dieses Jahrhunderts, daß einige Forscher auf einige «Partikeln» aufmerksam wurden, die sich höchst merkwürdig benahmen und den damaligen Vorstellungen davon, wie sich solche Partikeln aufzuführen hätten, durchaus nicht entsprachen. Während fünfzig Jahren haben sich die Wissenschaftler, darunter vor allem Gockel, Eugster, Heß, Rutherford, Wilson und nicht zuletzt der Amerikaner Millikan, um diese «Partikeln» bemüht. Diese Bemühungen waren von derartigen Erfolgen gekrönt, daß wir heute von einer «Weltraumstrahlung» oder, wie man das Phänomen besonders in den Vereinigten Staaten dank Millikan getauft hat, von «kosmischen Strahlen» sprechen dürfen, die heute in allen fünf Erdteilen erforscht werden.

Die Erde ist ununterbrochen einem Hagel, ja man muß leider auf ein stärkeres Wort zurückgreifen, um von der Intensität des Vorganges auch nur den Schimmer einer Idee geben zu können: die Erde ist ununterbrochen einem Bombardement ausgesetzt, dessen Projektile aus Protonen (das heißt: Wasserstoffkernen) bestehen, welche mit einer Geschwindigkeit, die fast der des Lichtes entspricht, aus dem Weltraum in die Atmosphäre, die unsere Erde umgibt, hineingeschleudert werden. In den obersten Schichten dieser Atmosphäre erzeugen diese Protonen neue Strahlungen: z. B. Mesonen-, Elektronen- und sehr harte (Gamma-) Strahlen, die zum Teil von ungeheurer Durchschlagsfähigkeit sind. Die Frage der Herkunft der «Primär»-Strahlen, welche beim Auftreffen auf die Erdatmosphäre die neuen Strahlungen, die auch «Sekundär»-Strahlungen genannt werden, erzeugen, ist auch heute noch nicht gänzlich gelöst.

Als Mesone, die man früher auch Mesotrone nannte und die einen Teil der kosmischen Strahlung darstellen, werden schwere Elektronen bezeichnet, welche instabil sind und nach Art eines radioaktiven Prozesses wieder in leichte (normale) Elektronen und Neutronen zerfallen, wobei die Lebensdauer eines Mesons in der Größenordnung von $1/1 000 000$ Sekunde liegt. Es entsteht beim Aufprall der kosmischen Primärstrahlung auf die Erdatmosphäre, in den Regionen der Stratosphäre, etwa zwanzig bis dreißig Kilometer über dem Erdboden. Die Masse des Mesons wurde noch vor seiner Entdeckung durch Anderson in Pasadena, Kalifornien, von Yukawa zu Anfang der dreißiger Jahre unseres Jahrhunderts vorausberechnet. Es handelt sich bei den Mesonen um Partikeln von besonders starker Durchschlagskraft. In den letzten Jahren ist es gelungen, diese Partikeln, die nicht-irdischer Herkunft sind, sondern als indirekter Bestandteil der kosmischen Strahlung aus interstellaren, außerhalb unseres Sonnensystems liegenden Räumen zu uns gelangen, im Laboratorium vermittels der «Beschleunigungsmaschinen für hohe Energien» (Synchrozyklotron, Betatron, Protonsynchroton) herzustellen. Damit hat der Mensch auf einen Schlag zugleich zwei Resultate erzielt: 1. er hat Energie direkt in Materie verwandelt; 2. er hat nicht-irdische Kräfte in seinen Bann gezwungen, die Regionen angehören, welche außerhalb unseres Planetensystems liegen, nachdem er vermittels der Uranspaltung sonnenmäßige Prozesse (siehe Seite 214) in seine Macht gezwungen hat.

Was aber die «kosmische Strahlung» als solche anbetrifft, ist folgendes festzustellen: so unglaublich es erscheinen mag, so entspricht es trotzdem den Tatsachen: unser menschlicher Körper wird, wie alles auf unserer Erde, von ihren schnellen «Teilchen» dauernd, vom Scheitel bis zur Sohle, durchschlagen, ohne daß wir das geringste davon wahrnähmen. Am unglaublichsten klingt aber die Tatsache, daß den Partikeln dieser Strahlung eine Energie innewohnt, die Milliarden, ja sogar Billionen «Elektron-Volt»[6] beträgt. Diese riesenhaften Energiemengen, mit welchen das Universum geladen zu sein scheint, haben fast etwas Bedrohliches an sich, besonders, wenn man in Betracht zieht, daß es ganz ohne Zweifel noch andere Strahlungen gibt, die noch nicht entdeckt wurden, die aber auf jeden einzelnen Menschen ihre Wirkung ausüben können. Denn daß die kosmischen Strahlen eine Wirkung ausüben, das ist einwandfrei festgestellt worden. An Versuchen mit Tieren und Pflanzen, die u.a. von Jakob Eugster und dem bereits erwähnten V.F.Heß angestellt wurden, konnte die biologische Wirkung der kosmischen Strahlen nachgewiesen werden. Die beiden Gelehrten berichten darüber in ihrem gemeinsamen Werke «Die Weltraumstrahlung (kosmische Strahlen) und ihre biologische Wirkung». Neuerdings legte Jakob Eugster allein ein hochinteressantes Werk des gleichen Titels vor, das «ihr (der Weltraumstrahlung) Verhalten in großen Höhen und Erdtiefen, (sowie) die biologische Wirkung auf Grund neuer Untersuchungsmethoden» darstellt und die heute mögliche Bilanz dieses Forschungszweiges zieht.

Selten sind für die Erforschung eines Phänomens solche Anstrengungen gemacht worden wie gerade für die dieser Strahlen. Expeditionen wurden nach allen Erdteilen und Weltgegenden entsandt, mit den raffiniertesten Mitteln drang man in den Weltraum vor, und zwar mittels Raketengeschossen, die in Höhen von hundertsechzig und mehr Kilometern vorgetrieben werden konnten, und stellte Versuche unter der Erdoberfläche und im Wasser an.

Wir wissen von der Radioaktivität – auf deren Darstellung hier, im Rahmen dieses Buches, verzichtet wurde, da sie als bekannt vorausgesetzt werden durfte, zumal sie die «älteste» unter den hier besprochenen Entdeckungen ist –, daß die härtesten radioaktiven Elektronen-Strahlen (Beta-Strahlen) einen Zentimeter dicke Bleiplatten kaum durchschlagen, während harte kosmische Strahlen von einer zwei Meter dicken Bleimasse nur zur Hälfte abgeschwächt, das heißt, absorbiert werden. Man fand sie aber, wie schon angedeutet wurde, nicht nur auf der Erde, sondern auch in der Stratosphäre, über dreißig Kilometer hoch im Luftraum. Und man beobachtete ihre Wirkung selbst noch tiefer als tausend Meter unter der Wasseroberfläche (Regener und Clay; weitere Einzelheiten siehe bei J.Eugster). Man fand sie überall auf der Erde: in der Wüste, dem Gebirge, den Tropen, dem Polargebiet. Aber es ergab sich die wichtige Tatsache – ungezählt sind die Expeditionen, die zu diesem Zwecke unternommen wurden und mehr als einen Wissenschaftler das Leben kosteten –, daß die Häufigkeit der kosmischen Strahlen am Äquator geringer war als gegen die Pole hin. Durch ihre Abhängigkeit von der geomagnetischen Breite konnte einwandfrei gezeigt werden, daß die Primär-Strahlung dem magnetischen Felde der Erde unterworfen ist. Diese bisher nachgewiesenen Tatsachen sind so weittragend, daß sie allein uns genügend zu denken geben können. Vor allem anderen sind es die bereits erwähnten: 1. Diese Strahlung kommt aus dem Weltraum; dabei wissen wir noch nicht, aus welcher «Tiefe» und aus welchem Grunde; ist es «fossile» Strahlung, eine, die aus Zeiten stammt, da das Weltall noch ganz kontrahiert war, da es sich also noch in jenem Prozeß befand, der dem heutigen des Sich-Ausweitens entgegengesetzt ist; oder nimmt diese Strahlung ihre Energie aus uns unbekannten Atom-Prozessen, bei welchen schwere Atome zerstrahlen müssen? 2. Die andere für diese kosmische Strahlung nachgewiesene Tatsache ist, daß sie auf eine anscheinend positive Weise auf die organische Entwicklung von Pflanze und Tier und damit auch auf den Menschen einwirkt.

Vielleicht wird vielen dies alles gar nicht so überraschend erscheinen, wie es tatsächlich ist. Viele werden dabei von der Überlegung ausgehen, daß ja schließlich die Sonne durch ihre Strahlen, daß ja selbst der Mond einen nicht nur merkbaren, sondern überhaupt lebensfördernden Einfluß auf die Erde ausüben. Ihnen kann man nur entgegenhalten, daß es sich bei den beschriebenen Weltraumstrahlen nicht um solche handelt, die aus unserer nächsten Nachbarschaft herrühren, wie es selbst noch für die Strahlen der Sonne der Fall ist, sondern daß sie aus unendlichen Fernen und unbekannten Räumen zu uns kommen und daß sie für ihre Reisen Zeiten benötigen, die wir kaum mehr zu erfassen vermögen.

Vielen wird sich jetzt das Wort «Astrologie» auf die Lippen drängen. Aber ihr auf Grund der Weltraumstrahlung Beweiskraft geben zu wollen, wäre ein mehr als gewagtes Unterfangen. Die Konsequenzen, die wir aus dieser Entdeckung ableiten können, sind andere, als es ein vermeintlicher Beweis der Astrologie zu sein vermöchte. Damit sie «bewiesen» wäre, müßte nämlich einwandfrei festgestellt sein, daß diese Weltraumstrahlen von einem bestimmten Planeten zu uns gelangen. Es steht jedoch anscheinend fest, daß dies nicht der Fall ist. Es gibt aber andere auf wissenschaftlichem Wege nachgewiesene Erscheinungen, die jedoch eher für die Annahme von Gestirneinflüssen auf die Erde als für die Berechtigung der Astrologie, wie sie heute ausgeübt wird (welche Planeteneinflüsse auf das Schicksal des Menschen annimmt), sprechen könnten.

13. Kolisko

(Planetenwirkungen)

Nachdem wir uns davon Rechenschaft gegeben haben, daß die moderne Wissenschaft sich gezwungen sieht, Einwirkungen aus dem Weltraum auf das irdische organische Geschehen als vorhanden zu betrachten, dürfen wir vielleicht noch einmal von einer anderen Seite an dieses Thema herantreten.

Wir sahen, daß die «kosmischen Strahlen» eine biologische Wirkung haben. Bakterien, Samen und Tiere, die einem konzentrierten Einfluß dieser Strahlungen ausgesetzt wurden, erwiesen sich als weniger lebensfähig und als weniger lebenskräftig als solche, die man einer solchen konzentrierten Einwirkung der Weltraumstrahlung nicht aussetzte.

Das, was uns jeder Sonnenstrahl lehrt, daß nämlich ein Gestirn eine entscheidende Wirkung auf unsere Entwicklung und Lebensfähigkeit ausübt, wird nun für Kräfte nachgewiesen, die anscheinend noch von viel weiter herkommen als von der Sonne, da der Ursprung der kosmischen Strahlen außerhalb unseres Sonnensystems zu suchen ist.

Das, was wir gelegentlich der Entdeckung Bohrs sahen, daß (grob gesehen) jedes Atom ein Spiegelbild unseres Planetensystems ist, daß wir, wie man auf Grund dieser Tatsache sehr wohl sagen darf, in einem gewissen Sinne nicht nur Erdenbürger, sondern Weltenbürger sind, das erhielt durch die Darstellung der «kosmischen Strahlen» weitere Beweiskraft (wobei diese nun sogar noch außerplanetarer Herkunft sind!).

Hier nun wäre der Ort, noch auf eine dritte Beweis*möglichkeit* hinzuweisen. Unser Zögern, es zu tun, rührt daher, daß es sich um eine Quelle handelt, die von wissenschaftlicher Seite nur ungern anerkannt, wenn nicht sogar vollständig abgelehnt wird. Und diese Ablehnung hat von der Seite der Wissenschaftler aus gesehen eine gewisse Berechtigung, da im allgemeinen sämtliche Forschungen, die aus dem «Biologischen Forschungsinstitut am Goetheanum» hervorgehen, durch gewisse Glaubenssätze und gewisse Betrachtungsweisen, die der «Anthroposophie» eigen sind, belastet werden. Es liegt uns ferne, hier für oder gegen die «Anthroposophie» Stellung nehmen zu wollen. Eine derartige ethische Bewegung ist weder in zwei Worten zu akzeptieren noch abzulehnen. Da aber, abgesehen von den weltanschaulichen Grundlagen, auf welche sich die Arbeiten dieses Institutes stützen, rein experimentell und wissenschaftlich beachtenswerte Forschungsergebnisse von ihm vorliegen, so sollte der unbefangene Berichterstatter und auch der unbefangene Wissenschaftler nicht davon absehen, diese Ergebnisse wenigstens zur Diskussion zu stellen, zumal ihr Zustandekommen, soweit es das experimentelle Vorgehen betrifft, den von der reinen Wissenschaft aufgestellten Forderungen durchaus nicht zu widersprechen scheint.

In ihrem zweibändigen Werke «Sternenwirken in Erdenstoffen» hat die Anthroposophin Kolisko die Einflüsse verschiedener Planeten auf verschiedene Metalle nachgewiesen. Seit urdenklichen Zeiten schrieb man jedem Planeten ein ihm entsprechendes Metall zu. Diese Gleichsetzung von Planet und Metall ging so weit, daß selbst noch die mittelalterlichen Alchemisten die Namen und Zeichen der Planeten für einzelne Metalle gebrauchten: Sonne für Gold, Mond für Silber, Merkur für Quecksilber, Venus für Kupfer, Mars für Eisen, Jupiter für Zinn und Saturn für Blei.

Die Frage war: inwiefern waren die Ägypter, Griechen, Römer, ja selbst noch unsere europäischen Vorfahren des Mittelalters berechtigt, diese Entsprechung von Planeten und Metallen anzunehmen? Wie es scheint, haben neue physikalische Methoden es ermöglicht, der von den Alten angenommenen metallischen Grundstruktur einzelner Planeten eine bedingte Richtigkeit zuzubilligen. Wie dem auch sei, so wäre das doch bestenfalls nur ein Nachweis hinsichtlich der Planeten selber, nicht aber hinsichtlich der geglaubten Einflußnahme dieser Planeten auf irdische Stoffe, geschweige denn auf irdische Schicksale; jene auf irdische Stoffe aber nachzuweisen, scheint Frau Kolisko gelungen zu sein.

Es soll hier nicht auf die neuartige Untersuchungsmethode (eine ausgebaute Form der Kapillaranalyse) eingegangen werden. Ihre Exaktheit nachzuprüfen, ist Sache der Chemiker, während vom physikalischen Standpunkte aus die Frage erhoben werden muß, ob diese Untersuchungen bei exaktest gleichbleibender Temperatur durchgeführt wurden, da diese Temperaturkonstantheit auf jede Kristallbildung von ausschlaggebendem Einfluß ist, so daß jedes Resultat, das ohne ihre Einhaltung erzielt wurde, fraglich erscheinen muß.

Die Grundlage der Untersuchungen bildete eine von Frau Kolisko zitierte Bemerkung, die Rudolf Steiner in einem Vortrag vor Naturwissenschaftlern machte: «Solange die Stoffe sich in festem Zustande befinden, sind sie den Kräften der Erde unterworfen. Sobald ein Stoff sich in flüssigem Zustande befindet, wirken die Planetenkräfte in ihm.» In Salzlösungen aufgelöstes Blei, dessen Wirkungen man auf Filtrierpapier überwachen konnte, zeigte während langer Versuchsreihen immer dieselben Resultate und Erscheinungen. An einem Tage aber waren überhaupt keine Bleiwirkungen feststellbar, und dieses Phänomen trat in dem Moment auf, als Saturn durch die Sonne verdeckt war. Und zwar hörte die Wirkung progressiv mit der Verdeckung des Saturns durch die Sonne auf und nahm progressiv in dem Maße wieder zu, als die Sonne den Saturn freigab. Auch für andere Planeten und Metalle wurden Paralleluntersuchungen vorgenommen, die immer das gleiche Resultat aufwiesen. Die den Veröffentlichungen Frau Koliskos beigegebenen Photographien veranschaulichen ihre Versuche.

Nun werden gewiß die Anhänger der Astrologie sagen: «Die Sterne üben einen Einfluß auf das Geschehen, das auf der Erde vor sich geht, aus! Die Weltraumstrahlen beweisen es, die Atombefunde beweisen es, die Metallreaktionen bei Konjunktionen von Sonne und verschiedenen Planeten beweisen es!» Und trotzdem ist damit für die Astrologie noch gar nichts bewiesen. Wir wissen, daß wir infolge unserer Unbesorgtheit, die Astrologie auch nur erwähnt zu haben, in ein Wespennest stachen. So wollen wir wenigstens versuchen, die Wespen wieder zu beruhigen.

Vor allen Dingen ist eines zu bemerken: Astrologie ist keine Wissenschaft, sondern ein Glaube. Jeder muß zugestehen, daß dieses Gebiet sich auf nichts als bruchstückhafter Überlieferung aufbaut, die jeder modernwissenschaftlichen Grundlage entbehrt. Die Entstehung der Astrologie ist in das Dunkel der Geheimüberlieferung gehüllt, aber auch bereits diese läßt durchscheinen, daß sie nichts anderes sein kann als eine Projektion seelischer Inhalte in das Firmament. Ob *Entsprechungen* (nicht aber Kausalzusammenhänge und Abhängigkeiten!) seelisch-physischer Natur bestehen, das ist Glaubenssache; was wir wissen, ist, daß Entsprechungen materieller (organischer) Natur zwischen Erde und Planeten vorhanden sind. Das ist alles. Da man heute anerkennen muß, daß die Grenzen zwischen seelisch-physischem und materiell-organischem Geschehen so dicht ineinander spielen, daß man kaum mehr von rein seelischen Vorgängen im Gegensatz zu rein organischen sprechen kann, so dürfte sich auf diesem Wege einer gesunden Interpretation astrologischer Forschung ein neues Betätigungsfeld öffnen, solange man sich dabei der Entsprechungslehre bedient, nicht aber des hier wohl kaum statthaften Kausalkonnexes. In jedem Falle sind für den Wert der Astrologie zwei Umstände ausschlaggebend: 1. Wer sie treibt und wer sich ihrer bedient, 2. wie man sie treibt und wie man sich ihrer bedient. Am schönsten hat das Paracelsus ausgedrückt: «Das ‹Gestirn› ist dem Weisen unterworfen, es hat sich nach ihm zu richten und nicht er nach dem ‹Gestirn›. Nur einen Menschen, der noch tierisch ist, regiert, meistert, zwingt und nötigt das ‹Gestirn›, daß er nicht anders kann, als ihm zu folgen – wie der Dieb dem Galgen, der Mörder dem Gerädertwerden, der Fischer den Fischen, der Vogelfänger den Vögeln oder der Jäger dem Wild nicht zu entgehen vermag. Das aber rührt daher, daß ein solcher Mensch sich selbst nicht kennt und die Kräfte, die in ihm verborgen liegen, nicht zu gebrauchen versteht und er nicht weiß, daß er das ‹Gestirn› auch in sich trägt, daß er der Mikrokosmos ist und so das ganze Firmament mit allen seinen Wirkekräften in sich birgt. Mit Recht kann er darum als töricht und unweise gescholten werden und muß in harter Knechtschaft allem Irdisch-Sterblichen unterworfen sein.»

Dieses Paracelsus-Wort nahm viel von unserem Wissen über Atomzusammensetzung, Weltraumstrahlung und Planeteneinfluß voraus. Wer es aufmerksam liest, wird sich davon Rechenschaft geben. Wenn aber der eine oder andere vielleicht an dem Worte «tierisch» Anstoß nehmen sollte, so muß hier festgestellt werden, daß für Paracelsus dieses Adjektiv mehr einen feststellenden als einen verunglimpfenden Sinn gehabt haben mag.

Doch damit genug von diesem Thema, das zu streifen unumgänglich erschien, weil es heute mehr als einen bewegt, und nicht zuletzt, weil die neuesten wissenschaftlichen Forschungsergebnisse die Astrologiegläubigen fälschlicherweise ermutigen, ihren Glauben aber auch vernichten können. Das eine wie das andere hängt von der Einstellung des Beurteilers und von der vernünftigen und überlegten Interpretation der mitgeteilten Tatsachen ab.

14. Rhine
(Die Telepathie)

Der englische Kulturhistoriker Gerald Heard, der wegen seines ungewöhnlich geistreichen, blendenden, manchmal etwas saloppen Stils und auch wegen seiner Kühnheit der Schlußfolgerungen in England einerseits sehr angegriffen, andererseits sehr geachtet wird, schrieb in seinem Buche «These Hurrying Years (1900 bis 1933)» («Diese eilenden Jahre») von dem Dezennium, welches die Jahre 1919 bis 1929 umfaßt: «Vielleicht werden Epochen, die einen Abstand zu unserem Zeitalter haben werden, den wir selber nicht zu erreichen hoffen können, als die bedeutsamste Entdeckung unseres Zeitalters die der Telepathie betrachten.»

Unter den vielen anderen Autoren, die in den letzten Jahren den Versuch unternahmen, die Situation unserer Zeit zu deuten, befindet sich unseres Wissens nicht einer, der diese Ansicht verträte, jedenfalls finden wir keinen kontinentalen Schriftsteller, der so entscheidend auf die Wichtigkeit der Entdeckung der Telepathie hingewiesen hätte. Es ist durchaus kein Zufall (wobei wir davon absehen, daß es so etwas wie den [blinden] Zufall gar nicht gibt, denn alles uns

Zufallende ist in der Gesamtzeichnung unseres Lebens nichts anderes als die äußere Entsprechung innerer Gegebenheiten, wodurch der Zufall als solcher, wie ich meine, selbst aus der Sphäre des Schicksals und auch aus der des Determinismus und des Indeterminismus herausgehoben wird; wer den Zufall als blindes Geschehen akzeptiert, der stellt sein Leben in die Sinnlosigkeit); jedenfalls ist es kein Zufall, daß es ein Engländer war, der den angeführten Ausspruch über die Telepathie tat. Denn es ist vor allem England, welches sich diesem Problem schon früh zugewandt hat und es seit 1882 systematisch und streng wissenschaftlich untersucht. Die «Society for Psychical Research» («Gesellschaft für psychische Forschung») hat mit strengstem Sinn für Kritik und Objektivität aus aller Welt das Material zusammengetragen, welches es uns erlaubt, heute von der Telepathie als einem Vorgang zu sprechen, der seinen «okkulten» Beigeschmack verloren hat.

Wir wollen hier nur jenen Aspekt der Telepathie betrachten, den man auch mit dem Namen «Gedankenübertragung» bezeichnet. Alle anderen Aspekte, wie die medialen und spiritistischen Formen, sowie die Halluzinationen interessieren uns hier nicht, da es sich bei ihnen um Phänomene handelt, denen man wissenschaftlich noch nicht einwandfrei auf die Spur gekommen ist. Wer sich für diesen ganzen Fragenbereich interessiert und ihn auf eine sachlich einwandfreie Weise dargestellt kennenzulernen wünscht, der sei auf das kleine Werk des bekannten deutschen Forschers Hans Driesch: «Parapsychologie» sowie auf die Schrift von Hans Bender: «Parapsychologie – ihre Ergebnisse und Probleme» hingewiesen. Driesch schwankt zwar noch, ob er die Telepathie als «Urphänomen» oder als ein Strahlungsphänomen betrachten soll, während Bender sich mehr unserem (anderen Orts ausgeführten) Gesichtspunkt annähert, daß es sich weniger um ein Strahlungsphänomen handele, daß es sich also nur bedingt als Kausalkonnex definieren lasse, sondern daß ihm ein (wie wir es formulierten) praekausaler Vitalkonnex zugrunde liege. Andere Forscher, wie beispielsweise Dr. Albert Leprince, Professor am «Institut International des Hautes Etudes de Nice» und «Correspondant de la Société de Médecine de Paris», der für seine wissenschaftlichen Forschungen 1935 den «Prix Vauchez» erhielt, weist in seinem Werk «Les Ondes de la Pensée» nach, daß es sich bei den telepathischen Erscheinungen sehr wohl um Wellen bzw. Strahlen handeln *könne*.

Den entscheidenden experimentellen Schritt jedoch vollzog der amerikanische Forscher J.B. Rhine, Leiter des Parapsychologischen

Institutes der Duke Universität. In seinem (1938) von Hans Driesch unter dem Titel «Neuland der Seele» ins Deutsche übertragenen Werke hat er für die Existenz der Telepathie erstmalig den unwiderlegbaren wissenschaftlichen Beweis an Hand einwandfreien Materials geführt. Seitdem wissen wir, daß es Telepathie gibt. Dagegen wissen wir noch nicht genau, wie sie zustande kommt. Es ist ungemein wichtig, daß auf diese von Rhine erarbeiteten Resultate eindringlich hingewiesen wird. «Es sind bis jetzt keine stichhaltigen Einwände gegen diese Resultate (der Rhineschen Forschung) vorgebracht worden. Sie laufen daher Gefahr, ignoriert zu werden», bemerkt C. G. Jung zu Recht in seinem Buche «Gestaltungen des Unbewußten» (siehe dort S. 84, Anm. 2). Es ist aber zu hoffen, daß sich die einzelnen Fachwissenschaften mit diesen Resultaten, die ihnen teilweise vielleicht höchst unbequem sein dürften, beschäftigen werden. Und das letzte Werk von Rhine, «Die Reichweite des menschlichen Geistes», hat sie auch bereits dazu gezwungen, da in ihm außer der Telepathie noch andere Fernwirkungen des menschlichen «Geistes» untersucht werden. Vor allem sind es Heinlein und Prokop von der Universität Bonn, die mit Versuchsreihen, denen ein rein physikalisches Vorgehen zugrunde gelegen zu haben scheint, glauben, Rhine widerlegt zu haben, was bei einem solchen Vorgehen übrigens einfach sein dürfte, denn ein Geschehen wie das untersuchte, das sich vornehmlich im Psychisch-Vitalen abspielt, also in einer anderen Struktur als der bloß materiell-organischen, kann man durch Anwendung einer materiellen Methode und Einstellung nicht nur nicht erfassen, sondern muß es zwangsläufig zerstören. Doch überlassen wir diese Auseinandersetzung den Physiologen und Parapsychologen. Die von Prokop behauptete Widerlegung der Experimente Rhines ist jedenfalls noch keine Widerlegung der sogenannten telepathischen Erscheinungen, die nach wie vor als gesichert gelten dürfen.

In diesem Zusammenhange ist es auch interessant, festzustellen, daß einer der «materialistischen» Schriftsteller unserer Zeit, Upton Sinclair, über dieses Problem ein Buch veröffentlichte, in welchem er die Resultate publizierte, welche er hinsichtlich der Gedankenübertragung mit seiner Frau erhielt, als diese sich in New York, er sich aber in San Franzisko befand.

Das aber, was an der Telepathie das überraschendste ist und sie zu einem Zwischengliede zwischen entstofflichter Physik und materialisierter Psychologie werden läßt, ist die Tatsache, daß (wir zitieren Leprince) «zahlreiche, über mehr als zwanzig Jahre hin durchgeführte

Versuche uns die Wirklichkeit (das Vorhandensein) dieser ‹übernormalen› Fähigkeit des menschlichen Geistes bewiesen haben, die Fähigkeit, in die Persönlichkeit eines Menschen einzudringen» – es hieße wohl besser: mit einem Menschen zu partizipieren! –, «ohne daß dabei die Begriffe Zeit und Raum eine Rolle spielen». Denn wie ein anderer französischer Gelehrter nachgewiesen hat, ist «die Geschwindigkeit des Gedankens eine augenblickliche». Dieser Satz stammt von Charles-Henry, der ihn auf Grund von Berechnungen formulieren durfte, die er in der «Revue Métapsychique» (1932, Nr. 5) mitteilte und aus denen hervorgeht, daß die Geschwindigkeit des Gedankens einhundertmillionenmal größer ist als die der von Laplace berechneten Gravitation. Diese beträgt dreihunderttausend Kilometer pro Sekunde, die «psychische Geschwindigkeit» demnach dreißig Billionen Kilomter pro Sekunde – das aber bedeutet, daß sie «augenblicklich» oder, wie der französische Forscher es bezeichnet, daß sie «instantanée» ist. In dieser «Augenblicklichkeit» drückt sich die teilweise (und wohl grundstrukturelle!) Unabhängigkeit des Menschen von den raumzeitlichen Gegebenheiten aus, die auch Rhine in seinem letzten Werke nachweist. Übrigens hat C.G. Jung für das mit dem Ausdruck «Augenblicklichkeit» interpretierte Phänomen den Begriff «Synchronizität», d.h. «Gleichzeitigkeit», geprägt; es wäre aber wahrscheinlich strukturgerechter, ihn durch den Begriff «Gleichsinnigkeit» zu ersetzen, weil bei den betreffenden Phänomenen der übliche Zeit-, Raum- und damit auch der Kausalitätsbegriff irrelevant sind. Die «Grundlagen» dieser wirkenden Raumzeitlosigkeit und ihre konstituierende Bedeutung für jeden Menschen haben wir andern Orts[7] ausführlich dargestellt.

In der Telepathie haben wir eine Erscheinung vor uns, die jedem Menschen einmal zugestoßen sein mag. Aber bisher hatte man überhaupt keine Erklärung für sie. Die Kräfte, auf Grund derer diese Vorgänge möglich sind, werden von den Parapsychologen erforscht, nachdem nun nachgewiesen worden ist, daß zwei Personen im Bruchteil der gleichen Sekunde den gleichen Gedanken haben können, wobei es gleichgültig ist, ob sie dabei nur einen Meter oder Tausende von Kilometern voneinander getrennt sind. Diese Überwindung von Zeit und Raum, auf die wir in den Eingangskapiteln bereits hinwiesen und die selbst ein Gelehrter wie Max Planck in Rechnung stellt, wenn er in seinem bereits erwähnten Vortrag («Determinismus oder Indeterminismus», 1938, S.25) ausführt, daß der Mensch die «Fähigkeit (hat), in Gedanken über die Natur hinauszugehen», zeigt sich hier stärker und offensichtlicher als in den anderen Entdeckungen, die wir bisher zu betrachten Gelegenheit hatten. Dabei muß jedoch festgehalten werden, daß der Physiker Planck im Context des zitierten Satzes das Phänomen der Telepathie nicht erwähnt, daß wir dagegen diesem Satze eine prinzipielle Allgemeingültigkeit zubilligen, die durch gleichlautende Formulierungen aus der Philosophie erhärtet werden kann. Was nun in diesem Zusammenhange die Telepathie betrifft, so können wir feststellen, daß sie sich einerseits noch durchaus im Bereiche der sichtbaren Natur abspielt, andererseits aber doch bereits jenen Aspekt der uns sonst unsichtbaren Natur durchschimmern läßt, der die Gewähr dafür sein könnte, daß man «in Gedanken über die Natur hinauszugehen» vermag. Entscheidend dabei ist, was unter «Gedanke» und was unter «Natur» verstanden wird. Daß aber dieses «Hinausgehen» ohne Zweifel nur durch die *bewußte* Realisierung der Raum-Zeit-Einheit zu ermöglichen ist, dürfte nach den Ausführungen dieses Buches annehmbar sein. So betrachtet ist es jedenfalls statthaft, in diesem Zusammenhange den Satz Plancks heranzuziehen.

Hinsichtlich der Telepathie darf nun eine für die Zukunft folgenschwere Tatsache nicht unerwähnt gelassen werden: anscheinend ist es einem italienischen Gelehrten, Dr. Calligaris, Dozenten für Neuropathologie an der Universität Rom, durch jahrzehntelange Forschungen gelungen, das Auftreten bestimmter Gedanken durch indirekte Reizung innerer Organe des menschlichen Körpers auszulösen. Leprince berichtet auf dokumentarische Weise darüber in seinem bereits genannten Werk. Die Befunde Dr. Calligaris' entsprechen auch den Ansichten und Überlegungen des berühmten französischen Arztes und Forschers Alexis Carrel, der durch sein Buch «L'homme, cet inconnu», das auch in deutscher Übersetzung unter dem Titel «Der Mensch, das unbekannte Wesen» vorliegt, weltbekannt wurde. Carrel selbst schreibt: «Wir wissen, daß der Geist nicht gänzlich in die vier Dimensionen des physischen Continuums (der Natur) eingeschrieben ist.» Und er stellt fest – das aber stützt die These Calligaris' –: «daß die Oberfläche unseres Körpers nicht die Grenzen des Individuums darstellt». Was nämlich der italienische Arzt nachwies, ist, daß eine gewisse Art telepathischer Vorgänge durch Reizung verschiedener Stellen des menschlichen Körpers ausgelöst werden können. Er ging dabei von rein ärztlichen Erwägungen aus. Ihm kam es darauf an, für die Medizin neue Wege der Diagnostik und der Behandlung zu finden. Ihm ist das in weitgehendem Maße gelungen. Diese revolutionierenden Tatsachen im einzelnen auszuführen, würde hier – leider – zu weit führen. Aber es sei noch auf einen Umstand hingewiesen, welcher der Erwähnung wert ist.

Forschungen von Fitzgerald und Bovers haben uns außer der Jiu-Jitsu-Technik der Japaner auch ein altes asiatisches Heilverfahren nähergebracht, die sogenannte Akupunktur, die aus China stammt und besonders von dem Chinaforscher (Sinologen) Georges Soulié de Morant nicht nur weiter erforscht wurde, sondern auch durch ihn in der Praxis angewandt wird. Die Akupunktur ist ein Heilverfahren, bei dem gewisse Teile des Körpers plötzlich ausgelösten Einwirkungen ausgesetzt werden, welche im als krank vermuteten Organ eine heilende Reflexwirkung zustande bringen. Man glaubte zuerst, daß diese Heilmethode einerseits mit gewissen Gesetzen der japanischen Jiu-Jitsu-Technik übereinstimme, andererseits mit dem von Calligaris gefundenen Verfahren. Später stellte sich jedoch heraus, daß nur die Jiu-Jitsu-Tafeln der Japaner (also jene, auf welchen die Stellen des menschlichen Körpers eingezeichnet sind, die, auf eine gewisse Weise berührt, den sofortigen Tod des Gegners zur Folge haben) und die Körper-Diagramme Calligaris' eine fast vollständige Übereinstimmung der «sensiblen Punkte» des menschlichen Körpers aufweisen. Dies aber ist noch immer überraschend genug, denn Calligaris kannte jene Tafeln der Japaner nicht. Er, der Europäer, entdeckte auf echt europäische, d.h. experimentelle, verstandesmäßige Weise, was die Asiaten «intuitiv» wußten. Aber natürlich eröffnet die Möglichkeit des verstandesmäßigen Wissens um diese Dinge vorerst noch unausdenkbare Perspektiven.

15. Carrel
(Grenzgebiete der Telepathie)

Mit den Erörterungen über Telepathie sind wir in die bedrohliche Nähe von Erscheinungen, Vorgängen und Praktiken gekommen, die man heutzutage gern unter dem Worte «Magie» oder «Okkultismus» zusammenfaßt. Besonders in den letzten Jahren ist die Literatur über dieses Gebiet sehr angewachsen, und man beginnt es wissenschaftlich zu erforschen, wobei die völkerkundlichen Werke vielleicht die ausschlaggebende Rolle spielen. Wir werden später gezwungen sein, einige dieser Fragen zu streifen. Hier interessiert es uns, noch einen Blick auf jene Phänomene zu werfen, die, über dem

«Magischen» stehend, zweifelsohne ihre noch ungeklärte «Ursache» in bewußt-seelischen, in rein gedanklichen Vorgängen haben oder haben könnten. In einem der früheren Kapitel sagten wir, daß der Gedanke, der vom Menschen geformte Gedanke, ohne jeden Zweifel die stärkste Realität sei. Nach dem, was wir gesehen haben, können wir diese Überlegung sogar noch erweitern und sagen, der Gedanke ist nicht nur eine Wirklichkeit, sondern er schafft die Wirklichkeit. Ja, darüber hinaus kann er sich sogar direkt materiell verdichten, nicht etwa, indem durch Gedankenarbeit eine Maschine konstruiert, ein Buch geschrieben oder eine gewinnbringende Börsenoperation durchgeführt wird, was einer indirekten Verdichtung entspräche. Was wir meinen, wenn wir sagen, ein Gedanke könne sich «direkt» materiell verdichten, möchten wir an einem Experiment klarmachen, welches im Jahre 1923 von dem Vizepräsidenten der «California Psychical Research» durchgeführt wurde und das Photographieren eines Denkprozesses betrifft. Eine ungebrauchte, unbelichtete, photographische Platte, die in schwarzes Papier eingewickelt und in einen geschlossenen gelben Umschlag gesteckt worden war, wurde vor den Augen der (zweifellos hochsensitiven oder konzentrationsmäßig geschulten) Versuchsperson aufgehängt. Nachdem diese auf ein Stück Papier ein Kreuz von ganz bestimmten Formen und Maßen gezeichnet hatte, konzentrierte sie sich während zehn Minuten, indem sie den gelben Umschlag fixierte. Nach dieser zehnminütigen «Bestrahlung» ging man daran, die Platte zu entwickeln und fand auf ihr photographiert ein deutliches, ganz klar gezeichnetes Kreuz, das dem auf das Papier gezeichneten entsprach. Dieser Versuch ist über hundertmal unter Zuhilfenahme aller nur denkbaren Vorsichtsmaßnahmen und in Anwesenheit und unter einwandfreier Kontrolle von Wissenschaftlern wiederholt worden und hat jedesmal das gleiche Resultat gezeitigt. So wenigstens lautet der von Leprince auf Grund der von der «California Psychical Research» vorgelegten Dokumentation gegebene Bericht. Zudem wurden Parallelversuche mit gleichen Resultaten von einem japanischen Arzte ausgeführt und veröffentlicht, während die französischen Forscher Darget und Rochas Jahrzehnte zuvor bereits ähnliche Versuche angestellt hatten. Wir müssen aber feststellen, daß diese Versuche noch nicht einwandfrei nachgewiesen sind und deshalb noch mit einer gewissen Skepsis aufgenommen werden müssen. Sie werden übrigens, wie dies ja auch den Forschungen Rhines gegenüber geschehen ist, vorerst noch von den Fachwissenschaften teils ignoriert, teils bekämpft. Wir weisen trotzdem auf sie hin; dies nicht, um der sich von Jahrzehnt zu Jahrzehnt immer stärker bemerkbar machenden und sicher irrigen Einstellung Vorschub zu leisten, die auf eine Materialisierung des «Okkulten» abzielt, sondern weil das Phänomen als solches einer Untersuchung wert wäre. Dies um so mehr, als im Anschluß an die Arbeiten des italienischen Neurologen Cazzamalli die vom Gehirn ausgehenden Wellen heute nachgewiesen und meßbar sind. (Die heutige amerikanische Forschung beschäftigt sich ja intensiv mit den «brain-waves», Gehirnwellen.) Inwiefern sich ihre wohl nur elektrisch-chemische Energie in Leucht-Energie, welche die photographische Platte imprägnieren könnte, verwandeln und dazu noch durch den menschlichen Willen oder durch gedankliche Konzentration gerichtet und zu einer Gestalt gebündelt werden kann, bleibt vorerst noch eine offene Frage.

Wenn wir im vorangegangenen Kapitel es wagten, der «Entstofflichung der Physik» eine «Materialisierung der Psychologie» entgegenzusetzen (wobei wir uns vorbehalten, später noch auf die moderne Psychologie einzugehen), so geschah es im Hinblick auf dieses Phänomen und ähnliche, die hier zu erwähnen zu weit führen würde. Dabei ist es natürlich anfechtbar, daß wir uns des Ausdruckes «Psychologie» bedienten; mag dieser trotzdem stehen bleiben, da er als Gegensatz-Begriff zu «Physik» eine Hilfe für das logische Verstehen bedeuten kann.

Ist das kalifornische Experiment, diese «Übertragung» eines Gedankens auf eine photographische Platte (welcher Vorgang immerhin einige Vermutungen, das Wesen des Gedankens betreffend, zuläßt und im Prinzip mit jenen Ansichten übereinstimmt, die hinsichtlich seiner Natur Leprince, Calligaris und Cazzamalli äußerten: daß er eine «Strahlung» bzw. Welle sei) – ist dieses kalifornische Experiment irgendwie noch «erklärbar», ja «begreifbar», eben weil die photographische Platte etwas ist, das man sehr wohl mit seinen Händen be*greifen* kann, so gibt es andere «gedankliche» Phänomene, die uns zur Zeit, rein wissenschaftlich, noch nicht begreifbar erscheinen, deren Existenz aber nachgewiesen ist und mit denen sich die Wissenschaft sehr ernsthaft auseinanderzusetzen beginnt.

Wir wollen im folgenden, selbst auf die Gefahr hin, späteren Ausführungen dadurch etwas vorzugreifen, wenigstens zwei dieser Phänomene nennen. Wir tun dies nicht, um sensationelle Tatsachen zu erzählen, sondern lediglich, um anzudeuten, welche Richtung die heutige Forschung nehmen wird, um gewissen Erscheinungen auf die Spur zu kommen. Und wir geben auch diese Tatsachen mit allen Vorbehalten wieder, die ihnen gegenüber gemacht werden müssen, solange die Wissenschaft noch nicht positiv zu ihnen Stellung zu nehmen vermochte.

In einem lesenswerten Buche des italienischen Orientalisten Giuseppe Tucci, «Santi e briganti nel Tibet ignoto. Diario della spedizione nel Tibet occidentale 1935», das 1937 in Mailand erschien, begegnen wir vielen Fällen gesteigerter Telepathie. Weitere, nicht nur eindrucksvolle, sondern auch kritisch gewürdigte Forschungsresultate teilt der ernsthafte italienische Forscher Ernesto Bozzano in seinem Werke «Popoli primitivi e manifestazioni supernormali» mit, das jetzt auch in deutscher Übersetzung unter dem Titel «Übersinnliche Erscheinungen bei Naturvölkern» vorliegt. Das gleiche gilt von den Berichten aus Tibet, die wir Alexandra David-Neel verdanken (siehe Literaturverzeichnis). Wir beschränken uns darauf, auf diese Werke hinzuweisen, die, kritisch gelesen, aufschlußreich zu sein vermögen.

Dagegen möchten wir von einem Vorgang berichten, der sich in einem anderen, ebenfalls ungemein interessanten Werk beschrieben findet, das aber, wie wir ausdrücklich betonen wollen, von wissenschaftlicher Seite sehr kritisch betrachtet wird. Es handelt sich um das Buch, das der Amerikaner W. B. Seabrook über seinen Aufenthalt auf Haiti veröffentlichte. Der Titel des Buches deutet bereits auf seinen Grundcharakter hin. Er lautet: «The Magic Island». (Es existiert auch eine deutschsprachige Übersetzung.) Dieses Buch als solches interessiert uns im Moment nicht so sehr, weil es sich vorwiegend mit «magischen» Vorgängen befaßt. Aber eine besonders starke Form von Telepathie verdient hier hervorgehoben zu werden, weil sie durch die Forschungsergebnisse, die uns Leprince in seinem Werk über «provozierte Telepathie» mitteilt, bis zu einem gewissen Grade bereits eine rein verstandesmäßige Erklärung finden könnte. Es handelt sich um folgende Tatsache, die Seabrook im vierten Kapitel seines dokumentarischen Werkes beschreibt: «Weiße Männer sind in London gestorben – und die Akten darüber befinden sich in Scotland Yard –, weil ein Mönch in den Gebirgen Tibets sie zum Sterben bestimmte und murmelnd in seiner fernen Zelle mitten im Himalaja saß.»

Das kalifornische sowohl als das verbrecherische tibetanische Beispiel können uns, besonders wenn das letztere erst einmal auf seine wissenschaftliche Stichhaltigkeit überprüft würde, einen Begriff von der Wirksamkeit des Gedankens geben, die hier die Form des Machteinflusses annimmt. Wir werden diese Wirksamkeit im Auge behalten müssen, wenn wir später verschiedene Forschungen der neuen Psychologie betrachten. Der Hauptwert dieser Beispiele besteht darin, daß es sich in beiden Fällen ohne Zweifel um gedankliche Übertragungen handelt und nicht um eine bloße Willensübertragung (wie beispielsweise in der Hypnose). Dies muß festgehalten und betont werden. Denn es gibt genügend ähnliche Phänomene, die sich heute noch nicht auf das rein Gedankliche (falls es etwas Derartiges überhaupt gibt, worüber unsere späteren Betrachtungen Aufschluß geben werden) zurückführen lassen, da in ihnen möglicherweise als Urheber oder Auslöser andere Vorgänge oder Elemente noch unbekannter seelischer, atmosphärischer oder kommunionhafter Natur eine Rolle spielen mögen. Um ein Beispiel dafür zu geben, was wir mit «kommunionhaft» meinen, sei auf die Beschreibung des Arztes Carrel hingewiesen, welche er von den Heilvorgängen in Lourdes gibt. Er, der exakte Wissenschaftler und verstandesmäßig vorgehende Arzt, muß zugeben, daß in Lourdes Heilungen zustande kommen, wie sie durch die heutige Medizin in so kurzer Zeit nicht erreicht werden können. «Die einzige unentbehrliche Bedingung für diesen Vorgang (der Heilung)», so schreibt er in seinem bereits genannten Werk, «ist das Gebet. Aber es ist nicht nötig, daß der Kranke selber bete oder daß er den religiösen Glauben besitze. Es genügt, daß jemand in seiner nächsten Nähe im Zustand des Gebetes sei.»

Ohne Zweifel fällt dieses Beispiel aus Lourdes bereits in das medizinische Grenzgebiet. Wir erwähnen es hauptsächlich, um durch seine Beschreibung den Charakter der beiden anderen, derer aus Kalifornien und Tibet, noch deutlicher hervortreten zu lassen.

Dasjenige aber, was uns unsere Betrachtungen über die Telepathie, handle es sich dabei um die gewöhnliche oder die provozierte Telepathie oder um Erscheinungen wie die oben erwähnten, erkennen lassen, ist die Tatsache, daß die heutige Wissenschaft dem Phänomen «Gedanke» auf eine verstandesmäßige Art auf die Spur zu kommen scheint. Dabei stellt es sich nun heraus, daß dieses «Produkt» des menschlichen Gehirns und des menschlichen Körpers (!) – auf welch letzteren Umstand auch Carrel hinweist, nachdem wir einer gleichen Auffassung ja schon bei Leprince und Calligaris begegneten – das am feinsten organisierte, das unsichtbarste aber zugleich auch das kräftigste und am stärksten unsere Welt beeinflussende Element ist, gegen welches die bereits mikroskopisch kaum mehr sichtbaren Atome sich wie Kieselsteine ausnehmen. Folgerungen aus diesem Tatbestand, soweit man Folgerungen aus ihm jetzt schon ziehen darf, werden wir im folgenden Kapitel betrachten.

16. Eine Zwischenbilanz

Ehe wir uns der Biologie, der Harmonik und der Psychologie (und im Vorübergehen auch der Mythologie und der Völkerkunde, der Graphologie und der Physiognomik) zuwenden, ist es angebracht, einmal einen Blick zurückzuwerfen, um zu sehen, was wir betrachtet haben und welche Resultate, zumindest aber welche Teilresultate diese bisherigen Betrachtungen zeitigen oder zeitigen können.

Es ist nicht das geringste damit getan, daß man Tatsachen erzählt oder daß man sich von Tatsachen berichten läßt, es mögen diese nun so interessant sein wie nur möglich. Eine bloße Anhäufung von Wissen und Kenntnissen ist ein Ballast, der, statt lebensfördernd zu wirken, lebenshindernd sich auswirkt. Ein Gedanke, von dem wir hören oder den wir lesen und den wir nicht, wenn auch vielleicht erst durch einiges Nachdenken, zu unserem persönlichen Leben in Beziehung bringen können, ist nicht der Mühe wert, gehört oder gelesen worden zu sein. Dieses In-Beziehung-Setzen ist gar kein so leichtes Unterfangen. Die wenigsten Menschen geben sich überhaupt die Mühe, wirklich richtig zu denken. Das ist eine bekannte Tatsache. Und die wenigen, die wirklich denken, vergessen nur zu oft, daß es gar nicht darauf ankommt, vielerlei Verschiedenes zu denken, sondern einen oder zwei Haupt- oder Grundgedanken möglichst klar zu Ende zu denken. Daß man nie zu einem Ende kommt, ist dabei nicht von Belang, wenn es auch nur annähernd gelingt, ein Stück des Weges zu überschauen.

Der heutige Mensch ist zufolge der vielfach verderbend wirkenden Einrichtungen von Kino, Radio und illustrierter Zeitung (bzw. ihrer verderblich wirkenden Anwendung) einem derartigen Bombardement von Eindrücken ausgesetzt, die zudem noch meist künstlich hervorgebracht und künstlich in ihrem emotionalen Werte gesteigert sind, daß es von Wichtigkeit ist, jeder möchte die Kunst lernen, das für ihn Notwendige von dem für ihn nur Nebensächlichen unterscheiden zu können. Der Satz Max Liebermanns: «Zeichnen heißt Weglassen» gilt in einem übertragenen Sinne für alle Tätigkeiten.

Diesen Satz haben wir auch – wahrscheinlich zum Unwillen aller Fachleute – in den bisherigen Darstellungen wissenschaftlicher Forschungsergebnisse beherzigt. Und bei dieser Gelegenheit sei nochmals auf einen Umstand hingewiesen, der für diese Ausführungen Geltung hat und den zu betonen in dem Moment wichtig erscheint, da wir uns einen Überblick über das bisher Gesagte verschaffen wollen, zumal in dem Gesagten auch wissenschaftlich unbeliebte Ausdrücke wie beispielsweise «Astrologie» und «Magie» gefallen sind. Der Umstand aber, den zu betonen wir für so äußerst wichtig halten, läßt sich in einem einzigen Satze zusammenfassen: Da diese Ausführungen notgedrungen eine Zusammenfassung auf schmalstem Raume darstellen, da es ihr Anliegen ist, ein allgemeines Bild des heutigen Standes der Wissenschaft zu geben, damit sich aus den Grundüberlegungen, die heute die Wissenschaft bewegen, und aus ihren neuesten Einsichten eine Beziehung zu unserem Alltag ablesen lasse, konnten Vergröberungen, Verallgemeinerungen, die man auch Vereinfachungen nennen darf, sich nicht umgehen lassen; diese sind durchaus erstrebenswert, denn ohne sie könnte sich ein Nicht-Wissenschaftler überhaupt keine Vorstellung von dem machen, was heute die Welt von Grund auf zu verändern beginnt.

Und es kommt noch eines hinzu, worauf hier auch nochmals hingewiesen werden muß: es handelt sich für uns nicht darum, daß wir mit der Wiederholung dieser oder jener Forschungsergebnisse recht behalten oder diesem oder jenem Forscher recht geben wollten. Mit aus diesem Grunde nennen wir ja auch im Literaturverzeichnis die Quellen. Für uns handelt es sich lediglich um eine möglichst objektive Berichterstattung, wobei wir es dem Leser ersparen, die verschiedenen sich bekämpfenden Meinungen vorzutragen, da dies zu weit führen würde; wir unternehmen nur den Versuch, das darzustellen, was das Best-Bewiesene zu sein scheint. Weder die Einzelwissenschaft noch dies oder jenes Einzelergebnis sind wichtig – sondern lediglich die große Idee, die dahinter steht, gewußt oder ungewußt, die allem mehr oder weniger gemeinsam ist und die über die Wissenschaft hinaus in jedes einzelne Menschenleben hineinreicht.

Diese zentrale Idee oder, wenn wir vorsichtiger sein wollen, nennen wir es, wie wir es zu Beginn dieses Buches getan haben: dieser Grundgedanke ist die Sprengung bzw. Überwindung des Zeitbegriffes. Wir sahen, wie in der Renaissance der Raum gesprengt wurde, wie diese Tatsache eine revolutionierende Erweiterung des abendländischen Weltbildes mit sich brachte. Nun, da wir die Entdeckungen der Physik unseres Jahrhunderts betrachtet haben, dürfen wir sagen, daß wir die Wandlungen beobachteten, welche die Überwindung des alten Zeitbegriffs mit sich führten. Nicht nur hat sich der Raum aus einem dreidimensionalen in einen vierdimensionalen verwandelt – was geschah, ist sehr viel bedeutsamer: dadurch, daß Raum und Zeit vereinigt wurden, ein Ganzes bilden, haben wir einen Standpunkt gefunden, der nun auch bereits über diese neue Gegebenheit hinauszuführen vermag. Die verstandesmäßige Einsicht, daß die feinsten Strahlungen, die wir als solche vermuten dürfen, die Gedanken, weder an Raum noch Zeit gebunden sind, war nur möglich auf Grund der Resultate, die uns die Physik in ihren neuesten Forschungsergebnissen zugänglich machte.

Wenn wir uns noch einmal der hauptsächlichsten Entdeckungen erinnern, werden wir sehen, daß das soeben Gesagte stichhaltig ist. Nachdem wir in den ersten Kapiteln gesehen haben, wie sich die Wissenschaft, jenes Produkt des neuartigen europäischen Denkens, das ein betont verstandesmäßiges ist, entwickelte, sind wir in die Behandlung der «Gegebenheiten» eingetreten, die durch Einstein entdeckt wurden. (Wir sahen aber davon ab, die Entdeckungen von Röntgen und von Frau Curie – Röntgenstrahlen und Radioaktivität – zu behandeln, weil sie als bekannt vorausgesetzt werden durften.) An der «vierten Dimension» wurde uns die Raum-Zeit-Einheit klar, an der «Relativität» die enge Beziehung alles «Gegensätzlichen», der Verlust des Feststehenden einerseits, der Gewinn einer weiterschauenden Betrachtungsweise andererseits. Die «Quantentheorie» Plancks vertiefte dann auf der einen Seite das Verständnis der Einsteinschen Theorien, bereitete auf der anderen Seite das der «Lichttheorie» (bzw. der «Wellenmechanik») de Broglies vor. An ihr wurde uns noch deutlicher, welche Rolle Bewegung (Zeit) und Körper (Raum) in den Atomen, den letzten uns sichtbaren «Wirklichkeiten» spielen. Wir gelangten zu den neuartig begriffenen Vorstellungen von «Dynamik» und «Ganzheit», sahen stärker noch als zuvor den Versuch, den alten Dualismus zu überwinden, und sahen, dank Bohrs Atombefunden, daß Mensch und Weltall keine Gegensätze, sondern zumindest Entsprechungen sind. Wir warfen dann einen Blick auf das heute vermutete Bild des Universums, wie es sich dank de Sitter durchsetzen konnte, sahen auch hier, welche Folgen die Einführung der «Relativität» (in Form der «dynamischen Lösungen» der Gravitationstheorie) gezeigt hat, und wandten uns dann wieder den Sternen der Erde, den Atomen, zu. An Rutherfords gelungenen Versuchen, Atome zu zertrümmern und aufzubauen, wurde uns klar, welche Rolle das kaum noch Sichtbare spielt, während uns die «kosmischen Strahlen» lehrten, in welchem Maße wir von kaum faßbarer «Materie» abhängig sind. Wir stellten fest, wie die Physik sich immer mehr gezwungen sieht, eine «Entstofflichung der Materie» zuzugeben, wie andererseits aber eine «Verstofflichung des Geistigen» stattfindet, worauf uns auch die verschiedenen Erscheinungsformen der Telepathie hinwiesen.

Wenn wir im 4. Kapitel von einer «*Überwindung bzw. Sprengung des alten Zeitbegriffes*» sprachen, so können wir jetzt übersehen, was mit dieser Formulierung exakt gemeint ist. Wir bildeten sie als Analogie-Begriff zu der von uns festgestellten «Überwindung bzw. Sprengung des Raumbegriffes» in der Renaissance. Sie will die Tatsache ausdrücken, daß die frühere Vorstellung von der Zeit als einem Kontinuum, d.h. historisch-kausal betrachtet als einer linearen Aufeinanderfolge von Vergangenheit, Gegenwart und Zukunft, überwunden wurde. Heute erkennen wir, daß zeitliche Phänomene auch «diskontinuierlich», nämlich «sprunghaft» (Quantentheorie) auftreten können und daß die Zeit sich in den Raum einfügen läßt (vierte Dimension): sowohl die Auffassung von ihrer Einstrebigkeit (ihrer bloßen Zukunftsgerichtetheit) als auch die von ihrer Isoliertheit (ihrem Getrenntsein vom Räumlichen) sind überwunden. Der Zeitbegriff ist durch die moderne Physik so *erweitert* und zugleich auch präzisiert worden, wie es einst, dank der Perspektive, mit dem Raumbegriff geschehen ist. Diese Tatsache hat eine derartige Wandlung unseres Weltbildes mit sich gebracht, daß wir heute fähig sind, den Dualismus Seele–Materie zu überwinden, sie als Einheit zu sehen, von der aus sich ungeahnte Horizonte für die Zukunft eröffnen.

Dies ist ein gewaltiges Ergebnis. Seine Nutzanwendung auf das persönliche Leben jedes einzelnen versuchten wir bereits hin und wieder anzudeuten. Sie wird sich bei der Betrachtung der noch zu behandelnden Wissensgebiete immer stärker herauskristallisieren, und wir werden am Schluß unserer Betrachtungen in der Lage sein, nicht nur eine objektive (verstandesmäßige), sondern auch eine wertende (ethische, moralische, soziale) Folgerung aus alledem zu ziehen, die sich zudem als im höchsten Maße zukunftversprechend und aufbauend herausstellen wird.

DIE BIOLOGIE

17. De Vries

(Die Mutationstheorie)

Als im Jahre 1900 der Naturforscher de Vries an einer bestimmten Pflanzenart eine merkwürdige Beobachtung machte, konnte man sich diese in wissenschaftlichen Kreisen zunächst nicht erklären. Es war in der Nähe von Amsterdam, wo de Vries in einem Beet von Nachtkerzen das plötzliche Auftreten einer größeren Zahl von Unterarten dieser Blume beobachtete, die jeweils sehr ausgesprochene besondere Merkmale aufwiesen und sich dazu auch noch in ihrer neuen Form konstant weitervererbten. De Vries nannte diesen Vorgang «Mutation» (Veränderung) und leitete aus ihm eine neue Theorie der Abstammungslehre ab, indem er scharf zwischen bloßen Verschiedenheiten, die nicht vererblich sind, und plötzlich auftretenden vererbbaren Änderungen unterschied. Diese Vererbungstheorie ließ ihn zu einem der Wiederentdecker der Mendelschen Regeln werden, die heute allgemein bekannt sind. Auf der anderen Seite war aber seine Beobachtung ein Schlag gegen die von Darwin aufgestellte Abstammungslehre.

Diese Entdeckung de Vries' verlor ihren Wert nicht, als man später feststellte, daß er sich – getäuscht hatte. Bei dem von ihm beobachteten Vorgange handelte es sich nicht, wie sorgfältige Untersuchungen ergaben, um ein plötzliches Auftreten neuer Erbanlagen, sondern um sogenannte Mendel-Spaltungen. Das aber verhinderte nicht, daß man später tatsächlich, nachdem man die Möglichkeit des Auftretens von Mendel-Spaltungen durch sorgfältige Kreuzungsexperimente ausschied, die echte Mutation fand und als existierend nachweisen konnte.

Dieser Fund brachte natürlich die überraschendsten Konsequenzen mit sich, welchen man zuerst reichlich verständnislos gegenüberstand, die aber durch die Physik eine Erklärung fanden. Denn im gleichen Jahre hatte Planck die Quantentheorie aufgestellt und in ihr, wie wir gesehen haben, nachgewiesen, daß die Entwicklung keine kontinuierliche (stetig und gradlinig fortschreitende), sondern eine quantenmäßige (sprunghafte) ist. Diese physikalische Erkenntnis erklärte auch die Möglichkeit des dank de Vries in der Biologie gefundenen Vorganges. Nunmehr konnte man diesen begreifen, konnte verstehen, daß unvermutet neue Blumen – ja selbst Insektenarten entstanden. Damit erhielt, wie wir schon andeuteten, die Darwinsche Lehre von der Arterhaltung und Fortentwicklung, die sich auf den Grundgedanken vom «Kampf ums Dasein» stützte, einen argen Schlag. Die Artentwicklung war der Darwinschen Lehre zufolge von äußeren Bedingungen abhängig. Nunmehr mußte man zugeben, daß eine Artentwicklung existiert, die nicht aus Vererbung und Ausbau der durch den Daseinskampf gestärkten Arten hervorgeht, sondern die auf Kräften beruhte, welche man ausschließlich im Innern, im Organismus der betreffenden Pflanze bzw. des Insektes zu suchen hat. Mit dieser Verschiebung des Akzentes von der Sachwelt, der Außenwelt, auf die innere Welt, die durch diese Betrachtungsweise, welche ja nur folgerichtig ist, gegeben war, erfuhr die Biologie eine tiefgreifende Wandlung.

Auf Grund der Zusammenhänge, die zwischen der Quantentheorie und der Mutationstheorie bestehen, stellten, allerdings erst in den vierziger Jahren unseres Jahrhunderts, zwei der bekanntesten Physiker die sogenannte «Quantenbiologie» auf, was im Vorübergehen erwähnt sei. Es sind dies Erwin Schroedinger mit seiner Schrift «Was ist Leben?» und Pascual Jordan mit seiner Publikation «Die Physik und das Geheimnis des organischen Lebens». Für sie hatten wertvollste Vorarbeit N. W. Timoféeff-Ressovsky mit seiner «Experimentellen Mutationsforschung» und Ludwig von Bertalanffy geleistet. Diese «Quantenbiologie» ist ein weiterer Versuch, die Darwinsche Lehre abzuschütteln, läßt sie doch im biologischen Geschehen bis zu einem gewissen Grade auch den «akausalen» Faktor gelten, der den klassischen Kausalitätsbegriff, welcher im Darwinschen System noch Gültigkeit hat, durch die quantenmechanische Komplementarität ersetzt.

Nach dieser Vorwegnahme wollen wir uns wieder in das erste Jahrzehnt unseres Jahrhunderts zurückbegeben. Dabei werden wir vorerst noch nicht auf die verschiedenen Strömungen und Richtungen, wie sie sich in der mechanistischen und vitalistischen Biologie widerspiegeln, eingehen, dagegen die Hauptlinie aufrechterhalten. Sie verläuft in dem Sinne, daß die Biologie, die sich noch im vergangenen Jahrhundert auf die Botanik und die Zoologie beschränkte, jetzt nicht mehr nur eine Tier- und Pflanzenkunde blieb, sondern zu einer Lebenskunde wurde. Der bloß-materiellen, sachlichen Auffassung der Biologie stellte man eine organische, besser noch vitalistische gegenüber. Zu ihrem Begründer bzw. Erneuerer wurde

Hans Driesch (dem wir schon bei der Behandlung der Telepathie begegneten), als er im Jahre 1909 seine «Philosophie des Organischen» veröffentlichte.

In der Folgezeit machte nun die Biologie die verschiedensten Stadien durch, wobei ein Kampf zwischen den vorhin genannten Richtungen einsetzte. Wir werden auf die Auswüchse, die sich dabei ergaben, noch in einem der nächsten Kapitel zu sprechen kommen. Hier sei vor allem das Wichtigste festgehalten: Man glaubt seit de Vries' Entdeckung den tiefsten Grund für jede Entwicklung des lebendigen Lebens nicht mehr in der Außenwelt suchen zu können, sondern im Organismus selbst, wobei man diesem eine latent ihm innewohnende, unsichtbare Kraft (Potenz) zubilligen muß, die sich unserer Kontrolle entzieht.

Damit war der Darwinismus bis zu einem gewissen Grade überwunden. Freilich durchaus nicht für alle Forscher. Der deutsche Naturphilosoph Bernhard Bavink beispielsweise zögert noch in seinem grundlegenden, zusammenfassenden Werke «Ergebnisse und Probleme der Naturwissenschaften», den letzten Schritt zu einer vollständigen Überwindung Darwins zu tun, wenn er auch (vgl. Seiten 534/535 der 7. Auflage, 1941, des zitierten Werkes) zugeben muß, daß diese Anschauung erschüttert wurde.

Ganz anders als Bavink urteilt ein anderer deutscher Naturforscher, der sich trotz seiner in der letzten Zeit etwas prophetisch-religiös gehaltenen Schriften als Wissenschaftler einen verdienten Namen erwarb. Es ist Edgar Dacqué, der in seinem Buche «Urwelt, Sage und Menschheit» nicht nur Darwin völlig ablehnt, sondern eine neue Theorie aufstellt, derzufolge der Mensch sich nicht aus dem Tierreich emporentwickelt hat, wobei die letzte oder vorletzte Entwicklungsstufe der Affe gewesen wäre. Dacqué glaubt nachweisen zu können, daß die Tiere gewissermaßen Ableger der geradlinigen, wenn auch wahrscheinlich sprunghaften, rein menschlichen Entwicklung seien.

Die Biologie hat einen grundlegenden Wandel durchgemacht, der um so tiefer greift, als er das gesamte Leben, alles Lebendige, umfaßt. Und so wird es niemanden verwundern, zu hören, daß auch das Sterben bzw. der Tod heute eine neuartige Betrachtung erfährt. Die frühere materialistische Biologie sah in ihm nichts als ein von außen wirkendes Ereignis, sah in ihm nichts als eine «Katastrophe», während die heutige Biologie ihn mehr als einen Akt deutet, den der Organismus aus sich selbst heraus vollzieht. Früher begründete man den Tod aus dem Zusammenstoß von organischer und mechanischer Welt und ließ die letztere siegen, während man heute den Tod aus der vitalen Eigengesetzlichkeit des Lebens verstehen will. Der Tod ist nicht etwas, das uns geschieht, sondern ein Lebendiges, das in uns wächst – so etwa könnte man wohl am klarsten diesen Wandel in der Todesanschauung formulieren.

Wenn wir nun im Auge behielten, was wir immer und immer wieder zu betonen nicht müde wurden, daß unserer Überzeugung nach das hervorstechendste Merkmal des sich formenden neuen Weltbildes die Überwindung des früheren Zeitbegriffes ist, so wird sich dem einen oder anderen ohne Zweifel auch hinsichtlich der Biologie diese Tatsache eröffnen, wenn er bedenkt, in welchem Maße Leben und Tod zeitliche Ereignisse sind, die sich in dem Moment verändern, da der Tod gewissermaßen organisch ins Leben einbezogen wird.

Wir wollen es vorerst bei diesem Hinweis bewenden lassen. Unsere Überlegungen, die ohne Zweifel in ihrer Neuartigkeit nicht sofort verständlich erscheinen mögen, werden im weiteren Verlaufe dieser Ausführungen ihre Erklärung finden; dabei wird uns die Betrachtung anderer Wissensgebiete eine brauchbare Hilfe sein können. Denn daß es ein Thema ist, dem man keineswegs aus dem Wege gehen sollte, daß es zudem eines der Grundthemen der menschlichen Existenz ist und vielleicht am tiefsten, wenn auch am unbewußtesten auf jede unserer Handlungen einwirkt, dies besonders zu betonen dürfte gewiß nicht nötig sein.

18. Bose
(Die Pflanzenschrift)

Die Verlagerung des Geschehens von außen nach innen, von der stofflichen Außenwelt in die unsichtbare innere Potenz des Organischen, aber auch der Verzicht, ein Geschehen nicht mehr als ein kontinuierlich zeitliches, sondern als ein zeitlich zusammengeballtes, sprunghaftes anzuerkennen (womit der einstige Zeitbegriff auch durch die Mutationstheorie verändert wurde, nachdem wir soeben gesehen haben, wie sich diese Veränderung auf die Anschauung über den Tod auszuwirken vermag) – diese Verlagerung also und dieser Verzicht gaben der modernen Biologie derart viele Möglichkeiten zu neuartigen Untersuchungen und Betrachtungsweisen, daß wir vor der Fülle der sich uns bietenden Beispiele fast in Verlegenheit geraten, welches wir zur Veranschaulichung dieses Tatbestandes heranziehen sollen. Sowohl in der Pflanzen- als auch in der Tierkunde waren nunmehr die verlockendsten Möglichkeiten gegeben, vollständiges Neuland zu betreten, Blume sowohl als Tier von einem derart neuartigen Standpunkt aus zu betrachten, daß allenthalben die überraschendsten, unerwartetsten Versuche angestellt werden konnten, die sich als ungemein fruchtbar für die Erkenntnis und das Verstehen lebendiger organischer Vorgänge erwiesen. Aus der Überfülle dieser neuesten Ergebnisse möchten wir ein bestimmtes herausgreifen, weil es seiner Anschaulichkeit wegen einem jeden eine Beziehung zu der Botanik erleichtern kann. Es handelt sich um die «Pflanzenschrift», deren Resultate allerdings in letzter Zeit wegen des experimentellen Vorgehens in Zweifel gezogen und auch bekämpft wurden. Wenn wir trotz des über sie herrschenden wissenschaftlichen Streites diese «Pflanzenschrift» als Beispiel für unsere Darstellungen glauben gebrauchen zu dürfen, so deshalb, weil ihre Grundauffassung derjenigen der neuen Biologie durchaus nicht widerspricht und ihr Erfinder darüber hinaus nicht nur auf dem Gebiete dieser «Schrift» sich einen Namen erwarb. Es handelt sich um den indischen Gelehrten Sir Jagadis Chandra Bose, der nach langjährigem Studium in Europa eine Zeitlang Professor für Physik am Presidence College in Kalkutta war, bis er sich entschloß, sich ausschließlich der Botanik zu widmen.

Er begann, außerordentlich feinempfindliche Instrumente zu konstruieren, wie beispielsweise den Crescographen, vermittels dessen man das Gras wachsen sehen konnte. Alle Lebensprozesse der Pflanzen, wie Transpiration, Pulsation, Respiration, Assimilation, werden durch diese Apparate wahrgenommen und in millionenfacher Vergrößerung an die Wand projiziert bzw. geschrieben; den auf diese Weise «geschriebenen» Reaktionskurven gab Bose den Namen «Pflanzenschrift».

Da dieser indische Forscher – der nicht mit dem Politiker Subhas Chandra Bose verwechselt werden darf – von dem neu anerkannten Grundsatz ausging, daß allem Lebendigen eine Eigengesetzlichkeit zugesprochen werden müsse, konnte er auf den Gedanken kommen, nachzuforschen, ob nicht auch die Pflanze so etwas wie eine «Seele» habe. Schon der deutsche Naturphilosoph Gustav Theodor Fechner hatte im Jahre 1848 mit der Veröffentlichung seiner Schrift «Nanna oder Über das Seelenleben der Pflanzen» diese Frage philosophisch aufgegriffen, aber nicht wissenschaftlich erforscht. Nun ist es gewiß übertrieben, von einem Seelenleben der Pflanzen zu sprechen, solange man diese Frage wissenschaftlich betrachtet. Es ist sogar gewagt, von einem Nervensystem der Pflanzen zu sprechen. Tut man es dennoch, so muß man sich vor Augen halten, daß es sich natürlich um kein Nervensystem im Sinne des menschlichen handelt, welches durch das Gehirn bedingt ist, wohl aber dürfen wir von einer Organisation sprechen, die bei der Verwundung einer Blattspitze (um nur ein Beispiel herauszugreifen) eine durch Bose nachgewiesene Schmerzreaktion in und an der ganzen Pflanze hervorruft. Heutzutage, da man auf Grund einer auch sehr betont psychologischen Weltauffassung Nervenvorgänge mit seelischen Vorgängen gern in engste Verbindung bringt, ist der Nicht-Wissenschaftler leicht versucht, infolge der Funde Boses von einer Seele der Pflanze zu sprechen – ja Naturwissenschaftler wie R. H. Francé glauben sogar den Begriff «Pflanzenpsychologie» vertreten zu können. Während Bose seine Untersuchungsergebnisse in einem gut dokumentierten Werke veröffentlichte, dessen deutsche Übersetzung im Jahre 1928 unter dem Titel «Die Pflanzenschrift und ihre Offenbarungen» erschien, teilten Francé, Haberlandt und andere deutsche Forscher in verschiedenen Publikationen ähnliche Beobachtungen und Ergebnisse mit. Diese alle zusammengenommen veranlaßten den äußerst kritischen Bavink (in dem bereits zitierten Werke), doch ein «seelisches Geschehen» für die Pflanzenwelt anzunehmen, das natürlich verschieden von dem menschlichen ist, von welchem jedoch Bose zu behaupten vermag, daß es zumindest hinsichtlich der physiologischen Grundlagen und Mechanismen auf eine fundamentale Weise fast dasselbe wie das der Tiere sei.

Wenn wir uns diesen kleinen Exkurs, diese kurze Betrachtung einiger das Leben widerspiegelnder Experimente aus der Botanik gestatteten, so deshalb, weil wir darauf hinweisen wollten, welche ungemein plastischen Resultate, die auch jedem Nicht-Wissenschaftler ohne weiteres einleuchten, in der heutigen wissenschaftlichen Forschung auf Grund von Überlegungen erzielt werden können, welche, wie wir bei der Darstellung der Quantentheorie und anderer physikalischer Konzepte gesehen haben, sich durchaus nicht durch eine besondere Anschaulichkeit auszeichnen.

Gerade für den Städter, wobei wir nicht vergessen dürfen, daß die abendländische Kultur zu einer betont städtischen geworden ist – gerade für den Städter, der durch Motorisierung und Asphaltierung sich von den einfachsten Naturvorgängen ziemlich weit entfernt hat, dürfte es interessant sein, auf dem Umwege über die Wissenschaft eine neue Beziehung zu einer Welt wie der der Pflanze anzuknüpfen. Dies gilt auch dann, wenn wir uns davon Rechenschaft geben, daß eine Beziehung zur Pflanzenwelt natürlich selbst noch für den ausgesprochenen Großstädter vorhanden geblieben ist. Aber sie ist doch bereits gestört. Der beste Beweis dafür ist, daß ihm die Beziehung beispielsweise zu einer Blume bereits wieder zu etwas Problematischem geworden ist, der er nicht mehr auf ursprüngliche Weise Ausdruck zu verleihen vermag. Der mittelalterliche Mensch konnte noch sagen, was ihm eine Blume war: nämlich ein Spiegel der Sterne, als welchen sie die Mystikerin Hildegard von Bingen im 12. Jahrhundert in ihrer «Physik» bezeichnet. Der heutige Großstädter hingegen sieht sich gezwungen, an das Gefühl zu appellieren, wenn er seine Beziehung zur Blume erklären will, und muß es dabei bewenden lassen, sie eine gefühlsmäßige zu nennen. Einer bewußten, ausdrückbaren, aussagbaren Beziehung, die über einen Zweckmäßigkeitscharakter hinausginge, wird man jedenfalls heutzutage in Europa nur selten begegnen, wenn man von der Bevölkerung der wenigen Agrarländer absieht, die diesem Erdteile noch geblieben sind.

Wenn wir Boses «Pflanzenschrift», wenn wir Francés «Pflanzenpsychologie» betrachten, ändert sich unser bewußtes Verhältnis zur Blume. Und ein kleiner Hinweis wie der folgende, daß es eine Palmen- und Wasserlilienart gibt, welche beide die gleiche Temperatur wie der menschliche Körper haben (worüber Elio Baldacci in seinem etwas marktschreierisch betitelten Buch «Vita privata delle piante» berichtet), vermag vielleicht dieses Verhältnis zur Pflanzenwelt noch ausgesprochener zu charakterisieren, denn hatte uns die von Bose und Francé nachgewiesene Schmerzempfindlichkeit der Pflanze schon sympathisch berührt, so macht es uns die Temperaturgleichheit jener Palmen- und Wasserlilienart mit unserem eigenen Körper noch eher möglich, eine bewußt gefühlte ausdrückbare Beziehung zur Blume wiederherzustellen. Da aber der Reichtum des Lebens für jeden einzelnen in dem Maße wächst, als er imstande ist, sich bislang unbewußter Beziehungen bewußt zu werden, so dürfen wir gewiß auch diesen Forschern dankbar sein, die, von schwer vorstellbaren Überlegungen ausgehend, uns derart greifbare und faßbare Resultate unterbreiten können.

Zudem sind diese Resultate der beste Beweis dafür, daß sich die

Wissenschaft nicht in unbegreifbare Regionen verirrt, dann aber eben auch dafür, daß, wie wir ja immer von neuem haben feststellen können, die theoretisch anmutenden Überlegungen, denen wir besonders in der Physik begegnet sind, lebendigste Anwendungs- und Auswertungsmöglichkeiten enthalten. Dies wird jedem in die Augen springen, der sich die Mühe nimmt, noch einmal die Anfangszeilen dieses Kapitels zu lesen: er wird dann feststellen können, wie wir, von einer grundsätzlichen Überlegung ausgehend, mühelos, auf die natürlichste Weise, ohne unserem logischen Gedankengange den geringsten Zwang anzutun, zu einer greifbaren Nutzanwendung dieser zuerst fast philosophisch anmutenden Überlegung gekommen sind, welche uns zudem noch eine gewisse Bereicherung eingebracht hat, da jede neu gestaltete oder verwirklichte Beziehung eine solche darstellt.

19. Blick auf die «vitalistische» Biologie

Wir hatten bereits angedeutet, daß die Biologie sich zu einer ausgesprochenen, umfassenden «Lebenskunde» entwickelt hatte. Ehe wir darauf eingehen, welche positiven, aber leider auch negativen Folgen diese Entwicklung wenigstens vorübergehend mit sich brachte, wollen wir einen kurzen Blick auf das Werk verschiedener Biologen werfen. Dieser Überblick, der sich auf eine kurze, sachliche Aufzählung und Andeutung wird beschränken müssen, soll dazu dienen, die augenblickliche schwierige Situation der Biologie, die sich in den verschiedenen einander bekämpfenden Richtungen widerspiegelt, darzulegen. Denn nur, wenn wir gesehen haben, in welchem Zustande des Suchens sich dieser elementare Wissenszweig befindet, können wir auch darstellen, worin einerseits die negativen Auswirkungen des heute teilweise herrschenden Biologie-Denkens bestehen, und nur nach deren Schilderung können wir dann andererseits den Weg nachzeichnen, der aus den negativen Auswirkungen herauszuführen beginnt.

Zuvor aber müssen wir noch etwas Grundsätzliches hinsichtlich der Darstellungsmöglichkeiten biologischer Tatsachen sagen. Handelte es sich nämlich bei der Physik darum, Vorgänge und Überlegungen darzustellen, die kaum faßbar sind, da sie sich für den Nicht-Wissenschaftler in Regionen abspielen, die ihm äußerst fremd und unanschaulich sind, so gilt für die Biologie das genaue Gegenteil. Bei der Darstellung der modernen physikalischen Erkenntnisse mußten wir versuchen, Vorgänge, die für uns völlig abstrakt (sachlich neutral) waren, gewissermaßen ins Konkrete (ins Faß- und Erlebbare) zu übersetzen. Wir erinnern beispielsweise an die vierte Dimension, die es zu veranschaulichen galt. Ganz anders nun bei der Biologie. Hier haben wir es mit dem «Leben» zu tun, mit einer unerhört greifbaren, andrängenden Fülle von Erscheinungen, die so geladen mit Energie sind, daß wir sofort konkret und mit unserem ganzen lebendigen Wesen auf sie reagieren. Das aber bedeutet, daß wir leicht in den Fehler verfallen können – ohne uns davon Rechenschaft abzulegen –, Gefühle, Neigungen, ja selbst Triebe in unseren Wertungen eine Rolle spielen zu lassen, die naturgemäß unser Denken und unser Urteil verwirren müssen. Dem ist nur abzuhelfen, indem wir bei der Betrachtung biologischer Vorgänge zu abstrahieren, also zu versachlichen suchen, anderenfalls werden wir uns so gründlich verirren, wie sich gewisse Biologen und gewisse Nutznießer biologischer Ideen verirrt haben. Wir müssen uns also, um es noch einmal zu wiederholen, darüber klar sein: Bei der Betrachtung der Physik lag es uns ob, abstrakte Tatsachen anschaulich zu machen; bei der Betrachtung der Biologie dagegen wird es von Nutzen sein, anschauliche Tatsachen eher zu abstrahieren. Diesem Ziele soll nun die Erwähnung einiger weniger biologischer Untersuchungszweige dienen, die natürlich nicht den geringsten Anspruch auf Vollständigkeit erhebt, sondern lediglich eine Idee von einigen der verschiedenen rein biologischen Richtungen geben will.

Die Grundfrage der Biologie lautet: «Was ist das Leben?» Wir haben bereits erwähnt, daß es noch immer zwei Hauptrichtungen, die einander bekämpfen, in dieser Wissenschaft gibt: die «mechanistische» (vorwiegend physiologische) und eine modernere, die als «vitalistische» (vorwiegend psychologische) bezeichnet wird. Als der Begründer der «mechanistischen» wird Jacques Loeb angesehen, der ihr 1899 mit seinem Werk «Einleitung in die vergleichende Gehirnphysiologie und vergleichende Psychologie mit besonderer Berücksichtigung der wirbellosen Tiere» eine Grundlage gab. Vertreter seiner Richtung waren in den zwanziger Jahren vor allem noch Pawlow und Hartmann. Der «vitalistischen» Richtung dagegen verhalf 1909 Hans Driesch mit seinem bereits erwähnten Werke «Philosophie des Organischen» zum Durchbruch.

Wenn wir von dem durchaus materialistisch eingestellten Franzosen Jean Rostand und auch von dem bekannten Engländer Julian

Huxley (einem Bruder des bekannten Schriftstellers Aldous Huxley) absehen, so wäre vor allem der bedeutende holländische Tierpsychologe F. J. J. Buytendijk zu nennen, dessen Studien in deutscher Übersetzung unter dem Titel «Wege zum Verständnis der Tiere» erschienen. Sie geben tiefe Einblicke in das Wesen von Tier und Mensch, gestalten bereits und begegnen sich hinsichtlich der Bedeutung, die sie der Umwelt des Tieres beimessen, mit der von J. v. Uexküll aufgestellten «Umweltlehre». Dieser deutsche Forscher hat trotz seiner Verirrung in eine «Staatsbiologie» (von der wir noch zu sprechen haben werden) auch schon die Notwendigkeit einer «Gestaltgebung» in der Biologie eingesehen. Welche ungemein wichtige Rolle dieses «Gestaltproblem» in der Biologie zu spielen berufen ist, wird ersichtlich werden, wenn wir im nächsten Kapitel die bereits angedeuteten negativen Auswirkungen der «vitalistischen» Biologie kennengelernt haben werden. Hinweise auf dieses Gestaltproblem, welche sich allerdings bei J. v. Uexküll in sehr abstrakten, unlebendigen Formulierungen bewegen, gibt er unter anderem in seiner «Lebenslehre» und in seinen mit G. Kriszat gemeinsam herausgegebenen «Streifzügen durch die Umwelt von Tieren und Menschen». In einer dialoghaft abgefaßten Schrift, «Der unsterbliche Geist der Natur», unternahm er schließlich eine philosophische Formgebung seiner Ideen, die zweifelsohne Gehalt haben. Unserer Meinung nach krankt diese Schrift daran, daß die gewählte Darstellungsart der Gesprächsform einen konstruierten und erzwungenen Eindruck macht, wobei in ihren unverhehlten Prätentionen und in ihrer Schwerfälligkeit jene natürliche Schattenseite sichtbar wird, die der Größe und dem Wert der von Uexküll konzipierten «Umweltlehre» entspricht.

Auch R. H. Francé streift das Gestaltproblem, so in seinem großen Werke «Bios». Aber als Verehrer einer technischen Zweckmäßigkeit der belebten Natur, welcher Ansicht nicht nur Bavink und Friedmann, sondern auch viele Mediziner (u. a. auch v. Neergaard) mit begründetem Recht widersprechen, ist es ihm wie fast allen heutigen Biologen (ausgenommen A. Portmann) nicht gegeben, dem Gestaltproblem entscheidend nachzugehen. Nicht umsonst nennt sich ja noch heute der mächtigere und einflußreichere Zweig der Biologie «vitalistisch» und nicht etwa «organisch»; das aber besagt, daß man vor allem auf das Vitale als solches eingestellt ist und vor lauter andrängendem, verwirrendem Leben das Organische, also das Formende und Geformte, nicht genügend beachtet. Am stärksten nähert sich vielleicht noch Driesch selbst dieser «organischen» Betrachtungsweise. Er schnitt das Gestaltproblem verschiedentlich an; so in seiner bereits erwähnten «Philosophie des Organischen» und später auch in seinem Buche «Das Leben und die Summe». Bertalanffy hat dann im Anschluß an Ausführungen des Engländers Woodger: «The Concept of Organism», dieses Thema seinerseits unter dem Begriff einer «Gestaltmathematik» aufgenommen und wußte es fesselnd in seinem Werke «Theoretische Biologie» darzustellen.

Dieses Problem, das Driesch nicht zufriedenstellend zu meistern vermochte, dem dagegen Woodger und Bertalanffy schon bedeutend näherkommen, beschäftigt heute viele Köpfe. Ein Beispiel hierfür bilden die Bücher von Thomas Ring, der eine «Kosmobiologie», eine organische, biologische Lehre vom Weltall, aufzustellen bestrebt ist und der sich auch in seinem Werke «Das Sonnensystem ein Organismus» mit der Frage nach «quantitativer und qualitativer Zahl» auseinandersetzt. Er ist der bedeutendste Kosmobiologe unserer Tage, und man sollte ihn nicht in die Nachbarschaft jener zahlreichen anderen Kosmobiologen stellen, die, wissenschaftlich nicht immer einwandfrei arbeitend, besser als «Kosmobiologisten» zu bezeichnen wären. Mit der Erwähnung dieser «Kosmobiologisten» nähern wir uns jedoch bereits jenem Kreise von Wissenschaftlern und Denkern, die, wie beispielsweise Ludwig Klages, das aus der modernen Biologie übernommene Prinzip des «Vitalen» zum alleinherrschenden erklärten und damit einer Lebensanschauung die Bahn öffneten, welche sich in den Jahren 1940/42 auf ihrem Kulminationspunkt befand: die nichts als das «dynamische», «vitale» Prinzip gelten ließ, wobei Klages noch dem zusätzlichen und fundamentalen Irrtum erlag, den Intellekt als Geist zu bezeichnen. Der Einfluß seines Werkes «Der Geist als Widersacher der Seele», das zu einer Verurteilung des ordnenden «geistigen» Prinzips zugunsten des als seelisch bezeichneten vitalen Prinzips führte, ist hinsichtlich seiner unterminierenden Wirkung nur noch mit Spenglers «Untergang des Abendlandes» zu vergleichen, welches der erste und hoffentlich letzte Versuch einer «Völkerbiologie» bleibt, den wir über uns haben ergehen lassen müssen.

20. Fehlauswirkungen der Biologie

Im Verlauf der früheren Ausführungen hatten wir bereits Gelegenheit, auf Fehlentwicklungen der Wissenschaft (wir erinnern nur an die Uran-Bombe) hinzuweisen, andererseits aber auch auf den Mißbrauch, welcher mit einigen Begriffen (wie «Ganzheit» und «Dynamik») getrieben wird. An den Beispielen der «Mutationstheorie», dann an der «Pflanzenpsychologie» und auch an der «Pflanzenschrift» haben wir gesehen, welch ungemein positive Wege die neue, vollständig revolutionierte Biologie einzuschlagen imstande ist. Wir haben gesehen, daß sie aus der Tier- und Pflanzenkunde herausgewachsen und zu einer Lebenskunde geworden ist. Werke wie die von Francé, Driesch und anderen Forschern berechtigen uns zu dieser Behauptung. Wir haben aber auch bereits auf einige negative Auswirkungen hingewiesen. Diese ergaben sich aus der Verpflanzung biologischer Begriffe auf Gebiete, die primär keinen biologischen Charakter haben, wofür Ludwig Klages' «Kulturbiologie» und Spenglers «Völkerbiologie» Beispiel genug sein dürften. Es gibt aber noch eine Reihe anderer Wissensgebiete, die sich der neuen biologischen Betrachtungsweise bemächtigt haben, was Auswüchse zur Folge hatte, die, werden sie nicht überwunden, zu schweren Schädigungen unserer Kultur führen müssen. Wir wollen diese Auswüchse betrachten, um danach den Weg aufzuzeigen, den die Biologie einzuschlagen beginnt und kraft dessen es ihr möglich sein wird, die bisherige, durchaus nicht ungefährliche Situation zu überstehen.

Wenn der Spanier Miguel de Unamuno in seinem im Jahre 1912 veröffentlichten Hauptwerk «Del sentimiento trágico de la vida» (Vom tragischen Lebensgefühl) schreibt: «Vielleicht ist die Milchstraße, welche wir in klaren Nächten am Himmel sehen, jener riesenhafte Ring, in welchem unser Sonnensystem nichts als ein Molekül darstellt, seinerseits eine Zelle des Universums, des Körpers Gottes», so durfte sich dieser Denker eine derartige Formulierung ohne weiteres erlauben, zumal er sie, dank ihrer religiösen Bezugnahme, als Bild gebrauchte. Prinzipiell wäre auch nichts dagegen einzuwenden, daß andere Wissensgebiete biologische Grundgedanken übernehmen und sich dienstbar machen; schließlich tat ja die Biologie hinsichtlich der Physik nichts anderes, als sie aus ihr die Quantentheorie übernahm, um für die Mutation eine Erklärung zu finden. Eine gegenseitige Anregung, ein gegenseitiger Austausch ist wie überall so auch in der Wissenschaft nicht nur lebensfördernd, sondern sogar lebensnotwendig. Gefährlich wird ein solcher Austausch aber in dem Moment, da ideologische Neigungen sich aus zweckdienlichen Überlegungen heraus eines bestimmten Begriffes bemächtigen und ihn, unter Berufung auf seine einwandfreie Herkunft, umdeuten und mißbrauchen. Eine durch gewisse Zeitumstände bedingte, mehr triebhafte als geistige Strömung hat in Europa den von der Biologie geprägten Begriff «vital» zum Schlagwort gemacht und einer Art biologischer Weltanschauung Wege geebnet, die für die einen die richtigen sein mögen, für andere aber ohne jeden Zweifel Irrwege darstellen.

Es steht fest, daß die Biologie außer zu einer «Lebenskunde» auch zu einer Grenzwissenschaft wurde, die heute auch auf die Physiologie, Psychologie, Psychiatrie und Neurologie, auf Teilgebiete der Anatomie und der Konstitutionstherapie sowie auf die allgemeine Menschen- und Völkerkunde einwirkt. Diese Einwirkung war bis zu einem gewissen Grade, wie wir später noch sehen werden, durchaus nicht unfruchtbar. Sie begann jedoch immer dann zerstörende oder doch zumindest irreführende Resultate zu zeitigen, wenn sie die ihr von Natur aus gesetzten Grenzen der Einflußnahme überschritt. Eine dieser Überschreitungen stellt die Rassenlehre dar. Eine andere ist die sogenannte «Staatsbiologie» von J. v. Uexküll, mit welcher der Autor eine «Anatomie, Physiologie, Pathologie des Staates» geben wollte. Einer dritten Überschreitung begegnen wir in der «biologischen Politik», welche H. Rauschning in einem seiner Bücher, aus allererster Quelle schöpfend, beschreibt. Eine vierte ist der Versuch des Italieners Mario Viscardini, der sich in seiner im Jahre 1941 in Genua erschienenen Schrift «L'Universo, cellula vivente» bemüht, uns eine «biokosmisch» verankerte Staatsauffassung schmackhaft zu machen und sich in seiner «Überlehre» (sic!) sogar noch auf – Einstein beruft.

Die Liste könnte noch beliebig fortgesetzt werden; aber uns will scheinen, es wäre zuviel der Ehre, erwähnten wir alle diese «organischen» und «biologischen» Weltanschauungen, gingen wir auf alle diese mit biologischen Begriffen arbeitenden politischen und sozialen Deutungs- oder Sinngebungsversuche und «Lebenslehren» näher ein. Ihr Grundfehler liegt in der ausschließlichen Anwendung des «Vitalen» auf Lebensgebiete, die sehr wohl den Anspruch erheben dürfen, nicht nur einseitig von einem triebmäßigen Standpunkte aus betrachtet zu werden; als erschwerend kommt hinzu, daß man, um diesen triebhaften Charakter zu verbergen, wie wir bereits früher gesehen haben, sich des Begriffes «dynamisch» bediente und sich dank eines «totalitären» Anspruches das Recht herausnahm, auch die biologischen Voraussetzungen «totalitär» anzuwenden. Die Anerkennung «biologischer» oder «vitaler» Grundsätze für den Staat (zu der sich auch ein R.H. Francé in seinem Werke «Bios» bekannte) schließt von vornherein das Übergewicht des triebhaft Wuchernden über das geistige Prinzip in sich. Hierauf, auf dieses falsche, schädliche Übergewicht muß der Akzent gelegt werden. In letzter Konsequenz führt dies zur Anerkennung dessen, daß der einzelne nichts als Zelle im Gesamtorganismus des Volkes bzw. Kartothekkarte in der Gesamtorganisation des Staates sei, in keinem Falle aber Individuum, das über sich selber verfügen darf, da, angeblich, die biologische Auffassung von einem Gemeinwesen es nötig macht, daß einzig und ausschließlich dieses Gemeinwesen über das Individuum Verfügungsrecht und Verfügungsgewalt haben dürfe.

Wir dürfen sehr wohl fragen, inwiefern es möglich war, daß wissenschaftlich so ungemein positive Erkenntnisse, wie sie die neue Biologie hervorgebracht hat, sich auf verschiedenen Gebieten derart fehlentwickelten. Die Antwort ist bereits teilweise gegeben: weil sich grundsätzlich gewisse Fundamentalgesetze nur so lange allgemein anwenden lassen, als man ihnen ihren Ganzheits-Charakter beläßt; das aber erfordert, daß man auch ihre mögliche und stets vorhandene negative Seite in Rechnung stellt. Übersieht man diese jedem Fundamentalgesetz innewohnende Macht, so muß es sich von dem Moment an falsch auswirken, da man es für bestimmte Zwecke zurechtschneidet: eine Tierrasse kann man rein biologisch betrachten, einer Menschen-«Rasse» muß man auch noch eine *geistige Wertung* zugestehen, anderenfalls wird der Mensch zur Null oder zur Bestie; ein Volk kann man zur Not noch biologisch, organisch betrachten, dem Staat muß man eine ethische Wertung zugestehen, anderenfalls wird er zum biologischen Monstrum.

Ein anderer Grund für die negativen Auswüchse, welche die großen biologischen Erkenntnisse mit sich brachten, dürfte darin zu suchen sein, daß gewisse Zeit- und Entwicklungsumstände derartigen Auswüchsen entgegenkamen.

Ein weiterer Grund aber ist in der Tatsache zu suchen, daß es zum Wesen einer jeden großen Idee (als welche sich die Grundauffassung der neuen Biologie zweifellos darstellt) gehört, daß sie in demselben Maße, wie sie aufbauend wirkt, auch zerstörend wirken muß. Diese Doppelwirkung ist ja überhaupt das Kennzeichen jeder Größe. Hätte es die Leitidee der neuen Biologie in den letzten Jahren vermocht, sich gegenüber der alten Strömung durchzusetzen, die in Gestalt der mechanistischen noch immer existiert, so hätte sich ihre zerstörende Wirkung klärend und regulierend gewissermaßen nur nach rückwärts gewandt und auf diese Weise die alte Anschauung gänzlich überwunden. Dies ist der Biologie nur langsam gelungen, und aus der eigenen Unsicherheit heraus hat sie gewissermaßen nach vorwärts zerstörend gewirkt, indem sie, über sich selbst, ihren Weg, ihre Wirkung und ihre Grenzen sich noch nicht im klaren, sich von anderen Wissensgebieten vergewaltigen ließ.

Erst in den letzen Jahren beginnt die Biologie von sich aus sowohl ihre mechanistische als auch besonders ihre vitalistische Formlosigkeit zu überwinden, um eine ihrem neuen Inhalt gemäße Form zu finden. Die Tatsache nun, daß es uns heute vergönnt ist, einen in eine neue Klarheit ausmündenden Weg für die Biologie nachzeichnen zu können, gehört zu einer der wahrhaft erfreuenden Aufgaben, welcher wir uns hier unterziehen dürfen.

Da aber die ersten deutlichen Hinweise auf die Möglichkeit eines Ausweges für die Biologie von philosophischer Seite kamen, müssen wir jetzt diese philosophischen Überlegungen zuerst betrachten. Es handelt sich um das Werk Friedmanns. Daran anschließend werden wir dann sehen, auf welche fruchtbare Weise seine Gedankengänge von der biologischen Forschung vor allem Englands und der Schweiz weiterentwickelt wurden.

21. Friedmann
(Die Gestalttheorie)

Es ist natürlich, daß man das Leben nur meistern kann, wenn man ihm Form zu geben vermag. Alle Entartung, alle Fehlentwicklung, wo auch immer sie sich einstellen mögen, rühren von der Unfähigkeit her, die andrängende Fülle der lebendigen Erscheinungen und Vorgänge bewältigen oder derart umgestalten zu können, daß wir mit ihr zu leben vermögen – denn anders werden wir von ihnen gelebt. Wenn die Biologie in Fehlentwicklungen hineingeriet, so geschah dies, weil sie, wie wir noch sehen werden, sich erst in allerletzter Zeit aus dem sie faszinierenden Gedanken des «Vitalen» hat lösen können, sich also doch von der mehr oder weniger blind drängenden Lebensgewalt, dem, was Bergson den «élan vital» nannte, überwältigen ließ. Dieser Energiebegriff des großen französischen Philosophen wurde nun leider und unnötigerweise noch räumlich ergänzt durch den Begriff «espace vital» («Lebensraum»), der, nur das Maßlose des «Lebensschwunges» Bergsons in Rechnung stellend, zu einem entsprechend maßlosen wurde. Aber so wie Bergson auf sein erstes Hauptwerk, die «Evolution créatrice», sein reifes Alterswerk, «Les deux Sources de la Morale et de la Religion», folgen ließ, das dem «élan vital» Form und Gestalt gab und eindringlich vor seiner Mißanwendung und -deutung warnte, so wird wohl auch die neue Biologie ihre vitalistischen Anwandlungen und Fehlentwicklungen überwinden und, sich auf die Gestaltungskräfte besinnend, diesen vor dem mißverstandenen «vitalen» Prinzip das Vorrecht einräumen.

Ansätze zu einer derartigen Form- und Gestaltgebung finden sich bereits, wie wir schon gesehen haben, in den verschiedensten Zweigen der biologischen Forschung. Wir erinnern an Namen wie v. Uexküll, Driesch, Woodger und Bertalanffy, vor allem aber an A. Portmann. Der Hauptanstoß jedoch ging von einem «Außenseiter» aus.

Dieser Außenseiter ist der Helsingforser Philosoph Hermann Friedmann, der in seinem Werke «Die Welt der Formen» das Gestaltproblem und seine Möglichkeiten entscheidend und wegweisend dargestellt hat. Der Grundgedanke seiner Überlegungen ist, die Biologie müsse eine neue Einstellung zur Physik finden. (Da sie diese Einstellung lange Zeit nicht fand, geriet sie in jene Sackgasse, zeitigte sie jene Fehlauswirkungen, die wir im vorangegangenen Kapitel zu skizzieren wagten.) Nach Friedmann soll die Biologie nicht ein Sonderkapitel der Physik sein (wozu sie gewissermaßen durch die Übernahme des Quantengesetzes gestempelt wurde, weil dieses sie revolutionierte); vielmehr soll umgekehrt die Physik zum Sonderkapitel der Biologie werden. Schon Bose, der Entdecker der «Pflanzenschrift», gab eine praktische Handhabe zu diesem Schritt, als es ihm gelang, die Einheit von Organischem (dem Thema der Biologie) und Anorganischem (dem Thema der Physik) nachzuweisen. Die Notwendigkeit dieser Umwandlung des Verhältnisses zwischen Physik und Biologie hat Friedmann in vollendeter Klarheit und mit glänzender Begründung dargestellt. Denn die Biologie soll ruhig die Oberhand gewinnen – es fragt sich nur, welche Art der Biologie. Und diese zeichnet dieser große und weitsichtige Denker auf eine außerordentlich geistreiche Art vor, wobei er von der Voraussetzung ausgeht, daß der Grundbegriff der Mathematik und der exakten Physik, die meßbare und zählbare «Größe», hinter dem Grundbegriff der Biologie, welcher die «Form» oder «Gestalt» (nicht aber das «Vitale») ist, zurücktreten müsse. Wie wir haben feststellen kön-

Friedmann 255

nen, ist gerade dies der Biologie, soweit wir sie bisher zu betrachten Gelegenheit hatten, nicht gelungen; wohl deshalb nicht, weil man eben den Akzent immer wieder auf dem «vitalen» bzw. «vitalistischen» Prinzip beließ, anstatt ihn auf ein, sagen wir, «bildendes» zu legen, wobei man das erstere, das «vitalistische», als ein mehr quantitatives (mengenmäßiges), weil stoßendes Prinzip, das andere, das «bildende», dagegen als ein mehr qualitatives (wertmäßiges), weil formendes Prinzip betrachten darf. Der «Vitalismus» (dessen Auswüchse wir im vorhergehenden Kapitel kennenlernten) ist, wie Hans Kayser, der Begründer der «Harmonik», äußerst treffend sagt, zu nichts anderem geworden als zu einer zweckgerichteten Einstellung, die einer Flucht vor seiner eigentlichen Aufgabe gleichkommt und einen Rückfall in mechanistische Denkformen darstellt. Er wurde also gerade zu dem, was er nicht sein sollte.

Die große Schwierigkeit, die der Verwirklichung einer Gestalttheorie entgegensteht, welche einzig und allein die vitalistische Biologie aus der weltanschaulichen Sackgasse, in die sie geraten ist, herauszuführen vermöchte, besteht darin, daß es bisher nicht gelang, die dafür notwendige neue «Gestaltmathematik» aufzustellen. Aber sowohl ihr Anreger Friedmann wie ihre Fortführer Woodger und Bertalanffy, wie ihr begeisterter Kommentator Bavink, stimmen darin überein, daß diese ungewöhnliche Aufgabe gelöst werden könnte! Damit würde der wahren Biologie endlich der lang gesuchte Weg frei gemacht sein, da sie sich dann in ein richtiges Verhältnis zur Physik würde bringen können, um auf eine wirklich «organische» Weise die Stellung einzunehmen, die sie sich bislang bei ungenügender Fundamentierung zum Schaden aller anmaßte.

Den entscheidenden Anstoß zu einer derartigen «Gestaltmathematik», unter der sich der Nicht-Wissenschaftler gewiß nicht sehr viel vorstellen kann, gab, wie schon gesagt, Friedmann. Wir haben sie kurz erwähnt, weil sie (erstens) ungemein interessant ist, weil sie (zweitens) das Verständnis für die Schlußfolgerungen dieses Gelehrten erleichtern kann und weil sie (drittens) neuerdings von Friedmann selber, in seinem 1949 erschienenen Werke «Wissenschaft und Symbol» (siehe dort die Seiten 181 bis 211), ausführlich behandelt wird.[8]

Friedmann ging in seiner «Welt der Formen» von dem Einfluß aus, den die Sinnesorgane auf unser Denken haben. Er stellte der «Haptik» eine «Optik» entgegen. Mit «Haptik» bezeichnete er den Eindruck des primitiven Tastsinnes, der die «Zahl» und die «Kraft» zum Grundbegriff hat. Der optische Sinn dagegen vermittelt die Zusammenhänge, dank seiner sehen wir die «Gestalt» oder «Form», er ist ein zusammenfassender Sinn, der uns ganz andere Eigenschaften der «Wirklichkeit» erkennen läßt als der haptische, der Tastsinn. Während nun die vergangene Kulturepoche (bei den Griechen einsetzend, vor allem aber seit der Renaissance) «haptisch» war, denn sie glaubte nur an die «Zahl», das Meßbare (wir erinnern an den früher zitierten Satz Galileis) und an das von ihr eroberte Räumliche, ist unsere Zeit «optisch» (wir erinnern an den durch Bergson von Eddington übernommenen Satz), denn sie sucht wieder die «Form», die «Gestalt» zu finden. Diesem Streben zur Synthese, oder vielleicht besser: zur *Universalität*, begegnen wir heute überall, wo sich positive Kräfte regen. Dieses Streben drückt sich am stärksten in dem ersten Fundamentalsatz der «Gestalttheorie» aus, der auf Aristoteles zurückgeht und durch Chr. v. Ehrenfels für die Gegenwart wiederentdeckt wurde: «Das Ganze ist mehr als die Summe seiner Teile.» Dieser Satz, der leider nur zu oft falsch ausgelegt wurde, auf den wir aber, da er für das Leben eines jeden von größter Bedeutung ist, noch zurückkommen werden, wenn wir unter Zuhilfenahme von Hans Kaysers «Harmonik» einen abschließenden Blick auf die Biologie und auf die Lehren werfen werden, die sich aus ihrem heutigen Stande und aus ihrer wahrscheinlichen Entwicklung für jeden von uns ergeben – dieser schöne Satz würde in die Alltagssprache übersetzt ungefähr so lauten dürfen: «Wenn wir vier Apfelviertel wieder zusammensetzen, so ergibt das noch lange keinen ‹ganzen Apfel›.» Hier nun finden wir einen gewissen Zugang zu jenen Zahlbegriffen, um welche sich die bereits erwähnte «Gestaltmathematik» bemüht: denn, grob gesprochen, kann man die vier Viertel eines Apfels als eine quantitative Zahl oder Größe, den «ganzen», ungeteilten Apfel dagegen als eine qualitative Zahl oder Größe auffassen. Auch sehen wir hier von neuem, welch eine Rolle der Relativitätsbegriff spielt.

Ein anderer Fundamentalsatz der «Gestalttheorie» könnte, wie die Erfahrung lehrt, mit den Worten «Die niedere Gestalt geht in die höhere auf» umrissen werden. Hans Kayser veranschaulicht ihn sehr gut, wenn er auf den Dreiklang c - e - g hinweist, der, sich aus drei verschiedenen Tonwerten zusammensetzend, ein vollständig neues Ganzes ergibt, aber nur – und das ist von allergrößter Wichtigkeit! – weil jeder einzelne Tonwert seine ausgesprochene, nicht nur wert-, sondern auch zahlenmäßige Individualität hat.

Diese Hinweise auf die «Gestalttheorie» mögen genügen. Sie beweisen ausreichend, daß ein gangbarer Weg für die Biologie besteht, die «vitalistische» Einstellung zu überwinden, um zu einer gestaltenden Formgebung zu gelangen. Im Anschluß an Friedmanns konstruktive Überlegungen sind von ihr selbst erste Schritte zur endgültigen Überwindung des Vitalismus getan worden. Auf diese müssen wir nun zu sprechen kommen, ehe wir auf eine andere Weiterführung der Friedmannschen «Gestalttheorie», wie sie durch die «Harmonik» gegeben ist, eingehen.

22. Haldane
(Die Überwindung des Vitalismus)

Der Versuch, die vitalistische Biologie zu überwinden, ging, wie das einzigartige Beispiel der «Gestalttheorie» gezeigt hat, von Friedmann aus. In den gleichen und den darauf folgenden Jahren arbeiteten weitere Gelehrte in derselben Richtung. Es handelt sich dabei um den Russen C. v. Monakow, der in Zürich lehrte, und um den aus Deutschland vertriebenen Kurt Goldstein; es handelt sich dabei aber vor allem um den Engländer J. S. Haldane und in letzter Zeit noch um den Schweizer A. Portmann.

Ansätze zur Überwindung des Vitalismus haben wir schon bei einigen deutschen Forschern gefunden; wir erinnern an unsere diesbezüglichen Ausführungen (Seite 248/249 und 254), wo wir die Bemühungen v. Uexkülls, Drieschs und v. Bertalanffys um das «Gestaltproblem» erwähnt haben, aber diese mehr erkenntnismäßigen Ansätze erfuhren keine Verwirklichung innerhalb der von diesen Forschern aufgestellten biologischen Theorien, wobei wir die Bertalanffys vielleicht bis zu einem gewissen Grade ausnehmen dürfen, der, sich auf die Anfänge der Gestaltmathematik des Engländers Woodger stützend, sich bereits in einem stärkeren Maße von dem Vitalismus zu entfernen bemühte. Diese fast tragische Situation der Vitalisten darf man möglicherweise mit einer Tatsache erklären, welche in der Wichtigkeit besteht, die der Ausgangspunkt einer jeden Theoriebildung für diese Theorie selbst hat. Driesch gründete nämlich seine vitalistische und organische Biologie-Auffassung auf Experimente, die er 1891 am Seeigel machte. Bei diesen Experimenten zeigte es sich, daß trotz vorgenommener Teilzerstörungen an Frühformen des Seeigels sich wieder ganze Seeigel-Individuen ergaben. Driesch baute also gewissermaßen seine Lehre auf einer der primitivsten Formen des organischen Lebens auf; dieser primitive Ausgangspunkt, die nur vitale Regenerationsfähigkeit der Zellen, wirkt in ihrer Indifferenziertheit in allen weiteren Folgerungen des Vitalismus nach; selbst dort wirkt sie nach, wo sich Driesch, v. Uexküll und andere bereits in Untersuchungen differenzierterer Vorgänge bewegen, bis hinauf in die philosophischen Ausdeutungen, die Driesch seiner Lehre in der «Philosophie des Organischen» gab: der indifferenzierte blinde vitale Trieb blieb als Denk-Klischee oder Denk-Matrize in allen ihren Betrachtungen wirksam.

Wir haben nun, vielleicht zur Überraschung des Lesers, unsere Darstellung der Biologie durch das Kapitel über Friedmanns «Gestalttheorie» unterbrochen. Es war angezeigt, dies zu tun, um nachweisen zu können, daß es nicht genügt, Gestaltungsvorgänge zu ahnen, sondern daß es nötig ist, sie zu erkennen und diesem Form-Prinzip jene Stellung einzuräumen, auf welche wir als unabdingbar hingewiesen haben. Jedoch, die Friedmannschen Überlegungen sind vornehmlich Überlegungen, sind theoretische Anweisungen und strukturelle Einsichten über den notwendigen Weg; sie sind aber nicht dieser Weg selbst. Dieser mußte rein praktisch, konkret, vorerst sogar unter Verzicht der sich erst anbahnenden Gestaltmathematik eines Woodger von der Biologie selbst gefunden werden.

Erste praktische Hinweise für diesen konkreten Weg kamen nun von unerwarteter Seite: von der Gehirnforschung. Der große russische Neurologe C. v. Monakow veröffentlichte im Jahre 1928 mit einem seiner Mitarbeiter, R. Mourge, das grundlegende Werk «Introduction biologique à la Neurologie et à la Psychopathologie», dessen deutsche Ausgabe bereits 1930 unter dem Titel «Biologische Einführung in das Studium der Neurologie und Psychopathologie» erschien. Dieses Werk gab einen völlig neuen Gesichts- und Ausgangspunkt für die biologische Betrachtung: an Stelle von Drieschs einfachen Zellen am primitiven Seeigel, die höchst-differenzierten Nerven-Prozesse am höchstentwickelten Gebilde der Natur, dem menschlichen Gehirn. Dieser in jeder Hinsicht überragende Standpunkt brachte naturnotwendig eine ganz neuartige und überschauende Position für die Beurteilung und Einordnung biologischer Probleme mit sich. Wir wollen wenigstens die hauptsächlichsten durch v. Monakow wissenschaftlich ermittelten Tatsachen erwähnen. Erstens wies er den *zeitlichen* Aufbau der Funktionen und deren Wanderung nach dem Kopfende nach; er führte den Begriff der «Chronogeneität» ein, womit der bisherigen nur räumlich verfestigten Lokalisation von Vorgängen des Zentralnervensystems eine vierdimensionale, die Zeit einbeziehende Lokalisation derselben entgegengestellt wurde: das zeitlich Gewordene ist ihm zufolge nicht nur als ein bloßer Niederschlag dessen aufzufassen, was durch Jahrtausende hindurch sich in den sich verfeinernden Organen als bloß Gewordenes organisch fixierte, sondern diese Zeitigungen werden jetzt als etwas betrachtet, das noch heute in seiner zeitgewordenen Qualität, in seiner unterschiedlichen, zeitlich und organisch abgegrenzten Entwicklungsstufung wirksam ist, denn primitive Instinkte und sublimierteste Denkvorgänge äußern sich gleichzeitig in der zeiträumlichen Struktur des Zentralnervensystems. Mit dem Nachweis der «Chronogeneität» erhielt nicht nur die ganzheitliche, sondern auch eine gestaltende Auffassung hinsichtlich der biologischen Prozesse Gültigkeit; durch die Hereinnahme der Zeit bzw. der Zeit- oder Entwicklungsqualitäten in den strukturellen, sich immer stärker differenzierenden Nervenaufbau war sowohl die nur «statisch» denkende (mechanistische) als auch die nur «dynamisch» denkende (vitalistische) Biologie zumindest für die biologische Gehirnforschung überwunden.

Der zweite Nachweis v. Monakows betraf den Zusammenhang zwischen der Welt der inneren Drüsen und Säfte mit der Welt der Instinkte sowie die Feststellung, daß die Natur im Zeitlichen wie im Örtlichen stets das Ganze anstrebt, womit dieser überragende Gelehrte die alten Dualismen Geist–Materie und Kraft–Substanz aufgeben konnte und zu einer zutiefst ganzheitlichen Biologie-Auffassung gelangte. Ihr entsprang der von ihm geprägte Begriff «Horme», womit er den «élan vital» Bergsons und das bloß vitale Prinzip in ein Prinzip überhöhte, welches, allen psychischen und physischen Äußerungen zugrunde liegend, nicht nur blind drängend, sondern zur Gestalt führend ist; v. Monakow definierte dieses Prinzip «Horme» (vom griechischen ὁρμή = Antrieb, in Bewegung setzen; die Betonung liegt auf der zweiten Silbe!) selbst als «propulsive Kraft des Lebewesens mit allen seinen ererbten potentiellen Auswirkungsmöglichkeiten». Mit diesem Prinzip der Horme wurde der Biologie eine neue Grundlage gegeben, deren Weisheit sich jedem erschließen wird, der sich eingehender mit dem Werke v. Monakows beschäftigt, wobei es nicht an einführenden Arbeiten mangelt.

Einige Jahre später (1934) veröffentlichte dann ein Mediziner, Kurt Goldstein, der seit seinem Ausscheiden aus dem Lehrkörper der Berliner Universität zunächst in Holland wirkte, ein Werk, das auch Gedanken v. Monakows aufnahm. Es handelt sich um sein Buch

«Der Aufbau des Organismus. Einführung in die Biologie, unter besonderer Berücksichtigung der Erfahrungen am kranken Menschen». Auch diese Veröffentlichung belegt die wachsende Distanzierung vom bloß Vitalen, nicht nur zugunsten der schon lange auch für die Biologie postulierten «Ganzheit», sondern vor allem für die Gestaltbildung, und bringt für sie neue Beweise aus dem klinischen Material, das K. Goldstein dafür zur Verfügung stand.

Der entscheidende Schritt zur Überwindung des Vitalismus wurde für die allgemeine Biologie jedoch durch ihren englischen Vertreter, J.S. Haldane, getan. Wir beziehen uns hier nicht auf die durch ihn und seine Schüler durchgeführten Untersuchungen auf dem Gebiete der Stoffwechselphysiologie, welche die Brauchbarkeit des Ganzheits-Prinzips auch für die Erklärbarkeit des Atmungsgeschehens darlegten. Wir denken vielmehr an das letzte und grundlegende Werk dieses bedeutendsten Vertreters der großen englischen Biologie-Schule: «Die Philosophie eines Biologen» (1935). In ihm schreibt Haldane: «Wir müssen definitiv mit jeder Philosophie brechen, die wie der Vitalismus von unserer Erfahrungswelt nur ein völlig auseinanderflatterndes Bild gibt, in welchem wir hier nur rein Physikalisches, dort Biologisches und wieder woanders nur Geistiges finden.»

Daß in diesem Zusammenhange das Wort «geistig» fällt, ist ungemein bedeutsam, denn wir dürfen die «Gestalt», auf die nicht nur Friedmann, sondern auch v. Monakow abzielt, als den sichtbar gewordenen Ausdruck des «Geistigen» betrachten.

Auf Friedmann aber nimmt Haldane Bezug, wenn er über ihn hinausgehend bereits schreibt, es könne «das Sehen (die ‹Optik›) selbst in der Tat als nichts mehr denn als eine besondere Modifikation des Tastsinnes (der ‹Haptik›) aufgefaßt werden, so daß das Gesichtsfeld wesentlich dasselbe wie das Tastfeld ist.» Haldane gibt mit dieser Zusammenfassung freilich noch keine konkrete Überwindung dieser beiden «Felder» oder Wahrnehmungsweisen; das blieb, wie wir in dem Kapitel über die «Harmonik» sehen werden, Hans Kayser und, im Anschluß an ihn, Friedmann selber vorbehalten. Aber Haldane dringt doch schon in der durch Friedmann erst ermöglichten Richtung weiter vor. Er geht nicht nur mit der soeben zitierten Bewertung von «Optik» und «Haptik» über Friedmann hinaus, sondern auch insofern, als er es unternimmt, nicht nur der Biologie den Primat über die Physik zuzusprechen, sondern dieser die Psychologie überzuordnen, um schließlich den Versuch zu wagen, Philosophie und Religion in die wissenschaftliche Betrachtung einzubeziehen, in welcher Bemühung ihm später Friedmann gefolgt ist. Der zentrale Satz dürfte vielleicht Haldanes Feststellung sein, daß «Raum und Zeit selbst nur Beziehungen innerhalb der Wahrnehmungen darstellen». Diese Einstellung, diese auch relativistische Betrachtungsweise deckt sich weitgehend mit jener v. Monakows, der im Prinzip der Horme nicht nur die physiologischen, sondern auch die psychischen und religiösen Komponenten der menschlichen Natur zu gemeinsamem Ausdruck brachte. Haldane seinerseits wurde mit dieser Betrachtungsweise, die hinsichtlich der Biologie theoretisch endgültig sowohl die mechanistische als auch die vitalistische ausschaltet, zum Begründer des «Holismus», wie sein System benannt worden ist, wobei man diesen Begriff vom griechischen ὅλος = «ganz» im Sinne von «ungeteilt» ableitete. Damit war der Ganzheitsbegriff, dem wir ja schon in der Einsteinschen Physik begegneten und dem Friedmann mit seinen gestalttheoretischen Ausführungen auch für die Biologie die Wege geebnet hatte, von jenen triebhaften Ansätzen und Wucherungen «totalen» beziehungsweise «einheitlichen» Charakters gereinigt, mit welchen ihn vornehmlich die deutsche Biologie, wie wir im Kapitel über die «Fehlauswirkungen der Biologie» gesehen haben, belastet hatte. Und heute können wir hinzufügen, dass v. Bertalanffy in seinem neuesten Werke «Das biologische Weltbild» diesem Ganzheits-Problem Seiten widmet, die als Beitrag zur Betrachtung des Lebensgeschehens als eines ganzheitlichen bewertet werden dürfen, die aber leider immer noch vitalistische Reminiszenzen enthalten.

Waren nun die Überlegungen Haldanes noch grundsätzlichen, ja letztlich nur erkenntnistheoretischen beziehungsweise philosophischen Charakters, die aber, was wichtig ist, von einem Biologen aufgestellt wurden, so finden wir eine konkrete Auswertung dieser großen Erkenntnisse bei dem Basler Professor für Zoologie, Adolf Portmann. Er hat sich in einigen Veröffentlichungen zu biologischen Themen, vor allem in seiner 1942 erschienenen Schrift «Die Biologie und das neue Menschenbild», nachdem die Neurobiologie ihm darin vorangegangen war, sowohl von der mechanistischen als der vitalistischen Biologie klar distanziert. Seine Distanzierung ist nicht nur prinzipieller, sondern bereits konkreter Natur; sie ist bei ihm eine Angelegenheit menschlicher Haltung und menschlicher Verantwortung. Die Lauterkeit dieser seiner Haltung und ihre wissenschaftlich begründete Verantwortung ist die Gewähr dafür, daß unsere Zivilisation nicht in den letzten, immer noch kraftvollen Resten des Darwinismus, demzufolge der Stärkere der Mächtige ist, untergehen wird.

Worin aber besteht nun diese durch Portmann konkretisierte Position? Auch er, als Biologe, wagte es, auf den *geistigen Aspekt* und dessen vernachlässigten Einfluß auf die Biologie hinzuweisen, nachdem v. Monakow als Neurobiologe ihm darin vorangegangen war, da er das Horme-Prinzip durch ein zweites, die Horme in seiner Weisheit und Schönheit noch überragendes Prinzip, das der «Syneidesis», vertieft hatte; mit diesem bezeichnete er jenes «biologische Gewissen», das seine Auswirkungen in den sublimiertesten Funktionen, Reaktionen und Produktionen der Horme zu erkennen gibt und gewissermaßen die *geistige* Ergänzung jener Ewigkeits-Gerichtetheit der Natur zum Ausdruck bringt, die physiologisch in den Instinkt-Äußerungen sichtbar wird, dank derer die physische Kontinuität des Keimplasmas (also die durch die Fortpflanzung gewährleistete «Ewigkeit») gesichert wird.

Portmann nun stützt seine Einstellung durch neue Funde und grundsätzliche Überlegungen, die tatsächlich ein «neues Menschenbild» in Erscheinung treten lassen. Sein konstruktiver Standpunkt spricht am deutlichsten aus den Schlußseiten seiner oben genannten Schrift: «Die Versuche, den Menschen nur von unten herauf als ein Glied der großen Sphäre des Vitalen zu erfassen und darzustellen, führen zu einer Überblendung vieler Tatsachen, zu einer Schwächung des Urteils und zu einer Verkennung der menschlichen Eigenart, die einer wahren Inflation menschlicher Werte gleichkommt ... Die Biologie wird bei der Erforschung des menschlichen Daseins nach neuen Ansätzen suchen müssen, weil in den bisher gebrauchten Voraussetzungen die wahre Sonderart der geistigen Daseinsform des Menschen keinen rechten Platz hatte.»

Lag schon der «Gestalttheorie» des Philosophen Friedmann unausgesprochen diese geistige Komponente zugrunde, räumte der Neurobiologe v. Monakow ihr mit dem Prinzip der «Syneidesis» ausdrücklich das Primat bei der Gestaltwerdung ein, legte der Biologe v. Bertalanffy den Akzent auf Organisation und Struktur, so finden wir nunmehr die geistige Position auch durch den Zoologen Portmann ausgesprochen und verantwortet. Damit ist endlich und endgültig jener Bann der seelischen Vernebelung gebrochen, die in die bloß triebhaften Niederungen des Vitalen verführte; und der Wissenschaft ist damit der Weg gewiesen, der in die mögliche Klarheit und Souveränität des Geistigen münden könnte. Das Bedeutungsvolle liegt dabei in dem Umstand, daß schließlich Naturwissenschaftler, deren Forschungsgebiet die Lehre vom Leben ist, diesen entscheidenden Schritt zu vollziehen wagten.

Für diese durchaus neue Einstellung, die damit in die Wissenschaft Einzug hält und in Zukunft ohne jedweden Zweifel immer stärker zum Ausdruck gelangen wird, dürfte jener Satz Portmanns, der seine Publikation «Biologische Fragmente zu einer Lehre vom Menschen» beschließt, die bisher beste Formulierung darstellen: «Die klaren Gestalten, die um uns leben, sie sind die Zeugen der Gestaltungen, welche größer sind als das auf Erden Sichtbare.»

23. Zwischenbetrachtung
(Das Wertungsproblem)

Mit dem schönen und wegweisenden Satz Portmanns darf unsere Betrachtung der Biologie als abgeschlossen gelten. Er zeigte uns Wichtigkeit und Wert der «Gestalt». In ihr besitzen wir die Schlüsselposition, die nicht nur für die Biologie aufschlußreich und aufschließend war; von ihr aus führt uns ein guter Weg weiter in die Grenzgebiete der Biologie und darüber hinaus später auch in den Bereich der Psychologie. Ehe wir uns aber im nächsten Kapitel mit einem dieser Grenzgebiete befassen, indem wir die sehr anschaulich darstellbare «Harmonik» von Kayser, die viele Fragen klären kann, betrachten, müssen wir zuvor einige Überlegungen anstellen, die auf den ersten Blick sicher unanschaulich, ja schwierig wirken werden, die es aber doch der Mühe wert sind, einmal aufmerksam überdacht zu werden.

Die Frage, die sich jeder gestellt haben wird, der unseren Ausführungen über die «Gestalttheorie» gefolgt ist, läßt sich ohne Zweifel dahin formulieren: Wie ist es möglich, quantitative und qualitative Zahlen dergestalt in ein Verhältnis zueinander zu bringen, daß sie ein «Ganzes» ergeben, daß sie nicht zwei nebeneinander herlaufende Zahlensysteme bleiben, sondern zu zwei ineinandergreifenden werden; auf welche Weise also lassen sie sich «bestimmen», da man ja einerseits weder von einem «Begreifen» sprechen kann, weil man dann nur den Tastsinn, das Mengenmäßige, Materielle, also nur die quantitative Zahl in Rechnung stellen würde, da man anderseits aber auch nicht von einem «Vor-stellen» sprechen kann, weil man dann nur den optischen Sinn, das Gestaltete, Geformte, also nur die qualitative Zahl in Rechnung stellen würde.

Mit dieser Frage stehen wir an dem Punkt, dessen Überwindung eine weitere Lösung sowohl für die Physik wie für die Biologie darstellen würde. Denn wir dürfen nicht vergessen, daß, wenn auch die Physik, von der Materie ausgehend, bereits zu unmateriellen geistigen Folgerungen gelangte, sie doch nicht jenes Zauberwort fand, welches erkenntnismäßig diese beiden Reiche verbinden könnte. Auf der anderen Seite steht die Biologie, der es gelang, von einem unmateriellen Prinzip (dem «élan vital») ausgehend, zu materiellen, nämlich organisch begreifbaren Folgerungen zu kommen. Wir sehen also, wie diese Wissenschaften in ihren Erkenntnissen zwei aufeinander zufließende Entwicklungsprozesse durchmachen: in der Physik eine Entstofflichung der Materie, die, wie Jeans es tut, alle Materie auf einen «großen Gedanken» zurückführt; in der Biologie dagegen eine Materialisation des Nichtstofflichen, des «élan vital». Jede dieser Wissenschaften geht von einander entgegengesetzten Ausgangspunkten aus: die Physik von der Materie, um im «Gedanken» zu enden, die Biologie, wenn wir es grob fassen, vom «Gedanken», um in der Materie zu enden. Die eine kommt vom Anorganischen her (den Atomen) und verflüchtigt sich in nicht mehr faß- oder greifbare Unsichtbarkeiten (die «unmateriellen» Strahlungspartikel); die andere geht vom Unsichtbaren aus (dem «unmateriellen» élan vital) und verdichtet sich zum Organischen. Da nun aber Anorganisches und Organisches, wie auch aus übereinstimmenden Resultaten der Messungen an toter und lebender Materie hervorgeht, sich letztlich nicht unterscheiden, ja eine Einheit bilden – so bilden Physik und Biologie nur einen Kreislauf? Nehmen wir selbst an, dies wäre der Fall, so bleibt immer noch die Frage offen, welche Kraft es ist, die diesen Kreislauf zustande bringt. Und zudem: welchen Wert hat ein immer wieder in sich zurückkehrender Kreislauf? Wir sehen, daß wir bei derartigen Fragestellungen nicht aus dem zu nichts führenden Im-Kreise-Gehen herauskommen.

Wir dürfen uns nun zu Recht fragen: stellen wir diese Fragen zu früh? Müßten wir vielleicht außer der «Harmonik» auch noch die Psychologie betrachtet haben, um sie beantworten zu können? Ohne Zweifel könnten beide Wissenschaften helfen: besser jedoch ist es, wenn wir diese Fragen ohne ihre Hilfe zu beantworten vermöchten, weil wir dann bereits einen gut fundamentierten Standpunkt für die Betrachtung der «Harmonik» und der Psychologie gewinnen würden.

Ausschlaggebend für unser Unterfangen, einen Ausweg aus der obengenannten Situation zu finden, muß folgende Überlegung sein: Kommt durch eine Summierung quantitativer Zahlen oder Größen niemals eine qualitative Zahl oder Größe, also ein «Ganzes», das mehr wäre als die bloße Summe seiner Teile, zustande? Wir erinnern an unser Beispiel von den Apfelvierteln, das uns aber hier nicht behilflich sein kann, weil es sich bei ihm um die Zerteilung einer organischen Einheit handelt. Wir könnten es heranziehen, gingen wir von der Einheit, dem Ganzen aus. Aber wir gehen ja von der quantitativen Zahl, der Menge, aus. Wir kommen der Frage jedoch bereits sehr viel näher, wenn wir auf ein anderes Beispiel zurückgreifen, auf das des Dreiklanges, welches uns H. Kayser vermittelte: Die drei Töne c - e - g, die jeder für sich ihren individuellen Tonwert besitzen, ergeben zusammengefaßt einen Dreiklang, der mehr ist als ihre bloße Summierung, weil er eine neue, größere Individualität darstellt. Es handelt sich also um ein Wertgesetz, um ein Mehr, das durch eine bestimmte Beziehung der Töne unter sich zustande kommt; denn beliebige Töne, etwa c - d - e, ergeben keinen Dreiklang, kein Mehr, keine neue «Gestalt», sondern im Gegenteil eine Ungestalt, ein Weniger, einen Mißklang. (Daß auch dieses Beispiel nur bedingte Gültigkeit hat, erhellen unter anderem die Anwendungsmöglichkeiten sogenannter «disharmonischer» Klänge in der modernen Musik.)

Aus dem angeführten Beispiel geht zweierlei hervor: erstens birgt jede quantitative Zahl in sich die Möglichkeit, zusammen mit anderen eine qualitative Zahl zu bilden – es kommt dabei auf die richtige Beziehung der quantitativen Zahlen unter sich an, damit sie nicht nur eine Summe, sondern ein neues Ganzes hervorbringen; zweitens besteht die Möglichkeit, daß wir sehr wohl darüber urteilen, also gewissermaßen die Ur-Teile (falls ein willkürlich etymologisierendes Wortspiel statthaft ist) sehen können, welche der quantitativen Zahlen nur eine Summe ergeben, welche dagegen mehr als eine Summe, nämlich eine neue «Gestalt» oder ein neues «Ganzes» hervorbringen. Diese Urteilskraft hinsichtlich der Töne besitzen wir in unserem Ohr, das uns «Harmonien» und «Disharmonien» vermittelt. Die Wertung aber ist eine uns eingeborene. Und diese Wertungsmöglichkeit müssen wir als ein «seelisches Vermögen» bezeichnen, womit wir Ausführungen der «Harmonik» von Kayser vorwegnehmen. Es ist nicht immer nötig, daß wir «be-greifen» (also mit dem Tastsinn arbeiten); auch nicht, daß wir uns etwas «vorstellen» (also mit dem Gesichtssinn arbeiten); es genügt, daß es hin und wieder, wie ich es ausdrükken möchte, «stimmt»; daß wir also auch einmal den Mut haben, mit dem Ohr zu arbeiten, und zwar nicht nur mit dem äußeren, sondern auch mit dem inneren Ohr. Wie weit man allerdings zwischen «innerem» und «äußerem» Ohr unterscheiden darf, ob der akustische Vorgang nicht schließlich doch nur ein rein physikalischer sei, dies können wir hier nicht untersuchen. In jedem Falle aber können wir von einem «Stimmen» sprechen. Ob wir dieses nun als «innere Stimme» oder als «Seele» oder als «Gottesgedanken» bezeichnen, das ist Glaubenssache. Hauptsache bleibt, daß wir die Existenz einer solchen «Kraft» anerkennen; daß wir hin und wieder zuinnerst wissen: es stimmt.

Dank dieser Schlußfolgerung und mit Hilfe der «Harmonik» werden wir nun die wichtige Frage nach den Auswirkungen der Physik und der Biologie abschließen können. Abgesehen davon war unsere Schlußfolgerung auch von praktischem Wert: sie erinnerte uns daran, daß es so etwas wie eine «innere Stimme» gibt, die mehr ist als das Gewissen: nämlich die uns und die Dinge durchpulsende «geistige Kraft» oder wie immer man es nennen mag.

24. Kayser
(Die Harmonik)

Ausgehend von der Unterscheidung zwischen «Haptik» und «Optik», die Friedmann aufstellte und die sich, wie wir sahen, so fruchtbar auszuwirken begann, gelang Hans Kayser der mit Recht genial zu nennende Wurf, die Stelle zu finden, welche eine Brücke zwischen beiden bildet: das Gehör.

Diese Feststellung mag auf den ersten Blick hin manchem reichlich einfältig erscheinen. Alle wirklich großen Gedanken erscheinen uns einfach, sind sie nur erst einmal formuliert. Daß der Weg zu ihrer Formulierung durch die größten Komplikationen ging, dies sieht man ihnen meistens nicht an. Aber die Tatsache, daß der Weg zum Einfachen der schwierigste ist, sollten wir deshalb niemals vergessen. Jedes Resultat, das wir erreichen, ist, wenn es auch nur einigen Wert hat, von geradezu unproblematischer Einfachheit, die so sein kann, daß jeder sich fragen mag: Warum und wieso habe ich, um dieses oder jenes zu erreichen oder einsehen zu können, das jetzt so klar und einfach vor mir liegt, durch so viel Schweres, durch so viel Leid, durch so viele Widerstände und Kämpfe hindurchgehen müssen?

Lassen wir uns also durch die scheinbare Einfachheit dieses Grundgedankens der «Harmonik» (welches Wort soviel besagen will wie «Lehre vom Harmonischen und Disharmonischen») nicht abschrecken. Denn bei näherem Hinsehen werden wir finden, welche ganz ungewöhnlichen Perspektiven sich für die heutige abendländische Welt aus dieser genialen Einsicht ergeben.

Kayser baut seine «Harmonik» auf der Entdeckung des Pythagoras auf, der am Monochord, einem einsaitigen Instrument, feststellte, daß die musikalische Tonhöhe von der Länge der Saite abhängt. Bei dieser Gelegenheit dürfen wir erwähnen, daß es kein anderer als Planck selbst war, der in der Zeit, welche der Aufstellung seiner Quantentheorie vorausging, sich mit Versuchen am Monochord beschäftigte. Pythagoras nun leitete von seinen Versuchen sein berühmt gewordenes Zahlensystem ab, das eine Zeitlang sehr fruchtbar, beispielsweise auf das Spätwerk Platons, einwirkte, später aber, in der Mystik und in der Kabbala, mystische Verbildungen erfuhr. Aus diesen rettete es zwar Kepler durch seine «Sphärenharmonie», die aber bis in die jüngste Zeit dem unverständigen Vorwurfe nicht entging, sie sei ein Zahlensystem, das aus der Welt letztlich nichts als ein Rechenexempel mache.

Hier nun setzt Kayser wieder ein. Das Studium des pythagoreischen Systems, die konkrete Auswertung der Erkenntnisse Keplers, die dieser in seinem «Mysterium Cosmographicum» und seinen «Harmonice mundi» niedergelegt hatte, sowie die Wiederentdeckung des bedeutenden rheinländischen Harmonikers des vergangenen Jahrhunderts, Albert von Thimus, ermöglichten es Kayser, infolge seiner über Friedmann hinausgehenden Konzeption, nachzuweisen, daß wir in den Schwingungszahlen der einzelnen Töne, vor allem aber in der Beziehung dieser Schwingungszahlen untereinander, ein Urphänomen des gesamten Weltgebäudes vor uns haben. Damit war nicht nur das «haptische» Weltbild, das Friedmann durch ein «optisches» ergänzte, überwunden, sondern eben auch Friedmann selber, der seine Überlegungen über das «Akustisch-Musische», den Ton, nur einseitig auf die «haptische» Tonlehre von Helmholtz und auf die von ihm als «fast optisch» bezeichnete «Ton*auffassung*» von Kurth stützte, derzufolge der Ton nur physikalisch auf*gefaßt*, nicht aber gewertet werde. (An diesem nicht mehr treffenden Beispiel Friedmanns erhellt sich auch die Folgerung Haldanes, der ja die «Optik» als eine Modifikation der «Haptik» bezeichnete.[9]) Durch Kaysers Fund aber wurden die beiden Wahrnehmungsarten in einer dritten, ihnen übergeordneten (oder ihnen zugrunde liegenden) zusammengefaßt. So war die Brücke geschlagen, von der wir eingangs sprachen, ohne daß die Auffindung eines Urphänomens, auf dessen Suche sich besonders in letzter Zeit verschiedene Forscher befinden, in die prophetisch-mythischen Beschwörungen des Gefühlsdenkens mündete, wie sie sich beispielsweise in der «Urgestalt» Dacqués «offenbaren». Noch verlor sich das Suchen nach ihm in rein geometrischen Spekulationen, wie sie Ernst Mössel in seinem Buche «Vom Geheimnis der Form und der Urform des Seins» anstellt; noch bewegte es sich in der ungesunden, weil unklaren und mit orakelhaften Andeutungen überladenen Atmosphäre, welcher Hugo Kükelhaus in «Urzahl und Gebärde» einen Firnis von inspirierter Wissenschaftlichkeit zu geben bemüht ist. Auf Grund exakter, mathematisch nachprüfbarer Berechnungen und Überlegungen gelang Kayser der Nachweis dieses Urphänomens. Was jedoch noch entscheidender ist, war der durch ihn erbrachte Nachweis, daß der Ton nicht nur «Zahl», sondern auch «Wert» ist. Auf Grund seines sehr klar geführten Beweises, den hier zu wiederholen zu weit führen würde, darf es sich Kayser gestatten, von einer «Tonzahl» und von einem «Tonwert» zu sprechen, welche beide zusammen den Ton als solchen bilden. Die «Tonzahl» stellt den objektiv gegebenen, meßbaren, also quantitativen Aspekt des Tones dar; sie ist die jedem Tone eignende Schwingungszahl; der «Tonwert» dagegen stellt den subjektiv gegebenen, wertmäßigen, also qualitativen Aspekt des Tones dar: er ist die spontane Wertung, die das innere Gefühl des Menschen, welches im Ohr seinen organischen Ausdruck hat, jedem Tone hinsichtlich seiner Reinheit zuteil werden läßt. Die Schilderung dieser harmonikalen Funde und Folgerungen können wir hier in dieser Kürze geben, weil uns unsere Überlegungen im vorangegangenen Kapitel nunmehr für ihr Verständnis zustatten kommen dürften.

Mit einem Blick überschauen wir jetzt den Zusammenhang zwischen der «Haptik» und «Optik» Friedmanns und der «Harmonik» Kaysers. Dabei müssen wir wieder Gewicht auf die Feststellung legen: daß nämlich Kayser streng wissenschaftlich vorgeht. Der Ausgangspunkt ist die Physik. Zwei Sätze aus seinem in die «Harmonik» einführenden Buche «Vom Klang der Welt» mögen den Beweis dafür liefern. Bei der Erläuterung des Monochord-Experimentes sagt Kayser: «Wenn das räumliche Moment, die Saitenlänge, sich verkleinert, so vergrößert sich das zeitliche Moment, die Schwingungszahl, und umgekehrt. Raum und Zeit stehen hier also im umgekehrten ... Verhältnis.» Wer dächte bei diesen Worten nicht sofort an das Beispiel von Rusk, das jener zur Erklärung der Raum-Zeit-Relativität Einsteins gab? Der andere uns interessierende Satz steht im Zusammenhang mit den sogenannten Obertönen, den Flageolettönen einer Geigen- oder Cellosaite. Kayser schreibt: Es «erklingen beim Hinaufgehen des Fingers (auf den Saiten) nur ganz bestimmte Töne... Die Natur trifft also von selbst eine Auswahl. Die Töne springen sozusagen von einer Stelle zur anderen – sie sind quantenmäßig und nicht kontinuierlich angeordnet.» Wer dächte da nicht sogleich an die Quantentheorie Plancks? Und an die Mutationslehre von de Vries! Ja, auch die de Brogliesche «Komplementarität» von Welle (Zeit) und Korpuskel (Raum), die wir bereits beschrieben, erhält in der Harmonik eine anschauliche psycho-physische Deutung durch die von Kayser nachgewiesene Dur-Moll-Reziprozität, welchen Sachverhalt er an Hand der auf Pythagoras zurückgehenden Lambda-Diagramme darstellte.

Nun sind dies alles Erkenntnisse, die wir begreifen können. Aber können wir sie bewerten, das heißt erleben, da ja nur das zuinnerst Erlebte Wert hat?

Es fällt uns gewiß schwer, das Quantengesetz oder das Relativitätsgesetz zu erleben. Wenn wir aber wissen, daß jede physikalische und jede biologische Äußerung, daß jeder physikalische oder biologische Vorgang sich auf ein mathematisch nachweisbares Zahlenverhältnis stützt, das seinen Schlüssel in den Verhältniszahlen der Töne hat, und wenn wir andererseits zugeben dürfen, daß der «Tonwert» – und sei es selbst nur als eine uns eingeborene, akustische Wertungsmöglichkeit – existiert, denn wir können ja über das Verhältnis einer Oktave spontan urteilen, können ihre materielle Gesetzmäßigkeit (die Schwingungszahl des Tones) und ihre «seelische» Gesetzmäßigkeit (den Eindruck des Tones auf uns) ohne weiteres als Einheit fassen, so wird mit einem Schlage auch das erlebbar, was bisher zur Not gerade noch vorstellbar oder begreifbar erschien. Denn zufolge der Tonzahl und des Tonwertes, die als Ton in allem schwingen, ist es uns möglich, die «Harmonie» zu hören, die durch alles Lebendige und «Unlebendige» geht und deren Gesetze, besser: deren Verhältniszahlen sich, wie Kayser nachwies, in den musikalischen Grundbeziehungen, wie der Oktave, der Terz, der Quarte, Quinte usw., widerspiegeln.

Kayser hat diese musikalischen, harmonischen Verhältniszahlen auf die verschiedensten Gebiete übertragen. Und sein Suchen ist von Erfolg gekrönt gewesen. Er brachte die Natur gewissermaßen zum Klingen. Ein noch gänzlich unübersehbarer Reichtum erschließt sich uns dank dieser anfangs als Grenzwissenschaft bezeichneten «Harmonik», wobei man ganz vergaß, daß man einst auch versuchte, die Geographie als eine solche abzutun.

In seinen Büchern «Der hörende Mensch», «Abhandlungen zur Ektypik harmonikaler Wertformen» und «Harmonia Plantarum» dringt Kayser, streng wissenschaftlich und mathematisch vorgehend, mit seinen harmonikalen Werten und Zahlen in die Chemie, Atomtheorie, Kristallographie, Astronomie, Architektur, Spektralforschung, Botanik usw. ein und findet überall die Bestätigung: es ist ein Grundverhältnis bestimmter Ordnungszahlen, die wir als Töne hören und erleben können, welches durch Erde und Weltall reicht.

Das, was Leprince, sich in seinem Buche auf M. Dussaud berufend, sagte, wofür er uns aber den Beweis schuldig blieb: daß «die Beziehungen, welche zwischen den sieben Noten unserer Tonleiter herrschen ... sowohl die Schönheit dieser als die des Spektrums hervorbringen ... und daß man diese oder ein Vielfaches (dieser Beziehungen) sowohl in den Entfernungen, welche die Planeten von der Erde, als auch in jenen, welche die Elektronen vom Atomkern trennen, wiederfindet» – dies ist durch Hans Kayser bewiesen. Und damit ist jene Zauberformel gefunden, die Physik und Biologie verbindet: das harmonikale Gesetz.

Verschiedene Forscher haben bereits von diesem Gesetz Gebrauch gemacht, meist, wie es Dacqué in seiner «Urgestalt» tat, die Quelle möglichst unauffällig erwähnend. Bavink übergeht es, wie vorerst auch Jeans, noch mit Stillschweigen. Dagegen nahm v. Neergaard darauf Bezug; Ewald Wasmuth stützte seine erkenntnistheoretischen Schriften «Der Mensch in der Mitte» und «Versuch einer Sphärentheorie» auf dieses Gesetz; und K. Kippenberg weist in ihrem Buche «R. M. Rilke. Ein Beitrag» auf die grundsätzliche Disposition des späten Rilke für eine derartige harmonikale Grundeinstellung hin. Lassen wir es mit der Erwähnung dieser Namen bewenden, da die kommenden Jahre das Werk dieses Gelehrten in jenes Licht rücken werden, welches ihm gebührt. In dem letzten Jahrzehnt hat er selber mit zwei bedeutenden Publikationen Entscheidendes dafür getan, um die Stellung der «Harmonik» zu festigen. Seine kleine Schrift «Akroasis. Die Lehre von der Harmonik der Welt» (1946) stellt eine verdienstvolle, klar verständliche Einführung in diese neue, auf uralten Fundamenten ruhende Wissenschaft dar. Sein im besten Sinne monumentales «Lehrbuch der Harmonik» (1950) ist die Krönung einer dreißigjährigen Forscherarbeit; mit ihm ist diese Wissenschaft endgültig begründet.

In dem von Hans Kayser gefundenen Gesetz, das sich in den Tonbeziehungen offenbart, wobei der Ton zugleich äußere Zahl und innerer Wert ist, so daß wir von uns aus sehr gut beurteilen können, ob etwas «stimmt», haben wir, wenn es uns gelingt, uns das zu Beurteilende hörbar zu machen, den Schlüssel zu einem Erleben der Welt, das verstandesmäßig tiefer reicht als ein bloßes Begreifen oder eine bloße Anschauung; und es ist ein Gesetz, das bei rechter Anwendung des «harmonikalen Denkens» und bei psychologischer Sicherung und Selbstprüfung vor triebmäßig beeinflußten Wunschvorstellungen nicht in ein bloßes Stimmungsgefühl entarten kann.

Das Ausschlaggebende bei der Formulierung Kaysers ist die Tatsache, daß er es wagte, die psychische bzw. seelische Erscheinungsform des Tones als «Ton-Wert» zu bezeichnen. Uns scheint dieser Begriff deshalb glücklich gewählt, weil er den Akzent nicht auf das psychologisch ohne Zweifel anfechtbare Empfinden legt (da man dieses als bloße akustische Reaktion bezeichnen könnte), sondern auf das uns natürliche, weil uns eingeborene Werten. Werte aber bestehen nur, wo etwas zutiefst und ursprünglich empfunden, das will sagen: erlebt wird. Jede Kategorienlehre, selbst die gewissermaßen bereits «haptifizierte» Kants, kann sich dieser Tatsache nicht entziehen, hängt aber so lange im Abstrakten, als die innere konkrete Entsprechung über ein «Gefühl» nicht hinauskommt. Kayser jedoch gibt einen konkreten Maß- und Wertstab für dieses Phänomen: der Ton ist jenes Kriterium, welches, durch Vermittlung des Ohres, den sichtbaren (körperlichen, physikalischen) Aspekt der Natur und den unsichtbaren (empfindbaren, in einem gewissen Sinne «seelischen») Aspekt der Natur zusammenfaßt und einigt. Die Natur wird zu einem akustischen Phänomen: ihre bloßen Sichtbarkeiten und auch ihre bisherigen Unsichtbarkeiten werden in eine diese beiden Aspekte vereinigende, zusätzliche Hörbarkeit verwandelt. Und da das Ohr, und zufolge seiner das Akustische überhaupt, das eine das Organ, das andere der Ausdruck der grundlegendsten Wahrnehmungen des Menschen sind, darf die «Harmonik» in einem gewissen Sinne als eine Grundlagen-Wissenschaft angesprochen werden.

Zufolge der Erkenntnisse der Harmonik ist es nun nicht mehr möglich, daß wir (um nur ein Beispiel zu nennen) geringschätzig lächeln, wenn wir uns erinnern, daß einst ein Kepler vermeinte, die «Sphärenmusik» zu vernehmen, sondern wir können jetzt verstehen, was er ahnend wußte: daß er auf Grund dieser im lautersten Sinne des Wortes magischen Fähigkeit die Welt und das Weltall wirklich erlebte, vielleicht sogar – er-hörte.

25. Zweite Zwischenbilanz

Wenn wir jetzt, bevor wir uns dem dritten großen Gebiet der heutigen Forschung, der Psychologie, zuwenden, den Versuch unternehmen, die in den vorangegangenen Ausführungen über die Biologie gefundenen Resultate zusammenzufassen, so müssen wir uns dabei immer vergegenwärtigen, welches die Ergebnisse waren, die wir auf Grund unserer ersten Zwischenbilanz (Kapitel 16) über die Physik erhalten haben. Ohne diese Bezugnahme wäre es unnötig, nunmehr auch die Biologie einer solchen Zusammenfassung unterziehen zu wollen. Wir müssen also zur Verfolgung der sich ergebenden Parallelen auf jenes Kapitel zurückverweisen.

Als wir die Physik betrachteten, konnten wir noch von meßbaren und streng wissenschaftlich «beweisbaren» Tatsachen ausgehen. Aus ihnen konnten wir Folgerungen ableiten, die unserem Bedürfnis, uns an sogenannte «reale Tatsachen» zu halten, entgegenkamen. Aber etliche Folgerungen, die auch einige Physiker, wie Eddington, Jeans und andere, zogen, verloren sich trotzdem bereits in den Bereich des Unsichtbaren.

Jetzt, da wir die Biologie betrachtet haben, finden wir, daß sich die «greifbaren» Tatsachen immer mehr zu verflüchtigen beginnen. Schon die von Kayser neu geweckte Erlebnisart des «Hörens» wird für sehr viele eine kaum in die Wirklichkeit umzuwandelnde bleiben. Desto mehr müssen wir ihre Wichtigkeit betonen.

Die Erfahrungsweise der Harmonik scheint uns auch deshalb unausweichlich, weil wir in der Psychologie, die zu betrachten uns jetzt vor allem übrigbleibt, noch mehr den altgewohnten sicheren Boden unter den Füßen verlieren könnten, wenn wir uns nicht mit dem Gedanken vertraut gemacht haben, daß die Dinge uns nicht bloß dann

Zweite Zwischenbilanz 273

als «richtig» zu erscheinen brauchen, wenn wir einsehen, daß sie beweisbar, greifbar, faßbar oder sichtbar sind, sondern daß sie auch dann «richtig» sein können, wenn wir keine greifbaren Beweise haben, wenn wir nur sagen können, daß sie «stimmen», wenn wir uns also der wertenden harmonikalen Entsprechung von Innen und Außen für unsere Urteilsbildung bedienen. Um aber dies sagen zu können, ist es wichtig, daß wir den Mut aufbringen und die Selbstkritik, zwischen denjenigen Dingen zu unterscheiden, von denen wir wünschten, daß sie «stimmen», und jenen, von denen wir bei äußerster Selbstprüfung sagen dürfen, daß sie tatsächlich «stimmen». Wir werden noch einmal Gelegenheit haben, auf die großen Gefahren hinzuweisen, die sich gerade bei der Betrachtung der Psychologie ergeben können und denen es vorzubeugen gilt. Wir wollen deshalb mit wenigen Strichen die Ergebnisse der Biologie-Darstellungen zusammenfassen. Wir gewinnen dadurch einen neuen, gut fundamentierten Ausgangspunkt für unsere weiteren Ausführungen und Überlegungen.

Wir haben bei der Betrachtung der «Mutationstheorie» gesehen, daß auch für die Biologie jene Gesetze Gültigkeit erlangt haben, die von der Physik aufgestellt wurden: die Quantentheorie hinsichtlich der sprunghaften Entwicklung lebendiger Organismen, die Relativitätstheorie hinsichtlich der neuen zeitveränderten Todes-Auffassung. Die «Pflanzenschrift» Boses zeigte uns dann noch deutlicher, was schon die «Mutation» und Dacqués Ausführungen über die Entwicklung des Menschen darlegten – daß nämlich der Darwinismus langsam überwunden wird. Die «Pflanzenpsychologie» stellte darauf eine erste Verbindung zur Psychologie im allgemeinen her und unterstrich ihrerseits die Entmaterialisierung des biologischen Denkens der letzten Jahrzehnte. Der «Blick auf die ‹vitalistische› Biologie» machte diesen Entwicklungsprozeß noch deutlicher, zeigte aber auch, welche Gefahren sich in dem Umstande verbergen, daß sich eine Wissenschaft über ihren Weg nicht klar ist und demgemäß, von falschen Voraussetzungen ausgehend, naturnotwendig auch zu falschen Ergebnissen, zu Katastrophen gelangen muß – welche Gefahren ja auch für jeden einzelnen bestehen. Diese Tatsache veranschaulichten wir uns in den Ausführungen über die «Fehlauswirkungen der Biologie». Ihnen konnten wir die wegweisende «Gestalttheorie» Friedmanns gegenüberstellen, welcher der rein messenden und zählenden (haptischen) Weltbetrachtung (wie sie für die Physik Gültigkeit hat) eine mehr auf den Gesichtssinn sich gründende optische Betrachtungsweise entgegensetzte, derzufolge die Notwendigkeit des Formprinzips für die Biologie erhärtet wurde, die sich in ihrer «mechanistischen» Auffassung fast noch physikalisch benimmt, in ihrer «vitalistischen» dagegen an dem Gestaltungsprinzip vorerst einmal vorbeilief. (Die gewissermaßen bis Rußland lief oder laufen mußte, um zu erfahren, daß sie auf einem Fehlwege war, die auf eine tragische Art «auseinanderflatterte» – um den Ausdruck Haldanes zu wiederholen, mit welchem er den «Vitalismus» charakterisierte. Denn «vitale Macht», die, wie der Name es schon ausschließt, sich der geistigen Gestaltung begibt, kann stets nur Schein-Eroberungen, das aber sind Er-unterungen, erreichen.) Das Gestaltungsprinzip aber hat dann in den letzten Jahren, wie wir dank v. Monakow, Haldane und Portmann in dem Kapitel über «Die Überwindung des Vitalismus» gesehen haben, auch in die Biologie Eingang gefunden; diese Tatsache ermöglichte uns den entscheidenden Schritt zu einer positiven Biologiebetrachtung, und neue, beglückende Ausblicke eröffneten sich. Diese wurden noch gefestigt, als wir, unter Vorausnahme harmonikaler Überlegungen, auf das Wertungsproblem eingingen, welches uns das Verständnis der «Harmonik» erleichterte.

Bis zu Friedmanns «Gestalttheorie» sahen wir verhältnismäßig wenig Neues. Bis dahin brachten uns die biologischen Forschungsergebnisse lediglich weitere Beweise für die Gesetze und Theorien, die wir in der Physik kennenlernten. Die Sachlage änderte sich aber dann sofort in dem Augenblicke, da wir das Wertproblem streiften und die schwer faßbare «innere Stimme» in unsere Betrachtungen einbezogen. Sie gab uns den Weg frei, Dinge zu erleben, die vorher nicht mehr erlebbar erschienen. Der musikalische Grundton, der sich neben dem Gestaltproblem in den Schriften einiger moderner Biologen bereits findet (worauf Kayser hinweist, indem er die mit musikalischen Formulierungen durchsetzte «Theoretische Biologie» von v. Uexküll als Beispiel anführt), kann uns jedoch nun, da wir von seiner Existenz berichtet haben, eine weitere Hilfe sein, jenen Schritt von außen nach innen auch hinsichtlich unserer selbst zu vollziehen, nachdem wir gesehen haben, in welchem Maße sich sowohl die Physik als auch die Biologie gezwungen sahen, ihn als unvermeidbar anzuerkennen. Wem jedoch dieser Schritt noch immer Schwierigkeiten bereiten sollte, denn er ist ohne Zweifel ein gewagter, ja ein gefährlicher Schritt, den möchten wir noch auf das Werk eines bisher ungenannt gebliebenen Biologen verweisen: auf das von Fließ, der eine Periodenlehre aufstellte, welche trotz aller berechtigten Einwände, die sich gegen sie erheben lassen, insofern fruchtbare Resultate zeitigte, als sie die «innere» Gesetzmäßigkeit des Ablaufes der Lebensvorgänge für alles «Lebendige» heraushob.

Faßten wir in der Zwischenbilanz, die der Physik galt, begreifbare Resultate zusammen, so können wir diesmal bereits von erlebbaren sprechen. Dies ist der Fortschritt, den uns die Betrachtung der Biologie ermöglichte. Dadurch, daß wir den geistigen Aspekt aufscheinen sahen, ist Entscheidendes gewonnen; dadurch, daß wir das «seelische» Moment, in Gestalt des erlebbaren Tones, in unsere Betrachtung aufnahmen, kommen wir nunmehr gewissermaßen auf einer höheren Ebene zu den gleichen Resultaten, die sich aus der Zusammenfassung der physikalischen Entdeckungen ergaben. Und in immer stärkerem Maße wird es uns möglich, jenen Grundgedanken deutlicher in Erscheinung treten zu lassen, welchen wir als den ausschlaggebenden für unsere Epoche ansahen: die Überwindung bzw. Sprengung des Zeitbegriffes, welcher wir nun auch in der Biologie wiederbegegnet sind: denn die Mutationstheorie – um nochmals darauf hinzuweisen – ist ja nichts anderes als der Ausdruck für diesen Wandel des Zeitbegriffs, da wir ihr zufolge auch für das organische Leben ein diskontinuierliches, sprunghaftes, quantenmäßig auftretendes, zeitliches Geschehen verstehen lernten, während die «Chronogeneität», die vierdimensionale Lokalisierung der Vorgänge des Zentralnervensystems, welche v. Monakow nachwies, ein weiterer entscheidender Schritt zur endgültigen Überwindung des alten Zeitbegriffs darstellt. Wie ausschlaggebend jedoch diese Tatsache ist, wird sich in dem Augenblick fast erschreckend scharf zeigen, wenn wir sehen werden, in welchem Maße seelisches Geschehen nicht nur ein raumloses, sondern auch ein zeitloses Geschehen sein kann – und ist.

Daß Eddington, Jeans, Schubart und andere an einige der bisher von uns dargestellten Resultate bereits religiöse Schlußfolgerungen knüpfen, dies wollen wir vorerst noch unbeachtet lassen. Ob sich derartige Folgerungen ergeben können, das zu beurteilen werden wir fähig sein, wenn wir die Psychologie betrachtet haben werden.

Eines aber dürfen wir in Anknüpfung an den Kampf der «mechanistischen» mit der «vitalistischen» Biologie noch abschließend bemerken: er zeigt uns, daß es ein Unding ist, zu glauben, die Bekämpfung einer Strömung durch ihren Gegensatz könne zum «Sieg» des gegensätzlichen Prinzips führen. Was wir bereits früher sagten, daß es nicht auf die Gegensätze ankomme, wird uns an diesem

Kampfe einander entgegengesetzter Weltauffassungen noch deutlicher: ein Fortschritt kommt nicht durch den Sieg des einen Extrems über das andere zustande, sondern nur aus dem Ereignis, daß das eine, zufolge des erlittenen Schocks, sich über sich selber hinausentwikkelt, so daß es sich über beide zu stellen vermag (so wie sich beispielsweise die *neue* Biologie dank des Gestaltprinzips über die bloße Statik der «mechanistischen» und über die bloße Dynamik der «vitalistischen» Biologie zu stellen vermochte).

Sehen wir jedoch von allgemeinen Schlußfolgerungen, die sich aus diesen Überlegungen ergeben können, ab. Beschränken wir uns auf die Feststellung, daß wir durch die Einbeziehung des seelischen Prinzips und infolge seiner Begründung auf einer erlebbaren Basis für die Verfolgung unserer Betrachtungen Entscheidendes gewonnen haben. Es eröffnen sich, haben wir erst das gefährliche Gebiet der Psychologie durchschritten, Perspektiven, die für jeden einzelnen von Wert sein dürften und die darzustellen deshalb Freude bereitet, weil sie nicht aus einem zu Recht kritisierbaren Optimismus hervorgehen, sondern ihre Wurzeln in den Tatsachen haben, die wir objektiv darzustellen versuchten.

DIE PSYCHOLOGIE

26. Die zwei Richtungen der Psychologie

Wenn die Grundfrage der Physik lautet: Was ist Materie?, wenn die der Biologie heißt: Was ist Leben?, so stellt die Psychologie die Frage: Was ist die Seele?

Es gibt verschiedene Möglichkeiten, sich dieser letztgenannten Frage zu nähern, wobei die Ausgangspunkte jeweils dem inneren Bedürfnis und der inneren Einstellung des Fragenden entsprechen. Wir können vier ganz verschiedene Ausgangspunkte unterscheiden: den religiösen, den okkulten, den künstlerischen und den wissenschaftlichen. Von diesen vier geht nur der rationalistisch-wissenschaftliche mit einem Zweifel an das Phänomen Seele heran. Für den religiösen Menschen ist sie gegeben dank seines Glaubens an einen Gott und ist als solche die innere Entsprechung, ist der Gottesgedanke im Menschen. Für den okkult Gesinnten ist sie gegeben, da er die Geheimüberlieferungen als wahr anerkennt. Für den künstlerischen Menschen ist sie gegeben, da er alles, was er schafft, gestaltet oder formt, der ihm innewohnenden seelischen Kraft zuschreibt, ja selbst in seiner Fähigkeit des Nachempfindens von Kunstwerken einen Beweis der Existenz seiner Seele sieht. Nur der wissenschaftlich eingestellte Mensch enthält sich, ihre Existenz von vornherein als feststehend anzuerkennen. In den letzten Jahrzehnten ist von der psychologischen Wissenschaft sehr viel geleistet worden, vor allem aber insofern, als man heute auf Grund tiefgreifender Forschungen festgestellt hat, was *nicht* Seele ist. Die moderne Psychologie hat uns ein Mittel in die Hand gegeben, um zu begreifen, daß viele Vorgänge, die wir als seelische zu bezeichnen gewohnt waren, nichts mit jener Seele zu tun haben, von der wir sprechen, wenn wir das gänzlich Unfaßbare in uns und in der Welt bezeichnen wollen. Diese Feststellungen haben zuerst einmal einen Sturm der Entrüstung hervorgerufen, denn sie waren eine Desillusionierung, eine Enttäuschung für alle, die letztlich hinter dem Wörtlein «Seele» glaubten, alles das verstecken zu können, von dem sie nicht wollten, daß man es sähe; die sich der «Unsichtbarkeit» der Seele bedienten, um zu versuchen, manche Dinge dadurch unsichtbar zu machen, daß sie diese in die unmittelbare Nähe des Unsichtbaren stellten. Was damit gemeint ist, werden wir sogleich sehen. Denn uns interessiert ja im Rahmen dieser Ausführungen vor allem das, was die Wissenschaft uns von der Seele zu sagen hat; uns interessiert ja vor allem, zu sehen, was wir heute von der Seele dank dieser Wissenschaft wissen können. Und wenn es vielleicht nicht viel ist, so bleibt es immer noch wichtig genug, zu sehen, was wir von ihr *nicht* wissen können.

Psychologie ist schon immer getrieben worden, solange die Menschen denken können. Um diese Art Psychologie aber handelt es sich für uns nicht. Ob jemand im Alltagsleben ein guter Psychologe ist, das heißt, ob er es versteht, mit seinen Mitmenschen auf eine möglichst reibungslose Weise auszukommen, ist mehr eine Frage der persönlichen Intelligenz und des persönlichen Einfühlungsvermögens, schließlich auch eine des Taktes und der Höflichkeit; doch müssen wir hier natürlich die Einschränkung machen, daß der obige Satz eine jener Abgrenzungen darstellt, zu denen man seine Zuflucht nehmen muß, wenn man etwas beschreiben will. Was wir unterstreichen wollen, ist lediglich, daß wir hier in erster Linie unser Augenmerk auf die «Tiefenpsychologie» richten wollen, auf jene, die es unternimmt, in die dunklen Tiefen des Menschen hineinzuleuchten. Ihr Schöpfer ist Sigmund Freud, der seine medizinisch angewandte Entdeckung, seelische Störungen zu behandeln, als «Psychoanalyse» bezeichnete und später auch den Begriff «Tiefenpsychologie» einführte.

Wir werden uns also darauf beschränken, jene Richtung der Psychologie zu betrachten, welche auf empirische Weise Licht in das seelische Dunkel des einzelnen zu werfen vermag. Dieser empiristischen Psychologie, die aus der nachgewiesenen Übereinstimmung der inneren Erfahrungen vieler Menschen ihre Gültigkeit erhielt, steht eine grundsätzlich andere Richtung gegenüber. Diese andere Richtung geht nicht von der subjektiven Erfahrung des einzelnen aus und von den Übereinstimmungen dieser persönlichen Erfahrungen mit denen anderer Menschen, sondern versucht, den «objektiven» Weg zu gehen. Sie wird von der experimentellen Psychologie vertreten, zu der auch der amerikanische «Behaviorismus» zu rechnen ist, welcher von John B. Watson grundlegend in seinem Werke «Behaviorism» beschrieben wurde. Diese Psychologie fragt weniger nach der Quelle; sie vermeidet die nur oder vornehmlich durch Deutung erschließbare Bilderwelt des Unbewußten; sie fragt vor allem nach dem «behaviour», nach dem «Verhalten» des einzelnen und liest an ihm seine als «seelisch» bezeichnete Veranlagung ab. Dieses Vorgehen hat insofern etwas Bestechendes an sich, als es «objektiv» zu sein scheint und sich auf das bloß Sichtbare stützt. Es ist aber andererseits insofern oberflächlich, als es nur die Oberfläche der seelischen Reaktionen als greifbare Gegebenheiten gelten läßt. Für gewisse, vor allem rein materielle Zwecke ist sie jedoch ein manchmal nicht unbrauchbares Instrument, und ihre hauptsächlichsten Erfolge errang sie denn auch in der Ausarbeitung und Anwendung von Tests und Eignungsprüfungen für Industrie und Handel.

Inwiefern der «Behaviorismus» zu einer vertieften Charakter- und damit Schicksalserfassung des einzelnen beizutragen befähigt ist, muß nach dem Gesagten eine unterschiedliche Beurteilung erfahren. Auf diesem Sondergebiet ist der ungarische Psychologe L. Szondi, der eine Technik der «Schicksalsanalyse» ausarbeitete, auch tiefenpsychologisch weiter vorgedrungen. Er beschrieb sie in seinem Werke «Schicksalsanalyse» und bezog psychoanalytische, erbbiologische und triebpathologische Faktoren in seine schicksalanalytische Forschung ein, worüber er in seiner «Triebpathologie» eingehend berichtet. Sein Testverfahren ist das bis heute am eingehendsten ausgearbeitete für diese Art der psychologischen Forschung und Therapie.

Es würde zu weit führen, wollten wir alle Arten der experimentellen, «objektiven» Psychologie erwähnen. Um jedoch einen Begriff von der Ausdehnung dieser Forschungsrichtung zu geben, sei noch erwähnt, daß zu ihr außer dem «Behaviorismus» auch die weiten Gebiete zu rechnen sind, die mit physiologischer, theoretischer und klinischer Psychologie bezeichnet werden, die sich jedoch ihrerseits wieder in spezielle Unterarten aufteilen. Um aber das Bild dieser experimentellen Psychologie etwas abzurunden, seien kurz noch zwei Forschungsgebiete derselben betrachtet: einerseits das Werk eines Vertreters der physiologischen Psychologie, die «Mneme-Theorie» von R. Semon, andererseits das Werk eines Vertreters der teilweise schon theoretischen Psychologie, die zusammenfassende Darstellung der «Gestaltpsychologie» von D. Katz. Auf die klinische Psychologie einzugehen erübrigt sich, da wir die Gehirnforschung, welche deren vornehmliches Forschungsgebiet ist, bereits streiften, als wir ihre biologischen Ergebnisse, wie sie durch v. Monakow erarbeitet wurden, betrachteten.

Zu der Erforschung des psychischen Aufbaues, soweit er sich in jenen ererbten und erworbenen Eigenschaften des Individuums ausdrückt, die in Form der Erinnerung, Assoziation und affektiven Reaktion sichtbar werden, trug R. Semon, von erbbiologischen Überlegungen ausgehend, Entscheidendes bei. In seinem Werke «Die Mneme» (1904) geht er von der Voraussetzung aus, daß jede organische Substanz ein Gedächtnis («Mneme») besitze, das «Engramme» (Eindrücke) aufnimmt; findet ein fortgesetzter Reiz eines Organismus statt, so prägt sich dieser allmählich diesem Organismus so stark (in Form des «Engrammes») ein, daß er vererbbar wird. Es handelt sich also bei dieser Theorie um den Versuch, gewisse Affekte und Empfindungen des Individuums als Äußerungen einstmaliger, teils ererbter, teils erworbener Reiz-Einwirkungen zu verstehen; mit anderen Worten ausgedrückt: Es handelt sich um den Versuch, gewisse Prozesse unseres Trieb- und Empfindungslebens auch erbbiologisch zu erklären, sie physiologisch zu lokalisieren und ihre Wirkung als wachgerufene Erinnerung zu erkennen. Semons letztes, leider nicht abgeschlossenes Werk, «Bewußtseinsvorgang im Gehirnprozeß» (1920), zeigt deutlich, in welchem Maße ihn das Phänomen des organischen Erinnerungs-Vermögens bis zu dem Problem der Abhängigkeit des Bewußtseins von Gehirnprozessen führte, da das Erinnern stets als ein Akt des Bewußtseins betrachtet werden muß. Diese noch durchaus mechanistische, statische Vorstellung Semons von einem festen, dauernd haftenden Erinnerungsbild, das physiologisch im Engramm zum Ausdruck und zur Wirkung kommt, erweiterte v. Monakow durch sein Horme-Prinzip, indem er die als erstarrt aufgefaßten engrammatischen Reiz- und Erinnerungs-Spuren Semons als fließende betrachtete, wodurch er nachweisen konnte, daß sie sich mit den sich stetig weiterentwickelnden Vorgängen in der Hirnsubstanz auch neuartig auszuwirken vermögen. Die Mneme-Theorie Semons ist von großem Einfluß auf die Entwicklung nicht nur der «objektiven», sondern auch der «subjektiven» Psychologie gewesen, und wir werden ihr bei der Betrachtung der tiefenpsychologischen Forschungen von C.G. Jung wieder begegnen. Sie trägt noch starke Merkmale der materialistischen Auffassung des 19. Jahrhunderts, die sie aber weitgehend durch die Ausgestaltung, welche ihr durch v. Monakow zuteil wurde, verlor.

Trug die Theorie Semons Entscheidendes zur physiologischen Erklärbarkeit der Erinnerungs-Vorgänge und der Affekte bei, so verdanken wir es den Vertretern der «Gestaltpsychologie», wie Köhler, Wertheimer, Gelb, Kaffka, Koffka und Katz, daß sich unser Wissen über die Wahrnehmungs-Vorgänge und die Gestaltbildungen erweiterte.

Wir kommen gern auf diese «Gestaltpsychologie» zu sprechen, da sie eng verwandt ist mit Friedmanns «Gestalttheorie» und so eine weitere Brücke zwischen unseren physikalischen und biologischen Betrachtungen einerseits und den folgenden psychologischen Betrachtungen andererseits schlägt, nachdem uns soeben das enge Ineinanderspielen von Biologie und Psychologie wieder an dem Beispiel von Semons «Mneme» und ihrer Fortführung durch v. Monakows «Horme» klargeworden ist.

Eine zusammenhängende Darstellung der «Gestaltpsychologie» gab D. Katz in seinem 1944 erschienenen gleichnamigen Buche. Sie ging wie die «Gestalttheorie» von dem durch Chr. v. Ehrenfels wieder aktivierten Axiom des Aristoteles aus, daß das Ganze mehr sei als die Summe seiner Teile. Sie versuchte diesen Satz auf allen sinnes-physiologischen Gebieten zu erhärten: so beispielsweise hinsichtlich des akustischen Sinnes durch den Nachweis unseres Vermögens, daß wir eine Folge von Tönen gestaltend zur Melodie zusammenfassen, welche Tonfolge auch dann als Melodie bestehenbleibt, wenn sie durch Transponierung in eine andere Tonart ihre ursprünglichen Töne aufgibt, wenn sie also trotz Vertauschung ihrer Teile doch die gleiche Melodie-Gestalt für uns beibehält. Auch auf dem Gebiete des Tastsinnes und auf dem der Vorstellungen wurden ähnliche Versuche durchgeführt, wobei zu betonen ist, daß jede «Gestalt» ein ganzheitliches Phänomen darstellt. Man glaubte dieses Vermögen, diese angeborene oder eingeborene Neigung des Menschen, stets die sinnlich gegebenen Phänomene zu Gestalten zu ordnen, aus der physiologischen Struktur der Sinnesorgane und aus dem physiologischen Ablauf des Wahrnehmungsvorganges erklären zu dürfen. Diese Ansicht blieb nicht unwidersprochen; die subtilsten Einwände dagegen formulierte wohl Erwin Straus in seinem wichtigen theoretischen Werke «Vom Sinn der Sinne», das einen wesentlichen «Beitrag zur Grundlegung der Psychologie» darstellt. Wir können hier nicht auf die Auseinandersetzungen eingehen, die sich um die Herkunft und Lokalisierung dieses Gestalt-Vermögens sowie um die Berechtigung des Vorgehens der «Gestaltpsychologie» entspannen. Die weitschichtige Literatur über diese Probleme hat jedenfalls den Vorteil, daß wir heute vermuten dürfen, dieser Wissenszweig könne einst «Gestaltungen» sichtbar machen, die eine geistige Vorwegnahme heute noch unsichtbarer Gestaltungen sind, solcher nämlich, die erst in der Zukunft (wenn überhaupt jemals) sichtbar würden; jedenfalls enthält die «Gestaltpsychologie», wenn auch durchaus unausgesprochen, Ansätze zu einer derartigen Möglichkeit, da sie es unternahm (vor allem Wertheimer), von den rein sinnes-physiologischen Vorstellungen abzusehen, und versuchte, für die geistige Vorstellungskraft, sich dabei nur noch auf gehirnphysiologische Strukturen stützend, die Gestalt-Bildung als dem Menschen angeboren nachzuweisen.

Und noch einmal müssen wir hier, von uns aus, auf das Horme-Prinzip v. Monakows verweisen, das in einem viel stärkeren Maße, als wohl bisher beachtet wurde, zur Lösung auch dieses so außerordentlichen Problems beizutragen berufen wäre, da es als jenes biopsychische Prinzip angesprochen werden darf, das aller Gestaltung – sei es nun der des Einzellebens als einer gestalteten Gesamtheit, sei es als gestaltende Kraft aller bioneurologischen Vorgänge – zugrunde liegt und das über uns in die Zukunft hineinwirkend Engramm-Auswirkungen vorbereitet (oder doch vorbereiten könnte), für welche sich möglicherweise erst in Zukunft im Menschen die ihnen entsprechenden Organe bilden mögen: so, daß unsere persönliche Vermutung, die Gestaltpsychologie könne einst Gestaltungen vorausnehmen, nicht gänzlich einer bio-neurologischen Grundlage zu entbehren brauchte.

Doch halten wir ein, denn diese Überlegungen sind Vermutungen und drohen uns von unserem sachlichen Nachzeichnen abzubringen. Die sachlichen Gegebenheiten verweisen uns auf unsere Feststellung, daß wir die zwei erwähnten Richtungen der Psychologie unterscheiden können: die «objektive», experimentelle, welche wir an den Beispielen des Behaviorismus, der Schicksalsanalyse, der Mneme-Theorie und der Gestaltpsychologie zu skizzieren versuchten, und die «subjektive», empiristische, die wir in den folgenden Kapiteln aus den bereits genannten Gründen eingehender betrachten werden.

Ob es sich bei diesen beiden Richtungen der Psychologie letztlich nur um grundsätzliche, dialektische, womöglich um weltanschauliche Verschiedenheiten handelt oder um den tieferen Gegensatz von lebendigem Denken und bloßem Verstehen, sei dahingestellt. Soweit wir aber die uns vor allem interessierende empiristische Psychologie ins Auge fassen, dürfen wir mit der Definition von Ludwig Binswanger einiggehen, die er in seinem Buche «Grundformen und Erkenntnis menschlichen Daseins» gab. Er schreibt, daß der Gegensatz zwischen dem, was wir als «subjektive» (empiristische, sich auf die Erfahrung gründende) Psychologie bezeichneten, und jener anderen «objektiven» (experimentellen und das Verhalten ablesenden) Psychologie im Grunde auf den Gegensatz von Geisteswissenschaft und Naturwissenschaft hinauslaufe. Psychologie im Sinne der Daseinserkenntnis aber sei weder Geistesgeschichte noch Naturwissenschaft, vielmehr gehe sie hinter diesen Gegensatz zurück und zeige, daß sowohl «der Geist» als «die Natur» einseitige theoretische Abstraktionen seien, aber keinesfalls anthropologische «Grundkategorien» oder Modi des Menschseins (siehe S. 696/697 des zitierten Werkes).

Uns aber kommt es ja im Rahmen dieses Buches vor allem darauf an, nicht nur eine «Welt-Anschauung» abzurunden, sondern unsere «Welt-Sicht» (wie ich es einmal bezeichnen möchte) an Hand der neuen wissenschaftlichen Forschungsergebnisse zu vertiefen. Und zu dieser Vertiefung trägt in erster Linie die empiristische Psychologie bei, jene, die durch Sigmund Freud, der ihr Begründer ist, mit den Namen «Psychoanalyse» bzw. «Tiefenpsychologie» bezeichnet wurde.

27. Freud
(Die Psychoanalyse)

Das Entdeckungsgebiet Freuds, des großen Wiener Psychologen, ist äußerst umfassend. Eine seiner entscheidendsten Taten war, daß er das «Unbewußte», das er auch das «Es» nannte, zum ersten Male mit voller Begründung und Überlegung in unsere Vorstellungswelt einführte. Schon vor ihm hatte man vermutet, daß es eine Instanz in unserem Seelenleben gäbe, die unserem verstandesmäßigen Denken wenig zugänglich ist. Der große englische Philosoph Henry More (1614–1678), sein italienischer Zeitgenosse Giambattista Vico (in der «Scienza Nuova»), später Leibniz, dann Lichtenberg, Hamann, Herder und Carus, schließlich Schopenhauer und zuletzt Nietzsche hatten die Existenz dieses «Unbewußten» geahnt, hin und wieder auch bereits Versuche gemacht, seine Erscheinungsformen zu formulieren, jedoch gingen sie über erste Ansätze nicht hinaus, bis dann E. v. Hartmann seine «Philosophie des Unbewußten» aufstellte.

Freud aber verdanken wir die elementare Entdeckung, daß in allen unseren Handlungen, Gedanken und Äußerungen das Unbewußte, dasjenige, was unserem verstandesmäßigen Denken nicht bewußt ist, von dem es nichts weiß und meistens sogar nichts wissen will, eine ausschlaggebende Rolle spielt. Freud kam durch das medizinische Studium der Hysterie zu diesem Schluß. Seiner unermüdlichen, tapferen und mutigen Forscherarbeit, die sich über alle moralischen Vorurteile seiner Zeit hinwegsetzte und in der er sich trotz gröbster Angriffe, trotz aller Versuche, sie totzuschweigen, nicht beirren ließ, verdanken wir Kenntnisse und Einsichten, die zur Beurteilung dessen, was die Seele ist, insofern Entscheidendes beitrugen, als sie vor allem auch zeigten, was nicht Seele ist.

In seinem Nachweis für die große Bedeutung des Unbewußten spielen bei Freud vor allem zwei «Phänomene» eine Schlüsselrolle, die er auf Grund seiner Überlegungen scharf herausarbeitete: der Trieb und der Traum. Freud wies nach, daß es die Triebe sind, die unser Verhalten gegenüber der Welt weitgehend, ja womöglich grundlegend bestimmen, unter ihnen nicht zuletzt der sexuelle Trieb. Daran nimmt man natürlich Anstoß, erstens weil es «unmoralisch» sein soll, zweitens weil es unbequem ist, zu sehen, wie die «schönen» Verbrämungen, mit denen wir unsere Handlungen ausschmücken, dadurch weggerissen werden. Den größten Entrüstungssturm aber rief er durch den Nachweis hervor, daß auch die «unschuldigen Kindlein» bereits diesen Trieben unterworfen sind. Da die Menschheit, zufolge der kulturellen oder zivilisatorischen Errungenschaften und infolge des Zwanges, miteinander zu leben, gezwungen wurde, mit der Zeit immer mehr die Triebäußerungen zu unterdrücken, weil ein ungehindertes Ausleben derselben niemals ein Zusammenleben der Menschen ermöglicht hätte, so begann sie dieselben zu «verdrängen». Nun sind aber Triebe etwas so Elementares, daß sie nicht ohne weiteres, bloß auf das Kommando des verstandesmäßigen Willens hin, verschwinden. Sie bahnen sich, wenn man es ihnen schon nicht gestattet, sich auszuleben, gewissermaßen Nebenausgänge. Diese finden sich in den Affekten (unbeherrschten Gefühlsentladungen), in «Fehlleistungen», wie dem Versprechen, Verschreiben, Versehen, Verlieren, Vergessen; vor allen Dingen aber leben sie sich auf eine symbolische Art in den Träumen aus. In Freuds meisterhaften Darstellungen dieser Sachverhalte finden wir eine Unmenge von Beweismaterial für die prinzipielle Richtigkeit seiner Anschauungen. Seine «Vorlesungen zur Einführung in die Psychoanalyse» sind ein leichtverständliches Werk; die beste Einführung in seine Gedankenwelt ist sein äußerst knapper und elementarer «Abriß der Psychoanalyse», den er gegen Ende seines Lebens geschrieben hat; von der weittragenden Bedeutung dieses Wissenszweiges legt «Das psychoanalytische Volksbuch» Rechenschaft ab, das seine Schüler Federn und Meng veröffentlichten.

Von den Begriffen, die durch Freud eingeführt wurden und die hinsichtlich der Formulierungsmöglichkeit für seelische Vorgänge von allgemeiner Bedeutung und allgemeinem Gebrauch wurden, seien nachstehend die vier wichtigsten herausgegriffen. An erster Stelle steht der Begriff «Libido». Seine Interpretation ist vielfältig. Am leichtesten und einfachsten läßt er sich wohl durch «sexuelle Triebkraft» erläutern. Bei Freud ist er ausschließlich diese, wandelt sich aber in dem Maße, in dem sich die Psychologie entwickelt. Er jedenfalls steht in der Nachbarschaft des «élan vital», und nur die sexuelle Akzentuierung bringt ihn auch heute noch immer in Mißkredit. Der zweite Begriff ist der des «gefühlsbetonten Komplexes», über den zu sprechen fast unnötig erscheint, seitdem der Begriff «Minderwertigkeitskomplex» allgemein akzeptiert wurde. Der dritte Begriff wäre die «Verdrängung», womit man jenes seelische Phänomen bezeichnet, das in der Tatsache besteht, daß triebmäßig oder organisch bedingte Wünsche, die aber in Widerspruch zur geltenden Sitte, Moral und Überlieferung stehen oder deren Ausführung durch eine Gegenvorstellung oder durch die Furcht vor Strafe usw. gehemmt werden, sich nicht verwirklichen lassen, sich infolgedessen gewissermaßen seelisch aufstauen, also «verdrängt» werden, um allmählich durch ihre verfehlt gerichtete, weil nicht eingesehene Kraft die natürliche Reaktion des Individuums dort zu verfälschen, wo die Wirklichkeit auch nur an Gebiete streift, die von jenen unrealisierbaren und deshalb verdrängten Neigungen wunschbetont sind. Der vierte Begriff ist der der «Sublimierung», die nun ihrerseits jenes Ventil darstellt, dank dessen verdrängte, also aufgespeicherte seelische und triebmäßige Energie sich durch Bewußtmachung unbewußter Vorgänge auf ausgleichende Weise in vornehmlich geistige, möglichst werteschaffende Betätigungen umwandelt, veredelt, also «sublimiert». Bei all diesen durch die «Psychoanalyse» geprägten Begriffen handelt es sich um Benennungen von seelischen Gegebenheiten, um die begriffliche Fixierung von Wirklichkeiten, die wir höchstens in ihren Äußerungen wahrnehmen. Sie sind ein Hilfswerkzeug zur Sichtbarmachung des Unsichtbaren.

Der Begriff Sublimierung zeigt deutlich, in welchem Maße es Freud um eine zumindest partielle Desexualisierung der Libido zu tun war. Daß er fast alles auf das «Lustprinzip», das libidinöse Prinzip abstellte, hat man ihm selbst heute noch nicht verziehen. Man vergißt immer wieder, daß er notgedrungen zu einer extremen Anschauung durch seine Zeit gezwungen war, um überhaupt eine Reaktion auslösen zu können. Andererseits war er zugleich darin ein Kind seiner Zeit, daß ihm trotzdem der entscheidende Schritt zu einer Loslösung vom Materialismus nicht gelang, wofür seine materialistische Todesauffassung ein tragischer Beweis ist. Der zumeist affektgeladene Widerstand gegen seine Ansichten und Erkenntnisse zeugt am stärksten dafür, in wie weitgehendem Maße er mit seiner Lehre recht hatte. Denn so affektvoll, wie man zumeist auf diese Lehre reagiert, reagiert man eben nur, wenn man getroffen ist; ansonsten ließe sie einen kühl. Daß die Welt nicht nur aus Lust und Unlust zu bestehen braucht, dürfte allen klar sein; die Frage ist lediglich, für welchen Prozentsatz der Menschheit dieser Sachverhalt zutrifft. Stelle man sich nun aber zu alledem, wie immer man wolle: das, was wir eingangs betonten, ist das Ausschlaggebende: daß Freud die Formulierung des «Unbewußten» gelang! Hierin liegt vor allem seine Größe und auch darin, daß er den desillusionierenden Weg seiner eigenen Lehre bis an das bittere Ende zu gehen versuchte. In jedem Falle hat er unendlich viel, ja Entscheidendes für die Behandlung und Heilung jener seelischer Störungen, der Neurosen, getan, unter welchen so viele unserer Mitmenschen leiden. Und er hat wie kein anderer unser Wissen und unser Verstehen seelischer Vorgänge erweitert, hat gezeigt, was dabei triebmäßig bedingt ist, was organisch bedingt ist. Er hat einerseits die Grenzen zwischen Körper und Seele verwischt, andererseits (dies ist seine indirekte Leistung) diese Grenzen klarer herausgearbeitet. Eine große Anzahl neuer Ansichten und Einsichten auf den verschiedensten wissenschaftlichen, literarischen und künstlerischen Gebieten wäre ohne seine Arbeiten niemals möglich gewesen.

28. Adler

(Die Individualpsychologie)

Zwei Ansichten von Freud haben wegen ihrer extremen Formulierung selbst unter einigen seiner Anhänger eine solche Reaktion ausgelöst, daß sie sich nach etlichen Jahren von ihm trennten und ihre eigenen Wege gingen. Die Schärfe der in Frage stehenden Formulierungen bestand darin, daß Freud erstens dem «Ich» seinen bislang beherrschenden Platz nahm und zweitens «Unbewußtes» und «Seele» nicht glaubte gleichsetzen zu dürfen. Beide Stellungnahmen erklären sich aus einer notwendigen Reaktion auf seine Zeit und seine Umgebung (das Wien des ausgehenden 19. Jahrhunderts) und aus seiner Bindung an die materialistische Epoche. Sie waren sogar notwendig, denn sie klärten das, was sie nicht zerstören konnten, da dieses Unzerstörbare tiefer ist, als daß es in dem gewünschten Maße von verstandesmäßigen Überlegungen erreicht oder aufgehellt werden könnte: die Frage nach der Seele.

In seinem Aufsatze «Eine Schwierigkeit der Psychoanalyse», in welchem Freud seine Einstellung mit klaren Sätzen umriß, spricht er von jener für ihn gültigen Situation des «Ich», das nicht mehr Herr im eigenen Hause ist, da es unbewußt von den Trieben regiert wird. Diesen Sachverhalt stellte er selbst als eine der «Kränkungen der menschlichen Eigenliebe» dar, die schwer zu verwinden sei.

Alfred Adler nun, der sich politisch dem Marxismus nahe verwandt fühlte, ging gegen diese überscharfe Formulierung Freuds an und stellte eine «Individualpsychologie» auf, die er in seinem Werke «Handbuch der Individualpsychologie» begründete. Ihm zufolge ist nicht die Libido (wie etwa bei Freud) der Motor unserer Handlungen, sondern das Geltungsstreben, der gemilderte, harmloser gestaltete «Wille zur Macht» eines Nietzsche. Aufgrund seiner freilich einseitigen Ausführungen müssen wir heute den Machttrieb als seelischen Faktor der Selbsterhaltung (Feindverteidigung) anerkennen; als Aggression braucht allerdings dieser Trieb nicht nur im negativen Sinne eine sexualbetonte und pathologische Auswirkung im Sadismus oder Masochismus zu haben, sondern kann, richtig gelenkt, sowohl lebenserhaltend und persönlichkeitsstärkend als auch kulturschaffend sein. Adler stellt im Gegensatz zu Freud nicht die Einwirkungen der Triebe auf das Ich in den Vordergrund, sondern die Einwirkungen, die seinerseits das Ich nicht etwa auf die Triebe, sondern auf die Umwelt haben solle. Er kam damit dem Wunsche vieler nach Rettung ihres lieben Ich entgegen, wobei leider übersehen wurde, daß der von ihm eingeschlagene Weg einen Schritt nach rückwärts bedeutete. Letztlich trug er dazu bei, daß Freuds Lehre von den Lebenstrieben noch mehr mißverstanden wurde, da er diese mit ungeeigneten Mitteln bekämpfte. Von hier aus war es dann nur noch ein kleiner Schritt, daß sich die Biologie jenes Lebenstriebes, jenes mißdeuteten «élan vital» bemächtigte, um ihn im «Vitalismus», wie wir gesehen haben, ad absurdum zu führen.

Gegen die andere oben erwähnte Ansicht Freuds, daß das Unbewußte nichts mit der «Seele» zu tun habe, ging der Zürcher Psychologe Carl Gustav Jung an. Ehe wir aber zur Darstellung seiner «Komplexen bzw. Analytischen Psychologie» übergehen, müssen wir noch einen Augenblick einer grundsätzlichen Frage unsere Aufmerksamkeit schenken. Es handelt sich dabei um unsere Feststellung, daß Freud «Unbewußtes» nicht mit «Seele» gleichsetzte.

Man kann diesen Sachverhalt auch umgekehrt ausdrücken, ohne daß er deshalb an Richtigkeit verlöre, indem man sagt: Freud setzte «Unbewußtes» gleich «Seele». So formuliert hat aber der Begriff «Seele» von vornherein ein reduziertes Gepräge, welches wir ihm heute nicht mehr geben dürfen, da wir unter «Seele» nicht nur die persönliche Seele verstehen wollen, sondern jene bereits größtenteils immaterielle Grundform oder Grundanlage alles Natürlichen. Deshalb ziehen wir es vor, nicht die Freudsche Gleichsetzung zu gebrauchen, welche die Seele ausschließlich, und dann selbst nur äußerst sparsam, mit dem persönlichen Unbewußten identifizierte. Freud suchte in seinem Bestreben nach größter Begriffssauberkeit wo nur immer möglich den Ausdruck «Seele» zu vermeiden; nicht zuletzt wohl auch deshalb, weil um die Jahrhundertwende dieses Wort noch in einem viel weiter gehenden Maße als heute eine theologische, ja religiöse und weltanschauliche Färbung hatte. Er wollte damit einer voreiligen Identifikation der alten Vorstellungen, die sich an dieses Wort geheftet hatten, mit jenen, die er seinem neuen Funde des «Unbewußten» zubilligen zu dürfen glaubte, vorbeugen und stimmte deshalb nur in sparsamster Weise einer Identifikation dieser Begriffe zu.

Derartigen begrenzten Identifizierungen, derartigen Reduktionen begegnet man stets dort, wo zum ersten Male ein bestimmtes Phänomen begrifflich präzis gefaßt wird; ja derartige Reduktionen sind sogar notwendig, da ohne diese Abgrenzungen keine verstandesmäßige Erfassung jener Phänomene komplexer Natur möglich wäre: ihr tatsächlicher Umfang ist zu groß, als daß er auf den ersten Wurf hin von der Vernunft übersehen werden könnte. Zu welchen Extremen dieser Sachverhalt führen kann, zeigt beispielsweise die übertrieben ablehnende Einstellung Weiningers zur Frau; und gerade aus diesem reduzierten Negativum heraus war es Weininger möglich, in seinem genialen Werke «Geschlecht und Charakter» die *bloß männliche* Natur sowie die *bloß weibliche* Natur als naturwidrig nachzuweisen: eine Einsicht, die von allergrößter Bedeutung war, da sie entscheidend zu der Überwindung des extremen Dualismus Mann–Frau beitrug und in der Folge, vor allem hinsichtlich der Einstellung zur Frau, dazu führte, daß die heutige Generation in ihr auch den Menschen zu sehen beginnt und sie nicht mehr nur als ein minderes, weil weibliches Wesen betrachtet wird.

So wie einst das Patriarchat das Matriarchat überwand, so ist seit Weininger der Weg zur endgültigen Überwindung dieses uralten Dualismus geöffnet, der möglicherweise in eine wahre Humanitas münden kann. Ansätze dazu sind ohne Zweifel in manchen Staaten bereits vorhanden.

Jedenfalls zeigen derart übersteigerte Formulierungen wie die soeben angeführten, die teils einengenden, teils ausweitenden Charakter annehmen können, daß das Denkvermögen Neuland nur schrittweise zu assimilieren vermag, daß es sich zuerst meist eine engumgrenzte, weil leichter zu sichernde (oder eine amplifizierte, weil Spielraum gewährende) Basis schaffen muß, um je nach den Verhältnissen weder von der Fülle noch von der Dürftigkeit der zu erfassenden Phänomene behindert zu werden, sondern um diese allmählich dem eigenen Denkvermögen integrieren zu können.

Nach dieser Klarstellung können wir uns nun der «Komplexen Psychologie» von C. G. Jung zuwenden, die wie die «Psychoanalyse» auch in den angelsächsischen Ländern große Bedeutung gewann und ein heilsames Gegengewicht gegen den bereits erwähnten «Behaviorismus» bildet.

29. Jung
(Die Komplexe Psychologie)

Mit dem Verzicht auf eine absolute Gleichsetzung von «Seele» und «Unbewußtem» hatte Freud den Akzent einseitig auf die Auseinandersetzung mit der für ihn allein gegebenen materiellen Außenwelt gelegt. Die Folge war, daß ihm dann bei der Interpretation des Narzißmus, welcher die extreme Form einer individuell in sich abgeschlossenen Innenwelt darstellt, der grundlegende Irrtum unterlaufen mußte, diesen als nur pathologisch hinzustellen. Jung führte demgegenüber den Begriff der seelischen Innenwelt ein, so daß seit ihm wissenschaftlich auch von jenem Außen und Innen gesprochen werden kann, von jenem fiktiven Dualismus, dessen wir bei der Betrachtung der Harmonik Erwähnung taten, als wir feststellen konnten, daß auch dank ihrer dieser Dualismus aufgelöst wurde. Wir werden später sehen, daß selbst die Psychologie Ansatzpunkte für diese Überwindung des dualistischen Denkens bietet.

In seinem frühen Werk «Wandlungen und Symbole der Libido» (das 1952 in vierter, umgearbeiteter Auflage unter dem neuen Titel «Symbole der Wandlung» erschienen ist) unternahm Jung (sich dabei auf Erfahrungen mit der von ihm ausgebauten Assoziationstheorie stützend) dann den Versuch, gewisse Äußerungen im Menschen- und Völkerleben auf «Archetypen» (seelisch latente, unbewußte Urbilder) zurückzuführen, die er als in der tiefsten «Schicht» (auf welchen Begriff wir noch zurückkommen werden) des Unbewußten liegend ansah. Ihren wissenschaftlich nachweisbaren Charakter suchte er dadurch zu erhärten, daß er sie als mnemische Engramme im Sinne Semons hinstellte (vgl. Jung, «Psychologische Typen», Zürich, 1940, S. 540 und 598/599). Von dort kam er dann mit der Zeit dazu, außer einem «persönlichen Unbewußten» auch ein allen Menschen gemeinsames «Kollektives Unbewußtes» anzunehmen und dieses als innere Realität der äußeren entgegenzusetzen. Infolge der Interpretation dieses «Kollektiven Unbewußten» durch den Begriff Mneme (physiologisch geprägtes Gedächtnis) und durch die Auffassung, daß die «Urbilder» Engramme, also Eingrabungen (in die Gehirnstruktur) oft erfahrener Grunderlebnisse der Menschheit seien, wahrte Jung die Beziehung zu einer sich wissenschaftlich auf physiologische Vorgänge stützenden Basis. Infolge dieser wissenschaftlichen Sicherung des Begriffes oder der Tatsache «Kollektives Unbewußtes» war es möglich, daß er ihm mit der Zeit immer größere Bedeutung zukommen ließ. Es wurde ihm gewissermaßen zum seelischen Urgrund des menschlichen Lebens, und die Bedeutung des Traumes erfuhr insofern eine Veränderung, als dieser jetzt nicht mehr nur als Ausdruck von körperlichen Reflexwirkungen oder als Spiegel der Triebregungen betrachtet wurde, wie Freud es tat, sondern als ein Gebilde, das auch die Seele widerspiegelt. Hinzu kam, daß er, sich auf Freuds «Traumdeutung» stützend, die Raum- und Zeitlosigkeit allen Traumgeschehens unterstrich. Denn der Traum ist weder raum- noch zeitgebunden, da im Traumgeschehen der Ort augenblicklich wechseln kann, andererseits der Zeitablauf kein kontinuierlicher ist, sondern sehr wohl ein sprunghafter oder ein simultaner, ja selbst ein instantaner (augenblicklicher) sein kann. Dies beweist jeder Traum. Und diese Überwindung von Raum und Zeit im Traum, seine Raum- und Zeitlosigkeit, erleichtert uns die Verbindung von Unbewußtem und

Seele (wobei wir beide nicht nur als persönliche, sondern auch als außer-persönliche Phänomene ansehen), da ja die Seele meistens als etwas, das weder an Raum noch an Zeit gebunden ist, aufgefaßt wurde. Auf der anderen Seite kommt hinzu, daß Jung bereits vor dreißig Jahren auf den Umstand hinwies, daß in sehr starkem Maße die Kausalität für das Traum- bzw. Seelenleben keine Gültigkeit hat. Er unterstrich damit eine Erkenntnis, zu der sich Jahre später, zuletzt nach de Broglies Wellenmechanik, auch die Physik für gewisse physikalische Prozesse bekennen mußte.

Hinsichtlich des «Ich» ging Jung, im Unterschiede zu Adler, statt zu ihm zurück, über es hinaus, indem er den Begriff des «Selbst» aufstellte. Dieses «Selbst» zu erreichen ist die schwere, aber lebensentscheidende Forderung an den Erwachsenen, in dem Maße, in dem er in seiner Jugend zu seinem «Ich» kam, in der Lebensmitte dieses «Ich» zu überwinden, um es einem diesem «Ich» übergeordneten «Selbst» unter- oder einzuordnen. Wieweit dieser Weg einer menschlichen Objektivierung, als welche ein solcher Vorgang sich darstellt, auf eine psychologische Weise möglich ist, ohne einen Verlust an Menschlichkeit zu verursachen, ist eine andere Frage. Ohne Zweifel ist er ein schon in das Religiöse hinüberreichendes Bemühen. Da er aber nur durch einseitige Hinwendung auf die eigene Innenwelt geleistet wird, weil die eigene psychologische bzw. psychische Arbeit an ihr schließlich ein objektiveres Selbst hervorbringen soll, so entgeht letztlich auch das Selbst nicht den egozentrischen Kräften der Hinwendung, die es gebaren, sondern führt zu einer Haltung, die aus zu intensiver Eigenbeschäftigung heraus nur schwer in das distanzierte und zugleich umfassende Verstehen des Alters führen mag, wohl aber in eisige Isolation führen kann. Die Forderung Jungs nach einem Selbst ist aber in jedem Falle eine weitgehende Überwindung gewisser sexuell betonter Grundauffassungen Freuds, eine Sublimierung derselben, die auf die eine oder die andere Weise nicht nur anstrebenswert, sondern kulturnotwendig und, persönlich gesehen, entwicklungsnotwendig ist.

Mit der Forderung nach innerer Wandlung und innerer Überwindung kommt, wie wir schon andeuteten, ohne Zweifel ein religiöses Moment in die Psychologie herein, welches C. G. Jung denn auch in seinem 1940 erschienenen Buche «Psychologie und Religion» darstellte, nachdem er sich bereits vorher eingehend mit den verschiedensten religiösen Strömungen Chinas, Indiens und Tibets, besonders aber mit der Mythologie, der Gnostik, der Alchemie und dem Katholizismus, auseinandergesetzt hatte; als letzte Arbeit in dieser Richtung erschienen sein der Alchemie gewidmetes Werk «Psychologie und Alchemie» sowie sein grandioses Alterswerk «Mysterium Conjunctionis». Auch diese Bücher sind für die psychologische Erfassung der Symbolik vergangener Zeiten und ihrer seelischen Hintergründe sehr aufschlußreich. Dabei gebührt das Verdienst, jenen über das bloße Chemische und Physikalische hinausgehenden Gehalt der Alchemie wiedergefunden zu haben, dem Amerikaner Ethan Allen Hitchcock, der 1857 in Boston seine «Remarks upon Alchemy and the Alchemists» veröffentlichte. Seine Einsichten wurden dann erstmals psychologisch von Herbert Silberer in seinem bedeutenden Werke «Probleme der Mystik und ihrer Symbolik» (1914) vertieft. Jung bereicherte diese Einsichten durch selbständig gewonnenes Material, und sowohl die Erfahrungen als auch die tiefen Erkenntnisse hinsichtlich der menschlichen Seele, die ihm seine jahrzehntelange psychotherapeutische Arbeit vermittelten, spiegeln sich souverän in diesem umfangreichen Werk, das sich auf eine wegweisende Art mit einer historisch vergangenen, aber seelisch noch immer existenten Haltung und Problematik auseinandersetzt, diese deutet und erklärt und gleichzeitig das Wissen um unsere eigene heutige seelische Daseinsform erhellt.

Diese Erhellung erreichte Jung unter anderem durch die von ihm eingeführte Methode der «Amplifikation». War es Freud noch daran gelegen, einer psychischen Konfiguration, wie sie beispielsweise in Träumen sichtbar wird, dadurch auf den Kern zu kommen, daß er diese Konfiguration reduzierte, um auf diese Weise den gravierenden Inhalt einer psychischen Aussage zu ermitteln, so geht Jung den umgekehrten Weg. Dadurch, daß er zu einer gegebenen psychischen Aussage, wie sie sich bei einer Einzelperson manifestiert, die analogen, assoziativen oder parallel laufenden Aussagen heranzieht, wie sie an Mythologemen oder der religiös gebundenen Symbolik ablesbar sind, gelingt es ihm, aus der individuellen Situation in die Tiefe der allgemeinmenschlichen einzudringen, wodurch das aufgehellte individuelle Unbewußte in hilfreicher Weise an das kollektive Unbewußte angeschlossen wird. Es erfolgt eine psychische religio, eine seelische Rückbindung. Da wir heute die Mythen gewissermaßen als Kollektivträume der Menschheit betrachten dürfen, besteht natürlicherweise eine Beziehung zwischen ihnen und den Träumen des Einzelnen, wobei die komplexere Aussage, die mythische, für die andere, die individuelle, aufschlußreich sein kann.

Viele seiner Anhänger sprechen Jungs «Komplexer Psychologie» einen zukunftsenthaltenden Charakter zu. Ohne Zweifel kann zumindest die Bewußtmachung und Aufklärung über unbewußte seelische Haltungen, als welche auch die Gnostik und die Alchemie angesprochen werden dürfen, uns das Verständnis für große menschheitliche Zusammenhänge erleichtern und dadurch wegweisend wirken.

Uns will scheinen, daß sich der zukunftsenthaltende Charakter der «Komplexen Psychologie» erst dann erweisen kann, wenn die allgemeine Entwicklung des wissenschaftlichen Denkens von jenen Praktiken Abstand nehmen kann, die sich noch zu sehr auf das «Beweisbare», zu wenig aber auf das «Stimmende» gründen. Diese Feststellung wird vielleicht Bedenken auslösen, zumal sie eine gewisse Distanzierung von der cartesischen Denkweise [10] erfordert. Diese Bedenken sollten sich jedoch zerstreuen, wenn man in Rechnung stellt, daß wir unter dem «Stimmen» durchaus kein unkontrollierbares Realisieren verstehen, sondern jene Erfahrungsweise, die uns erstmals durch Kaysers Harmonik als beweiskräftig erschlossen wurde. Denn solange das «Kollektive Unbewußte» nur als mnemisches Engramm, solange es nur als eine Art innerer Ansammlung allgemein menschlicher bzw. menschheitlicher Erfahrungen betrachtet wird, die in den Archetypen eine seelisch sichtbare Formung erfahren, ist sein Zukunftswert in Frage gestellt. Diese Betrachtungsweise ist heute noch notwendig, weil durch sie der empirische Charakter dieses durch Jung gefundenen Tatbestandes, sofern man an diese physiologische Begründung glaubt, gewahrt bleibt und wissenschaftlichen Münzwert erhält. Der Schritt, den Jung als Wissenschaftler nicht wagen durfte, als Mensch vermutlich aber schon gewagt hat, wäre der Verzicht auf die empiristisch formulierte These, daß dieses «Kollektive Unbewußte» eine bloße Verdichtung wieder und wieder durch die Menschheit erfahrener seelischer Grunderlebnisse sei, die sich physiologisch in die Hirnrinde eingraben (Engramme) und so zu einem latenten Gedächtnis (Mneme) werden. Diese Auffassung beruht noch gänzlich auf einseitig materialistischen Gedankengängen. Vor allem läßt sie die psychische Disposition des Menschen als mitwirkenden Faktor in zu starkem Maße außer Betracht. Heute darf man ein so grundlegendes Phänomen, wie es das «Kollektive Unbewußte» ist, nicht mehr einseitig als Folge von etwas betrachten. Dies aber geschieht, wenn man als gravierend nur die Kraft jener Erfahrungen in Rechnung stellt, die sich dank ihrer Häufigkeit in die

Hirnrinde eingegraben haben sollen, nicht aber die diesen Erlebnissen entgegenkommende psychische Dispositertheit des Individuums berücksichtigt, welche deren Wirkung überhaupt erst möglich macht – möglich macht dank jener Wechselbeziehungen, welche beispielsweise zwischen Auge und Sonne herrschen, da ohne das Auge Licht inexistent wäre.

Der bereits erwähnte englische Biologe J. S. Haldane kommt hinsichtlich der Engramm-Auffassung des Gedächtnisses von anderer Seite ausgehend zu den gleichen Schlüssen wie wir. In seiner bereits erwähnten Schrift «Die Philosophie eines Biologen» (S. 80/81) schreibt er: «Wenn wir das Gedächtnis als einen reinen Ausdruck physikalischer, im Gehirn hinterlassener Spuren auffassen, erhalten wir keine Aufklärung darüber, weshalb die Erinnerungen gerade dann in uns aufblitzen, wenn unser Interesse nach ihnen ruft.» Der englische Biologe läßt sich also durchaus nicht auf jene Theorie ein, die man die Narbentheorie nennen könnte und die vor allem von der physiologischen (oder «objektiven») Psychologie verteidigt wird. Denn das Engramm und die Teile des Gehirns, in denen die Gedächtnisbahnen lokalisiert sind, sollen bei wiederholten Geschehnissen derart aktiviert werden, daß sie dank ihrer narbenhaften Empfindlichkeit die Erinnerung wecken, die dann gewissermaßen voraussehend als Warnung wirkt. Solange man die Physis, den Körper, als das Primäre betrachtet, ist man natürlich gezwungen, diese Narbentheorie als einzige Erklärung der Erinnerung (und damit selbstverständlich auch des kollektiven Unbewußten) gelten zu lassen. Die Tatsache aber, daß die Erfahrung, welche in diesem Sinne nichts anderes ist als geweckte Erinnerung, durchaus nicht immer schützend wirkt, ja daß in der Mehrzahl der Fälle der Mensch bei den ihn betreffenden entscheidenden Ereignissen sogar gegen die Erfahrung handelt, indem er die Erinnerung gar nicht wach werden läßt, zeigt, daß eine noch stärkere Instanz als die physiologisch lokalisierbare Erinnerung existiert, die ihrerseits eine Voraussicht (zumindest für das eigene Leben und Schicksal) besitzt, welche «tiefer» reicht als die Gedächtnisbahnen des Gehirns. Je nach Einstellung kann man nun diese «tiefere Schicht» oder Instanz in der «Horme» v. Monakows als gegeben ansehen; man kann sie (diese «tiefere Schicht», nicht aber etwa die «Horme») in den Stammganglien suchen; man kann aber auch das der Erfahrung widersprechende Verhalten in gewissen Fällen als *freie Handlung* bewerten, welche, will man durchaus physiologisch lokalisieren, genauso aus der Hirnrinde erwachsen könnte wie die angemessene Haltung, die durch die narbenhafte Empfindlichkeit der Engramme ausgelöst werden soll. Haldane sagt in scheinbarer Übereinstimmung mit der physiologischen Psychologie: «Wir können das Gedächtnis nicht von der Voraussicht trennen.» Da er aber im Gegensatz zum «Behaviorismus» nicht nur das «Verhalten» als Grundlage der psychologischen Betrachtung nimmt, sondern die Persönlichkeit in ihrer Gesamtheit, so erweitern sich hier die Begriffe «Gedächtnis» und «Voraussicht» gegenüber der bloß physiologischen Betrachtungsweise, denn «nicht nur unsere Hirne und Körper, sondern alle Elemente unserer Wahrnehmung und unseres Willens verkörpern unsere Persönlichkeit; ihre rein physikalische Deutung ist daher völlig unangemessen und geht gänzlich in die Irre».

Der Schritt also, den Jung als Wissenschaftler nicht wagen durfte und konnte, weil die dafür notwendige Denkform erst im Entstehen begriffen ist (denn obwohl sie von der Wissenschaft ausgelöst wurde, erhält sie für dieselbe erst allmählich Gültigkeit), ist jener Schritt, der, auf die einseitig materialistische und einseitig kausale Fundierung Verzicht leistend, das Kollektive Unbewußte als den seelischen, damit raum-zeitlosen, damit aber auch kosmischen «Seinsgrund», wie ich es grosso modo einmal bezeichnen möchte, auffassen würde. Damit wäre gegeben, daß die Archetypen nicht bloß einzelne seelisch bildhafte Verdichtungen der Urerfahrungen der Menschheit wären, sondern facettenhafte Sichtbarwerdung, innerhalb der drei- oder vierdimensionalen Natur, eben dieses «Seinsgrundes». Damit würden sie Rückverbindungen (= re-ligio) zu dem viel- oder nulldimensionalen, außernatürlichen, außerweltlichen Kosmos – ja womöglich zu einer vorerst noch unvorstellbaren, fast außerkosmischen «Gegebenheit», die in unserem Wortsinne existent, die aber auch inexistent sein kann.

Hinzu kommt, daß sich auf die Dauer der Begriff der Schichtung nicht wird aufrechterhalten lassen. Solange nämlich der Schichtungsbegriff obwaltet, bewegen sich Anschauung und Denken noch im dreidimensionalen Raume; Erdschichtung und innerseelische Schichtung sind aber substantiell andersartig, da in letzterer die Raum-Zeitlosigkeit vorherrschend ist. Der Schichtungsbegriff darf wie jener der mnemischen Engramme hinsichtlich psychischer Phänomene nur als eine façon de parler, die sich überlieferter Begriffe des 19. Jahrhunderts bedient, gewertet werden; beide darf man bestenfalls als Hilfskonstruktionen betrachten. Sie sind insofern wertvoll, als sie den Sprung an das neue Ufer ermöglichen. Ist dieses Ufer jedoch erreicht, das potentiell das noch unerschlossene Hinterland enthält, so kann man dieses nutzen und auf die Hilfskonstruktionen verzichten. Man kann, ja man muß sie fallenlassen, dem Brückenbauer gleich, der die Notbrücke fallenläßt, wenn die eigentliche Brücke erstellt ist. Dieses Bild ist zugleich ein für jede menschliche Situation gültiges; denn es gilt auch für den Wissenschaftler, was für den Einzelnen im Leben gilt, wenn er sich einer gänzlich neuen Erkenntnis oder einer gänzlich neuen Situation gegenübersieht. Immer stehen wir anfänglich mit einem Zuwenig dem Zuviel dessen gegenüber, welches jede grundlegend neue Konstellation in unserem Leben darstellt. Wir müssen dann jeweils, um der neuen Lage gewachsen zu sein, uns mit der neuen, ungewohnten Gegebenheit so vertraut machen, daß wir, ihren Reichtum (und nicht nur die Verarmung) erkennend, ein Stück jenes neuen Zuviel assimilieren. Wir müssen, anders ausgedrückt, den Mut haben, den Sprung ans andere, ans neue Ufer zu wagen, um dessen Reichtum zu gewinnen, denn anders gehen wir zugrunde. Eine neue Erkenntnis, eine neue Situation, aber auch jede wissenschaftliche Hypothese ist in diesem Sinne eine Aufgabe. Sie ist es in des Wortes doppelter Bedeutung: nämlich Aufgabe (als etwas zu Entäußerndes) überkommener Vorstellungen und Aufgabe (als etwas zu Erarbeitendes) einer neuen Wirklichkeit. Hinsichtlich des Begriffes Schichtung, von dem wir ja ausgegangen sind, sind dafür Ansatzpunkte durch jene neuen wissenschaftlichen Erkenntnisse gegeben, die wir in den vorangegangenen Kapiteln kennengelernt haben. Hier wäre hinsichtlich seiner nur noch zu sagen, daß, auf den Menschen bezogen, Schichtung (oder Stufung) nur noch als hierarchische Wertung Gültigkeit hat, also vor allem innerhalb der geschichtlichen Religionen und bis zu einem gewissen Grade innerhalb der sozialen Struktur, aber bereits nicht mehr innerhalb einer «metaphysischen» Kategorienlehre, wie sie Kant aufstellte, worauf wir ja bereits hingewiesen haben. (Diese oberflächliche Andeutung und zusammenfassende Nennung wertmäßig so verschiedener «Kategorien» läßt sich im Rahmen dieser Ausführungen leider nicht vermeiden.) Gelingt es dem wissenschaftlichen Denken der nächsten Generation, das Kollektive Unbewußte, ohne die Krükken wissenschaftlicher Begriffe des 19. Jahrhunderts, als welche sich sowohl mnemische Engramme als auch Schichtung darstellen, als gegeben zu sichern und zu akzeptieren, so dürfte bewußtseinsmäßig eine neue Position erreicht sein.

Diese neue Position ließe sich dahin definieren, daß sie eine Überwindung des Primats des Intellekts wäre, welche weder einem Rückfall in das Magische noch in das Mythische gleichkäme, welche aber auch kein Stehenbleiben im Philosophischen bedeutete, mit welchen drei Begriffen sich immerhin die bisherige Menschheitsentwicklung umschreiben läßt. Diese neue Position entspräche dann einem Hinaufwachsen in jenes «Geistige», welches keinen Gegensatz zu «seelisch» oder zu «körperlich» darstellt, sondern womit wir jene Bewußtseinsstruktur bezeichnen möchten, welche vielleicht zu erreichen sich die Menschheit anschickt. Jenes Geistige, soweit es eine überwache gedankliche Sphäre sein mag, könnte auf eine überraschende Weise eine Annäherung an den Seinsgrund und Ursprung darstellen, wenn wir uns daran erinnern, als was wir den Gedanken heute zufolge der wissenschaftlichen Forschung betrachten dürfen. Seine Herkunft aus dem Immateriellen ordnet ihn jenem Reiche zu, welches wir als das der Raum-Zeitlosigkeit bezeichnen konnten.

An dieser Stelle unserer Betrachtung angelangt, möchten wir, selbst auf die Gefahr hin, uns von der geraden Linie unserer Untersuchung ein wenig zu entfernen, doch ein letztes Mal auf eine äußerst wichtige Tatsache hinweisen: Die oft erwähnte Sprengung bzw. Überwindung des alten Zeitbegriffes, durch welche ja auch unser Raumbegriff verändert wurde, hat nichts Negatives an sich, solange es uns möglich ist, die neue Raum-Zeiteinheit zu gestalten oder sie doch wenigstens als die einzusehen, als welche sie durch die neuen wissenschaftlichen Theorien, die wir betrachtet haben, Wirklichkeit wurde. Wenn wir uns dafür einer knappen allgemeinverständlichen Darstellung befleißigten, die der enormen Arbeit der Wissenschaftler fast unangemessen zu sein scheint, so möchten wir für unseren Versuch an ein Wort Goethes erinnern: «Die Phänomene müssen ein für allemal aus der düsteren empirisch-mechanisch-dogmatischen Marterkammer vor die Jury des gemeinen Menschenverstandes gebracht werden.»

Doch nicht genug damit, daß wir auf die positive Seite einer «Sprengung» bzw. «Überwindung» hingewiesen haben, indem wir die aus ihr hervorgehende Raum-Zeiteinheit dargestellt haben. Wir sind noch einen Schritt weitergegangen in dem Augenblick, in dem wir die Raum-Zeitlosigkeit in unsere Betrachtungen aufgenommen haben. Es ist ungemein wichtig, diese nicht als Gegensatz zu dem neu gewonnenen Begriff der Raum-Zeiteinheit, sondern als dessen Komplement, als dessen Ergänzung zu werten. Wenn wir von einer

Raum-Zeiteinheit, wie sie vor allem durch Einstein gegeben ist, sprechen, auf der anderen Seite aber von einer Raum-Zeitlosigkeit, wie sie uns durch die Psychologie verständlich wurde, so müssen wir im Auge behalten, daß sie einander bedingen. *Raum-Zeiteinheit ist Überwindung sowohl des Raumes als der Zeit und damit in gewissem Sinne teils wieder Raum-Zeitlosigkeit, teils neu gewonnene Raum-Zeit-Freiheit.* In welch enger, einander ergänzender Beziehung beide (nämlich die Raum-Zeiteinheit und die Raum-Zeitlosigkeit) zueinander stehen, wird uns klar, wenn wir jenen Punkt suchen, in welchem sie sich einigen. Dieser Begegnungspunkt beider liegt in der Seele des Menschen.[11] Er liegt in der Tatsache des Kollektiven Unbewußten, innerhalb dessen Raum-Zeitloses in Gestalt der seelisch erfahrbaren Urbilder bildmäßigen, also schon raum-zeitgebundenen Charakter annehmen kann. Diese paradox (wider- oder gegensinnig) klingende Formulierung sagt nichts gegen die Richtigkeit unserer Ausführung. Im Gegenteil, sie kann sie unterstreichen und deutet in letzter Konsequenz ihren religiösen Charakter an. Denn jedes echte Paradoxon ist zutiefst religiöse Formulierung, ja, es ist die religiöse Formulierung par excellence. Das anscheinend Gegensinnige überschneidet sich in ihm, findet in ihm den Kristallisations- und Einigungspunkt. Nicht ohne Grund begegnen wir vor allem bei betont religiösen Schriftstellern wie Pascal, Kierkegaard und Unamuno paradoxalen Sätzen. So gesehen nähern sich auch die neuen wissenschaftlichen Theoreme dem Religiösen an: nicht nur durften wir ja die Aussagen über die heutige Lichttheorie (Wellenmechanik), derzufolge das Licht (bzw. die Materie) sowohl Welle als Korpuskel ist, als eine paradoxe Tatsache bezeichnen, sondern wir finden in der naturwissenschaftlichen Literatur neuerdings des öfteren Formulierungen, die paradoxalen Charakters sind. So sagt Planck in seinem bereits zitierten Vortrag «Determinismus oder Indeterminismus» über die Elektronen folgende ungemein aufschlußreiche Sätze: «Nach dem Heisenbergschen Gesetz..., welches eine der Grundlagen der Wellenmechanik bildet, ist der Ort eines Elektrons, welches eine bestimmte Geschwindigkeit besitzt, völlig unbestimmt, nicht allein in dem Sinne, daß es unmöglich ist, den Ort eines solchen Elektrons anzugeben, sondern in dem Sinne, daß das Elektron überhaupt keinen bestimmten Ort einnimmt. Denn einem Elektron von bestimmter Geschwindigkeit entspricht eine einfache periodische Materiewelle, und eine solche Welle ist weder räumlich noch zeitlich begrenzt (!), sonst wäre sie nicht einfach periodisch. Das Elektron befindet sich also an gar keinem Ort, oder, wenn man will, es befindet sich an allen Orten zugleich (!).» Auch hier sehen wir, wie das anscheinend Gegensinnige sich im paradoxalen Ausdruck in einer Art Entsprechung auflöst. Das Paradoxon ist jener Schnittpunkt zweier Parallelen, in welchem sich anscheinend parallel verlaufende «Wahrheiten» derart überschneiden, daß sich die bloße Perspektive (welche, wie wir gelegentlich bei Leonardo da Vinci gesehen haben, nur Raum-Überwindung und damit die Technik ergibt) in die Unendlichkeit (welche auch das Religiöse enthält) verwandelt. Als Begegnungs-, ja als Schnittpunkt der Raum-Zeiteinheit mit der Raum-Zeitlosigkeit ist das Kollektive Unbewußte «Seinsgrund», der nach allen Seiten gerichtet aufleuchtet; einerseits «hinaus» in die kosmischen Gegebenheiten, die raum-zeitlos sind, andererseits «hinein» in das alltäglichste Leben, in welchem die Erscheinungsform der Raum-Zeiteinheit herrschend wurde.

Unterscheiden wir in diesem Sinne, ohne uns dabei in existentielle Spekulationen zu verlieren, so wird auch ein Problem ganz neuartig beleuchtet und aufgehellt, das bisher immer angstbetont blieb: der Tod. Wir haben bereits (Seite 242) auf jene neuartige Todesauffassung, wie sie infolge der neuen biologischen Erkenntnisse sich anzubahnen beginnt, hingewiesen. Hier nun sei eine Betrachtungsmöglichkeit angeregt, die wir im Rahmen dieser Überlegungen nur andeuten können. Wenn wir in Betracht ziehen, daß der Tod (nicht aber das physische Sterben) ein raum-zeitloser «Zustand» ist, so dürfen wir ihn, grob gesprochen, jenem Bereiche zuordnen, welchen wir als den der Raum-Zeitlosigkeit bezeichneten. Raum-zeitlosen Charakter hat der Traum, der die Seele widerspiegelt, während die Seele sich ihrerseits im Kollektiven Unbewußten, dem «Seinsgrund», also auch dem Kosmos oder dem «Jenseits», widergespiegelt findet. Dieses «Jenseits» aber schließt den Tod in sich. Ohne jetzt wertmäßige Unterscheidungen anstellen zu wollen, die in einem philosophischen Werke am Platze wären, können wir sagen: dank unserer seelischen Fähigkeit, das raum-zeitlose Kollektive Unbewußte zu erfahren, nehmen wir in jedem Moment unseres Lebens am Tode teil. Er ist eine «Daseinsform», der wir niemals verlustig gehen, wenn wir uns jener latenten re-ligio bewußt werden, die als das Kollektive Unbewußte den Zugang zum Bereiche der Raum-Zeitlosigkeit erschließt. Wir können, auf eine fast handgreifliche Art, diesen immerwährenden Tod erfahren, da uns die Raum-Zeitlosigkeit tagtäglich bis in die Minute des Erwachens aus dem Schlafe und dem Traume (und wohl auch aus gewissen Stadien der Überwachheit) erinnerbar bleibt. Nun ist jedes Erinnern ein Akt, der durch das Bewußtsein geht und uns eines Vorganges inne werden läßt. Dank der Erinnerbarkeit der Raum-Zeitlosigkeit wird uns auch der Tod zuinnerst erfahrbar, wird zur Quelle und zum Ernährer unseres täglichen Lebens: der Tod nimmt am Leben teil.

Es war beglückend, daß mir Jahre nach der Niederschrift obenstehender Sätze Ausführungen eines Wissenschaftlers begegnet sind, welche die gleiche Einstellung zu dem erwähnten Problem erkennen lassen. Es handelt sich um das Werk «Der Gestaltkreis» von Viktor von Weizsäcker, dem Begründer der Psychosomatik. Einleitend umschreibt er das Thema seines Buches mit den Sätzen: «Der Tod ist nicht der Gegensatz zum Leben; sondern der Gegenspieler der Zeugung und Geburt; Geburt und Tod verhalten sich wie Rückseite und Vorderseite des Lebens, nicht wie logisch einander ausschließende Gegensätze. Leben ist: Geburt und Tod. Das ist unser eigentliches Thema.» Diese uns neu erscheinende Grundauffassung findet sich bereits in den heiligen Schriften früherer Zeiten. Trotzdem ist sie für uns neu und zukunftsgestaltend, da wir sie auf einer anderen Bewußtseinsebene realisieren, als es die Alten taten. Die Tiefenpsychologie hat zu der Möglichkeit, alte Texte wie die erwähnten so lesen zu können, daß sie aus der früheren symbolischen Denkweise in die unsere übersetzbar wurden, Wesentliches beigetragen.

Diese Überlegungen konnten wir anstellen, weil wir dank der neuen Psychologie, vor allem aber dank der «Komplexen Psychologie» uns seelische Vorgänge bewußt machen können, weil wir heute raum-zeitlose Gegebenheiten ohne Widerspruch in die Welt unserer gedachten Raum-Zeiteinheit hereinzunehmen vermögen. Die bisher latent in uns schlummernde Übermächtigkeit des Raum-Zeitlosen, die nicht er-innert, nicht bewußt gemacht wurde, die sich jetzt aber im Kollektiven Unbewußten offenbart, verliert nun für den Menschen jene Bedrohung, welcher blind die Todesangst entsteigt. Angst aber leitet sich von «Enge» her. Nachdem wir jedoch das perspektivische Weltbild der vergangenen Jahrhunderte, infolge der Hereinnahme der Zeit als vierter Dimension, überwanden und dadurch den perspektivischen Punkt nicht mehr als (technisches) Ziel und Grenze betrachten, hat sich jene Verengung des raumbetonten Weltbildes, welche durch die Perspektive (die nur die halb gesehenen Parallelen berücksichtigt) gegeben war, nunmehr in die Welt der Raum-Zeit-Freiheit umgestaltet. Dies aber ist zugleich eine Überwindung der aus der Enge geborenen Angst. Die ehemalige, naturbedingte Todesangst kann sich nunmehr in das Einsehen des lebendigen Todes verwandeln, da dieser sowohl dem Reiche der Raum-Zeitlosigkeit als auch dem der Raum-Zeit-Freiheit angehört. Die Welt der Raum-Zeit-Freiheit aber ist – in Überwindung der unperspektivischen seelischen Bilderwelt und der nur perspektivischen mentalen Raumwelt, da zudem in ihr die Raum-Zeitlosigkeit bewußt wird – die aperspektivische Welt, welche die Sicht ins Offene freigibt.

Doch ich eile der Entwicklung voraus und entferne mich allzuweit von dem, was hier gegeben ist. Da bleibt zu sagen, daß ein Zurückschauen auf die Archetypen oder Urbilder eine geistige und seelische Kraft erfordert, die nicht im Vermögen aller liegt. Es ist ein gefährliches Spiel mit den dunklen Mächten, ein verlockendes Spiel für den, der ihm gewachsen ist, ein verschüttendes für den, der nicht ausreichend seines Bewußtseins Herr ist und deshalb die einmal geöffneten Schleusen in den «Himmel» (der sich meistens wohl zuerst einmal als Hades herausstellt) dann nicht zu schließen vermag, wenn die andrängende urtümliche Gewalt der «Urbilder» übermächtig wird und den Waghalsigen zu überschwemmen droht. Die Selbstwerdung («Individuation») durch Begegnung mit den «Urbildern» und ihre Überwindung ist die heutige Art der Hadesfahrt, des Abstiegs in die Unterwelt; und Jungs ganze Psychologie ist letztlich der Versuch, eine Einweihung vermittels des erweiterten Bewußtseins zu erreichen (was hinwiederum der Überwindung des Zeitbegriffs gleichkommt), nachdem der Weg der Mysterieneinweihung, wie ihn die Alten kannten, verschüttet und die einstmalige Heilkraft der Sakramente durch die fortschreitende Rationalisierung geschwächt wurde. Daß jene «Urbilder», die Jung formulierte, nicht bannende, geladene Kraftfelder sind, daß sie magische Wirkungen haben können, welche die Unvorbereiteten (die Nicht-Eingeweihten!) mit einem Schlage auf eine Bewußtseinslage zurückdrücken können, die wir nicht mehr als eine europäische bezeichnen dürfen, sondern als eine orientalische, nicht mehr als eine rationale, sondern als eine vorrationale, also magische, dafür gibt es genügend Beispiele. Jene Besessenen – von guten Göttern besessen wie etwa W. F. Otto, der Autor des schönen Buches «Die Götter Griechenlands»; von bösen Dämonen besessen wie andere Zeitgenossen –, die von den Symbolen und Urbildern gelebt werden, selber aber nicht leben, können Einzelwesen, aber auch ganze Völkerschaften sein. Überall dort, wo die Symbolik überhand nimmt, sei es nun vermittels von Schlagworten, Abzeichen, Slogans oder neuen «Mythen», droht die Gefahr, daß das Einzelschicksal aufhört, um im Massenschicksal unterzugehen. Forscher wie Creuzer, Carus, Bachofen oder v. Thimus konnten es sich, sagen wir es auf eine robuste Weise: wegen ihres seelischen Volumens leisten, über Symbolik zu schreiben und so den Weg zur Auffindung und Wiederentdeckung der Urbilder zu ebnen. Auch dem ungarischen Mythenforscher K. Kerényi gelang in dieser Hinsicht manch großartiger Wurf; besonders sein von C. G. Jung mit einem eindringlichen und ausführlichen psychologischen Kommentar versehenes Werk «Einführung in das Wesen der Mythologie» ist voll intuitiver Funde, glücklichster Formulierungen und Einsichten. Von Jung selbst existieren außerdem noch Abhandlungen zu einzelnen Urbildern, die er 1954 in dem Buche «Von den Wurzeln des Bewußtseins; Studien über den Archetypus» zusammengefaßt hat.

Die bloße Zulassung eines dem Menschen innewohnenden religiösen Bedürfnisses, durch welches Jung die von Freud hauptsächlich angewandte Libido ergänzte, die sich positiv als Lebenstrieb, negativ als Todestrieb auswirkt – die Zulassung dieses religiösen Triebes darf jedoch nicht dazu verführen, in der Psychologie von C. G. Jung eine neue Religion zu sehen, was wahrscheinlich den Intentionen ihres Urhebers auch nicht entspräche. Wohl aber stellt sie, von der Wissenschaft aus gesehen, eine der stärksten bisher erreichten Annäherungen an das Religiöse dar, und die Zukunft wird erweisen, ob aus der psychologischen Rückverbindung (= religio) eine psychische hervorzugehen vermag, ob der wissenschaftliche Weg des subjektiven Wissens ohne Bruch in das herzgestaltende Universum des objektiven Glaubens münden kann. Darin – soviel steht heute wohl schon fest –, daß sie nicht mehr ausschließlich «Psychologie» im wissenschaftlichen Sinne von Freud ist, sondern bereits Anspruch auf den Titel einer Seelenlehre erheben darf, darin liegt die Bedeutung der «Komplexen Psychologie». Und jene Publikationen C. G. Jungs, wie seine «Psychologie der Übertragung», «Gestaltungen des Unbewußten» und «Symbolik des Geistes», haben nicht wenig dazu beigetragen, aus ihr eine neue Hermeneutik (Seelenführung) zu machen.

Auf die Gefahren der «Komplexen Psychologie», die sich sofort einstellen, wenn man dem Nichts-als-Psychologisieren verfällt, haben wir bereits hingewiesen. Sie resultieren beide aus der gleichen Wurzel: aus der Überbetonung der Psyche. Auf der einen Seite verführt diese Überbetonung dazu, daß das Geistige völlig vernachlässigt oder womöglich psychologisiert wird, und dies ist gleichbedeutend mit dem Verlust der menschlichen Ganzheit; auf der anderen Seite verführt sie dazu, daß die Psyche aufgebläht wird, daß eine zu starke «Bewußtseins-Erweiterung», statt einer Bewußtseins-Intensivierung, erfolgt, die dann einer psychischen Inflation gleichkommt, so daß die übermäßige Zahl heraufgerufener Bilder und Bezüge zufolge auch ihres unverbindlichen und unaufhaltsamen Charakters eine Atomisierung der Psyche herbeiführen kann. Dabei birgt jede unkundige Anwendung der «Amplifikation» die Gefahr des endgültigen Verlustes nicht nur der menschlichen Ganzheit, sondern des Menschen selbst.

Was unter «Amplifikation» zu verstehen sei, ist bereits ausgeführt worden (siehe Seite 292), auch daß sie im Gegensatz zur «Reduktion», wie Freud sie handhabte, stehe. In der Formulierung der Amplifikations-Methode durch C. G. Jung manifestiert sich seine Loslösung von Sigmund Freud, die vornehmlich über die Aufstellung von Positionen ausging, welche den Freudschen Auffassungen gänzlich konträr waren. Ein weiteres Beispiel hierfür ist die Betonung des Mutterprinzips bei Freud; ein drittes die bereits erwähnte Einschätzung des Narzißmus, welchen Freud pathologisch, Jung dagegen als individualitäts-bildend auffaßt. In der Tatsache, daß sowohl die Psychoanalyse Freuds als auch die Komplexe Psychologie Jungs trotz diametral entgegengesetzter Ausgangspunkte und Methoden unbestreitbare Resultate erzielen, zeigt sich die Widersprüchlichkeit der Tiefenpsychologie, welche für sie symptomatisch ist und jeden Rationalisten verwirrt, wenn nicht kränkt. In der Tiefenpsychologie gilt nicht die Konfiguration der rationalen Gegensätze, die einander ausschließen. Gälte in ihr das rationale Gesetz, so könnten derart «entgegengesetzte» Ausgangspositionen wie jene von Sigmund Freud und C. G. Jung nicht zu psychotherapeutisch und hermeneutisch positiven Resultaten führen, wie es der Fall ist. Daß es jedoch der Fall ist, rührt daher, daß der Psyche entsprechend in der Tiefenpsychologie das Gesetz der Entsprechungen gilt, daß ihr Feld nicht ein duales, sondern ein polares ist, in dem jeweils zwei Aspekte, die einander zu widersprechen scheinen, Gültigkeit haben, weil sie einander ergänzend den Plus- und Minus-Pol eines und desselben Phänomens darstellen. Diese Zwielichtigkeit, diese Doppeldeutigkeit oder Ambivalenz jeder psychischen Aussage (und damit auch jeder psychologischen Deutung) ist für den psychologisch Unerfahrenen eine Gefahr, die nicht unterschätzt werden darf. Denn jede psychische Aussage, jeder psychische Inhalt ist für die rationale Überlegung weitgehend unverbindlich, da sie ihre Verbindlichkeit in sich selbst trägt. Auch diese Feststellung erscheint als Widerspruch und unterstreicht dadurch lediglich den angedeuteten Charakter der Tiefenpsychologie.

Diese Ausführungen mögen als Hinweis gelten; als Hinweis für alle, die sich mit der empiristischen Psychologie einlassen: die Erfahrungen können in dem gleichen Maße sowohl positiv als negativ sein. In jedem Falle aber – und darum geht es ja auf diesen Seiten – hat sie unser Wissen um die Zusammenhänge vertieft und uns bisher uneingesehene Tatsachen bewußt gemacht, deren Kenntnis sich heute weltbildverändernd auswirkt.

Die «Komplexe Psychologie» wurde verschiedentlich dargestellt und in den letzten Jahren besonders auch auf ihre Beziehungen zur Religion untersucht. Wir verweisen auf die diesbezüglichen Schriften von Jolan Jacobi, Hans Schär und Josef Goldbrunner sowie auf die Festschriften zu C. G. Jungs sechzigstem, siebzigstem, fünfundsiebzigstem und achtzigstem Geburtstage, aus denen dokumentarisch hervorgeht, von welcher Bedeutung für zahlreiche andere Zweige der Wissenschaft das Werk von C. G. Jung geworden ist. Ehe wir nun auf die Konsequenzen zu sprechen kommen, die sich aus den Erkenntnissen, Ansichten und Einsichten der modernen Psychologie für uns ergeben können, wollen wir im folgenden Kapitel noch kurz verschiedene Auswirkungen auf andere Wissensgebiete erwähnen.

*30. Beziehungen der Psychologie
zur Biologie, Ethnologie und Medizin*

Hatte Freud gezeigt, daß viele unserer Handlungen sich nicht auf seelische, sondern auf unbewußte, triebmäßig bedingte Vorgänge zurückführen lassen, und so das Wort Schillers erhärtet, der den Hunger und die Liebe als die eigentlichen Motoren des Weltgetriebes bezeichnete, so verdanken wir es seinem Schüler Adler, wenn wir heute diesen beiden Grundtrieben als dritten den «Machttrieb» hinzurechnen können, der sich sowohl als Angriff (Aggression) wie als Verteidigung, ja selbst als Flucht äußern kann. Vor allem aber verdanken wir es C. G. Jung, wenn wir heute einige Kenntnisse nicht nur über das Unbewußte, sondern über die Seele haben, wobei wir betonen müssen, daß diese Kenntnisse, wie wir gesehen haben, auf wissenschaftlichem Wege gewonnen wurden. Kein Wissenschaftler maßt sich an, eine Erklärung dessen geben zu wollen, was die Seele wirklich ist, sondern wir stoßen immer wieder auf Formulierungen, die uns sagen, was sie nicht ist, wodurch natürlich, wenn auch vorerst auf eine scheinbar negative Art, dieses Problem einer weiteren Klärung entgegengeführt wird. So schreibt Hans Driesch in seinem schönen Buch «Alltagsrätsel des Seelenlebens»: «Seele ist nicht ‹Ich›, sondern umfaßt Unbewußtes, das aber nicht Materielles ist», und ergänzt diese Definition durch den Satz: «Der Begriff ‹Seele› ist ebenso eine logische Konstruktion wie der Begriff ‹Natur›; beide sind Ordnungsbegriffe, geschaffen auf den Grundlagen des unmittelbar Erlebten.» Diese Sätze werden verständlich, wenn man weiß, daß gerade Driesch in seiner Schrift «Die Überwindung des Materialismus» (S. 91) sich mit ausgesprochen primitiven, um nicht zu sagen infantilen Einwänden gegen Freud äußerte. Diese Einstellung des Biologen Driesch gegen die Psychoanalyse ist um so bedauerlicher, als man ihr eine gewisse Leichtfertigkeit und Oberflächlichkeit des Urteils nicht absprechen kann. Überhaupt scheinen alle Versuche der Biologie, sich der «Tiefenpsychologie» zu nähern, mehr oder weniger verunglückt zu sein und blieben bei der reinen Experimentalpsychologie stehen, wie jene, die beispielsweise Buytendijk (um nur einen der zahlreichen Tierpsychologen zu nennen) für seine Experimente an Tieren anwandte.

Ganz anders steht es nun mit der Annäherung der Psychologie an die Biologie. Ging schon Freud von der Medizin aus, so sind auch heute noch die Vertreter seiner Richtung zumeist Ärzte, welche den biologischen Prozessen ihre höchste Aufmerksamkeit schenken. Es muß da vor allem auf Brun (Zürich) und dessen Werk «Allgemeine Neurosenlehre – Biologie, Psychoanalyse und Psychologie leib-seelischer Störungen» hingewiesen werden.

Das Leib-Seele-Problem, das ja bereits von den verschiedensten Seiten aufgegriffen wurde, u. a. auch von Driesch, und das in hervorragendem Maße durch das Werk von Kretschmer «Körperbau und Charakter» gefördert wurde, ist in einem viel stärkeren Maße durch die Tiefenpsychologie als lösbar erkannt worden. Denn sie leistete für die Auflösung des schroffen materiellen Dualismus von Leib und Seele ähnlich Bedeutsames, wie die Physik es für die Auflösung des Gegensatzpaares Materie und «Geist» tat. Immer stärker bricht sich eine ganzheitliche Betrachtungsweise Bahn, die in der Physik auf die Erkenntnis der uns umgebenden Natur gerichtet ist, die in der Psychologie auf die uns innewohnende Seele abzielt. Freud hat, wenn auch mit größter Reserve, den ersten Schritt in dieser Richtung getan. In seinen «Schriften aus dem Nachlaß», die nach seinem Tode in London erschienen, finden sich Hinweise auf dieses Problem, welche sich durch die Aufrichtigkeit und Größe der menschlichen Haltung auszeichnen. Andere, wie C. G. Jung, vertieften die Ansichten Freuds in dieser Richtung. E. Spranger glaubte sogar in seinen 1921 erschienenen «Lebensformen» noch einen Schritt weiter in der Verinnerlichung der Psychologie gegangen zu sein. Mehr und mehr nahmen auch andere Wissenschaften, so die reine Schulmedizin und die Völkerkunde, Gedankengänge der «Tiefenpsychologie» auf. Hinsichtlich der Völkerkunde erbrachten die Funde von Frazer, Frobenius, Obermaier, Winthuis und anderen den Nachweis, daß Freuds und Jungs Ansichten weitgehend richtig waren. Gerade diese völkerkundlichen und erdgeschichtlichen Werke haben den abendländischen Gesichtskreis sehr erweitert. Das Verständnis für andersfarbige Erdbewohner hat sich in einem Maße vertieft, das die schönsten Voraussetzungen für die Zukunft bietet, wenn es gelingt, gewisse Finanzinteressen in ihrer Bedeutung für die Beziehungen zwischen den Völkern ein für allemal wesentlich zu verkleinern. Heute sind wir dank der Erkenntnisse dieser Forscher, zu denen sich vor allem noch der Ethnologe Lévy-Bruhl sowie der Indologe Heinrich Zimmer und die Sinologen Wilhelm, Granet, Waley und Hentze gesellen, befähigt, die Handlungs- und Denkweisen anderer Kulturen, die der unseren zwar gleichräumig, entwicklungsmäßig aber nicht gleichzeitig sind, zu verstehen. Der tiefe Gehalt früher belachter, weil unverstandener Sitten, der uns durch psychologische Vergleiche nähergebracht wurde, hat ein übriges getan, daß wir heute jene Zeit der Entwicklungsdistanz, die uns früher von jenen «fremdartigen» Völkern trennte, überwinden konnten. Wir finden also auch hier wieder (wenn auch unter ganz anderem Gesichtspunkte) die seit Beginn des zwanzigsten Jahrhunderts geleistete Überwindung des Zeitbegriffes, welche hinsichtlich der Völkerkunde ihre Wurzel in den Vergleichsmöglichkeiten hat, die ihr die heutige Psychologie an die Hand gab. Von hier aus gesehen eröffnen sich vernunftgemäß jene Voraussetzungen als bereits gegeben, welche einen *humanen Universalismus* zur Wirklichkeit werden lassen könnten, vorausgesetzt, daß die Träger der Vernunft stark genug sind, die untergründigen Kräfte zu lenken, die in Gestalt magisch angewandter Technik und übertrieben harter Ratio sowie in Gestalt triebhafter Affekte und übersteigerter Ansprüche sowohl finanzieller als imperialistischer Natur eine immer bestehende Bedrohung darstellen.

Bei dieser Gelegenheit möchten wir daran erinnern, daß wir zwei Beispiele angeführt haben, die eine beglückende Annäherung west-östlichen Verstehens beweisen. Das eine war Eddingtons Satz vom Nicht-Geschehen der Ereignisse (siehe Kapitel 5), der seine Entsprechung im Zen-Buddhismus hat; das andere betraf die Tafeln von Calligaris (siehe Kapitel 14), welche ihre Entsprechung in den Jiu-Jitsu-Tafeln der Japaner haben. Die Beispiele dafür, daß der Westen heute Resultate zeitigt, die bisher auf rationalem Wege niemals erreichbar schienen, weil sie eine andere, die östliche Bewußtseinslage voraussetzten, ließen sich mit Leichtigkeit vermehren. Sie sind ein interessantes Phänomen, dessen zukünftige Möglichkeiten in die Augen springen. Wir werden Gelegenheit haben, in anderem Zusammenhange auf diese Frage zurückzukommen. Hier sei nur kurz noch bemerkt, daß das Entscheidende bei dieser Annäherung darin zu suchen ist, inwieweit der Europäer fähig sein wird, seine bewußt errungenen Erkenntnisse gegen die ähnlichen, aber «intuitiv» gewonnenen des Asiaten zu behaupten. Läßt er sich von dem Zauber und der vegetativen und seelischen Kraft des Ostens hinabziehen (die stärker sind als die seinen!), hält er nicht seinen Bewußtseinsgrad aufrecht und stärkt ihn, sagen wir: aus überbewußten «Quellen», realisiert er nicht die neue in Bildung begriffene Bewußtseins-Struktur der Raum-Zeit-Freiheit, so würde er sich und das Abendland aufgeben. Auf diese sehr reale Gefahr wenigstens hier schon hingewiesen zu haben, scheint uns heute besonders dringend. Wird sie erkannt, dürfte sie auch gebannt sein. Dagegen tauchen jene bereits in den östlichen Abgrund der Seele, welche die «Ganzheit» oder die «Zeit-Überwindung» als bloß seelisches Phänomen betrachten und sie womöglich unstatthafterweise der Nirwana-Vorstellung gleichsetzen, statt zu realisieren, daß es sich bei dieser Erkenntnis nicht um ein Abgleiten in seelische Ungründigkeiten handelt, sondern um eine *bewußte* Verwirklichung und um eine *bewußte* Haltung von bisher nicht erreichter Stärke. In dieser Bewußtheit liegt die vollgültige Entscheidung. Vielleicht hat die Darstellung der neuen psychologischen Forschung dazu beigetragen, den Wert dieser Bewußtheit und die Möglichkeiten dieses Bewußtseins aufzuzeigen.

Außer der Überwindung des Zeitbegriffes ist es aber auch das Ganzheitsproblem, dem wir schon in der Physik und in der Biologie begegneten, welches durch die Psychologie vertieft wurde. Am stärksten arbeitete es neben C.G. Jung vielleicht der Zürcher Nervenarzt Th. Bovet in seinem Werke «Die Ganzheit der Person in der ärztlichen Praxis» heraus – ein Werk, auf das näher einzugehen wir uns leider versagen müssen, auf das aber, nicht zuletzt wegen seiner verantwortungsbewußten und zutiefst menschlichen Haltung, nachdrücklich hingewiesen sei. Dasselbe gilt auch von dem Buch des Arztes W. H. v. Wyß «Psychophysische Probleme der Medizin», welches zu einer ganzheitlichen Erfassung des Menschen insofern beiträgt, als es die Wechselwirkungen zwischen «Seele» und «Körper» in so weitgehendem Maße nachweist, daß wir diese heute endlich auch erkenntnismäßig auswerten können.

Das wahrscheinlich wichtigste Werk jedoch, das diesen Fragenkreis behandelt, stammt von Alexander Mitscherlich. Sein Titel ist «Freiheit und Unfreiheit in der Krankheit. Das Bild des Menschen in der Psychotherapie». Mitscherlich gehört zu dem Kreise um Viktor v. Weizsäcker, der wie Jaspers oder v. Gebsattel die Frage nach dem Menschen stellt. Er lehnt den psycho-physischen Dualismus ab und gibt der psychosomatischen Forschung eine metaphysische Grundlage, zu der weder die bloße somatische Medizin noch die Psychotherapie, noch die Tiefenpsychologie allein imstande sind. Dies ist um so bedeutungsvoller, als heute die psycho-somatische Forschung in Amerika sehr weit ausgebaut ist, dort aber bisher noch des verpflichtenden und metaphysisch begründeten Fundamentes entbehrte. Somatische (körperliche, organische) Leiden lassen sich für Mitscherlich von den Neurosen nicht unterscheiden. Es handelt sich also nicht mehr um die bloße Feststellung der Wechselwirkungen zwischen Seele (Psyche) und Körper (Soma, Physis), sondern um die Erfassung des Kranken und damit unfreien Menschen als solchen sowie um seine gesamt-menschliche Heilung und Befreiung, wobei den geistigen Gestaltungskräften zusammen mit den psycho-somatischen Gegebenheiten ein entscheidendes Gewicht zugebilligt wird. Hier also wird, vom Blickpunkt der Tiefenpsychologie aus gesehen, die Mitscherlich als Schüler Viktor v. Weizsäckers weitgehend berücksichtigt, jener entscheidende Schritt über sie hinaus getan, der den Menschen aus dem Nichts-als-Psychologisieren in die gesunde Ganzheit von Körper, Seele und Geist zu stellen wünscht. Das gleiche Anliegen, worauf ausdrücklich hingewiesen sei, beschäftigt auch G. R. Heyer, der in seinem grundlegenden Buch «Vom Kraftfeld der Seele» eine allgemeinwissenschaftliche Überschau über die anthropologischen, psychosomatischen und tiefenpsychologischen Möglichkeiten gibt und eine zukunftsweisende Einstellung im Sinne der neuen Bewußtseinsstruktur umreißt.

In diesem Zusammenhange müssen wir zurückgreifend noch den Einfluß erwähnen, welchen die Tiefenpsychologie gerade auch auf die Schulmedizin ausgeübt hat. Diese vollzog in den letzten vier Jahrzehnten die entscheidende Wendung von einer materialistischen, rein organgebundenen Betrachtungsweise, wie sie noch Virchow und Robert Koch vertraten, zu einer die seelischen Faktoren berücksichtigenden Auffassung. Damit war auch die Vorarbeit für die kühnen Versuche v. Weizsäckers, Heyers und Mitscherlichs geleistet. Anstatt wie Robert Koch von den Bazillen auszugehen, welche ausschließlich die Krankheiten verursachen sollten, griff die Schulmedizin auf die durch Hippokrates und Paracelsus präformierte «Konstitutionstherapie» zurück. Es war vor allem der Wiener Arzt Bernhard Aschner, der die Konstitutionslehre vertrat und der die Erfahrungen, die er mit ihr machte, in seinen Büchern «Die Krise der Medizin» und «Der Arzt als Schicksal» niederlegte. Auch hier sehen wir wieder den Verzicht auf die einseitig materialistische und kausale Betrachtungsweise, wie sie sich in der Auffassung vom Bazillus als dem ausschließlichen Krankheitserreger ausdrückte, und finden eine auf die ganze menschliche Konstitution gerichtete Betrachtungsweise, welche auch seelische Faktoren weitgehend in Rechnung stellt. Kein Geringerer als der große Arzt Bier schrieb ein Buch über die «Seele», ein derbes Buch, in dem er nichtsdestoweniger besonders auf Heraklit zurückgreift und in dem er die Tradition der romantischen Medizin, etwa die eines Hufeland und eines Carus, wieder aufnimmt. Und dann müssen wir hier auch noch auf das bereits erwähnte Werk des französischen Arztes und Physiologen Alexis Carrel «L'homme, cet inconnu» verweisen, das wir bereits bei der Betrachtung telepathischer Phänomene erwähnt haben. Gerade die Erscheinungsform dieser «unmateriellen» Vorgänge hat durch die moderne Psychologie und durch die von ihr befruchtete Völkerkunde viel von ihren Rätseln für das verstandesmäßige Erfassen durch den Europäer verloren.

Es lag uns daran, diese Wandlung der Medizin kurz zu streifen, denn sie wurde ohne Zweifel zum größten Teil durch psychologische Überlegungen wenn nicht ausgelöst, so doch gefördert. Dies im Auge zu behalten, ist für die Folgerungen, die wir aus den Ergebnissen der psychologischen Forschung zu ziehen versuchen werden, nicht unwichtig.

31. Dritte Zwischenbilanz

Wir haben uns in den vorangegangenen Ausführungen über die Psychologie darauf beschränkt, in knappen Strichen ihre einschneidenden Ergebnisse und Erkenntnisse nachzuzeichnen. Wir haben darauf verzichtet, Einzelheiten darzustellen, da Ausführungen zu ihnen – und mag es sich um die anscheinend geringfügigsten handeln – sogleich ein weitgehendes, ja weitschweifiges Eingehen auf dieselben verlangen, welches aber der Art und Anlage dieses Buches nicht entsprochen hätte. Etwas jedoch soll hier noch einmal ausdrücklich festgestellt werden, nachdem wir bereits verschiedentlich darauf hingewiesen haben: In der Psychologie gibt es einen Punkt, der die naturwissenschaftliche Betrachtungsweise sehr rasch als unvollkommen erscheinen läßt; die «Seele» ist nur in ihren Äußerungen «greifbar» und in ihren Erscheinungsformen meistens durch triebmäßige Einflüsse getrübt; unser Unterscheidungsvermögen muß bis zur Höchstgrenze angespannt werden, unsere Urteilsfähigkeit muß gut ausgebildet sein, unsere innerste und klarste Selbstsicherheit muß einen erstaunlichen Grad an Intensität erreicht haben, wenn wir es wagen, uns auf Einzelheiten tiefenpsychologischer Forschung einzulassen, da diese uns, gleich nach dem ersten Schritt, in die zugleich chaotische *und* schöpferische Landschaft des Unbewußten, zu deren Blendungen und Verschwärzungen führen, so daß nur gut gewappnete und gesunde Herzen einen Weg durch diese Fährnisse zu gehen vermögen, ohne durch sie für immer geschädigt oder womöglich vernichtet zu werden. Die scheinbare Kleinheit und Winzigkeit eines Vorganges ist nebensächlich. Dieser Satz, den wir im 6. Kapitel bei der Darstellung der Quantentheorie schrieben, hat seine volle Gültigkeit auch für die psychologische Erfahrung. Und gerade auch diese Tatsache bringt es mit sich, daß jeder, der sich mit der Tiefenpsychologie beschäftigt, sich zumeist erst nach langem Studium in den neuen Maßverhältnissen, welche sie ihm erschließt, zurechtfindet und sowohl Übertreibungen derselben wie Neigungen seiner selbst von urtümlichen Gegebenheiten zu unterscheiden lernt.

Bei Erwähnung der Relativität der Vorgänge, Größen und Bedeutungen haben wir bereits gesehen, in welchem Maße die geisteswissenschaftliche Psychologie auf den gleichen Einsichten und Anerkennungen beruht wie die Physik. Diese Übereinstimmung beschränkt sich nicht nur auf die Relativität, welche wahrscheinlich nur ein «Gesetz» ist, das für die Äußerungen, weniger aber für das tiefste Sein Gültigkeit hat. An den Träumen, die oftmals chaotisch *anmuten* und sich ohne Rücksicht auf Zeit- oder Raumverhältnisse abspielen, sahen wir dann, daß Raum und Zeit in engster Abhängigkeit voneinander stehen. Im Traum, im unbewußten Weben der seelischen Kräfte, sind sowohl Raum wie Zeit insofern schon für das bewußte Denken überwunden, als dieses sich des Traumes erinnern kann und so einen unbewußten Vorgang bewußt macht. Schließlich finden wir außer den zwei soeben erwähnten Grundanschauungen der modernen Wissenschaft, jener der Relativität und jener der Raum-Zeiteinheit, die gleichzeitig deren Überwindung darstellt, noch eine dritte durch die Psychologie bestätigt: daß wir von einer rein kausalen Betrachtungsweise mehr und mehr Abstand nehmen müssen; weder die Physik kann sie seit Aufstellung der Quantentheorie und deren Weiterentwicklung durch die Wellenmechanik aufrechterhalten, noch kann die Biologie in dem früher möglichen Ausmaße von ihr Gebrauch machen, seitdem die Mutationstheorie Eingang in ihr Denken fand und sich in der neuen Abstammungslehre eines Dacqué weitgehend von der kausalen Folgerichtigkeit und der durch sie bedingten kontinuierlichen Entwicklung distanzierte. In der Psychologie haben wir gesehen, daß infolge des Hinweises von C.G. Jung eine kausale Betrachtungsweise seelischer Phänomene, jedenfalls soweit sie sich im Traumleben offenbaren, nicht mehr ausschließlich statthat, und wir dürften wahrscheinlich nicht fehlgehen, wenn wir diese Ansicht auf alle seelischen Vorgänge und besonders auf die Seele selbst ausdehnen. Mit einem derartigen Schritte jedoch hätten wir uns auf eine fast unheimlich anmutende, dabei durchaus rationalistische Weise dem irrationalen Weltgrund genähert.

Wenn wir heute dank der Tiefenpsychologie einen neuen Zugang zum Verständnis der uralten Mythen und Märchen finden, von denen wir jetzt sagen können, daß sie gewissermaßen die Träume der Menschheit bzw. der einzelnen Völker seien, so sehen wir an diesen Beispielen, in welche schwer faßbaren Regionen uns diese Psychologie letztlich führt.

War die Ausgangsbasis der Physik eine sehr breite, da sie sich auf die gesamte Materie stützt, war die der Biologie bereits eine schmalere, da sie sich materiell nur auf das sich sichtbar schnell wandelnde Organische gründet, so ist die Ausgangsbasis der Psychologie eine unverhältnismäßig reduzierte, da sie einerseits nur noch im Nervensystem und in den gehirnanatomischen Gegebenheiten fußen kann, sich andererseits aber bereits auf die seelischen Äußerungen, wie sie sich in der Materie widerspiegeln, gründen muß.[12]

Da wir von der wissenschaftlichen Betrachtungsweise ausgehen, sind wir in der Physik erst nach längeren Überlegungen und Betrachtungen an den kritischen Punkt gekommen, während wir ihn in der Biologie ungleich schneller erreicht haben, um uns ihm in der Psychologie, kaum daß wir ihre Betrachtung begonnen hatten, gegenüberzusehen. Dieser kritische Punkt ist jener, wo wir spüren: bis hierher kommen wir mit naturwissenschaftlichen Überlegungen aus, um die Dinge zu verstehen; wollen wir aber weiterkommen, so müssen wir den Boden des Beweisbaren, Faßbaren, Greifbaren, Anschaulichen oder Vorstellbaren verlassen und uns in jenes Gebiet hineinwagen, wo nur noch das ungetrübte Herz (dieses aber ist eine fast unrealisierbare Forderung) uns jeweils zu sagen vermag, was stimmt.

Es gibt also trotz aller so weit wie nur irgend möglich vorgetriebenen wissenschaftlichen Erkenntnisse eine Grenze für dieselben. Wo diese Grenze überschritten wird, da hört das verstandesmäßige Wissen auf, und etwas *anderes* fängt an.

Wir haben gesehen, wie sowohl die Physiker als auch die Biologen letztlich zu fast religiös anmutenden Schlußfolgerungen gelangten, die Jeans in dem bereits zitierten Satze aussprach: «Das Weltall fängt an, mehr einem großen Gedanken als einer großen Maschine zu gleichen.» Und wir sahen, wie trotz der streng wissenschaftlichen Ausgangsposition Freuds (wobei wir das bedeutsame Werk des Zürcher Psychiaters E. Bleuler «Naturgeschichte der Seele und ihres Bewußtwerdens» nicht unerwähnt lassen dürfen) sich sehr schnell die Notwendigkeit für die Tiefenpsychologie ergab, sich mit der Religion auseinanderzusetzen. Dies geschah, wie wir gesehen haben, vor allem durch C.G. Jung. Und C.v.Monakow, der auf eine souveräne und bahnbrechende Weise in seinem Gesamtwerk (innerhalb dessen die vielen zerstreut erschienenen kleineren Arbeiten durchaus nicht unwichtig sind) experimentelle und empiristische Psychologie vereinte, der also sowohl physiologischer Psychologe als Tiefenpsychologe ist, schreibt im Schlußwort zu seiner «Biologischen Einführung in das Studium der Neurologie und Psychopathologie» (S. 357) den Satz: «Ein restloses Verständnis des Wesens der Materie auf materialistischer Basis ist ausgeschlossen.»

32. Zusammenfassung

Die neuen Ergebnisse der Wissenschaft sind von ungemein weittragender Bedeutung für das Verständnis von Vorgängen, Ereignissen und Gebieten, welche bisher als unverständlich, ja als undenkbar betrachtet wurden und demzufolge ungedacht blieben.

Wir haben versucht, uns von diesen Ereignissen Rechenschaft abzulegen. Wir haben hin und wieder versucht, auf die Konsequenzen hinzuweisen, die sich für die Lebensgestaltung des Nichtwissenschaftlers aus ihnen ergeben können. Wir glauben, daß allein schon die Darstellung der geschilderten Tatsachen und neuen Erfahrungen auf jeden Leser insofern gewirkt haben wird, als sie das Blick- und Erlebnisfeld des Einzelnen zu erweitern vermochte, solange er bemüht war, sie für etwas mehr als eine bloße Unterhaltungslektüre zu nehmen, und sie vom Standpunkt seines eigenen Lebens aus kritisch und wertend betrachtete. Denn daß diese Ergebnisse nicht kritiklos angesehen werden dürfen, sondern von einem Standpunkte aus, der, je nach den ihnen zuteil werdenden Anwendungen, auch die daraus sich ergebenden Konsequenzen von vornherein ins Auge faßt, dies dürfte uns klargeworden sein. Wir haben gesehen, wie sämtliche Grundgedanken und Grunderkenntnisse der neuen Wissenschaft zum Teil gewollt, zum Teil vielleicht ungewollt, mißverstanden, mißdeutet und falsch angewandt wurden. Die Begriffe «dynamisch», «total» und «vital», welche einer eingehenden Betrachtung zu unterwerfen wir uns veranlaßt sahen, zeigten uns, in welchem Maße zeitbedingte Umstände und Neigungen die neuen Erkenntnisse zu vergewaltigen vermochten. Wir gehen wahrscheinlich nicht fehl, wenn wir annehmen, daß es sich bei diesen Vergewaltigungen um eine ausgesprochene Reaktion handelte, um die Unfähigkeit des vergangenen Zeitalters, die Größe und Schwere der neuen Erkenntnisse zu akzeptieren, anzuwenden und auszugestalten. So sah man lange Zeit nichts als die Relativität, sah ausschließlich «dynamische» Beziehungen, die niemandem einen Halt zu geben vermögen; verfiel dementsprechend in das materielle Machtprinzip (das bei jeder Politisierung in deformierender Weise in Erscheinung zu treten pflegt) und mußte diesem übersteigert materiellen Standpunkt einen übersteigert unmateriellen, den des «Vitalen», entgegensetzen, um ein notdürftiges Gleichgewicht herzustellen. Dadurch, daß man diese «neue Einstellung» propagandistisch ausposaunte und die Begriffe auf den Kopf stellte, glaubten viele, daß es sich um etwas «Neues» handle, und begriffen nicht, daß es «nur» ein Versagen vor den Ansprüchen war, welche die neuen Erkenntnisse an uns stellen.

Und es sei festgestellt: nicht nur führten die neuen Erkenntnisse zu negativen Reaktionen wie dem Dynamismus, Totalitarismus und Vitalismus, sondern auch zu weiteren Destruktivformen, die besonders in dem letzten Jahrzehnt sichtbar geworden sind. Generell können wir diese destruktive Seite als «Atomisierungs-Möglichkeit» bezeichnen, wobei die Atombombe, das Schreckgespenst vieler, noch nicht die negativste Möglichkeit darstellt, da sowohl im Psychischen wie im Denkerischen eine atomisierende Macht heute am Werke ist, die allgemein unterschätzt, meist sogar nicht einmal beachtet wird. Dieser Zerstörungs-Aspekt, der den neu gewonnenen Erkenntnissen im gleichen Maße innewohnt wie der von uns aufgezeigte Neubau-Aspekt, sollte von keinem übersehen werden. Die neuen Erkenntnisse sind eine Forderung, über sie hinauszukommen. Wir haben bereits verschiedentlich auf den vorangegangenen Seiten diese Notwendigkeit unterstrichen. Die Überwindung des perspektivistischen Zeitbegriffes, die durch die Einführung der vierten Dimension und die der Relativität erreicht wurde, brauchte in dem Augenblick keine Desorientierung, keinen Verlust einer Wertung und einer feststehenden Basis hervorzurufen, der die Geister naturnotwendig irritieren mußte, wenn man sich darüber klar gewesen wäre, daß jede Relation etwas Neues ergibt. Wenn man sich klargeworden wäre, daß die Auflösung der Gegensätze nicht einen Zerfall darstellt, sondern die Geburt einer höheren Einheit. Wenn man sich klargeworden wäre, daß der Verlust des Kausalen, des folgerichtigen Aufeinanders nichts Zersetzendes an sich hat, sondern uns im Gegenteil näher an das Urphänomen des in sich einigen Seins heranführt. Wenn man sich klargeworden wäre, daß die sprunghafte, quantenmäßige Entwicklung nur so lange einen scheinbaren Verzicht auf kontinuierliche Entwicklung darstellt, als man nicht fähig ist, dem eigenen Leben eine stille innere Kraft zuzutrauen; jene Kraft, dank der wir (auf die einzelnen Jahrzehnte unseres eigenen Lebens zurückschauend) feststellen können, wie wir uns jeweils selber übersprangen, je mehr wir uns dem Alter nähern, um uns auf einer manchmal niederen, manchmal höheren Ebene, ärmer oder reicher geworden, wiederzuerblicken.

Wenn wir uns dies alles vergegenwärtigen, wenn wir uns aller Vorurteile entledigen und die neuen Erkenntnisse, denen wir in allen dargestellten Wissensgebieten wiederbegegneten, rein und unverstellt auf uns wirken lassen, so muß aus ihrer Wirkung auf uns eine neue umfassendere Wirklichkeit auch des Alltags entstehen. Dies schreibt sich sehr einfach nieder. Der Beharrungstrieb im Menschen stellt sich aber einem derartigen Unterfangen meistens hindernd entgegen. Nur durch Krankheit und Krise, welche oft einer Entäußerung hemmender Widerstände gleichkommen, nur durch Kampf und Leid, welche oft eine Erstarkung vorwärtstreibender Kräfte auslösen, wird es dem Einzelnen möglich sein, jene Aufnahmefähigkeit zu erreichen, die es ihm ermöglicht, etwas, das er als richtig erkannte, in eine tiefere, lebendige, wirkende Einsicht zu verwandeln.

Die Grunderkenntnisse, welche wir auf vier ausschlaggebende, sich gegenseitig ergänzende reduzieren können: 1. Überwindung des alten Zeitbegriffes, 2. Relativität, 3. Auflösung der Gegensätze bzw. der Dualismen, 4. sprunghafte Entwicklung und somit Akausalität – sie haben jede vier Konsequenzen bzw. Entsprechungen: 1. Bildung einer höheren (oder tieferen) Einheit, die zu einer Raum-Zeit-Freiheit zu führen vermag, 2. Bewußtwerdung von bisher «Unbewußtem», 3. Entmaterialisierung und Zuwendung zu den Gegebenheiten des Geistigen, 4. innerste Anerkennung der Notwendigkeit einer möglicherweise noch religiösen, voraussichtlicherweise aber geistigen (und nicht bloß seelischen) Ergänzung der verstandesmäßigen Erkenntnis, welche eben diese Erkenntnis (wenn sie später auch überwunden werden kann) in ein neues Vermögen zu verwandeln vermag, durch das eine neue Bewußtseinshaltung Wirklichkeit werden kann.

Jede Bewußtwerdung, so sagten wir schon einmal, gleicht einer Erhellung und Vertiefung unserer Lebens- und Erlebnisfähigkeit. Solange sie bloßes Wissen bleibt, ist sie zu nichts nutze. Sobald wir einsehen, daß wir in dem Maße, in dem wir uns Unbewußtes bewußt machen, uns dem Kern des Unbewußten immer stärker nähern, da wir gewissermaßen dessen Peripherie reduzieren – in dem Maße gewinnen wir neue Kräfte, um das Leben würdiger zu bestehen.

Die neuen wissenschaftlichen Erkenntnisse sind, wie wir bereits einmal angedeutet haben, ein unbewußtes Vermögen der heutigen Menschheit. Die Angst vor ihrer Bewußtwerdung brachte uns die Flucht in «Dynamik», «Totalismus» und «Vitalismus». Die Überwindung dieser Angst vor der in uns schlummernden Macht dessen, was aus uns heraustreten muß, um ganz leben zu können und um neuen Möglichkeiten, die aus dem Unbewußten bereits nachdrängen, den Weg freizumachen, ist die Forderung, welche die immer schmerzhafte Entwicklung an uns stellt. Wer stehenbleibt, verfällt. Aber auch wer zu laufen beginnt, verfällt. Daß wir uns wandeln können, ist unser größter Reichtum. Bereiten wir diese Wandlung Schritt für Schritt vor, damit uns dann und wann der entscheidende Sprung, der immer zugleich ein Scheiden und ein Ankommen ist, gelinge. Die wissenschaftlichen Erkenntnisse der letzten fünfzig Jahre vermögen uns dabei als gutes Sprungbrett zu dienen.

33. Ausblick

Wir sollten uns keinen Täuschungen hingeben: die vor uns liegende Aufgabe ist eine schwere, denn es gilt, der abendländischen Wandlung, die sich, wie wir sahen, seit der Jahrhundertwende im Geistigen bereits vollzog, sichtbaren Ausdruck in der europäischen Gestaltung zu geben. Dies ist möglich, nicht nur politisch, sondern auch menschlich. Freilich, mit Reformen ist nichts getan, sondern nur mit einer Bejahung jener Kräfte und ihrer Ausgestaltung in uns, für die uns die neuen Erkenntnisse Wegweiser sein können. Reformen, also Wiederbelebungsversuche, sind sinnlos in dem Moment, da es offensichtlich wird, daß ein entscheidender Neubau begann, und somit das «Alte» einer Umgestaltung unterzogen wird. Abgelebte und erschöpfte Formen mit neuem Leben füllen zu wollen ist dann ein Unding. Jede Wandlung – und wir stehen in einer für die Menschheit entscheidenden – ist zugleich zerstörend und aufbauend. Aber, so wird man sagen: die drohenden «Realitäten», wie Hunger und Kriegsgefahr, sind deshalb noch nicht gebannt. Von ihrer Bannung kann keine Rede sein. Sehr wohl aber von ihrer Ausschaltung, zumal die heutigen Realitäten selbst einer Wandlung unterworfen sind und sich von Jahrfünft zu Jahrfünft in immerhin vermutbarer Weise neu konstellieren werden. Zudem: Kriege beispielsweise werden nicht von den Menschen gemacht, sondern von der Mentalität (oder Psychität), von der die Menschen besessen sind. Nicht immer ist es möglich, die betreffende gefährliche Mentalität zu ändern; aber es ist möglich, ihr eine stärkere entgegenzustellen, der gegenüber sie machtlos wird, weil die entgegengestellte kräftiger und freier ist. In dem Maße, wie die innerste Sicherheit der Einzelnen wächst, nimmt die Sicherheit der Welt zu. Wer Psychosen oder Ängsten oder der Unbekümmertheit oder schrankenlosem Mißtrauen (Skepsis) verfällt, ist verloren; wer um die aufbauenden Kräfte weiß und mithilft, sie

Wirklichkeit werden zu lassen, greift kraft ihrer in die Neukonstellierung des Universums (und nicht nur der Welt) ein. Auch dies ist eine Realität. Die Kraft aber ist stärker als jede bloße Macht. Und auch dies ist eine Realität. So steht «Realität» gegen Realität. Aber die kräftigere wird lebenserhaltender sein als die mächtigere, denn Macht ist mißangewandte Kraft, und deshalb wohnt ihr stets die Ohnmacht inne, die jederzeit und unvermutet zutage treten kann. Und ein Letztes: der Mensch ist keinesfalls der Gestalter der Zukunft; er ist nur Mitgestalter. Damit soll nicht eine «göttliche Macht» in die Überlegung einbezogen, sondern lediglich den Kräften Anerkennung verschafft werden, die an der Gestaltung des Universums mitbeteiligt sind. Die Erde ist wichtig, und der Mensch ist wichtig. Aber sie sind nicht allein. Das vergessen alle, die meinen, des Menschen Verstand könne allein und selbstherrlich das Schicksal der Welt meistern. Die enge Verflechtung von Mensch und Universum, wie sie in seiner neuen Fähigkeit unter Beweis gestellt wird, universale Geschehnisse, wie Hervorbringung der Mesonen und der Sonnentemperatur auf der Erde, zu bewerkstelligen, sprechen dafür eine mehr als beredte, möglicherweise eine bedrohliche Sprache.

Ein besonderes Schicksal ermöglicht es uns, daß wir heute auf Grund der Fehler der anderen und unserer eigenen einzusehen vermögen, welchen Weg wir wählen können, mutmaßend, es sei der, welcher zutiefst in die Menschheit als der ihrer «Entwicklung» gemäßeste eingezeichnet ist. Die neuen Erkenntnisse sind das erste verstandesmäßige Licht, das diesen Weg erhellt. Seine Notwendigkeit und Unabwendbarkeit steht deutlich vor uns. Er ist eine Forderung an jeden Einzelnen. Denn alles, was von irgendwelcher Reichweite sein soll, muß im Einzelnen beginnen und durch den Einzelnen verwirklicht werden. Es gibt keinen anderen Weg der Verwirklichung, es gibt keine Änderung der Institutionen oder der herrschenden Mentalität, es gibt keine wie auch immer geartete Besserung auf welchem auch immer in Betracht gezogenen Gebiete, wenn der Ansatzpunkt zu einer Klärung und zu einer allgemeinen Wandlung nicht in den Einzelnen verlegt wird. Diese Tatsache verlangt Opfer von jedem, die manchem desto schwerer erträgbar scheinen mögen, als der Unvernünftigen und der Egoisten immer noch genügend bleiben, die ohne derartige «Opfer» gut, wenn nicht «besser leben». Doch darauf kommt es nicht an. Und vor allem auch nicht auf das Gefühl, sich irgendwie verdient zu machen oder lohnberechtigt zu werden. Nichts hat auf die Dauer so sehr die christliche Moral untergraben wie das himmlische Lohnversprechen. Jener Art von seelischem Materialismus, die nur eine Präformation des jetzt hoffentlich überwundenen geschichtlichen war, gilt es zu entsagen. Entscheidende Dinge werden nicht um eines wie auch immer gearteten Vorteils willen getan, sondern nur um der reinen Handlung willen, welche jede wirkliche Entscheidung erst zum Blühen bringt. Für sie bleibt immer der Grad der inneren Bescheidenheit Maßstab ihrer Wirkung und Güte. Nicht ohne Grund leiten sich die beiden Forderungen, die nach Entscheidung und Bescheidenheit, von einer gemeinsamen Sprachwurzel ab: sie sind beide ein Abschied, jener immer notwendige Abschied, ohne den es kein Leben gäbe, der die Grenzen zeigt, aber auch das Versprechen der Ankunft immer in sich trägt.

Wir wissen heute besser als je, wo die Grenzen unserer Erkenntnis liegen. Wir haben heute eine Vorstellung und ein Gehör für materielle und seelische Gegebenheiten, welches in diesem Maße erstmalig und einzigartig ist. Die kommenden schweren Jahre werden es vertiefen, so daß vielleicht auch jene geistigen Gegebenheiten zur Wirklichkeit erwachen werden, die der neuen Bewußtseinsstruktur entspringen und Gewähr dafür wären, daß die heute psychisch und rational verworrene Welt klaren Tagen entgegengeht.

Es ist kein Zufall, daß wir heute bereits neue wissenschaftliche Disziplinen haben, wie die Physiognomik (Max Picard) und die wissenschaftliche, vor allem von Max Pulver mitbegründete Graphologie, welche uns ein tieferes Verstehen und damit ein echtes Verzeihen menschlicher Größe und menschlicher Schwächen ermöglichen; daß wir dank der neuen wissenschaftlichen Erkenntnisse, nicht zuletzt dank der psychologischen, um die innere Struktur nicht nur unserer Vorfahren, wie sie sich in den Mythen spiegelt, nicht nur um jene andersfarbiger Völker mehr wissen als je zuvor, sondern auch um uns selber. Die Achtung vor dem anderen als Menschen, gleich welchen Erdteils er sein mag, wächst und zugleich das Gefühl für die gemeinsame Wurzel alles dessen, was Mensch ist. Aus einem einstmals schwärmerischen Pazifismus kann ein klares, unsentimentales, humanes Gefühl werden. Aus einem materiell bedingten Sozialismus eine neue Art verständigen Zusammenlebens. Aus einem machtanhäufenden Kapitalismus ein gerechtes Lebenlassen für alle. Aus einer bloßen Morallehre eine neue lebendige Ethik. Dies scheint illusionistische Zukunftsmusik. Für jeden aber, der sich ein nicht durch Vorurteile getrübtes Gefühl und Auge bewahrt hat, zeichnen sich die Verwirklichungsmöglichkeiten dieser sich anbahnenden Entwicklungen bereits klar und sichtbar ab. Wir haben versucht, sie darzustellen. Der Hinweis auf sie ist also keine verantwortungslos optimistische, keine freundlich beruhigende Aufmunterung oder gar ein schalmeienhaft unverbindliches Schlußwort. Wäre er das, so wäre er ein Verbrechen. Die erfolgte und noch erfolgende abendländische Wandlung, die aufzuzeigen das Thema dieser Seiten war, birgt in dem Maße die genannten Verwirklichungsmöglichkeiten, als wir uns dieser Wandlung bewußtseins- und haltungsmäßig gewachsen zeigen. Die Ansätze dafür bestehen. Es liegt an uns, sie zur Blüte zu bringen. Allein schon all das, was sich heute an innerer Umstellung in mehr als einem Lande vorbereitet und zaghaft in neuen Gesetzen und Erlassen Ausdruck findet, ist Zeichen für diese Möglichkeit und geht weit über alles hinaus, was jemals von ultra-rechts oder ultra-links eingestellten Staaten, Völkern oder Parteien erhofft, gewollt oder verwirklicht werden konnte. Die Extreme, von denen niemals auf lange Dauer das eine über das andere die Herrschaft ausüben kann, erfüllen ihre Rolle, da aus ihrem Kampfe mit- und füreinander etwas Neues ersteht. Nach dem letzten Kriege, dieser Krankheit des ganzen Jahrhunderts und der ganzen Menschheit, wird sich immer deutlicher jene Entwicklung abzeichnen, welche zu erhoffen heute wenige den Mut aufbringen.

Das Wort des großen Novalis: «Fängt nicht überall das Beste mit Krankheit an?», hat mehr denn je gerade für unsere Zeit Gültigkeit. Doch geben wir uns keinen Illusionen hin. Die Welt wird niemals zu einem Paradiese werden. Würde sie es, dann wäre ihr Dasein illusorisch geworden. Geben wir uns keinen Täuschungen, keinen falschen Hoffnungen hin. Die Welt wird nicht viel besser werden, nur ein wenig anders. Und vielleicht um ein geringes verständnisvoller für die wirklichen Gegebenheiten, für jene, auf die allein es ankommt.

Vergessen wir nicht, daß eine wirklich tiefgreifende Änderung der Welt immer nur gegen die Triebe und egoistischen Neigungen der Einzelnen oder einzelner Interessengruppen erzwungen werden kann und manchmal sogar erzwungen werden muß. Das zutiefst in ihr liegende Gesetz einer Weiterentwicklung erzwingt durch Krankheit und Kriege diese langsame Veränderung, deren Ablauf uns ein derartiges Schneckentempo zu haben scheint, daß wir, die wir nur einige Jahrtausende geschichtlicher Entwicklung überblicken, sie kaum zu beurteilen vermögen.

Grundbedingung für das Leben jedes Einzelnen ist und bleibt, daß er selber versuche, sich zu wandeln. Daß er lerne, die Knüppel, welche man ihm vor die Füße wirft, nicht als Hindernis, sondern als Sprungbrett zu benützen. Daß er vermöchte, den tieferen Geheimnissen der Welt und seines Herzens abzulauschen, wie wenig es auf das Materielle ankommt, wieviel mehr darauf, daß er die Ehrfurcht vor dem Geistigen erlerne, das über der Macht und der Gewalt steht und dank dessen wir leben. Das materielle Sicherungsbedürfnis, abgesehen von seinem teilweise sexuell bedingten Charakter, ist nichts als eine Krücke der seelisch Haltlosen und innerlich Schwachen. Das Leben jedes Menschen ist eine Aufgabe, die in dem Maße an Verantwortung zunimmt, als der einzelne die Zusammenhänge durchschaut und sich neue Erkenntnisse zugänglich macht.

Es war nicht unsere Absicht, den Propheten oder den Mahner zu spielen. Propheten täuschen sich meistens, und Mahner sind ziemlich überflüssig, solange es nicht die «innere Stimme» des Einzelnen ist, die den Mahner spielt. Wir hatten auch nicht die Absicht, eine vorgefaßte Meinung zu proklamieren und unsere Leser zu ihr zu bekehren. Derartige Scherze überlassen wir gerne jenen haltlosen Menschen, die man Demagogen nennt und die ihrer eigenen Unsicherheit durch lautes Hinausschreien ihrer Ansichten Herr zu werden glauben, hoffend, dieses Vorgehen gebe ihnen mehr Überzeugungskraft. Jene Art von Menschen merkt es nicht, daß sie unter dem Vorwand, andere zu bekehren, nur sich selber bekehren will – leider meistens zu recht törichten Zielen.

Wenn wir eine Absicht hatten, so diese: möglichst objektiv die neuen wissenschaftlichen Erkenntnisse und damit die sich anbahnende neue Bewußtseinsstruktur darzustellen sowie die Konsequenzen anzudeuten, die dieses neue Bewußtsein für jeden Einzelnen haben kann. Diese Konsequenzen mögen sich je nach Temperament, Neigung und Anlage des Einzelnen verändern, in ihrer großen, undogmatischen Linie werden sie jedoch mehr oder weniger jenen, welche wir aufzuzeichnen bemüht waren, entsprechen.

ANMERKUNGEN

¹ Wir entnehmen diese Vergleichsdaten dem leider in deutscher Übersetzung nicht vorhandenen Buche des amerikanischen Wissenschaftlers Rogers D. Rusk: «Atoms, Men and Stars», dessen französische Ausgabe bei Gallimard in Paris erschienen ist. (Zu S. 193.)

² Dieser Satz tangiert nicht das Problem einer stets nur durch logische Denkvorgänge postulierbaren, aber niemals durch sie beweisbaren Willensfreiheit. Denn auch die Logik ist – weil sie sich des Denkens bedient oder aus ihm hervorgeht – wie dieses Denken selbst naturgebunden: also letztlich noch in ihrer sublimsten und abstraktesten Form unfrei: deshalb kann auch das Problem der Willensfreiheit durch den bloßen Denkakt niemals gelöst werden. Dagegen besteht vielleicht die Möglichkeit, sie aus der Gesamtstruktur des Menschlichen, welche auch außernatürliche Komponenten zu berücksichtigen wagen würde, evident zu machen. Da die Einbeziehung der Zukunft in die Gegenwart als einer schon in ihr wirkenden Kraft die Wege zu einer derartigen Erfahrung der Gesamtstruktur des Menschlichen vielleicht zu ebnen vermöchte, liegt hier eventuell eine Lösungsmöglichkeit dieses Problems vor, besonders dann, wenn man bei dem Begriff «Wille» den Akzent auf die «Entscheidung» legt. (Zu S. 195.)

³ Die gleiche Einstellung hinsichtlich der Wirksamkeit des Gedankens (die bereits im ersten Absatz des 5. Kapitels, Seite 187, angedeutet wurde) findet sich bei Thornton Wilder in dessen Schauspiel «Wir sind noch einmal davongekommen». Dort heißt es: «... genauso wie die Sterne und die Stunden nachts über unseren Köpfen einherziehen, so sind auch die Ideen und die Gedanken der großen Männer in der Luft und umgeben uns immer, wirken auf uns, auch dann, wenn wir es nicht wissen.» (Zu S. 202.)

⁴ Mit «Impuls» oder Bewegungsgröße bezeichnet man in der modernen Physik das Produkt aus Masse und Geschwindigkeit eines Körpers ($q = m \cdot v$). (Zu S. 205.)

⁵ Ergänzend sei hier vorausgenommen, worauf wir schon (Seite 218) zu sprechen kamen, daß nicht nur neue Elemente heute vom Menschen erzeugt werden können, sondern daß er in der Lage ist, Bestandteile der «kosmischen Strahlung», sogenannte «Mesone», künstlich herzustellen, Energiepartikel also, die nichtirdischer Herkunft sind. Darüber hinaus ist die Tatsache, daß die heutigen Wissenschaftler auf der Erde Temperaturen zu erzeugen vermögen, welche nichtirdischen Ausmaßes sind, wohl aber denen der Sonne gleichkommen, symptomatisch: immer handelt es sich um Vorgänge, die bisher erdfremde waren.

Übrigens ist es die heute mögliche Handhabung der Sonnentemperatur, welche die Konstruktion der sogenannten Super-Atombombe, der «H-Bombe» (Hydrogenium- oder Wasserstoff-Bombe), ermöglichte. Beruht das Prinzip der Uran-Bombe auf der Zerspaltung der Atome, welche durch enorme Beschleunigung, genauer «Beschießung» derselben mit einem Neutron ausgelöst wird, so beruht das Prinzip der Wasserstoff-Bombe auf einer Verschmelzung der Atome, welche sich jedoch nur bei einer Mindesttemperatur sonnenmäßiger Art bewerkstelligen läßt. (Zu S. 216.)

[6] Ein «Electron-Volt» («e Volt») ist die Energie-Einheit, die ein Elektron erhält, wenn es die Spannung von einem Volt durchläuft. (Zu S. 219.)

[7] Siehe Jean Gebser, «Ursprung und Gegenwart», Bd. I, Kapitel über die magische Bewußtseins-Struktur. (Zu S. 228.)

[8] Bei der Erwähnung dieses neuen Werkes von Hermann Friedmann sehen wir uns zu der Korrektur einer Behauptung veranlaßt, die er im Hinblick auf das ihm in diesem Buche gewidmete Kapitel aufstellt. Eine Anmerkung zu Seite 232 seines Buches lautet: «Von Bavink sind alle ausführlicheren populären Darstellungen der ‹Welt der Formen› abhängig, so namentlich auch J. Gebser, Abendländische Wandlung (sic!), 21. Kapitel und passim.» Die Tatsache, daß ich ein Urteil Bavinks über Friedmann nicht unberücksichtigt ließ, hätte ihm nicht Anlaß sein sollen, aus einer Vermutung eine Behauptung zu machen. Es sei festgestellt, daß ich auf sein Werk durch das von Kayser aufmerksam wurde und erst nach seinem Studium unter anderem auch bei Bavink das erwähnte Urteil fand, welches ich als begrüßte Stützung meiner eigenen Wertung des Friedmannschen Werkes angeführt habe. (Zu S. 255.)

[9] In der Zwischenzeit hat Friedmann seine Wertung des «Akustisch-Musischen» korrigiert. Diese Korrektur erfolgte in seinem 1949 publizierten Werke «Wissenschaft und Symbol», mit dem er sich von neuem als ein umfassender Denker ausweist. Er räumt diesem «Akustisch-Musischen» neben einem «Optisch-Musischen» einen Platz ein, der vielleicht mehr Spielraum aufweist als das bloß «Akustische» (im Sinne des «Harmonikalen» oder «Akroatischen») bei Kayser. Jedenfalls erlaubt ihm die bewußte Handhabung dieser von ihm formulierten Begriffe eine verständige Annäherung an das «Symbolhafte» und damit auch an das Religiöse. Von den Gegebenheiten aus, wie wir sie in «Ursprung und Gegenwart» dargestellt haben, läßt sich von diesem neuen Werk Friedmanns sagen, daß es ein groß durchgeführter Versuch ist, dem mentalen Denken (Wissenschaft) den mythischen Bereich (Symbol) auf bewußte Weise zurückzugewinnen, wobei er sich selbst bis in die Erlebnissphäre des Rein-Akustischen, also des Magischen, zurückwagt. Gleichzeitig ist es ein interessantes Beispiel für die Wechselwirkung fruchtbarer Ideen. Denn hatte Kayser sein Werk auf Grund des von ihm gefundenen Bindegliedes zwischen der «Optik» und der «Haptik» Friedmanns aufbauen können, indem er die «Harmonik» entwickelte, so hat nun seinerseits Friedmann diese «Harmonik» aufgegriffen, um sie als akustisches Element zur Ergänzung des optischen und haptischen zu verwerten. (Zu S. 268.)

[10] Unter «cartesischer Denkweise» versteht man die Art des Denkens, die von Descartes eingeleitet wurde. (Zu S. 293.)

[11] Daß es noch einen zweiten Begegnungspunkt beider (der Raum-Zeit-Einheit mit der Raum-Zeitlosigkeit) gibt, der sich aber nicht in der Seele lokalisieren läßt, sondern in einer anderen, neu sich bildenden Struktur statthat, geht aus den noch folgenden Darlegungen hervor. Dazu sei hier nur hinweisend vermerkt, daß erstens diese neu sich bildende Bewußtseins-Struktur bewußt geistigen Charakter trägt; daß zweitens die Bewußtwerdung der Raum-Zeitlosigkeit eine Distanzierung zu ihrer primär seelischen Akzentuierung auslöst; daher stellt sich diese Raum-Zeitlosigkeit in der «neuen Struktur», die eine Bewußtseins-Intensivierung einschließt, nicht mehr als psychische Raum-Zeitlosigkeit dar,

Anmerkungen 323

sondern als geistige *Raum-Zeit-Freiheit*. Diese gedrängte Definition mag unanschaulich wirken. Es muß aber betont werden, daß es sich bei dieser Unterscheidung (und dem aus ihr hervorgehenden neuen «Begriff» der Raum-Zeit-Freiheit) um ein zentrales Problem handelt, das für die Gestaltung der Gegenwart und Zukunft von ausschlaggebender Bedeutung ist. (Zu S. 298.)

[12] Daß der Behaviorismus und die experimentelle Psychologie sich in stärkerem oder doch ausschließlicherem Maße auf die materiellen Gegebenheiten stützen als die «Tiefenpsychologie», braucht nicht nochmals betont zu werden; die scheinbar größere Entfernung der Tiefenpsychologie von anatomischen, physiologischen und objektiv feststellbaren Befunden, ihr Hineingehen in die persönliche Erfahrung und Biographie, bringt, wie wir ja nicht unterließen zu betonen, ungemeine Gefahren mit sich, denen der Behaviorismus sich nicht aussetzt. Diese Gefahren aber, die vor allem in dem Gestimmtwerden zu einem möglichen Abgleiten in rein seelische Ur- und Ungründe und nicht zuletzt in dem Risiko einer entstellenden, weil zu sehr amplifizierenden (ausweitenden) Mythologisierung bestehen, haben andererseits das Förderliche an sich, diejenigen, die diese Gefahren überstehen, vielleicht erkenntnismäßig weiter zu bringen, als wenn sie sich nur auf die Ablesung des *Verhaltens* beschränkten, welches natürlich stets bis zu einem gewissen Grade eine mögliche Kontrolle der tiefenpsychologischen *Erfahrung* darstellt. (Zu S. 312.)

LITERATURNACHWEIS UND QUELLENANGABE
(Eine Auswahl)

Allgemeine Einführungen zum heutigen Stand der Naturwissenschaften sowie erkenntnistheoretische Werke über dieselben:

Rusk, Rogers D. – Atoms, Men and Stars. Franz. Ausg. unter dem Titel: Les Atomes, les Hommes et les Etoiles. 1939.
Bavink, Bernhard. – Ergebnisse und Probleme der Naturwissenschaften. 1946.
Jeans, Sir James. – Physik und Philosophie. 1944.
Jeans, Sir James. – Der Werdegang der exakten Wissenschaften. 1948.
Eddington, Sir Arthur. – Philosophie der Naturwissenschaft. 1944.
Eddington, Sir Arthur. – Sterne und Atome. 1955.
Schubart, Walter. – Geistige Wandlung. 1940.
Stodola, A. – Die geheimnisvolle Natur. 1937.
Neergaard, K. v. – Die Aufgabe des zwanzigsten Jahrhunderts. 1940.
Heard, Gerald. – These hurrying years. 1934.
Weizsäcker, Freiherr Carl Friedrich von. – Zum Weltbild der Physik. 1954.
Zimmer, Ernst. – Umsturz im Weltbild der Physik. 1949.
Heisenberg, Werner. – Wandlungen in den Grundlagen der Naturwissenschaft. 1949.
Heisenberg, Werner. – Das Naturbild der heutigen Physik. 1955.
Hildesheimer, Arnold. – Die Welt der ungewohnten Dimensionen. 1953.
Oppenheimer, J. Robert. – Wissenschaft und allgemeines Denken. 1955.
March, Arthur. – Der Weg des Universums. 1948.
Wenzl, Aloys. – Die philosophischen Grenzfragen der modernen Naturwissenschaft. 1954.

Zur Geschichte der Wissenschaften (Kap. 1–4)

Rey, Abel. – La science orientale avant les Grecs. 1934.
Rey, Abel. – La jeunesse de la science grecque. 1934.
Granet, Marcel. – La civilisation chinoise. 1929.
Granet, Marcel. – La pensée chinoise. 1934.
Wilhelm, Richard. – Kulturgeschichte Chinas. 1928.
Yutang, Lin. – My Country and my People. – Dt. Ausg. unter dem Titel: Mein Land und mein Volk. 1946.
Tucci, Giuseppe. – Forme dello spirito asiatico. 1940.
Olivieri, Alessandro. – Civiltà Greca nell'Italia Meridionale. 1931.
Huizinga, J. – Herbst des Mittelalters. 1935.

Zur Physik:

Zu Kapitel 5: Einstein (Relativitätstheorie)

Einstein, Albert. – Mein Weltbild. Hrsg. von C. Seelig. 1955.
Einstein, Albert. – Nichteuklidische Geometrie und Physik. In: «Die Neue Rundschau», Januar-Heft 1925, S. 16 ff.

Einstein, Albert. – Äther und Relativitätstheorie. 1920.
Einstein, Albert. – Vier Vorlesungen über Relativitätstheorie. 1922.
Einstein, Albert. – Über die spezielle und die allgemeine Relativitätstheorie. 1922.
Einstein, Albert, and *Infeld*, Leopold. – The Evolution of Physics. – Dt.Ausg. unter dem Titel: Physik als Abenteuer der Erkenntnis. 1938.
Barnett, Lincoln. – Einstein und das Universum. 1955.
Die Fragmente der Vorsokratiker. Bd. I/III. Hrsg. von H. Diels und W. Kranz. 1933, 1936, 1938.
Die Vorsokratiker. Übers. von W. Capelle. Kröners Taschenausgabe Bd. 119.
Bergson, Henri. – Durée et simultanéité, à propos de la theorie d'Einstein. 1922.
Eddington, A. S. – Space, Time and Gravitation. 1920. – Dt.Ausg. unter dem Titel: Raum, Zeit, Schwere. 1923.
Eddington, A. S. – The Nature of the Physical World. – Dt.Ausg. unter dem Titel: Das Weltbild der Physik. 1931.
Suzuki, D. T. – Die große Befreiung. Einführung in den Zen-Buddhismus mit Geleitwort von C. G. Jung. 1939.
Suzuki, D. T. – Ein Leben aus Zen. 1954.
Herrigel, Eugen. – Zen in der Kunst des Bogenschießens. 1955.

Zu Kapitel 6: Planck (Die Quantentheorie)

Planck, Max. – Vorträge und Erinnerungen. 1949.

Zu Kapitel 7: de Broglie (Die Wellenmechanik)

Broglie, Louis de. – Licht und Materie; Ergebnisse der Neuen Physik, I. Teil. 1943.
Broglie, Louis de. – Die Elementarteilchen; Individualität und Wechselwirkung. Ergebnisse der Neuen Physik, II. Teil. 1943.
Broglie, Louis de. – Ondes, Corpuscules, Mécanique ondulatoire. 1945.
Broglie, Louis de. – Physik und Mikrophysik. 1950.
Louis de Broglie und die Physiker. 1955.

Zu Kapitel 9: Heisenberg (Unbestimmtheitsrelation) und Bohr (Atom und Planet)

Heisenberg, Werner. – Wandlungen in den Grundlagen der Naturwissenschaft. 1949.
Heisenberg, Werner. – Die Physik der Atomkerne. 1949.
Bohr, Niels. – Abhandlungen über Atombau aus den Jahren 1913 bis 1916. 1921.
Bohr, Niels. – Über den Bau der Atome. 1924.
Bohr, Niels. – Atomtheorie und Naturbeschreibung. 1931.
Cusa, Nicolas de. – De la docte ignorance. 1930.

Zu Kapitel 10: de Sitter (Der «neue» Himmel)

Huizinga, J. – Im Schatten von morgen. 1935.
Jeans, Sir James. – Der Weltraum und seine Rätsel. 1931.

Zu Kapitel 11: Rutherford (Atomaufbau und Atomspaltung)

Bavink, Bernhard. – Die Atomenergie und ihre Ausnutzung. 1947.
Smyth, Henry de Wolf. – Atomenergie und ihre Verwendung im Kriege. 1947.

Blackett, P. M. S. – Angst, Krieg und die Atombombe. 1950.
Eidinoff, Maxwell Leigh, und *Ruchlis*, Hyman. – Das Atomzeitalter. 1949.
March, Arthur. – Die physikalische Erkenntnis und ihre Grenzen. 1955.

Zu Kapitel 12: Heß und Millikan (Die kosmischen Strahlen)

Eugster, J. und *Heß*, V. F. – Die Weltraumstrahlung (kosmische Strahlung) und ihre biologische Wirkung. 1940.
Eugster, Jakob. – Weltraumstrahlung; ihr Verhalten in großen Höhen und Erdtiefen; die biologische Wirkung auf Grund neuer Untersuchungsmethoden. 1955.
Curie, Eve. – Madame Curie.

Zu Kapitel 13: Kolisko (Planetenwirkungen)

Kolisko, L. – Sternenwirken in Erdenstoffen I/II. O. J.
Fankhauser, Alfred. – Das wahre Gesicht der Astrologie. 1932.
Paracelsus, Theophrastus. – Lebendiges Erbe. Eine Auslese aus seinen Schriften. Hrsg. von J. Jacobi. 1942.

Zu Kapitel 14: Rhine (Die Telepathie)

Driesch, Hans. – Parapsychologie. Die Wissenschaft von den «okkulten» Erscheinungen. 1952.
Bender, Hans. – Parapsychologie – ihre Ergebnisse und Probleme. 1953.
Leprince, Dr. Albert. – Les Ondes de la Pensée. Manuel pratique de Télépathie provoquée. 1936.
Rhine, J. B. – Neuland der Seele. 1938.
Rhine, J. B. – Die Reichweite des menschlichen Geistes. 1950.
Sinclair, Upton. – Mental Radio. 1930.
Leprince, Dr. Albert. – L'Acuponcture chinoise. O. J.
Carrel, Alexis. – Der Mensch, das unbekannte Wesen. 1950.
Soulié de Morant, Georges. – L'Acuponcture chinoise. I/II. 1929 und 1940.

Zu Kapitel 15: Carrel (Grenzgebiete der Telepathie)

Cazzamalli. – Ausstrahlung von «Gehirnwellen» bei telepsychischen Phänomenen. In: Zeitschrift für Parapsychologie, Jg. 1926, S. 64/76 und 129/137.
Carrel, A. – Das Wunder von Lourdes. 1951.
Tucci, Giuseppe. – Santi e Briganti nel Tibet ignoto, diario della spedizione nel Tibet occidentale 1935. 1937.
Bozzano, Ernesto. – Übersinnliche Erscheinungen bei Naturvölkern. 1948.
David-Neel, Alexandra. – Meister und Schüler. 1934.
David-Neel, Alexandra. – Heilige und Hexer. 1936.
Seabrook, W. B. – Geheimnisvolles Haiti. O. J.

Zur Biologie:

Zu Kapitel 17: de Vries (Die Mutationstheorie)

Vries, H. de. – Die Mutationstheorie, I/II. 1901/03.
Schrödinger, Erwin. – Was ist Leben? 1951.

328 Literaturnachweis und Quellenangabe

Jordan, Pascual. – Die Physik und das Geheimnis des organischen Lebens. 1948.
Bertalanffy, Ludwig von. – Vom Molekül zur Organismenwelt. 1949.
Driesch, Hans. – Die Philosophie des Organischen. 1928.
Driesch, Hans. – Der Vitalismus als Geschichte und Lehre. 1906.
Dacqué, Edgar. – Urwelt, Sage und Menschheit. 1938.

Zu Kapitel 18: Bose (Die Pflanzenschrift)

Bose, Sir Jagadis Chandra. – Die Pflanzenschrift und ihre Offenbarungen. 1928.
Fechner, Gustav, Theodor. – Nanna oder Über das Seelenleben der Pflanzen.
Francé, R. H. – Bios, Die Gesetze der Welt. Kröners Taschenausgabe. Bd. 51.
Hildegard von Bingen. – Schriften.
Baldacci, Elio. – Vita privata delle piante. 1941.

Zu Kapitel 19: Blick auf die «vitalistische» Biologie

Rostand, Jean. – L'Homme. 1926.
Rostand, Jean. – Pensées d'un biologiste. 1939.
Buytendijk, F. J. J. – Wege zum Verständnis der Tiere.
Uexküll, J. v., und *Kriszat*, G. – Streifzüge durch die Umwelt von Tieren und Menschen. 1934.
Uexküll, J. v. – Der unsterbliche Geist in der Natur. 1939.
Woodger. – The Concept of Organism. In: Quart.Rev.Biol., London, 1930/31.
Bertalanffy, L. v. – Theoretische Biologie. 1933.
Bertalanffy, L. v. – Das Gefüge des Lebens. 1937.
Ring, Thomas. – Das Sonnensystem ein Organismus. 1939.

Zu Kapitel 20: Fehlauswirkungen der Biologie

Unamuno, Miguel de. – Das tragische Lebensgefühl. Die Agonie des Christentums. O. J.
Uexküll, J. v. – Staatsbiologie. 1933.
Uexküll, J. v. – Die Lebenslehre. 1930.
Viscardini, Mario. – L'universo, cellula vivente. 1940.

Zu Kapitel 21: Friedmann (Die Gestalttheorie)

Friedmann, Hermann. – Die Welt der Formen. 1930.
Friedmann, Hermann. – Wissenschaft und Symbol. 1949.
Bergson, Henri. – Schöpferische Entwicklung. 1912.
Bergson, Henri. – Die beiden Quellen der Moral und der Religion. 1933.
Ehrenfels, Christian von. – System der Werttheorie. 1897/98.

Zu Kapitel 22: Haldane (Die Überwindung des Vitalismus)

Monakow, C. v., und *Mourge*, R. – Biologische Einführung in das Studium der Neurologie und Psychopathologie. – Dt. Übers. von Erich Katzenstein. 1930.
Monakow, C. v. – 50 Jahre Neurologie. 1924.
Monakow, C. v. – Gehirn und Gewissen. 1950.
Katzenstein, Erich. – Constantin v. Monakows Beitrag zur biologischen Theoriebildung. In: Schwz.Medizinische Wochenschrift, 66.Jg., 1936, Nr.16, S.383ff.
Waser, Maria. – Begegnung am Abend (Erinnerungen an C. v. Monakow). 1933.

Goldstein, Kurt. – Der Aufbau des Organismus. Einführung in die Biologie unter besonderer Berücksichtigung der Erfahrungen am kranken Menschen. 1934.
Haldane, J. S. – Die Philosophie eines Biologen. 1936.
Bertalanffy, Ludwig von. – Das biologische Weltbild, Bd. I. 1949.
Portmann, A. – Die Biologie und das neue Menschenbild. 1942.
Portmann, A. – Grenzen des Lebens. 1944.
Portmann, A. – Vom Ursprung des Menschen. 1944.
Portmann, A. – Biologische Fragmente zu einer Lehre vom Menschen. 1944.
Portmann, A. – Die Tiergestalt. 1949.
Portmann, A. – Das Tier als soziales Wesen. 1953.
Portmann, A. – Probleme des Lebens. Eine Einführung in die Biologie. 1955.

Zu Kapitel 23: Das Wertungsproblem

Kayser, Hans. – Vom Klang der Welt. 1946.

Zu Kapitel 24: Kayser (Die Harmonik)

Kayser, Hans. – Abhandlungen zur Ektypik harmonikaler Wertformen. 1946.
Kayser, Hans. – Grundriß eines Systems der harmonikalen Wertformen. 1946.
Kayser, Hans. – Harmonia Plantarum. 1943.
Kayser, Hans. – Akróasis: Die Lehre von der Harmonik der Welt. 1947.
Kayser, Hans. – Lehrbuch der Harmonik. 1950.
Kepler, Johs. – Weltharmonik. 1939.
Kurth, Ernst. – Musikpsychologie. 1931.
Dacqué, Edgar. – Die Urgestalt. 1940.
Pythagoras, s. u. «Vorsokratiker» siehe S. 326; eine Zusammenstellung der pythagoreischen Fragmente findet sich in: H. Kaysers «Abhandlungen»; Kapitel 5.
Kippenberg, K. – Rainer Maria Rilke; Ein Beitrag. 1948.

Zu Kapitel 25: Zweite Zwischenbilanz

Fließ, Wilh. – Vom Leben und vom Tode. 1924.
Fließ, Wilh. – Das Jahr im Lebendigen. 1924.

Zur Psychologie:

Zu Kapitel 26: Die zwei Richtungen der Psychologie

Watson, John B. – Der Behaviorismus. 1930.
Szondi, L. – Schicksalsanalyse. 1944.
Szondi, L. – Triebpathologie, Bd. I. 1952.
Semon, Richard. – Die Mneme als erhaltendes Prinzip im Wechsel des organischen Geschehens. 1904.
Semon, Richard. – Bewußtseinsvorgang und Gehirnprozeß. 1920.
Katz, D. – Gestaltpsychologie. 1944.
Wertheimer, Max. – Drei Abhandlungen zur Gestalttheorie. 1925.
Straus, Erwin. – Vom Sinn der Sinne. Ein Beitrag zur Grundlegung der Psychologie. 1935.
Binswanger, Ludwig. – Grundformen und Erkenntnis menschlichen Daseins. 1942.

Zu Kapitel 27: Freud (Die Psychoanalyse)

Cassirer, Ernst. – Die Platonische Renaissance in England und die Schule von Cambridge. 1932.
Reimann, Hugo. – Henry Mores Bedeutung für die Gegenwart. 1941.
Vico, G. B. – Die neue Wissenschaft über die gemeinschaftliche Natur der Völker. 1924.
Leibniz, G. W. – Die Hauptwerke. Kröners Taschenausgabe. Bd. 112.
Carus, C. G. – Psyche. Kröners Taschenausgabe. Bd. 18.
Carus, C. G. – Vorlesungen über Psychologie. O. J.
Schopenhauer. – Werke.
Nietzsche, Friedrich. – Werke.
Hartmann, E. v. – Philosophie des Unbewußten. I/III. 1904.
Levine, I. – Das Unbewußte. Übers. von Anna Freud. 1926.
Freud, Sigm. – Vorlesungen zur Einführung in die Psychoanalyse. 1927.
Freud, Sigm. – Kleine Schriften zur Sexualtheorie und zur Traumlehre. 1931.
Freud, Sigm. – Abriß der Psychoanalyse; Das Unbehagen in der Kultur. 1953.
Federn-Meng. – Das Psychoanalytische Volksbuch. 1939.

Zu Kapitel 28: Adler (Die Individualpsychologie)

Freud, Sigm. – Eine Schwierigkeit der Psychoanalyse. Enthalten in: Gesammelte Werke chronologisch geordnet; Bd. XII (S. 1–12). 1947.
Adler, Alf. – Praxis und Theorie der Individualpsychologie. Vorträge zur Einführung in die Psychotherapie. 1930.
Weininger, Otto. – Geschlecht und Charakter. 1903. Volksausgabe 1932.

Zu Kapitel 29: Jung (Die Komplexe Psychologie)

Jung, C. G. – Diagnostische Assoziationsstudien I/II. 1908 und 1910.
Jung, C. G. – Symbole der Wandlung. 1952.
Jung, C. G. – Psychologie und Religion. 1939.
Das Geheimnis der goldenen Blüte. Aus dem Chinesischen übertragen von R. Wilhelm. Europäischer Kommentar von C. G. Jung. 1948.
Das Tibetanische Totenbuch. Hrsg. von W. Y. Evans-Wentz. Geleitwort und psychologischer Kommentar von C. G. Jung. 1953.
Jung, C. G. – Psychologie und Alchemie. 1943.
Silberer, Herbert. – Probleme der Mystik und ihrer Symbolik. 1914.
Weizsäcker, Viktor von. – Der Gestaltkreis. 1950.
Otto, Walter F. – Die Götter Griechenlands. 1934.
Jung, C. G., und *Kerényi*, K. – Einführung in das Wesen der Mythologie. Gottkindmythos. Eleusinische Mysterien. 1941.
Jung, C. G. – Die Psychologie der Übertragung. 1946.
Jung, C. G. – Symbolik des Geistes. 1948.
Jung, C. G. – Gestaltungen des Unbewußten. 1950.
Jung, C. G. – Von den Wurzeln des Bewußtseins. Studien über den Archetypus. 1954.
Jung, C. G., und *Pauli*, W. – Naturerklärung und Psyche. 1952. Enthält die Arbeit von C. G. Jung über «Synchronizität».
Jacobi, Jolan. – Die Psychologie von C. G. Jung. 1944.

Literaturnachweis und Quellenangabe 331

Schär, Hans. – Religion und Seele in der Psychologie C. G. Jungs. 1946.
Goldbrunner, Josef. – Individuation; Die Tiefenpsychologie von C. G. Jung. 1949.
Festschrift. – Die kulturelle Bedeutung der Komplexen Psychologie; Zum 60. Geburtstag von C. G. Jung. 1935.
Eranos-Jahrbuch Bd. XII: Festgabe für C. G. Jung zum 70. Geburtstag. 1945.
Eranos-Jahrbuch Sonderband (Bd. XVIII): C. G. Jung zum 75. Geburtstag gewidmet. 1950.
Festschrift. – Studien zur analytischen Psychologie C. G. Jungs. Bd. I/II; 1955.

Zu Kapitel 30: Beziehungen der Psychologie zur Biologie, Ethnologie und Medizin

Driesch, Hans. – Die Überwindung des Materialismus. 1935.
Driesch, Hans. – Alltagsrätsel des Seelenlebens. 1938.
Brun, Rudolf. – Allgemeine Neurosenlehre. Biologie, Psychoanalyse und Psychohygiene leib-seelischer Störungen. 1954.
Spranger, E. – Lebensformen. Geisteswissenschaftliche Psychologie und Ethik der Persönlichkeit. 1927.
Frazer, Sir James George. – Der goldene Zweig. 1928.
Frobenius, Leo. – Monumenta Africana. Der Geist eines Erdteils. 1938.
Frobenius, Leo. – Kulturgeschichte Afrikas. 1933.
Winthuis, J. – Das Zweigeschlechterwesen. 1928.
Hentze, C. – Tod, Auferstehung, Weltordnung; Das mythische Bild im ältesten China. Bd. I/II; 1955.
Kretschmer, E. – Körperbau und Charakter. 1955.
Bovet, Th. – Die Ganzheit der Person in der ärztlichen Praxis. 1940.
Wyß, W. H. von. – Psychophysiologische Probleme in der Medizin. 1944.
Weizsäcker, Viktor von. – Anonyma. 1946.
Weizsäcker, Viktor von. – Menschenführung. 1955.
Mitscherlich, Alexander. – Freiheit und Unfreiheit in der Krankheit. 1946.
Heyer, G. R. – Vom Kraftfeld der Seele. 1949.
Hippokrates. – Schriften.
Aschner, Bernh. – Die Krise der Medizin. Lehrbuch der Konstitutionstherapie. 1937.
Aschner, Bernh. – Der Arzt als Schicksal. 1939.
Bier, Aug. – Die Seele. 1939.
Heraklit: siehe unter «Vorsokratiker» (S. 326).

Zu Kapitel 31: Dritte Zwischenbilanz

Bleuler, E. – Naturgeschichte der Seele und ihres Bewußtwerdens. 1932.
Lhermitte, Jean. – Les Mécanismes du cerveau. 1937.

Zu Kapitel 33: Ausblick

Picard, Max. – Das Menschengesicht. 1955.
Picard, Max. – Die Grenzen der Physiognomik. 1952.
Pulver, Max. – Symbolik der Handschrift. 1940.
Novalis. – Fragmente.

BIBLIOGRAPHIE

Rilke und Spanien, Oprecht, Zürich/New York 1940
2., ergänzte und illustrierte Ausgabe, ebenda, 1946

Lorca und das Reich der Mütter, Deutsche Verlags-Anstalt, Stuttgart, 1949

Der grammatische Spiegel, Oprecht, Zürich/New York 1944
2., erweiterte Ausgabe, ebenda 1963

Abendländische Wandlung, Oprecht Zürich/New York, 1943
Neue, erweiterte Ausgabe, illustriert, ebenda 1945
3., ergänzte Auflage, Europa Verlag Zürich/New York, 1950
4., überarbeitete Auflage, Lizenzausgabe des Europa-Verlages, Zürich/Frankfurt a. M., Ullstein, 1956
Ullstein Buch Nr. 107
5. Auflage, ebenda, 1960
6. Auflage, ebenda 1962
Italienische Übersetzung: Trasformazione dell'occidente Gherardo Casini, Roma, 1952

Niederl. Übersetzung: Kentering van het westelijk Werelbeeld, Ingeleid door Dr. H. Groot, Meulenhoff, Amsterdam, 1946

Schwedische Übersetzung: Vart nya Tänkande. Förord av Alf Ahlberg, Bokförlaget Natur och Kultur, Stockholm, 1947

Die erste Fassung wurde in 16 Fortsetzungen in «Der Aufstieg» 23. Jg., Nr. 5 bis Nr. 20, 6.3.–19.6.1942, unter dem Titel: «Ein neues Weltbild bricht sich Bahn», publiziert

SACHREGISTER

Die hochgestellten Ziffern beziehen sich auf die Anmerkungen.

Abstammungslehre 239, 311
Akupunktur 230
Adjektivgebrauch, traditioneller 149 ff.,
– neuer 40f.
Ägypter 176, 223
Äther 199
Affekt (allgemein) 280, 284
Aggression 287, 304
Akausal (-ität) 240, 315
Alchemie 223, 291f., 293
Alpha-Partikeln 212
– Strahlen 211f.
Amplifikation 205, 292, 303
Angst 13, 16, 300, 315
Anthroposophie 222
Antropozentrismus 190
Antinomie 207f.
Aorist 149
Aperspektivisch 160, 203, 301
Archetypen 290, 293, 295, 301
Architektur 270
Askese 201
Assoziationstheorie 290
Astrologie 221, 224, 236
Astronomie 209, 270
Atom (allgemein) 197, 201, 205 f., 209, 211, 213, 222, 235, 237, 264
– Aufbau 211, 216f., 238
– Bombe 212, 214, 314, 321[5]
– Energie 213
– Kern 206, 211f., 270
– Spaltung 211, 216, 321[5]
Ausweitung (des Universums) 210

Behaviorismus 278, 282, 289, 295
Bewußtsein 160, 280, 300, 307, 320
Bewußtseins-Erweiterung 301, 303
– Intensivierung 303, 322[11]
– Struktur, europäische 215, 307
  – neue 308, 318, 320
  – magische 301
  – zukünftige 215, 297

– Umstrukturierung des 149
Bewußtwerdung, abendländische 180
– allgemein 315
Beziehung 160, 163, 176, 193, 270, 313
Biologie (allgemein) 215, 235, 239, 260, 263f., 272f., 287, 305, 311f.
– realistische 241
– mechanistische 247, 252f., 259f.,261, 274, 275 f.
– neue 245, 252, 254, 276
– organische 240, 248, 257
– theoretische 249, 274
– vitalistische 240, 246f., 248, 253, 255, 257, 259f., 261, 273, 275f.
Biopsychisches Prinzip 282
Botanik 240, 242 ff., 270

China 247, 291
Chronogeneität 258f., 275
Compton-Effekt 199
Continuum, physisches 229

Darwinismus 240ff., 262, 273
Denken, bewußtes 311
– biologisches 273
– dualistisches 290
– europäisches 44, 161, 178f., 180, 196, 201, 237
– intuitives 179
Denkform, mechanistische 255
– neue 169, 295
– chinesische 147, 179
Determinismus 197, 226, 228, 298
Dimension (vierte) 41, 46, 184, 188, 229, 237, 247, 300, 314
Dreiklang 256, 265
Dualismus 201, 203, 237, 289f., 305, 308, 315
Dynamik 188, 204, 237, 250, 276, 315

Elektron-Volt 219, 322[6]
Elektronen 193, 206, 213, 216, 270, 298

Elementarteilchen 199, 205, 212, 219
Embryologie 177
Energie (allgemein) 187, 194f., 204, 217, 219, 247
– intranukleare 214
– unmaterielle 198
Engramm, mnemisches 280, 290, 293 ff., 296
Entmaterialisierung 203, 315
Entstofflichung (der Materie) 264
Entwicklung, kontinuierliche 196, 239, 311, 314
– der Menschheit 173, 241, 297, 319
– quantenmäßige 173, 239, 241, 314
Epen (nordeuropäische) 179
Espace vital 253
Ethik 318
Ethnologie 304
Experimentalpsychologie 305

Fehlleistungen 284
Feld, magnetisches 200
Fixsterne 210, 214
Flageolettöne 269
Flucht 204, 315
Form (bzw. -prinzip) 253 ff., 258, 274

Gammastrahlen 218
Ganze, das 182, 201f., 237, 256, 259, 263, 265f.
Ganzheit 195, 204, 237, 250, 260, 302f., 307
Gebet 234
Gedächtnisbahnen 294
Gedanke 204, 228f., 231, 234, 264, 321^2
Gegensätze, Auflösung der 201, 314f.
Gegenwart 206, 321^1
Geheimüberlieferung 224, 277
Gehirn-Anatomie 311
– Forschung 258f., 279
– Untersuchungen 177
– Welle (brain waves) 232
Geistige, das 157, 260, 263, 297, 302, 315, 320
Geistiges Prinzip 252
Geometrie, euklidische 190
– nicht-euklidische 190

– Riemannsche 207f.
Gestalt-Mathematik 249, 255f., 257f.
– Problem 248, 257, 274
– Psychologie 281f.
– Theorie 253 ff., 256, 258, 262, 273f., 281
Gestirneinflüsse 221
Gewissen (allgemein) 266
– biologisches 262
Gnostik 180, 291, 293
Grammatik (allgemein) 149, 163, 168
Grammatische Werte 149, 152
– Konstruktion 157
– Veränderungen 149
Graphologie 235, 318
Gravitation 187, 194, 210, 237
Griechen 176f., 181, 223, 256
Größe, konstante 193
Grunderlebnisse, seelische 290

Hades 301
Haiti 233
Halluzination 226
Handlung, freie 294
Haptik 255, 260, 266
Harmonik 235, 255, 260, 263, 266ff., 272, 274, 289, 293
Heliopartikeln 211
Hermeneutik 302
Himalaja 233
Hirnrinde 292ff.
Holismus 261
Horme 259ff., 280, 282, 294
Humanitas 289
Hypnose 234
Hysterie 284

Ich, das 155, 286f., 291
– Auffassung 147
– und Welt 156f.
Ilias 180
Impuls 205, 321^4
Indeterminismus 197, 228, 236, 298
Indien 291
Individualpsychologie 287
Individuation 301
Individuum 229, 252, 279, 285
Intellekt, Primat des 297

Instinkte 259
Ionier 180

Jahreszeiten, Einflüsse der 178
Japaner 230, 307
Jenseits, das 299

Kabbala 267
Kapillaranalyse 223
Kapitalismus 318
Kategorienlehre (Kants) 271, 296
Katholizismus 292
Kausalgesetz 205
Kausalität 290, 311, 314
Keimplasma 262
Kern-Physik 209, 215
– Reaktionen 213
– Umwandlung 213
Klima 178
Kollektivträume 292
Komplimentaritätsprinzip 199f., 201f., 203, 240, 269
Komplex, gefühlsbetonter 285
Konstitutionslehre 309
Kontinuität 196, 262
Korpuskel 197f., 199ff., 201f., 269, 298
Korpuskulartheorie 199
Kosmobiologie 249
Kosmos 295, 299
Kräfte, imaginative 174
Krankheit 315, 319
Kristallbildung 223
Kristallographie 270
Kulturbiologie 250

Lambda-Diagramm 269
Leib-Seele-Problem 305
Libido 285, 287, 290, 302
Licht (allgemein) 193, 195, 200, 202, 218, 294, 298
– Doppelnatur und Wesen 199ff.
– Entstehungsprozeß 200
– geistiges 42, 160, 162
– Geschwindigkeit 190, 193
– Theorie (siehe Wellenmechanik)
Logik 96, 162, 178, 321[1]
Lohnversprechen 381

Lokalisation, vierdimensionale 258f., 275
Lourdes 234
Lustprinzip 285

Macht-Anspruch 204
– Prinzip 313
– Trieb 287, 304
Magie 230, 236
Märchen 311
Masochismus 287
Masse 187, 198, 217
Massenschicksal 302
Materialisation 264
Materialismus (allgemein) 182f., 286, 305
– seelischer 318
Materialisten 198
Materie (allgemein) 183, 195, 198, 200, 207, 219, 238, 264, 277, 298, 312
– Herkunft der 316
– Unveränderlichkeit der 281
Mathematik 178, 188, 249, 254
Matriarchat 289
Mechanik 176, 200
Medizin (allgemein) 229, 234, 304f., 308ff.
Mendel-Spaltungen 239
Mesonen 218, 317, 321[5]
Minderwertigkeitskomplex 285
Mittelalter 223, 245
Mneme 280, 290, 293
– Theorie 279
Monochord 267
Moral 285, 318f.
Münzwesen 178
Musik, moderne 265
Mutation (allgemein) 239f., 242, 250, 273
– theorie 273, 275, 311
Mutterprinzip 303
Mysterieneinweihung 301
Mystik 43, 156, 160, 201, 267
Mythen 156, 160, 292, 301, 311, 318
Mythologem 292
Mythologie 235, 291
Mythologisierung 123, 323[12]
Mythos (neuer) 301

Narzißmus 289, 303
Natur (allgemein) 196, 229f., 248, 271, 283
– Komplementarität der 199
– Philosophie 241
Neptunium 212, 215
Nerven-System 244, 311
– Vorgänge 244, 259
Neurologie 251, 258, 312
Neurobiologie 261f.
Neuropathologie 229
Neurosen 286, 308
Neutronen 212f., 218
Nirvana 307

Obertöne 166, 269
Odyssee 150
Okkultismus 230
Opfer 317
Optik (erkenntnistheoretische) 255, 260, 266
– physikalische 200
Ost- und West 307

Paradoxon 193, 298
Parapsychologie 266ff.
Partikeln 211, 215, 218f.
Patriarchat 289
Pazifismus 318
Periodenlehre 274
Perspektive 41f., 44, 150f., 155, 160, 180, 238, 299
Pflanzenpsychologie 244, 273
Philosophie (allgemein) 151, 229, 260
– des Organischen 258
Physik 187ff., 216, 239, 246, 254f., 264, 270, 274, 291, 305, 307, 310, 312
Physiognomik 235, 318
Physiologie 251
Planeten (allgemein) 205, 223, 270
– Einflüsse 221, 225
– System 212, 214, 219, 222
– Wirkungen 221ff.
Plusquamperfekt, 2. griechisches 148
Politik, biologische 251
Primärstrahlen 218, 220
Protonen 212, 216, 218

Psychoanalyse 174, 278, 283ff., 289, 305
Psychologie (allgemein) 198, 215, 217, 234f., 251, 260, 263f., 272, 275, 277ff., 304ff., 310
– analytische 288
– empiristische bzw. subjektive 278f., 280, 282, 304, 312
– experimentelle bzw. objektive 278f., 280, 282, 294, 304, 312
– klinische 279
– komplexe 288, 289ff., 300, 302ff.
– physiologische 279, 294f., 312
– theoretische 279, 281
Psychosen 316
Psychosomatik 174, 300
Psycho-Therapie 308
– Pathologie 258, 312
Pulsation, der Pflanze 243
– des Weltalls 210
Pyramiden 176
Pythagoräer 178

Quanten 196
– biologische 240f.
– Gesetz 254, 269
– Hypothese 206
– Theorie 174, 195f., 198, 203, 218, 237f., 239, 240, 244, 267f., 272, 310f.

Radioaktivität 212, 218, 220, 237
Radium 211
Rassenlehre 251
Ratio 306
Rationalisierung 301
Raum, dreidimensionaler 188, 237, 295
– gekrümmter 188, 208
– leerer 199
– Riemannscher 208
– Überwindung des 185, 298
– vierdimensionaler 237
– Zeit-Einheit 155, 187, 194, 229, 297ff., 300f., 311
– Zeit-Freiheit 203, 300f., 307, 315
– Zeitlosigkeit 297ff., 322[11]
Raumbegriff, Überwindung bzw. Sprengung des 185, 228, 238, 297

Sachregister

Raumdenken 190
- Messung 190
Realität, innere und äußere 316
Reduktion 303
Reflexwirkung 230
Regenerationsfähigkeit (der Zellen) 258
Reinkarnation 177
Relativität 210f., 237, 256, 310, 313f.
- der Bewegung 189
Relativitätstheorie 174, 185ff., 195, 203, 207, 272
- zweite 187, 210
Re-ligio 292, 295, 299, 302
Religion (bzw. das Religiöse) 183, 203, 261, 291, 298f., 302
Renaissance 150, 180, 201, 236, 238, 256

Sadismus 287
Sakramente 301
Schicht (bzw. Schichtung) 290, 295ff.
Schicksalsanalyse 279, 282
Schlaf 299
Seele (allgemein) 183, 266, 277, 284, 286, 288, 298f., 304, 308, 310
Seelenlehre 177
Seinsgrund 295, 297, 299
Sekundärstrahlen 218
Selbst, das 291
Sexualtrieb 284
Sicherungsbedürfnis 320
Sonne, Entwicklung der 213
Sonnensystem 209f., 222, 249f.
Sozialismus 318
Sprache, Grundstruktur der 148ff.
- chinesischen 147f.
- europäischen 147f.
- griechischen 148, 150
Staatsbiologie 248, 251
Stammganglien 294
Statik 204, 276
Sterben 241, 299
Stoffwechsel-Physiologie 260
Strahlen, kosmische 193, 218f., 220, 238, 321[5]
Strahlung (allgemein) 217f., 226, 232, 237
- fossile 220

Strahlungs-Energie 196
- Gesetz 196
- Partikeln 264
Stratosphäre 219f.
Struktur des Satzes 147, 151f., 170
- geistige 151, 170
- seelische 151
- soziale 296
- zeit-räumliche 259
Sublimierung 285, 291
Substanz 216
Surrealisten 108, 149, 154
Symbol 161, 301
- Ebene 147f.
Symbolik 292, 301f.
Syneidesis 262
Syntax 147

Technik 44, 176, 202
Teilchen (materielle) 200, 212, 219 siehe auch Elementarteilchen
Telepathie 174, 225, 230ff., 238, 241
Test 279
Tiefenpsychologie 278, 283, 300, 303f., 305, 308, 310f.
Tierpsychologie 305
Tod 13, 15f., 44f., 116, 128, 203, 241f., 299, 301
Todes-Angst 128
- Anschauung 241
- Trieb 302
Totalitarismus 314
Totalität 204
Traum 284, 290, 299, 311
- Deutung 290
Trieb 284, 287, 319
- Pathologie 279

Überbewußtsein 155
Umweltlehre 248
Unbestimmtheitsrelation 191, 205
Unbewußte, das 155, 278, 283, 286, 288, 304, 315
- Kollektives 290, 292, 296, 298ff.
- Persönliches 288, 290, 292
Universalität (allgemein) 256
- humane 306

Universum 147, 188, 195, 209f., 219, 237, 250, 317
Uran 212, 215
– Bombe 212, 250, 321[5]
– Spaltung 219
Urgestalt 268, 270
Urphänomene 226, 268, 314

Verdrängung 285f.
Vererbung 239f.
Verhalten das 278, 282, 295, 323[12]
Vitalismus 255, 257, 260, 274, 287, 314f.
Völker-Biologie 249f.
– Kunde 235, 251, 306, 309
Vorsokratiker 189, 326

Wärmestrahlung 196, 218
Wellen 197, 199ff., 217, 226, 232f., 269, 298
– Mechanik 198ff., 202, 237, 291, 298, 311
– Theorie 199
Weltall 188, 193, 206f., 209f., 216f., – 220, 237
Weltanschauung (allgemein) 184, 202, 283
– biologische 251
– organische 251
Weltbild, der Antike 40, 43, 150, 176
– aperspektivisches 301
– europäisches 150, 203, 236
– haptisches 267
– optisches 267
– perspektivisches 300
Weltraumstrahlung 207, 218f., 220, 222, 225
Wertungsproblem 263, 274
Willensfreiheit 321[1]
Wirkungsquantum 196ff.
Wissenschaft (allgemein) 176ff., 198, 209, 236, 245, 249f., 273, 302, 312
– neue 195, 313

Zahl, qualitative und quantitative 249, 256, 263, 265
– System, pythagoräisches 267
– unbenannte 190
Zeit, Einstrebigkeit bzw. Isoliertheit der 238
Zeitbegriff, Überwindung bzw. Sprengung des 185, 192, 212, 236, 242, 275, 297f., 306, 315
Zen Buddhismus 195, 307
Zentralnervensystem 258f., 275
Zufall 225f.

NAMENREGISTER

Die hochgestellten Ziffern beziehen sich auf die Anmerkungen.

Adler, A. 286ff., 291, 330
Albert-Lasard, Lou 24
Alberti, Rafael 154
Aleixandre, Vincente 143[6]
Alkmaion 176f., 179f.
Anaxagoras 206
Anderson, Carl D. 219
Apolinaire, G. 166
Aragon, L. 166ff.
Archimedes 178
Arcipreste de Hita 85[47], 150
Aristoteles 178, 180, 196, 256, 281
Aschner, B. 309, 331

Bachelard 96
Bachofen, J. J. 96, 302
Baldacci, E. 245, 328
Ball, Hugo 80[57]
Bavink, B. 241, 244, 248, 255, 270, 325, 326
Bender, Hans 226, 327
Benvenuta 74[27a]
Berceo 150
Bergson, H. 194f., 253, 256, 259, 326, 328
Bertalanffy, L. v. 240, 249, 254f., 257, 328, 329
Betz, M. M. 156
Bier, A. 309, 331
Binswanger, L. 282, 329
Blanckett, P. M. S. 327
Blake, William 44
Bleuler, E. 312, 331
Bohr, Niels 196, 198, 201, 203, 205ff., 211, 222, 237, 326
Bose, J. Ch. 242f., 254, 328
Botticelli 47
Bovet, Th. 307, 331
Bozzano, E. 223, 327
Braque, George 48
Broglie, Louis de 169, 193, 196, 198ff., 203, 205, 209, 218, 237, 269, 291, 326

Brun, R. 305, 331
Bruno, Giordano 79[53]
Buytendijk, F. J. J. 248, 305, 328

Calligaris 229, 232f., 307
Carrel, A. 229, 230ff., 309, 327
Carus, C. G. 183, 283, 302, 309, 330
Cassirer, E. 330
Cavalcanti, Guido 150, 232
Cazzamali 232, 327
Cervantes 49
Cézanne, Paul 14
Charles d'Orléans 150
Charles-Henry 228
Chestov 79[53]
Cimarosa, Dominico 44
Clay, J. 220
Corneille 169
Cossío, M. B. de 21
Creuzer, F. 302
Curie, Marie 237
Cusa, N. v. 206, 326

Daqué, E. 241, 268, 270, 273, 311, 328, 329
Dali, Salvador 88
Dante 24, 75[31,31a]
Darget 231
Darwin, Ch. 239f.
David-Neel, A. 233, 327
Descartes, R. 169
Diels, H. 189
Driesch, H. 226, 241, 247f., 250, 254, 257, 305, 327, 328, 331
Dussaud, M. 270
Dvorak 79[54]

Eddington, A. 194, 205, 210, 217, 256, 272, 276, 307, 325, 326
Ehrenfels, Chr. v. 265, 281, 328
Eidinoff, M.L. 327

Einstein, A. 184ff., 199, 203, 205, 207, 218, 237, 251, 269, 298, 325, 326
Elliot, T. S. 78[48a]
Eluard, Paul 78[48a], 161
Eugster, J. 218f., 327
Euklid 178, 188
Euripides 80[58]

Falla, Manuel de 87, 123
Fankhauser, A. 327
Fechner, G. Th. 243, 328
Federn, P. 285
Fermi, E. 212
Fliess, W. 96, 274, 329
Francé, R. H. 244, 250, 328
Franz v. Assisi 150
Frazer, J. G. 306, 331
Fresnel, A. J. 199
Freud, Anna 330
Freud, Sigmund 96, 278, 283ff., 286ff., 292, 302, 305f., 330
Friedmann, H. 248, 253ff., 258, 266f., 273f., 281, 328
Frobenius, I. 306, 331

Galenus 178
Galilei 181, 210, 256
Gebsattel, V. E. 308
George, Stephan 163
Gluck, Ch. W. v. 44
Gockel 218
Goethe 158, 160
Goldbrunner, J. 304, 331
Goldstein, K. 257, 259, 329
Góngora, Luis de 88, 164
Gottfried v. Straßburg 76[47]
Granet, M. 306, 325
Greco, El 15, 17, 19, 21f., 25, 40, 47
Guillén, Jorge 40, 76[42], 154

Haberlandt 244
Hahn, Otto 212
Haldane, J. S. 257ff., 274, 294, 329
Hamann, J. G. 283
Hartmann, E. v. 283, 330
Hartmann, M. 274
Harvey, William 181
Haydn 44, 89[55]

Heard, Gerald 225, 325
Hegel 179
Heine, H. 159
Heisenberg, W. 191, 196, 201, 205ff., 325, 326
Helmholtz, H. v. 267
Heraklit 309
Herder, J. G. v. 283
Hess, V. F. 217ff.
Heyer, G. R. 308f., 331
Hildegard v. Bingen 245, 328
Hippokrates 178, 309
Hitchcock, E. A. 292
Hofmannsthal, Hugo v. 160
Hölderlin 15, 44, 46, 48f., 160
Homer, 40, 150, 177
Hubble, E. P. 210
Hufeland, Ch. W. 309
Huizinga, J. 209, 325, 326
Huxley, J. 248
Huygens, Ch. 199

Israel, J. 73[3]

Jacobi, Jolande 304, 330
Jacobsen, J. P. 13f., 45
Jaloux, E. 20
Jaspers, K. 179, 308
Jeans, J. 205, 211, 216, 264, 270, 272, 276, 312, 325, 326
Jordan, P. 240, 328
Joyce, James 123, 149
Jug, C. G. 96, 227, 280, 288, 289ff., 304f., 311f., 330

Kafka, Franz 40, 143, 155, 159
Kaffka, Kurt 280
Kant 207f., 296
Katz, D. 279f., 329
Kayser, H. 255f., 263, 266ff., 293, 329
Keats, John 44
Kepler, J. 181, 210, 267, 272
Kerényi, K. 302
Kierkegaard 298
Kippenberg, K. 270, 329
Klages, L. 249
Koch, Rudolf 309
Koffka, K. 280

Namenregister 343

Köhler, W. 280
Kolisko, L. 221ff., 327
Kolumbus 180
Kopernikus 181
Kretschmer, E. 305, 331
Kriszat, G. 248
Kükelhaus, H. 268
Kurth, E. 267

Laplace, P. S. 205, 228
Lawrence, D. H. 46, 81[41]
Leibniz, G. W. 43, 183, 189, 283, 336
Leishman, J. B. 156f.
Lemaître 210
Leonardo da Vinci 44, 180, 182, 299
Leprince, Albert 226f., 229, 231, 270, 327
Lévy-Bruhl, L. 306
Lhermitte, J. 331
Lichtenberg, G. C. 283
Liebermann, Max 235
Loeb, J. 247
Lodge, Sir Oliver 187
Lope de Vega 88
Lorca, F. G. 85ff., 154, 160
Lorentz, H. A. 187

Machado, Manuel 154
Mallarmé, St. 165f.
Manrique, Jorge 76[47], 128, 150
March, A. 217, 325, 326
Mariscal, D. F. 143[1]
Menander 80[58]
Meitner, L. 212
Mendel 239
Mendoza, H. de 79[56]
Meng, H. 285
Michelangelo 47, 180
Milasz, O. V. de L.- 78[48a]
Milhaud, D. 48, 119
Millikan, R. A. 217ff.
Minkowski, E. 187
Mitscherlich, A. 308, 331
Monakow, C. v. 257ff., 274f., 279, 282, 294, 312, 328
More, H. 283
Mourge, R. 258

Mössel, E. 268
Mozart 44

Neergaard, K. v. 44, 188, 248, 270, 325
Nerval, Gérard de 44, 78[52]
Newton 187, 199
Nietzsche, F. 151, 283, 287, 330
Novalis 46, 48, 319, 331

Obermaier, H. 306
Olivieri, H. 325
d'Orset, G. 143[8]
Otto, F. W. 301

Paracelsus 224, 309, 327
Pascal, Blaise 210, 298
Paul, Jean 44
Pawlow, I. P. 247
Petrarca 150
Picard, Max 318, 331
Picasso 48, 83, 108, 115
Pindar 15
Planck, Max 150, 159, 178f., 193, 201, 267
Platon 44, 76[46], 78[49], 51, 159, 178, 201, 267
Pontormo, J. da 44, 79[53]
Portmann, A. 248, 254, 257, 261, 274, 329
Pound, E. 79[54]
Ptolemäus 178
Pulver, M. 318, 331
Pythagoras 177, 267

Quasimodo 159
Quevedo, F. de 45

Racine 169
Rauschning, H. 251
Regener, E. 220
Reimann, H. 330
Rey, A. 325
Rhine, J. 225ff., 231, 327
Ribadeneira 19
Rilke, R. M. 13ff., 153, 156, 158, 161, 163f., 270
Ring, Th. 249, 328
Riese, W. 153

Robin, M. A. 156
Rochas 231
Rodin 13f., 18
Röntgen, W. 237
Rostand, J. 247, 328
Rusk, R. D. 211, 269, 321, 325
Rutherford, E. 206, 211ff., 217f., 237

Salis, J. R. de 83
Seabrook, W. B. 233, 327
Schaeffner, G. 74[27a]
Schär, H. 304, 331
Schelling 44
Schiller 153, 158, 304
Schopenhauer 183, 283, 330
Schroedinger, E. 200f., 240, 327
Schubart, W. 216, 275, 325
Sellaios, J. del 79[54]
Semon, R. 279, 290, 325
Seneca 46, 116
Shakespeare 41, 151
Silberer, H. 292
Sinclair, U. 227, 327
de Sitter, 207ff., 237
Smyth, Henry de Wolf 326
Sophokles 80[58]
Soulié de Morant, G. 230, 327
Spengler, O. 249
Spinoza 183
Spoerri, Th. 153
Spranger, E. 306, 331
Stein Gertude 149, 162
Steiner, R. 223
Stodala, A. 198, 325
Strassmann, F. 212
Straus, E. 281, 329
Stravinsky 48
Susuki, D. T. 326
Szondi, L. 279, 329

Theogonis 80[58]
Thimus, A. v. 267, 302
Thurn u. Taxis-Hohenlohe, M. v. 13, 23
Timoféeff-Ressovsky, N. W. 240
Tizian 180
Todi, J. da 150

Trakl, G. 40, 151ff., 157, 161, 163
Tschichold, J. 206
Tucci, G. 223, 325, 327

Ucello, P. 180
Uexküll, J. v. 248, 251, 254, 257, 274, 328
Unamuno, M. de 250, 298, 328

Valéry, P. 40, 76[43], 154, 157
Verlaine, P. 165
Vicente, Gil 88
Vico, G. 283, 330
Vilallonga, J. de 20
Villa Lobos 81[62]
Villon, François 46
Virchow, R. 309
Viscardini, M. 251, 328
Vries, Hugo de 139ff., 327

Wagner, R. 79[55]
Waley, A. 306
Walter v. d. Vogelweide 150
Wasmuth, E. 270
Watson, J. B. 278, 329
Wedekind, F. 91
Weininger, O. 288, 330
Weizsäcker, C. F. v. 325
Weizsäcker, Viktor v. 300, 308f., 331
Wells 194
Wertheimer, M. 280, 282, 329
Wilder, Th. 321[1]
Wilhelm, R. 306, 325
Wilson, C. R. T. 218
Winthuis, J. 306, 331
Wolfram v. Eschenbach 150
Woodger 249, 254f., 328
Woolf, Virginia 48
Wyss, W. H. v. 308, 331

Yutang, L. 325

Zeltner-Neukomm, G. 78[48a]
Zenon 189
Zimmer, E. 325
Zimmer, H. 306
Zuloaga, J. 14, 17, 51ff.

ABBILDUNGEN ZU
«RILKE UND SPANIEN»

Bild Rilkes aus dem Jahre 1905 und
Ausschnitt aus El Grecos «El Espolio» (Kathedrale, Toledo)

(Ein gewisser greco-hafter Ausdruck in Rilkes Zügen dürfte wohl kaum zu übersehen sein. – Siehe auch Anm. 27a auf S. 74f.)

El Greco: «Die unbefleckte Empfängnis»
(San Vicente, Toledo)

(Siehe S. 20 und Anm. 13 auf S. 74 sowie Rilkes Gedicht auf S. 33 f. – Rilke faßte dieses Bild als «Himmelfahrt Mariä» auf.)

Ansicht von Toledo (aufgenommen vor 1936)
Eine der drei Städte am Abgrund

Ansicht von Ronda (Südspanien)
Eine der drei Städte am Abgrund

Ansicht von Les Baux (Provence)
Eine der drei Städte am Abgrund

Ignacio Zuloaga: «Die Zwergin»

(Ohne Zweifel hat Rilke dieses Bild überbewertet, was um so verständlicher ist, als er ohne die Kenntnis der im Prado [Madrid] befindlichen Gemälde von Velázquez nicht ahnen konnte, daß dieses frühe Werk Zuloagas gänzlich in der Manier Velázquez' konzipiert und gemalt ist. – Betr. Rilkes Äußerung über dieses Bild siehe seinen dritten Brief an Zuloaga auf S. 53 bzw. S. 64.)